权威·前沿·原创

皮书系列为
"十二五"国家重点图书出版规划项目

新三板蓝皮书

BLUE BOOK OF
NEW THIRD BOARD

中国新三板市场发展报告
（2016）

ANNUAL REPORT ON CHINA'S NEW THIRD BOARD MARKET
(2016)

中国社会科学院金融研究所
中国博士后特华科研工作站
主　编/王　力
副主编/刘　坤　王子松

社会科学文献出版社
SOCIAL SCIENCES ACADEMIC PRESS (CHINA)

图书在版编目(CIP)数据

中国新三板市场发展报告.2016/王力主编. ——北京:社会科学文献出版社,2016.6
　(新三板蓝皮书)
　ISBN 978-7-5097-8854-7

　Ⅰ.①中… Ⅱ.①王… Ⅲ.①上市公司-经济发展-研究报告-中国-2016 Ⅳ.①F279.246

中国版本图书馆CIP数据核字(2016)第096333号

新三板蓝皮书
中国新三板市场发展报告(2016)

主　　编／王　力

出　版　人／谢寿光
项目统筹／恽　薇　颜林柯
责任编辑／颜林柯

出　　版／社会科学文献出版社·经济与管理出版分社(010)59367226
　　　　　地址:北京市北三环中路甲29号院华龙大厦　邮编:100029
　　　　　网址:www.ssap.com.cn
发　　行／市场营销中心(010)59367081　59367018
印　　装／北京季蜂印刷有限公司
规　　格／开　本:787mm×1092mm　1/16
　　　　　印　张:21.25　字　数:322千字
版　　次／2016年6月第1版　2016年6月第1次印刷
书　　号／ISBN 978-7-5097-8854-7
定　　价／79.00元

皮书序列号／B-2016-497

本书如有印装质量问题,请与读者服务中心(010-59367028)联系

▲ 版权所有 翻印必究

新三板蓝皮书编委会

学术顾问 刘士余 李 扬 王国刚 王松奇 何德旭
　　　　　 李茂生 李光荣 陆文山 高传捷 邓智毅
　　　　　 黄湘平 马庆泉 谢 平 陈文辉 阎庆民
　　　　　 孙国茂

学术委员 （按姓氏笔画排序）
　　　　　 王 力 王吉培 王 师 王子松 刘 坤
　　　　　 朱元甲 李圣刚 宋占军 张红亮 罗 鸣
　　　　　 孟宪明 范文波 祝玉坤 郭君磊 黄育华

主　 编 王 力

副 主 编 刘 坤 王子松

摘 要

作为我国多层次资本市场的重要组成部分，新三板市场对于新常态下推动我国经济转型升级，促进创新驱动发展战略实施，解决创新型和成长型中小微企业的融资问题具有重要的战略意义。截至2015年末，新三板挂牌公司数量达到5129家，实现了跨越式发展。站在新的历史起点，及时总结新三板市场的发展经验，找出存在的问题，对于进一步推动新三板市场的健康发展无疑具有现实意义。中国图书经典品牌蓝皮书系列——《中国新三板市场发展报告（2016）》，秉承客观权威、前瞻原创、咨询时效、科学严谨的理念，全面梳理和总结了新三板市场的发展及沿革，客观研究了新三板市场的发展优势及机遇，系统评价了新三板市场挂牌公司的发展特点、行业地域分布及存在的问题，并在分析研究的基础上提出了推动新三板市场健康发展的政策建议。

全书分为总报告、挂牌企业篇、市场运营篇、市场监管篇以及附录5个部分。

总报告从整体上系统总结了新三板市场的发展概况。首先，回顾了新三板市场的发展历程，明晰新三板市场在多层次资本市场体系中的定位，在此基础上，分别从挂牌企业情况、市场制度建设、市场功能实现、中介机构发展、二级市场运行5个方面分析新三板市场的发展概况。其次，在"双创"和"四众"的时代背景下，详细分析新三板市场面临的机遇和挑战。最后，从市场培育、制度建设及监管优化3个方面对新三板市场的未来发展趋势进行探讨，力图为新三板市场的发展方向和改革创新提供参考建议。

挂牌企业篇系统评价了5000余家挂牌公司的行业特征、地域特征以及经营状况。从行业维度来看，新三板挂牌企业涉及行业类别多样，基本上涵

盖了国民经济分类的主要大类，充分体现了新三板市场的创新性、成长性和包容性特征。基于规模、盈利能力、成长性和运营风险控制能力4个维度15项财务数据的跨行业比较分析，充分揭示了19个大类行业所属挂牌公司的经营状况和行业特征。从地域维度来看，新三板挂牌公司已遍布31个省份，可以覆盖境内全部目标企业。同时，也呈现地区发展差异。从注册省份来看，新三板挂牌企业主要集中于北京、广东、江苏、上海、浙江、山东等东部经济发展较好的省份，6省市挂牌企业数量累计占全国挂牌公司总数的64.03%。

市场运营篇分别从一级市场投融资视角与二级市场交易视角分析了新三板市场的运行情况和存在的问题。扩容以来的实践表明，新三板市场不仅为创新型中小企业走向公开资本市场开展直接融资提供了渠道，也为国内的机构投资资本提供了退出渠道和投资渠道。在快速发展的同时，也暴露了一些问题，如二级市场的流动性广受质疑，新三板市场的价格发行功能还有待逐步提升。分报告着重对当前运行的协议转让制度与做市商制度两种交易方式进行分析和比较，并探讨二级市场面临的流动性困境及相应的解决方案。

市场监管篇聚焦于信息披露、监管和处罚情况。信息披露是确保市场正常稳定运行的基础，也是监管的核心。在现阶段，新三板市场存在信息披露不真实、不充分、不严谨，以及披露内容烦琐和格式单调等问题，有待进一步提升信息披露的质量，降低市场主体间的信息壁垒。新三板在监管执法层面采取了行政监管与自律监管相结合的模式。分报告对新三板近两年的监管执法情况进行了系统研究。

附录部分提供了新三板发展大事记、新三板挂牌上市核心法律法规信息汇总、2015年自律监管措施信息汇总、2015年非金融业新三板挂牌公司定向增发融资信息汇总（融资额不低于1亿元）等，供读者研究参考。

Abstract

New third board market is an important part of China's multi-level capital market. Successfulnew third board market will be helpful to upgrading China's economy, promoting innovation-driven development strategy and financing SMEs. By the end of 2015, thelisted companies in new third board market count to 5129. It is big step. In the new historical starting point, it is important to research the experience in early stages for new third board market's healthy development. As the first blue book which is Chinese classic brand book series of new third board market, 'ANNUAL REPORT ON CHINA'S NEW THIRD BOARD MARKET (2016)' upholding the objective and authoritative, scientific and rigorous purposes and principles, summarizes new third board market's historic development, research on advantages and opportunities of new third board market, analyzesdevelopment characteristics, geographical and industrial distribution and some development issues and problems of the listed companies in new third board marketand put forwardpolicy suggestions on the future development of new third board market.

The book is composed of five sections, including General Report, Listed Companies, Market, Market Supervision and Appendix.

In the General Report, We show the overview of new third board market development. Firstly, on the basis of reviewing the development of new third board market, we analyze the development of new third board market in 5 dimensions, including listed companies, market Institutions, market functions, Agencies and trade. Secondly, in the background of encouraging innovation, we analyze the opportunities and challenges faced by new third board market. Finally, we discuss the future development of new third board market in 3 dimensions, including market cultivation, market Institutions and market supervision.

In the Listed Companies Part, we examine over 5000 listed companies' financial statements by comparative analysis of industry and provinces in this

section. From industry view, listed companies in new third board market involve in almost all industries. It shows that new third board market has features of innovation, growth and inclusive. Based on comparative analysis of 15 financial indicators in scale, profitability, growth and risk control in different industries, industrial features and operation state of all listed companies are fully revealed. From provincial view, listed companies in new third board market have already covered all 31 provinces in mainland China. Specifically, spatial distribution of listed companies in new third board market is discrete. Listed companies in new third board market are concentrated in Beijing, Guangdong, Jiangsu, Shanghai, Zhejiang and Shandong Province. Listed companies in this 6 province account to 64.03 percent of all listed companies in new third board market.

In the Market Operation Part, we analyze the investment, financing and trading of new third board market. It is shows that new third board market provides SMEs with direct financing channels and way to open capital market, provides domestic investment institutions with investment and exit channels. Besides quick growth, problems arise. Liquidity in the secondary market is widely questioned. Function of price discovery need be improved gradually. Comparative analysis of Protocol Transfer System and Market Maker Transfer System also is employed and liquidity problem and accordingly solutions are discussed.

In the Market Supervision Part, we focus on information disclosure, supervision and punishment. Information disclosure is the fundamental mechanism which can make sure that new third board market can work smoothly and it is also the core of supervision. In now stage, there are untrue, inadequate, imprecise questions, content tedious and monotonous format questions in information disclosure of new third board market. Quality of information disclosure should be improved and information barriers among market players should be decreased. Administrative regulation and self-regulation are both adopted by regulation and law enforcement authorities. Regulation and law enforcement is studied in this section.

Appendix section provides memorabilia of new third board market, laws and regulations information for listing in new third board market, self-regulatory measures in 2015 and financing information of non-finance institutions of new third board market (over 100 millions).

目 录

Ⅰ 总报告

B.1 新三板市场发展情况综述 …………………… 王 力 刘 坤 / 001

B.2 新三板市场面临的机遇与挑战 …………………… 王吉培 / 037

B.3 新三板市场发展趋势展望 …………………… 范文波 / 047

Ⅱ 挂牌企业篇

B.4 分行业挂牌企业情况报告 …………………… 王 师 / 062

B.5 分省份挂牌企业情况报告 …………………… 宋占军 / 159

Ⅲ 市场运营篇

B.6 一级市场投融资情况与展望 …………………… 朱元甲 祝玉坤 / 181

B.7 二级市场交易情况与展望 …………………… 李圣刚 / 209

Ⅳ 市场监管篇

B.8 新三板市场信息披露情况报告 …………………… 罗 鸣 / 243

B.9 监管与处罚情况报告 …………………… 孟宪明 郭君磊 / 268

Ⅴ 附 录

皮书数据库阅读使用指南

CONTENTS

I General Report

B.1 An Overview of New Third Board Market's Development
    Wang Li, Liu Kun / 001

B.2 Opportunities and Challenges Faced by New Third Board Market   *Wang Jipei* / 037

B.3 Prospects of New Third Board Market   *Fan Wenbo* / 047

II Listed Companies Part

B.4 Sector Report of Listed Companies in New Third Board Market   *Wang Shi* / 062

B.5 Provincial Report of Listed Companies in New Third Board Market   *Song Zhanjun* / 159

III Market Operation Part

B.6 Report of Investment and Financing in Issue Market   *Zhu Yuanjia, Zhu Yukun* / 181

B.7 Report of Transactions in Secondary Market   *Li Shenggang* / 209

Ⅳ Market Supervision Part

B.8 Report of Information Disclosure in New Third Board Market

Luo Ming / 243

B.9 Report of Supervision and Punishment

Meng Xianming, Guo Junlei / 268

Ⅴ Appendix

总 报 告
General Report

B.1
新三板市场发展情况综述

王力 刘坤*

摘 要： 新三板市场是我国多层次资本市场的重要组成部分，对于推动我国经济转型升级，促进创新驱动发展战略实施，解决创新型、创业型、成长型中小微企业融资发展问题具有重要意义。自2013年底新三板市场正式扩容至全国范围开始，短短两年时间，新三板市场挂牌企业从扩容之初的356家迅猛增加至2015年末的5129家，实现跨越式发展，成长为我国最大的基础性证券市场。对于发展日新月异的新三板市场而言，在新的历史起点上，深入调查研究前期发展中的经验和不足，及时

---

* 王力（1959～ ），山西山阴人，经济学博士，特华博士后科研工作站执行站长，中国社会科学院研究生院博士生导师，主要研究领域为区域金融、创业投资、资本市场；刘坤（1979～ ），山东昌乐人，经济学博士，特华博士后科研工作站博士后，主要研究领域为新三板市场、公司金融、产业经济。

总结发展中存在的问题，对于新三板市场的健康发展具有重要作用。本报告首先回顾了新三板市场的发展历程，然后从挂牌企业、市场制度建设、市场功能实现、中介机构发展、二级市场运行5个方面全面回顾和总结了新三板市场的发展状况。

关键词： 历史沿革　制度建设　中介机构

党的十八届三中全会《关于全面深化改革若干重大问题的决定》提出，"健全多层次资本市场体系"是完善现代市场体系的重要内容，也是促进我国经济转型升级的一项战略任务。资本市场健康发展已上升到国家战略层面，将成为推动经济转型升级的强力引擎。早在2003年，中央就提出建立多层次资本市场体系。由此，我国开始探索建立多层次资本市场，先后于2004年推出中小板市场，于2009年推出创业板市场。经过10多年发展，我国多层次资本市场体系中的交易所市场粗具规模，上市公司数量有2700余家，市值规模超过50万亿元。然而，相对于我国数量庞大的中小微企业的融资需求而言，交易所市场的作用是有限的。

随着我国经济发展步入新常态以及新发展阶段下创新驱动发展战略实施的需要，"加快发展多层次资本市场"的应有之义就是要着力解决中小微企业的融资难题。2013年底，国务院决定将新三板的试点范围扩展至全国，鼓励创新型、创业型、成长型中小微企业融资发展，企业的挂牌准入条件也随之放宽，新三板挂牌企业的数量随之爆发式增长，截至2015年12月31日，新三板市场挂牌企业数量达到5129家，在数量意义上远超沪深A股上市公司总和。经过两年多的扩容发展，新三板市场由默默无闻到广为人知，从貌似自娱自乐的小众游戏向引领社会进步的创新驱动引擎迈进，引起了市场参与者的极大关注，被称为真正的创业板市场、中国的纳斯达克、中国最大的基础性证券市场。新三板市场两年多以来的建设和发展，不仅体现在数量迅猛增长方面，还体现在制度创新方面，被认为是建设思路最接近"市场化"的资本市场。

一 新三板市场发展历程回顾

新三板市场是业界对全国中小企业股份转让系统（以下简称"全国股转系统"）的俗称，由全国中小企业股份转让系统有限责任公司负责运营管理。目前，新三板市场所服务企业的范围不再局限于中关村科技园区内的公司，不局限于天津滨海、武汉东湖以及上海张江等试点地的企业，也不再局限于高科技公司，而成为全国性的非上市公众公司股权融资和交易平台，主要的服务对象是创新型、创业型、成长型中小微企业，是我国多层次资本市场的重要组成部分。

按照时间及功能发育的顺序，新三板市场的发展历程可以分为4个阶段，即萌芽阶段、形成阶段、发展阶段以及快速发展阶段。

（一）萌芽阶段——试点代办股转系统（2001年6月至2006年1月）

为解决之前在两网（STAQ 和 NET）挂牌交易的公司与主板退市公司的股份转让问题[1]，2001年6月12日，中国证券业协会组织部分证券公司发起设立了"代办股份转让系统"，被市场上称为三板市场（相对于主板市场和二板市场而言）。由于三板市场在设立之初的功能定位即是处理历史遗留问题——为两网以及主板退市公司的股票提供流转的渠道，因此三板市场从一开始就具有挂牌公司数量少[2]、质量差、交易量少、转板困难等特点，长期游离于投资者的视线范围之外。尽管如此，新三板市场的萌芽阶段已经开

---

[1] STAQ 系统全称为全国证券交易自助报价系统，由中国证券市场研究中心于1992年发起运行；NET 系统全称为全国电子交易系统，由中国证券交易系统有限公司于1993年发起运行。亚洲金融危机以后，为了防范金融风险，规范法人股交易市场，政府于1998年开始整顿 STAQ 和 NET 系统。1999年9月，STAQ、NET 相继暂停交易。2001年5月25日，中国证监会开始着手解决 STAQ、NET 的历史遗留问题。

[2] 截至2003年底，仅有12家企业在证券公司代办股份转让系统挂牌，其中包括承接的两网挂牌的9家公司。

始了。

在萌芽阶段,三板市场具备了实现代办股份转让的功能,但其主要职能目标是处理两网和主板市场的历史遗留问题,为原两网挂牌公司和主板退市公司的股份转让提供一个通道,尚不具备融资功能,服务对象也被严格限定在非常狭窄的范围内。

(二)形成阶段——中关村科技园区试点(2006年1月至2012年8月)

为扭转场外交易市场的低迷状态,并解决初创期高新技术企业的股份转让和融资问题,2003年12月,科技部与北京市政府联合向国务院上报了《关于中关村科技园区非上市股份有限公司进入证券公司代办股份转让系统进行股份转让试点的请示》,并于2005年10月得到国务院批准。2006年1月,《证券公司代办股份转让系统中关村科技园区非上市股份有限公司股份报价转让试点办法》公布,"代办股份转让系统"的功能得到扩展,除了为两网挂牌公司和退市公司提供股份转让服务外,新增为中关村科技园区内高科技公司提供股份转让和融资服务的功能,即"股份报价转让系统"。前者仍为两网及退市公司提供股份转让服务,后者为中关村科技园内高科技企业提供股份转让和融资服务,两个市场在服务对象、交易方式、信息披露、融资制度和投资者适当性管理等方面有本质差异,分别被市场上称为"老三板"和"新三板"。新三板市场将服务对象扩展到中关村科技园区内的科技型企业,启动科技型企业股权融资试点,并将投资者的范围限定在机构投资者。至此,新三板市场正式进入形成阶段。

2006年1月23日,首批两家公司世纪瑞尔(430001.OC)和中科软(430002.OC)正式在新三板市场挂牌。[①] 截至2012年8月,新三板市场挂

---

① 2010年12月22日,世纪瑞尔登陆创业板市场(股票代码为300150.SZ),已从新三板市场终止挂牌。

牌企业数量达到116家，相对于"老三板"而言，新三板市场粗具规模。在此阶段，新三板市场的设立和发展仍处于摸索期，为新三板市场的后续发展积累了经验和智慧，为新三板市场的扩容奠定了制度基础。同时，也应注意到，在这一发展阶段，新三板市场仍然存在流动性不足、融资能力差、参与人数少、关注度低等一系列问题。

（三）发展阶段——首次扩容（2012年8月至2013年12月）

2011年12月，时任国务院副总理王岐山主持会议，研究证券场外市场建设有关问题，要求逐步探索建立全国统一的证券场外市场。根据此次会议的精神，2012年3月，证监会成立了全国场外市场筹备组，组织落实新三板市场扩容工作。2012年8月3日，国务院首次批准新三板试点区域扩容。试点区域从原来的1个科技园区扩展到4个科技园区，在中关村科技园区的基础上，新增上海张江、武汉东湖和天津滨海3个科技园区。这标志着新三板市场进入了加快发展的新阶段，进入了从试点向全国统一的场外市场过渡的阶段。

在这一时期，新三板市场发展的重要内容是为建设全国统一的场外市场做准备。除了扩大试点区域的范围外，更重要的是进行必要的制度建设和组织结构建设，出台基础性的法规政策和配套指引文件，为后续的二次扩容提供软硬件支持。2012年9月20日，新三板市场的运营管理机构——全国中小企业股份转让系统有限责任公司注册成立；2012年9月28日，新三板挂牌公司监管的基本法律依据——《非上市公众公司监督管理办法》发布；2013年1月16日，全国中小企业股份转让系统正式揭牌运营，对原证券公司代办股份转让系统挂牌企业全部承接，市场运作平台的运营管理工作由中国证券业协会转为全国股份转让系统有限责任公司负责。因此，全国股份转让系统是对"老三板"和试点期间"新三板"的法定延续，"新三板"作为社会各界对证券公司代办股份转让系统的俗称，伴随全国股份转让系统的正式运营，已用以专指全国股份转让系统。

（四）快速发展阶段——扩展到全国范围（2013年12月至今）

2013年12月13日，国务院发布《关于全国中小企业股份转让系统有关问题的决定》（国发〔2013〕49号），明确了全国股份转让系统的性质、功能和定位，标志着新三板市场正式扩容至全国，也标志着全国统一场外市场的正式建立。进入全国股份转让系统时代的"新三板"，内涵已发生质的改变。新三板市场由此突破试点高新区限制，也不再局限于科技型企业，扩容至所有符合新三板条件的企业。与此同时，新三板市场制度建设配套跟进，大大简化了符合条件的企业挂牌新三板的程序，新三板市场迎来了快速发展时期。

自此，我国多层次资本市场建设迈出关键性一步，创新型、创业型、成长型中小微企业迎来了对接资本市场的宝贵机会，新三板挂牌企业数量迅猛增长。全国股转系统公布的数据显示，截至2015年12月31日，新三板市场共有挂牌公司5129家，涵盖软件与信息技术、生物制药、新材料、文化传媒等众多新兴行业，覆盖境内全部31个省份；2015年，共有1887家挂牌公司完成2565次股票发行，发行230.79亿股，融资1216.17亿元，融资总额接近2014年度的10倍，首次超过创业板的融资额。

二 新三板市场挂牌公司概况

2013年底以来，新三板市场扩容至全国范围，新三板市场迎来快速发展期，自此各项主要统计指标都有显著变化（见表1）。挂牌公司数量由扩容前的356家增至2015年末的5129家，增长13.41倍；总股本由扩容前的97.17亿股增至2015年末的2959.51亿股，增长29.46倍；总市值规模由扩容前的553.06亿元增至2015年末的24584.42亿元，增长43.45倍。这表明，新三板市场得到中小微企业的积极响应，正迅速成长为我国多层次资本市场的重要一极。

在股票发行方面，2015年共有1887家挂牌公司完成2565次股票发行，

表1 新三板市场主要统计指标概览

指标	2015年	2014年	2013年
挂牌规模	—	—	—
挂牌公司数量(家)	5129	1572	356
总股本(亿股)	2959.51	658.35	97.17
总市值(亿元)	24584.42	4591.42	553.06
股票发行			
发行次数(次)	2565	329	60
发行股数(亿股)	230.79	26.52	2.92
融资金额(亿元)	1216.17	132.09	10.02
股票转让			
成交金额(亿元)	1910.62	130.36	8.14
成交数量(亿股)	278.91	22.82	2.02
换手率(%)	53.88	19.67	4.47
市盈率(倍)	47.23	35.27	21.44
投资者账户数量			
机构投资者(户)	22717	4695	1088
个人投资者(户)	198625	43980	7436

资料来源：全国股转系统网站（www.neeq.com.cn）。

发行230.79亿股，融资1216.17亿元，同比分别增长6.80、7.70和8.21倍；相对于扩容前，三项指标分别增长41.75、78.04和120.37倍。统计数据清晰表明，新三板市场的融资功能已经得到市场的认可，可为大量创新型、创业型、成长型中小微企业提供宝贵的融资机会。

在股票转让方面，2015年新三板市场股票累计成交额为1910.62亿元，累计成交278.91亿股，累计换手率达到53.88%。按照2015年总共246个交易日计算，日均换手率为0.22%。相对于做市商制度刚开始的2014年，新三板市场股票交易活跃程度已有明显提升，部分采用做市转让方式的挂牌公司已形成连续、稳定的价格曲线，有利于后续市场功能的开发和资本运作的开展。

在投资者培育方面，2015年机构投资者发展到2.27万户，合格个人投资者发展到19.86万户，同比分别增长384%和352%。目前，机构投资者资金门槛为500万元，个人投资者需满足"名下前一交易日日终证券类资产市值500万元人民币以上""两年以上证券投资经验"等要求。

（一）企业挂牌情况

2006~2011年，新三板市场的试点范围仅限于中关村科技园，挂牌企业数量发展缓慢，6年时间仅有不足百家企业挂牌。2012年，新三板市场的试点范围由1个高新区增至4个高新区，挂牌企业数量随之有了明显增加。2013年底，新三板市场的试点范围进一步扩展至全国，鼓励创新型、创业型和成长型中小微企业借助资本市场融资发展，企业的挂牌准入条件也随之放宽，新三板市场挂牌企业的数量随之爆发式增长。截至2015年末，新三板市场挂牌企业的数量达到5129家（见图1），接近A股上市公司数量总和的两倍，成为中国最大的基础性证券交易市场。2015年以来，挂牌制度的简化和完善提升了挂牌效率，照此速度发展，2016年末新三板市场挂牌公司数量有望达到10000家，未来3年新三板市场挂牌公司数量则可能超过20000家。

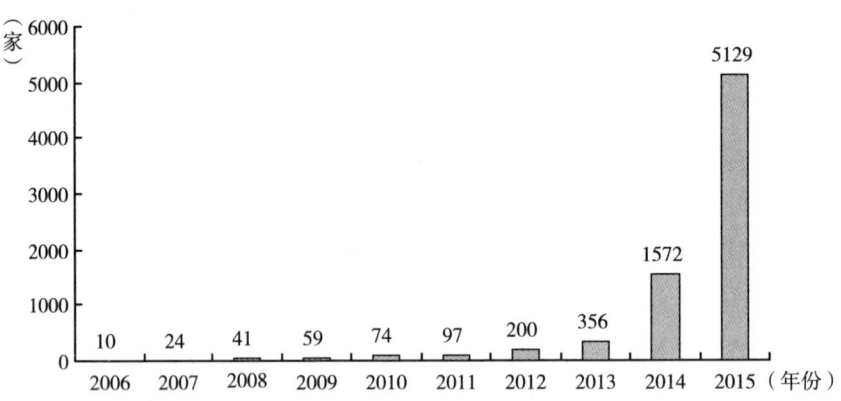

图1　新三板市场历年累计挂牌公司数量（2006~2015年）

资料来源：Wind资讯。

如图2所示，以2013年底新三板市场扩容至全国为契机，新三板市场新增挂牌公司数量开始急剧增长。2014年度新三板市场新增挂牌公司数为1232家，平均每月增加103家；2015年，新三板市场新增挂牌公司数为3569家，平均每月增加297家。

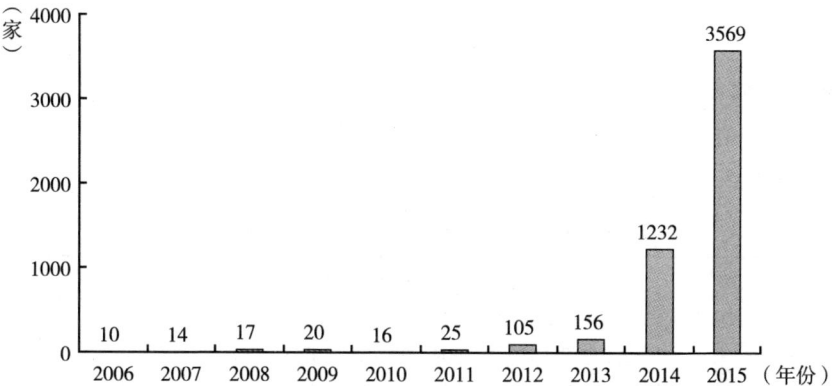

图2 新三板市场历年新增挂牌公司数量（2006～2015年）

资料来源：Wind资讯。

（二）终止挂牌情况

在新三板市场发展过程中，也有部分挂牌公司因为IPO、并购重组、主动终止挂牌等离开了新三板市场。新三板市场扩容至全国以来，2014年有16家挂牌公司终止挂牌，2015年有12家挂牌公司终止挂牌（见图3）。

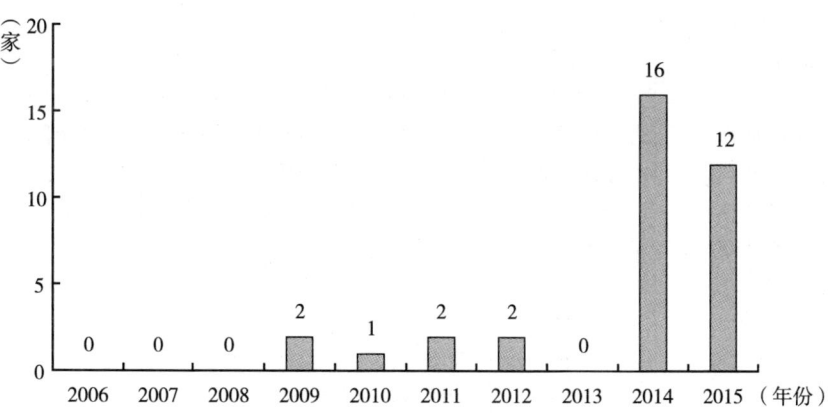

图3 新三板市场历年挂牌公司终止挂牌数量（2006～2015年）

资料来源：Wind资讯。

2009年以来,共有35家公司从新三板市场终止挂牌,具体信息如表2所示。由表2中的摘牌原因不难发现,摘牌的公司大多是因为IPO转板或被上市公司收购,少数企业出于自身发展战略的需要,选择主动终止挂牌(如极品无限430129.OC)。

表2 新三板市场终止挂牌公司信息汇总(2015年)

证券代码	证券简称	摘牌时间	摘牌原因
430007.OC	久其软件	2009-07-29	IPO
430006.OC	北陆药业	2009-09-29	IPO
430001.OC	世纪瑞尔	2010-12-06	IPO
430023.OC	佳讯飞鸿	2011-04-20	IPO
430008.OC	紫光华宇	2011-09-28	IPO
430012.OC	博晖创新	2012-05-10	IPO
430045.OC	东土科技	2012-08-29	IPO
430030.OC	安控科技	2014-01-09	IPO
430013.OC	ST羊业	2014-05-19	移除处理
430531.OC	瑞翼信息	2014-05-26	并购整合(被上市公司通鼎光电并购)
430026.OC	金豪制药	2014-06-30	并购整合
430364.OC	屹通信息	2014-07-11	并购整合(被上市公司东方国信收购)
430295.OC	捷虹股份	2014-08-20	并购整合
430275.OC	新冠亿碳	2014-08-22	并购整合(被上市公司东江环保收购)
430587.OC	福格森	2014-08-29	并购整合
430679.OC	嘉宝华	2014-09-05	并购整合
430115.OC	阿姆斯	2014-10-22	并购整合(战略投资方收购)
430708.OC	铂亚信息	2014-10-30	并购整合(被上市公司欧比特收购)
430710.OC	激光装备	2014-11-10	并购整合
430129.OC	极品无限	2014-11-12	主动摘牌(首家主动摘牌企业)
430043.OC	世纪东方	2014-11-26	并购整合
830804.OC	日新传导	2014-11-26	并购整合(被上市公司宝胜股份收购)
430308.OC	泽天盛海	2014-12-31	不详
430760.OC	奥新科技	2015-01-16	并购整合
430628.OC	易事达	2015-02-17	并购整合
430050.OC	博朗环境	2015-03-27	主动申请
430049.OC	双杰电气	2015-04-20	IPO
430040.OC	康斯特	2015-04-22	IPO

续表

证券代码	证券简称	摘牌时间	摘牌原因
831127.OC	祺龙股份	2015-04-29	主动申请
430018.OC	合纵科技	2015-06-01	IPO
831976.OC	祥辉电缆	2015-06-10	主动申请
833097.OC	众益制药	2015-08-27	并购整合（被上市公司华润三九收购）
831966.OC	业际光电	2015-09-30	并购整合（被上市公司合力泰收购）
831812.OC	宇寿医疗	2015-12-02	并购整合（被上市公司天华超净收购）
430598.OC	众合医药	2015-12-07	并购整合

资料来源：课题组整理。

新三板市场成为A股上市公司并购标的的重要来源，既与A股上市公司处于并购热潮有关，也与新三板市场自身的吸引力有关。新三板市场的细分行业种类非常丰富，能为A股上市公司提供质地优良、体量适中的投资标的。而且在经历过股改和挂牌后，新三板挂牌公司的规范性、财务透明程度都有大幅度的提升，能够降低收购方的搜寻和交易成本，提高并购效率。

（三）挂牌公司地域分布情况

截至2015年末，新三板挂牌企业已完全覆盖境内31个省份（见图4）。其中，北京（762家）、广东（684家）、江苏（651家）3个省份挂牌企业数量遥遥领先，均超过600家，3个省份挂牌公司数量占全部挂牌公司的比重分别为14.86%、13.34%和12.69%；上海（440家）、浙江（411家）和山东（336家）3个省份位居第二梯队，挂牌公司数量均超过300家；湖北（204家）、河南（195家）、安徽（163家）、福建（139家）、四川（137家）、辽宁（114家）、湖南（110家）7个省份处于第三梯队；河北、天津等18个省份在新三板市场上的挂牌公司数量较少，均不足百家。

虽然从数量上看，北京地区挂牌企业数量暂时领先，但相对于广东和江苏的优势并不明显。如果考虑到广东和江苏地区是从2014年1月24日才开始有首家新三板市场挂牌企业，而北京在2013年末就拥有236家的领先优势，广东和江苏的发展势头似乎超过北京地区。

从图4中的统计数字来看，64.03%（3284家）的挂牌公司集中在北京、广东、江苏、上海、浙江与山东6个省份，中西部地区的挂牌企业数量相对较少，表明中西部地区与新三板市场的对接程度相对较低。

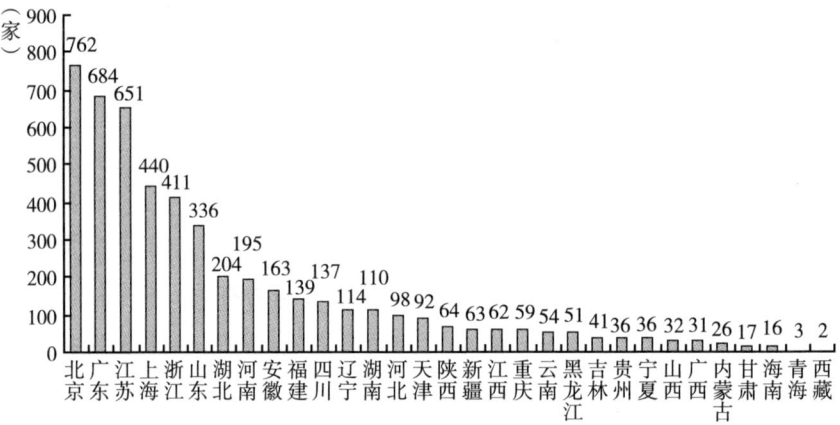

图4　新三板市场挂牌企业地域分布（2015年）

资料来源：Wind资讯。

（四）挂牌公司行业分布情况

按照证监会的行业分类标准，新三板挂牌企业分布在制造业，信息传输、软件和信息技术服务业，科学研究和技术服务业，租赁和商务服务业，批发和零售业，建筑业，农、林、牧、渔业，金融业以及文化、体育和娱乐业等行业。从细分行业来看，新三板市场挂牌公司中包含众多新业态、新模式的创新型企业，鲜明体现了新三板市场的定位和包容性。

如表3所示，目前挂牌企业主要集中在制造业，信息传输、软件和信息技术服务业。其中，制造业挂牌公司有2744家，占53.50%；信息传输、软件和信息技术服务业挂牌公司有1015家，占19.79%，其他行业分布相对较为分散。

表3 新三板市场挂牌公司行业分布情况（2014~2015年）

行业分类	2015年末 公司数量（家）	2015年末 占比（%）	2014年末 公司数量（家）	2014年末 占比（%）
制造业	2744	53.50	883	56.17
信息传输、软件和信息技术服务业	1015	19.79	360	22.90
科学研究和技术服务业	219	4.27	55	3.50
租赁和商务服务业	210	4.09	30	1.91
批发和零售业	169	3.29	26	1.65
建筑业	157	3.06	57	3.63
农、林、牧、渔业	119	2.32	38	2.42
金融业	105	2.05	12	0.76
文化、体育和娱乐业	104	2.03	28	1.78
水利、环境和公共设施管理业	78	1.52	24	1.53
交通运输、仓储和邮政业	59	1.15	15	0.95
电力、热力、燃气及水生产和供应业	33	0.64	5	0.32
房地产业	26	0.51	0	0.00
采矿业	24	0.47	14	0.89
卫生和社会工作	24	0.47	11	0.70
教育	19	0.37	4	0.25
居民服务、修理和其他服务业	13	0.25	7	0.45
住宿和餐饮业	11	0.21	1	0.06
综合	0	0.00	2	0.13
合计	5129	100.00	1572	100.00

资料来源：全国股转系统网站（www.neeq.com.cn）。

与主板市场相比，新三板市场中挂牌企业的行业分布呈现明显的新兴行业特征。软件、互联网等细分行业中挂牌企业的数量在全部挂牌公司中的比重，显著超过其在主板市场中的比重。从更具体的行业分类来看，新三板市场中出现了许多从未在主板市场露面的新兴业态，如私募股权投资机构（PE）。新三板市场挂牌企业的行业分布特征，显著表明了新三板市场鼓励创新、包容发展的态度，有利于激励社会形成大众创业、万众创新的良好氛围。

（五）挂牌公司股本分布情况

在全部挂牌公司中，超过半数（2916家）挂牌公司的股本规模为1000万~5000万股，23.57%（1209家）的挂牌公司股本规模为5000万~10000万股（见表4）。股本规模超过1亿股和低于1000万股的挂牌公司数量相对较少，二者合计不足全部挂牌公司的二成。截至2015年末，股本规模最大的挂牌公司是从事资产管理业务的九鼎集团（430719.OC），股本规模为55亿股；股本规模最小的挂牌公司是从事网络游戏行业的卓杭科技（834133.OC），其股本规模为51.89万股，二者规模相差超过万倍。

表4 挂牌公司股本分布情况

股本（万股）	2015年末		2014年末	
	公司数量（家）	占比（%）	公司数量（家）	占比（%）
500以下	25	0.49	1	0.06
500~1000	447	8.72	214	13.61
1000~5000	2916	56.85	944	60.05
5000~10000	1209	23.57	324	20.61
10000以上（含10000）	532	10.37	89	5.66
合 计	5129	100.00	1572	100.00

注：采用上组限不在内原则，如500~1000区间中不包含1000。
资料来源：全国股转系统网站（www.neeq.com.cn）。

（六）挂牌公司股东数量分布情况

截至2015年末，多数挂牌公司的股权还很集中，41.68%（2138家）的挂牌公司股东人数少于10人，81.77%的挂牌公司股东人数少于50人，股东人数达到或超过200人的挂牌公司仅占4.04%（见表5）。股权过于集中，既不利于交易活跃，也不利于形成相对稳定的市场估值（公允的股价）。也应看到，相对于2014年而言，股东人数10人以上（含）各组别的占比均有所提升,而股东人数在10人以下(不含)各组别的占比均有所下降,表明整体来说,挂牌公司的股权集中度趋于下降。

表5 挂牌公司股东人数分布情况

股东数量(人)	2015年末		2014年末	
	挂牌公司数量(家)	占比(%)	挂牌公司数量(家)	占比(%)
2	397	7.74	146	9.29
3~10	1741	33.94	669	42.56
10~50	2056	40.09	596	37.91
50~100	453	8.83	98	6.23
100~200	275	5.36	51	3.24
200以上(含200)	207	4.04	12	0.76
合计	5129	100.00	1572	100.00

注:采用上组限不在内原则,如100~200区间中不包含200。
资料来源:全国股转系统网站(www.neeq.com.cn)。

(七)挂牌公司所有制形式分布情况

截至2015年末,4939家(占96.3%)新三板市场挂牌企业属性为民营企业,仅有190家(占3.7%)为国有企业(见图5)。统计数据表明,新三板市场挂牌企业在所有制形式上的分布特征,与A股上市公司有着巨大的差异。可见,新三板市场为民营企业提供了十分有利的对接资本市场的通道,借助这一通道,民营企业有望借助资本市场的力量,加快企业的发展。

(八)分地区挂牌公司规模统计

根据新三板市场挂牌企业披露的最新一期年报数据,从整体情况来看,2014年平均每家新三板市场挂牌企业的员工数约为235人,平均每家挂牌公司的总资产规模为2.41亿元,平均每家挂牌公司的净资产规模为0.94亿元,平均每家企业的营收规模为1.48亿元,平均每家企业的净利润为1043.83万元(见表6)。

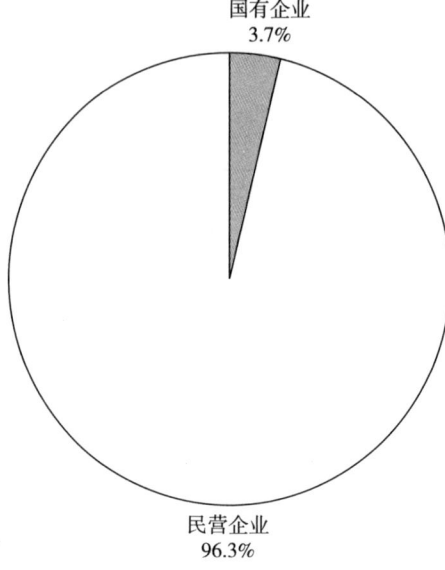

图5 新三板市场挂牌企业所有制形式分布

表6 不同省份新三板市场挂牌企业平均规模指标统计

单位：人，万元

省 份	员工数	总资产	净资产	总营收	净利润
安 徽	234.93	31605.42	12140.77	14542.37	1405.58
北 京	177.74	19217.76	9986.22	12507.71	992.08
福 建	181.09	17130.46	7009.85	10804.95	584.98
甘 肃	209.18	19488.90	8941.24	9814.49	878.88
广 东	321.90	20438.12	8597.94	15386.63	1092.10
广 西	411.00	19680.73	8484.56	20937.45	1351.23
贵 州	241.61	35931.14	11818.55	17287.79	1349.78
海 南	384.94	46761.67	14447.50	16290.84	1176.16
河 北	248.73	17555.40	8127.02	12395.55	685.28
河 南	221.09	18905.48	9030.19	12002.31	864.89
黑龙江	172.88	21688.82	10114.54	13807.88	1565.76
湖 北	226.45	17215.60	6832.69	13952.41	643.12
湖 南	208.67	35719.00	10708.41	10272.47	1312.19

续表

省 份	员工数	总资产	净资产	总营收	净利润
吉 林	238.10	16603.50	6581.25	9215.10	732.62
江 苏	218.92	25828.42	9976.07	14411.61	1058.57
江 西	314.00	16551.54	7022.22	13855.54	1032.66
辽 宁	227.54	19218.48	10760.79	11068.72	1195.12
内蒙古	305.27	38035.04	15423.83	18030.12	1726.22
宁 夏	159.67	18307.30	8062.07	7951.73	738.47
青 海	349.00	30116.29	17845.27	14869.74	-317.10
山 东	255.32	59356.34	11667.75	18603.24	1439.72
山 西	134.31	14544.86	8652.48	6864.95	823.73
陕 西	230.16	29749.16	14748.45	14911.06	1511.10
上 海	201.54	15211.00	7352.07	13561.41	780.46
四 川	270.72	15392.49	7278.31	10965.22	698.76
天 津	178.28	18898.97	8372.93	13870.76	1061.87
西 藏	56.50	5008.96	1447.39	11364.75	-22.85
新 疆	192.48	30128.27	11547.60	14096.42	783.12
云 南	208.41	31401.90	10718.95	18014.40	871.90
浙 江	266.17	24242.09	8986.59	24529.71	1226.31
重 庆	317.53	24760.27	10893.62	18851.54	1536.42

资料来源：Wind 资讯。

2015年，共有1887家挂牌企业利用新三板市场成功融资2565次，融资总额为1216.17亿元。这意味着，2015年有36.79%的挂牌公司在新三板市场成功获得了融资，平均每家公司的融资额为6445万元。即使剔除九鼎集团和中科招商（832168.OC）超过百亿的"非正常"融资案例，平均每家挂牌公司的融资额仍然达到5344万元。相对于新三板市场挂牌企业的平均规模而言，这一融资额度非常可观。

三 新三板市场制度建设情况

新三板市场的发展是伴随着需求创新和制度突破而进行的，新三板市场的制度建设因而具有明显的阶段性特征。本报告从新三板市场的前身"代办股份转让系统"开始，回顾和总结市场制度的建设脉络，为理解当前的制度体系描绘一幅演进图谱。

（一）代办股份转让系统（2001年6月至2013年1月）

证券公司代办股份转让业务是"老三板"市场制度建设的起点。中国证监会批准设立该系统，目的是解决原两网挂牌公司与退市公司的股份流转问题（见表7）。该系统具体由深圳证券交易所负责运营管理，却独立于深圳证券交易所之外，早期的交易者须单独开立非上市股份有限公司股份转让账户。①

表7 代办股份转让系统制度要点

要点	主要制度内容
服务对象	主要是原两网挂牌公司与A股、B股退市公司
功能定位	为非上市股份有限公司提供股份转让服务（不具融资功能）
挂牌条件	(1) 存续满两年 (2) 主营业务突出 (3) 公司治理结构健全 (4) 股份发行和转让行为合法合规 (5) 取得北京市人民政府出具的非上市股份报价转让试点的资格确认函
交易制度	以集合竞价的方式撮合成交，每日涨跌幅限定在5%范围内
制度创新	主办券商制度、信息披露制度*、股份分类转让制度**

*挂牌股票每周可转让的次数对应着不同的信息披露标准。每周转让频次越高的股票，信息披露的要求也相应越高。

**从2002年9月20日开始，根据股份转让公司的质量，在代办股份转让系统中（三板市场上）实行股份分类转让制度。净资产为负的公司分别实行每周3次（周一、周三、周五）的转让方式，净资产为正的公司实行每周5次（周一至周五）的转让方式。目前，股转系统中股票代码以400和420开头的股票，其股票简称的最后一位都有一位数字，代表每周转让次数。

---

① 从2009年7月6日起，股份转让账户与深市主板账户合并，无须开立股份转让账户，可直接携带深市股东账户卡至证券公司办理相应手续。

(二)股份报价转让系统(2006年1月至2013年1月)

2006年1月,股份报价转让试点工作开始实施,标志着新三板制度建设的肇始。股份报价转让系统(新三板)的设立目的,与此前用于处理两网和退市公司股份流转问题的代办股份转让系统(老三板)完全不同,主要是以中关村科技园高新技术企业为服务对象,尝试为园区内非上市企业对接资本市场服务,支持这些高新技术企业的创新发展(见表8)。股份报价转让系统是指代办股份转让系统中专门用于为非上市公司股份提供报价转让服务的技术设施。该系统可看作证券公司代办股份转让系统功能的进一步拓展和延伸,主要服务于中关村高新技术园区未上市公司的股份转让。从此,新三板市场破茧而生,并将逐渐成长壮大。

表8 股份报价转让系统制度要点

要点	主要制度内容
服务对象	中关村科技园区内的高新技术企业
功能定位	(1)为服务对象提供股份流转服务 (2)为中关村科技园区内创新型中小企业利用资本市场创造条件,有利于创业资本退出机制的完善,满足多元化的投融资需求,增强园区企业科技自主创新能力,促进高新技术企业发展
挂牌条件	(1)存续满两年 (2)主营业务突出,具有持续经营能力 (3)公司治理结构健全,运作规范 (4)股份发行和转让行为合法合规 (5)取得北京市人民政府出具的非上市公司股份报价转让试点资格确认函 (6)证券业协会要求的其他条件
交易制度	协议转让,无涨跌幅限制。具体来说,证券营业部只接受柜面方式进行股份转让报价交易的委托,委托类型分为三种:意向委托、成交确认委托和定价委托
制度创新	在原有主办券商制度、信息披露制度基础上,引入投资者准入制度(由此确立了新三板为机构投资者市场的原则)、股份报价转让制度

股份报价转让系统从服务对象、功能定位、挂牌条件、交易制度以及投资者准入等各个层面,全方位突破了原代办股份转让系统的旧格局,因而被

称为"新三板",是新三板市场制度建设发轫的原点。在股份报价转让系统的制度框架下,三板市场的定位不再是处理历史遗留问题,而是面向试点解决高科技创新型中小企业利用资本市场创新发展的问题,三板市场由此脱胎换骨,迎来了质的变化。

可以说,股份报价转让系统在功能定位上的突破,是这一阶段新三板市场制度建设的主要原因和驱动力。新引入的股份报价转让制度(或者说协议转让)、投资者准入制度都是为了满足创新型中小企业顺利对接资本市场的需要。总的来说,从股份报价转让系统试点(2006年1月)到全国中小企业股份转让系统上线(2013年1月)之前的这一阶段,最重要的制度变革有3点:①股份报价转让系统定位于支持高新技术企业对接资本市场;②以机构投资者为核心的投资者准入制度;③股票转让和发行制度。①

(三)基于中小企业股份转让系统的制度框架(2013年1月至今)

随着新三板试点范围由1个高新区扩展到4个高新区,进而扩展到全国范围,新三板市场制度建设也驶入快车道。2012年9月,全国中小企业股份转让系统有限责任公司注册成立,负责全国中小企业股份转让系统的运营管理工作。2013年1月,全国中小企业股份转让系统正式运营,原来在代办股份转让系统和股份报价转让系统挂牌的公司转入全国中小企业股份转让系统。2013年2月,全国股份转让系统公司发布实施《全国中小企业股份转让系统业务规则(试行)》(股转系统公告〔2013〕40号),同期发布的还有3个通知、4个细则、4个暂行办法及4个指引等配套文件。2013年12

---

① 2007年1月4日,北京时代(430003.OC)以4元/股的增发价格发行1250万股股票,成功通过新三板市场募集5000万元资金;2007年1月15日,中科软(430002.OC)以2元/股的增发价格发行3000万股股票,成功通过新三板市场募集资金6000万元。这是新三板市场上通过资本市场最早的两笔融资交易,此次以后,新三板市场的融资功能逐渐完善,能从新三板市场获得融资的挂牌公司也越来越多。

月,国务院发布《关于全国中小企业股份转让系统有关问题的决定》(国发〔2013〕49号),该决定对新三板的市场定位、市场功能、挂牌条件、审核程序、投资者准入、信息披露及监管等内容做出了规定。2013年12月,全国中小企业股份转让系统公布修订后的业务规则、业务指引、业务细则等14项业务制度。这一系列规则体系的发布,标志着全国中小企业股份转让系统基本建立,新三板市场制度建设进入新的时代(见表9)。

表9 全国中小企业股份转让系统的制度要点

要点	主要制度内容
服务对象	全国范围内符合挂牌条件的股份公司,主要是创新型、创业型、成长型中小微企业
功能定位	作为全国性证券交易场所,主要为创新型、创业型、成长型中小微企业的发展提供服务
挂牌条件	(1)依法设立且存续满两年 (2)业务明确,具有持续经营能力 (3)公司治理机制健全,合法规范经营 (4)股权明晰,股票发行和转让行为合法合规 (5)主办券商推荐并持续督导 (6)全国股份转让系统公司要求的其他条件
交易制度	协议转让、做市转让、竞价转让(后两者须满足一定条件),不设涨跌幅限制
制度创新	(1)以信息披露为核心的准入制度 (2)小额、便捷、灵活、多元的融资制度 (3)灵活多元的交易制度 (4)责、权、利一致的主办券商制度 (5)严格的投资者适当性管理制度 (6)其他制度创新,如挂牌公司股东突破200人限制,挂牌公司主营业务不再要求突出等

如果说股份报价转让系统相对于代办股份转让系统的重要突破是调整了功能定位,从致力于处理两网、退市公司的历史遗留问题变更为试点服务特定科技园区的高新技术企业创新发展,那么全国中小企业股份转让系统相对于股份报价转让系统的关键变革则包括3个方面的内容:①功能定位的再次调整,使服务对象扩大至全国范围内的创新型、创业型、成长型中小微企业,不再局限于高新技术企业;②放松挂牌企业的准入限制;③制度创新。新的制度框架通过放松约束条件,将中关村高科技园区的试点经验逐步引入

全国统一性场外交易市场的建设中,将适应创新、创业、成长型中小微企业对接资本市场的配套制度引入新的规则体系中。

新的业务规则体系的制度创新内容主要有如下6个方面。

1. 大幅放宽对挂牌企业的限定

新的业务规则体系突破了特定科技园区高新技术企业的限制,使有资格申请在新三板市场挂牌的企业大幅扩容。放宽的限定条件主要包括:①申请挂牌企业的股东人数突破了200人的红线;②试点范围突破了北京中关村科技园区的限制,先后两次扩容,逐步将试点范围扩展到全国;③企业类型不再局限于高新技术企业,拟挂牌企业可以是高新技术企业,也可以是传统行业内的中小企业,新三板市场服务的重点由科技创新型企业转向创新型、创业型、成长型中小微企业;④拟挂牌企业不受企业所有制类型的限制,民营企业成为最大的受益主体;⑤放松了对拟挂牌企业的业务要求,不再要求"主营业务突出,具有持续经营能力",只要求公司的业务范围明确;⑥放宽对财务指标的要求,更关注财务规范性。

2. 主办券商的责任更加突出

全国中小企业股份转让系统在放宽拟挂牌企业准入条件的同时,强化了主办券商制度。实际上,全国中小企业股份转让系统提出的挂牌条件只是挂牌的最低标准,股转公司与证监会对挂牌企业的最低标准进行把关,主办券商根据市场化原则择优选择推荐拟挂牌企业,这一制度安排使新三板市场成为国内市场化程度最高的证券市场。在实践中,与A股市场IPO环节投行的丰厚利润相比,主办券商在推荐企业在新三板市场挂牌环节的利润率很低,有的项目甚至难以覆盖成本。主办券商的激励更多来自主办项目挂牌以后融资、并购重组、做市等各个环节的持续收益,因而市场赋予了主办券商择优选择好"标的"的内在动力。拟挂牌公司的申报材料在提交股转公司审批之前,须先经过主办券商内核[①],内核制度赋予了主

[①] 该制度实质上赋予指定注册会计师、律师和行业专家一票否决权,即上述三人中只要一人否定,就不予内核通过。一票否决权的实行有效保证了专业人员发表的专业意见的有效性和认可性,极大地促进了市场准入机制的有效实行。

办券商否决项目的权力和责任。而且，即使已经挂牌的公司，如果没有主办券商持续督导，也将面临被新三板市场终止挂牌的命运。实际上，大部分已挂牌公司在挂牌前的相应指标远远超过股转公司对拟挂牌企业的最低要求。

3. 信息披露成为新三板市场监管的核心依据

新三板市场巨量的挂牌公司决定了，全国股份转让公司不可能做到对每一家挂牌公司直接进行监管，而只能通过主办券商持续督导挂牌公司进行信息披露的方式提高监管效率和质量。新三板市场挂牌公司负有在指定平台定期和不定期披露信息的责任，主办券商负有持续督导挂牌公司进行信息披露的责任。当挂牌公司所披露的信息表明公司不再满足基本的挂牌条件时[①]，股转公司将对股票转让实行风险警示。而当挂牌公司未及时披露年报或半年报时，性质更为严重，将会导致挂牌公司被终止挂牌。也就是说，挂牌公司进行信息披露是其得以在新三板市场存续和发展的必要前提。另外，正是信息披露问题处理结果的严肃性，使信息披露制度成为新三板市场实质意义上的准入制度——挂牌条件只是新三板市场基本的准入制度，持续的信息披露（即不退市）才是新三板市场深层意义上的准入制度。

4. 重新明确投资者准入的标准

新三板市场主要服务于规模较小、业务模式尚不成熟、业绩不稳定的中小微企业，具有区别于主板、中小板和创业板上市公司的风险特征，意味着这一市场并不适合作为普通投资者的目标市场。为了保护中小投资者的利益，《全国中小企业股份转让系统投资者适当性管理细则（试行）》对投资者参与新三板市场投资的标准做出了明确规定。对参与股票公司股票公开转

[①] 当挂牌公司出现下列情形之一的，全国股份转让系统公司对股票转让实行风险警示，在公司股票简称前加注标识并公告：（1）最近一个会计年度的财务会计报告被出具否定意见或者无法表示意见的审计报告；（2）最近一个会计年度经审计的期末净资产为负值；（3）全国股份转让系统公司规定的其他情形。风险警示制度的设定对投资者起到了有效警示作用，降低了投资市场风险。

让的投资者，股转公司对机构投资者和自然人投资者均设置了500万元人民币资产/资本的门槛①；对于参与股票定增活动的投资者，明确了可参与者的范围②。其中，关于董、监、高和核心员工可以参加挂牌公司股票定向增发的规定，突破了一般自然人投资者适当性的规定，为挂牌公司实施股权激励提供了制度保障。

5. 丰富了挂牌公司股票的交易方式

挂牌公司的股票转让可以采取灵活多样的方式，包括协议方式、做市方式、竞价方式（后两者需满足一定条件）或其他中国证监会批准的转让方式，挂牌公司可根据自身情况和发展需要，自主选择股票转让方式。挂牌公司股票转让方式的增加，有利于市场交易主体开展更为灵活的交易，预示着未来新三板市场交易活跃程度的提升。此外，新的业务规则体系降低了每笔交易的最低申报数量，从此前的每笔3万股调整至每笔1000股，有利于改善市场活跃性和股票公司股票的流动性。

6. 便捷高效的定向增发融资制度

定向发行股票是新三板市场挂牌公司最便捷、最高效的融资方式，主要体现在如下5个方面：①不但已经挂牌的公司可以通过定向增发融资，拟挂牌公司在挂牌的同时也可以实施定向增发，是否在挂牌的同时增发股票由公司自主选择；②实行"一次核准、多次发行"的储架发行制度，提高了挂牌公司再融资的效率；③挂牌公司"向特定对象发行股票后股东累计不超过200人的，或者公众公司在12个月内发行股票累计融资额低于公司净资产的20%的，豁免向中国证监会申请核准"，使挂牌公司基本可以

---

① 对自然人投资者最初的门槛定为300万元人民币资产，后进一步提升为500万元人民币资产，而且要求有两年投资经验或具备专业知识。

② 下列投资者可以参与挂牌公司股票定向发行：A. 公司股东；B. 公司的董事、监事、高级管理人员、核心员工；C. 符合投资者适当性管理规定的自然人投资者、法人投资者及其他经济组织；D. 符合参与挂牌公司股票公开转让条件的投资者。公司确定发行对象时，符合第B项、第C项规定的投资者合计不得超过35名。核心员工的认定，应当由公司董事会提名，并向全体员工公示和征求意见，由监事会发表明确意见后，经股东大会审议批准。

实现定向融资的"随时用随时发";④定向增发产生的新股份没有限售期约束①;⑤挂牌公司可以根据自身需要,自主确定发行股份数量、融资金额,且没有时间间隔要求。

截至2013年底,与新三板市场挂牌相关的制度建设基本成熟,新三板市场具备向全国扩容的实质性制度条件。2014年以来,随着新三板市场挂牌公司数量的快速增长,新三板市场挂牌公司的股票交易、投融资业务、分层管理以及监管等方面出现新的需求,制度建设的重心因而转移到完善基本制度框架、创新交易方式(引入做市商制度)、强化基于信息披露的监管、发布新三板指数以及创新管理机制(公布分层管理标准)等方面。

四 新三板市场的功能实现情况

全国股份转让系统促进企业发展的功能主要体现在直接融资、股票公开转让、价值发现、并购重组、股权激励、规范治理、信用增进和形象提升8个方面。经过两年多的发展,新三板市场的各项功能都得到了长足的发展。

(一)直接融资

目前,新三板市场挂牌公司的直接融资工具主要包括定向增发、中小企业私募债和优先股。

1. 定向增发

新三板市场挂牌公司最常用的直接融资工具是定向增发。2014年,

---

① 无限售期要求的股东不包括公司的董事、监事、高级管理人员所持新增股份,其所持新增股份应按照《公司法》第142条的规定进行限售:公司董事、监事、高级管理人员应当向公司申报所持有的本公司的股份及其变动情况,在任职期间每年转让的股份不得超过其所持有本公司股份总数的25%;所持本公司股份子公司股票上市交易之日起一年内不得转让。上述人员离职后半年内,不得转让其所持有的本公司股份。

新三板市场共有287家（18.26%）挂牌企业定向增发股票329次，实际募集金额为132.09亿元，平均每家企业募集资金4602.44万元。其中，九鼎集团募集金额最大，通过两次定向增发累计募集资金57.87亿元；麦稻之星（430691.OC）募集资金额度最小，2014年4月17日，麦稻之星以1.1元/股的价格定向增发21万股，实际募集金额为23.1万元；楼兰股份（430657.OC）实施的增发次数最多，在2014年内共实施了5次定向增发，总共募集资金4385.7万元；凯立德（430618.OC）实施了4次定向增发。共有32家挂牌公司在一年内进行了两次（包括）以上的定向增发。

2015年，共有1887家（36.79%）挂牌企业定向增发股票2565次，实际募集金额1216.17亿元，平均每家企业募集资金6444.99万元。募资额度超过1亿元的挂牌公司共有205家，其中，中科招商募资总额为108.84亿元，九鼎集团募资总额为100亿元，另有11家挂牌公司募资额度超过10亿元。九天高科（832440.OC）的融资额度最小，仅为16.0万元。定向增发次数最多的仍然是2014年的纪录创造者楼兰股份，该公司在2015年实施了7次定向增发，总共募集资金2.02亿元。艾录股份（830970.OC）等8家挂牌公司实施了5次定向增发，中科招商、达仁资管（831639.OC）等24家挂牌公司定向增发次数为4次，另有82家公司进行了3次定向增发，415家公司进行了两次定向增发。

2. 中小企业私募债

中小企业私募债是面向新三板市场挂牌公司开放的第二个直接融资工具①，Wind资讯的统计数据显示，自2012年8月起，相继有20家挂牌公司成功发行私募债产品（见表10）。

---

① 私募债是一种便捷高效的融资方式，其发行审核采取备案制，审批周期更短。没有对募集资金进行明确约定，资金使用的监管较松，发行人可根据自身业务需要设定合理的募集资金用途，如偿还贷款、补充营运资金。若公司需要，也可用于募投项目投资、股权收购等方面，资金用途相对灵活。同时，私募债的综合融资成本比信托资金和民间借贷低，部分地区还能获得政策贴息。

表10 新三板市场挂牌公司私募债信息汇总（2012~2015年）

代码	公司简称	债券简称	发行起始日	发行期限（年）	票面利率（%）	发行规模（亿元）	发行方式
833880.OC	中城投资	15中城01	2015-12-30	3.0	6.90	3.0000	私募
833858.OC	信中利	15信中利	2015-12-29	2.0	8.60	1.0000	私募
832168.OC	中科招商	15中科01	2015-12-22	3.0	6.79	7.0000	私募
832168.OC	中科招商	15中科02	2015-12-22	3.0	6.17	13.0000	私募
830796.OC	云南路桥	15滇路桥	2015-6-30	3.0	7.50	1.1000	私募
430119.OC	鸿仪四方	14鸿仪01	2014-12-5	3.0	9.00	0.2680	私募
430377.OC	海格物流	14海格01	2014-9-4	3.0	7.63	0.3000	私募
430171.OC	电信易通	14易通债	2014-9-1	2.0	8.00	0.1000	私募
430274.OC	重钢机械	14重机债	2014-10-30	2.0	8.50	0.3500	私募
430738.OC	白兔湖	14白兔湖	2014-10-22	2.0	8.98	0.7300	私募
830865.OC	南菱汽车	14南菱01	2014-4-10	2.0	9.00	0.4000	私募
430297.OC	金硕信息	14金硕02	2014-6-13	3.0	9.47	0.1000	私募
430289.OC	华索科技	13华索债	2014-4-3	3.0	8.30	0.1000	私募
430297.OC	金硕信息	14金硕01	2014-5-9	3.0	9.47	0.1000	私募
430609.OC	中磁视讯	13中磁债	2013-10-9	3.0	9.00	0.1000	私募
834020.OC	东霖食品	13东霖债	2013-8-28	3.0	11.00	0.5000	私募
831610.OC	中成新星	12中成债*	2013-3-22	3.0	9.50	0.6000	私募
430263.OC	蓝天环保	13京蓝天	2013-6-19	3.0	8.50	0.2000	私募
430639.OC	派芬自控	13沪派控	2013-3-29	3.0	9.00	0.1500	私募
831934.OC	宇迪光学	12宇光债	2012-8-20	2.0	8.50	0.3000	私募

* 12中成债是中成新星2013年发行的中小企业私募债券，发行规模为6000万元，期限36个月，2016年3月22日到期。目前，该债券已经违约，成为新三板市场上首单违约债券。

资料来源：Wind资讯。

每家公司融资金额相差较大，募集的金额从1000万元到13亿元不等。票面利率多为6%~10%，融资成本低于信托资金和民间借贷成本，具有一定的成本优势。2015年仅有5单私募债产品发行，融资总额为25.1亿元。与往年相比的明显变化是，每单融资额都不低于1亿元，同比有大幅提升。

3. 优先股

2015年9月21日，全国中小企业股份转让系统发布了《优先股业务指引（试行）》，为新三板市场挂牌企业提供了新的直接融资工具。作为介于权益融资和债务融资之间的融资工具，优先股最适合现金流稳定的金融类挂牌公司的融资需求。截至2015年末，新三板市场先后有5家公司公布了优先股发行计划，包括鑫庄农贷（830958.OC）、中视文化（430508.OC）、诚信小贷（834038.OC）、中国康富（833499.OC）和思考投资（831896.OC），除中视文化外，其他4家均为金融类公司。鑫庄农贷本次优先股发行计划募资不超过2.2亿元，中视文化计划募资1000万元，诚信小贷计划募资不超过2000万元，中国康富计划募资不超过15亿元，思考投资计划募资2.0亿元。

关于发债、优先股融资，主要是一些金融类企业感兴趣，传统企业保证现金流的风险比较大，发行优先股和债券的仍是少数。

（二）股票公开转让

截至2015年末，新三板市场已经引入的交易方式包括协议转让和做市转让两种形式。在5129家挂牌企业中，协议转让的挂牌公司有4014家，做市转让的挂牌公司有1115家。

2014年，122家采用做市交易方式的公司有做市交易记录，累计成交金额为21.20亿元，累计成交量为2.50亿股；2015年，1114家做市公司有成交记录，累计成交金额为1105.82亿元，累计成交量为123.68亿股。2014年，208家采用协议转让交易方式的公司有成交记录，累计成交金额为18.13亿元，累计成交量为2.97亿股；2015年，965家协议转让公司有成交记录，累计成交金额为315.39亿元，累计成交量为67.11亿股。

（三）价值发现

非公众公司（即挂牌前的企业）的估值通常建立在净资产的基础上，一般以静态的眼光衡量公司既有资产价值，较少考虑公司未来的发展潜力。一旦成为公众公司（即挂牌公司），资本市场更看重挂牌公司未来的发展潜力（即成长性），公司的估值依据会从挂牌前的所有者权益（净资产）变更为成长性价值。在实践中，普通公司经挂牌成为公众公司后，公司估值水平会得到显著提高。

1. 做市商制度提升价值发现能力

截至2015年末,新三板市场共有82家券商开展做市业务,在5129家挂牌企业中有1115家(21.74%)采取做市转让方式。Wind资讯的统计数据显示,截至2016年3月11日,有94家挂牌企业的做市商数量超过(含)10家,挂牌企业联讯证券的做市商数量最多,达到38家。新三板市场引入做市商制度后,市场流动性明显增强,价值发现功能得到提升。但仍须进一步增加非券商做市机构,形成充分竞争的做市商格局,并且适当调整投资者参与门槛,提升市场活跃度。

2. 协议转让制度存在漏洞

由于协议转让不设涨跌幅限制,买卖双方只需在场外自主对接形成转让协议,进入股转系统报价即可完成交易,因而采取协议转让的股票价格波动性非常大。没有涨跌幅限制、不需要披露股价异常波动原因,给了很多挂牌企业"动手脚"的空间,在不同的交易价格下,有些交易是真实发生的,有些价格是虚假的,这种现象将损害新三板市场的价格发现功能。

(四)并购重组

挂牌企业在挂牌前经过公司改制、挂牌辅导等流程后,公司治理结构、财务规范程度都得到显著提升,远好于其他普通企业,降低了并购重组的成本。而且,挂牌后成为公众公司,降低了各大公司寻找并购标的的成本,增加了对收购者的吸引力。除了增强了作为被收购对象的便利性外,新三板市场还是挂牌公司主动并购的良好平台。首先,在新三板市场挂牌后,挂牌公司获得了便捷的融资渠道,增强了资金实力,有能力实现外延式并购;其次,挂牌公司可以通过定向增发股份的方式实施并购,增加了并购重组的支付方式;最后,挂牌公司通过做市等方式,提升了股票流动性,形成较为公允的市场估值,有利于增强投资者参与定向增发的信心。2014~2015年挂牌公司并购重组交易记录见表11。

表11 挂牌公司并购重组交易统计（2014~2015年）

时间	重大资产重组次数（次）	重组交易金额（万元）	收购次数（次）	收购交易金额（万元）
2014年	8	107368.94	8	22109.80
1月	3	12400.00	2	7782.00
2月	—	—	3	7319.40
3月	3	28808.64	4	47589.50
4月	7	50808.16	5	18519.78
5月	5	17344.73	5	6152.00
6月	8	40754.98	15	48425.16
7月	5	265324.55	10	33471.28
8月	9	244136.39	9	188490.45
9月	16	1371350.68	12	17699.07
10月	10	377816.18	10	24955.58
11月	11	158518.72	10	68818.71
12月	29	359469.21	22	82222.47
2015年合计	106	2926732.24	107	551445.39

资料来源：全国股转系统网站（www.neeq.com.cn）。

（五）股权激励

新三板挂牌公司多属于创新型、创业型和成长型中小微公司，公司发展普遍存在人才和资金紧缺的困难，难以提供具有足够竞争力的薪资待遇以吸引人才，股权激励因而成为创业型企业聚集人才的重要手段。全国股份转让系统支持挂牌公司以限定性股票、期权等多种方式灵活实行股权激励计划。在履行信息披露义务的前提下，挂牌公司可以自主选择股权激励的方式，这为挂牌公司集聚核心人才创造了条件。截至2015年末，已实施股权激励的挂牌公司有3家，分别是仁会生物（830931.OC）、益盟股份（832950.OC）和佳一教育（833142.OC）。另外，还有海能仪器（430476.OC）等12家挂牌企业的股权激励方案已经在股东大会上通过，已公布董事会预案的挂牌企业有26家。

（六）规范治理

规范的公司治理是企业获取金融服务、对接外部资本的基本前提，也是实现可持续发展、确保基业长青的根本保障。主办券商、律师事务所、会计师事务所等专业中介机构帮助公司建立以"三会"为基础的现代企业法人治理结构，梳理规范业务流程和内部控制制度，大大提升企业经营决策的有效性和风险防控能力。挂牌后，主办券商还将对公司进行持续督导，以保障公司持续规范运营。

2015年8月19日，全国中小企业股份转让系统发布公告，将对28家存在违规行为的挂牌企业采取监管措施。这是新三板市场在全国扩容以来，股转系统首次一次性对这么多公司开出"罚单"。这些违规行为的出现，多数与公司治理不规范有关，如缺乏专业高效的董事会秘书，对资本市场业务不熟悉，导致信息披露不及时、不完整、不准确。

（七）信用增进

挂牌公司作为公众公司被纳入证监会统一监管，履行充分、及时、完整披露信息的义务，信用增进效应十分明显。在获取直接融资的同时，可以向银行、小贷公司等申请信用贷款，也可参考二级市场价格向银行、证券公司等申请股权质押贷款。全国股份转让系统已与多家银行建立战略合作关系，相关银行均已开发针对挂牌公司的专属产品。

新三板市场的迅速发展，早已引起银行瞩目。全国中小企业股份转让系统于2013年12月20日，与工商银行、农业银行、中国银行、建设银行、交通银行及光大银行、兴业银行等17家商业银行签署战略合作协议，共同打造面向中小企业的综合金融服务平台，7家商业银行每年为挂牌公司和拟挂牌公司提供一定意向的授信额度，同时为挂牌公司办理各项传统融资业务和创新性融资业务。全国中小企业股份转让系统披露，2014年，全国中小企业股份转让系统已与工商银行、交通银行、浦发银行、招商银行等27家银行合作，向挂牌企业推出29个专项产品及服务，27家商业银行共为挂牌企业提供贷款433亿元。而挂牌一年后，企业平均债务融资成本为7.2%，较挂牌当年下降13.1个百分点。此外，一些小贷公司、村镇银行也在进入。从目前的情况来看，各家银行的新三板业务多以股权质押贷款为主。

（八）形象提升

挂牌公司作为公开披露信息的公众公司，在公众、客户、政府和媒体中的形象和认知度都明显提升，在市场拓展及获取地方政府支持方面都更为容易。同时，公司行为受到一定的监管和监督，间接促进了挂牌公司的规范治理，进一步提升了企业形象。

企业在新三板市场挂牌意味着企业进入了资本市场，也标志着企业走向了规范化运作，同时还体现了企业的整体实力和发展前景，对于高新技术企业来说，这些都将极大提升企业形象，进而对企业的品牌建设、市场营销和人力资源建设产生积极的推动作用。挂牌后公司重大生产经营活动需要通过全国中小企业股份转让系统有限责任公司网站或其他媒体对外公布，这能够有效地吸引市场的关注，提升企业公众形象和知名度，能够起到很好的广告效应，增加了品牌的价值。在进行市场拓展、取得客户信任、提高公众认知及获取政府支持方面都更为容易。

五 中介机构发展情况

新三板市场的发展离不开中介机构的专业服务，在某种程度上，中介机构的数量和执业水准决定着新三板市场的发展进程以及挂牌企业对接资本市场的深度。按照新三板市场的业务规则要求，挂牌、做市交易、融资、并购重组以及信息披露等各个环节，都需要中介机构的专业化服务。

根据全国中小企业股份转让系统网站的统计，截至2015年末，全市场取得主办券商资质的机构共有91家，取得新三板业务资质的会计师事务所有39家，取得新三板业务资质的律师事务所有212家。

截至2015年末，前十大主办券商共推荐挂牌公司2082家，占全部挂牌公司的40.59%。申万宏源与中泰证券的优势非常明显，分别占挂牌公司总量的8.50%与4.78%（见表12）。

表12 累计挂牌公司数量最多的前十大主办券商（2015年）

序号	主办券商	推荐挂牌数量(家)	序号	主办券商	推荐挂牌数量(家)
1	申万宏源	436	6	国信证券	187
2	中泰证券	245	7	长江证券	164
3	中信建投	201	8	招商证券	155
4	安信证券	198	9	国泰君安	150
5	广发证券	197	10	东吴证券	149

资料来源：全国股转系统网站（www.neeq.com.cn）。

截至2015年末，新增挂牌公司数量前十大主办券商共成功推荐挂牌公司1372家，占2015年全部新增挂牌公司总量的38.44%。申万宏源一骑绝尘，新增挂牌公司数量遥遥领先于其他主办券商（见表13）。

表13 新增挂牌公司数量最多的前十大主办券商（2015年）

序号	主办券商	推荐挂牌数量(家)	序号	主办券商	推荐挂牌数量(家)
1	申万宏源	254	6	广发证券	124
2	中泰证券	155	7	招商证券	114
3	安信证券	152	8	国泰君安	113
4	中信建投	135	9	东吴证券	105
5	国信证券	126	10	长江证券	94

资料来源：全国股转系统网站（www.neeq.com.cn）。

截至2015年末，前十大会计师事务所共审计挂牌公司3300家，占全部挂牌公司总数的64.34%，表明提供审计服务的中介机构数量较少，显示出审计机构较高的垄断性特征（见表14）。

表14 审计挂牌公司数量最多的前十大会计师事务所

序号	会计师事务所	挂牌公司数量（家）
1	瑞华会计师事务所（特殊普通合伙）	624
2	立信会计师事务所（特殊普通合伙）	519
3	北京兴华会计师事务所（特殊普通合伙）	415
4	大华会计师事务所（特殊普通合伙）	352
5	天健会计师事务所（特殊普通合伙）	342
6	大信会计师事务所（特殊普通合伙）	297
7	中兴财光华会计师事务所（特殊普通合伙）	269
8	天职国际会计师事务所（特殊普通合伙）	201
9	致同会计师事务所（特殊普通合伙）	151
10	信永中和会计师事务所（特殊普通合伙）	130

资料来源：Wind 资讯。

截至2015年末，前十大律师事务所及其分支机构共审计挂牌公司2002家，占全部挂牌公司总数的39.03%，行业集中度与主办券商接近（见表15）。而且，前十大律师事务所集中分布在北京与上海，其分支机构遍布各主要城市。

表15 服务挂牌公司数量最多的前十大律师事务所

序号	律师事务所	挂牌公司数量（家）
1	北京大成律师事务所	350
2	北京德恒律师事务所	300
3	国浩律师事务所	278
4	北京市中银律师事务所	257
5	上海市锦天城律师事务所	205
6	北京市中伦律师事务所	188
7	北京市盈科律师事务所	160
8	北京市康达律师事务所	93
9	北京国枫律师事务所	90
10	北京金诚同达律师事务所	81

资料来源：Wind 资讯。

六 二级市场运行状况

自2013年12月新三板市场成为全国性证券市场以来,市场规模急剧扩大,二级市场上的交易量也明显放大。特别是2014年8月实施做市交易制度以后,二级市场的交易活跃程度明显提升。当然,交易量的放大和交易活跃程度的提升都是相对于自身的发展而言的,与A股市场相比,新三板市场的交易活跃程度还相去甚远,特别是股灾以后的一段时间,整个新三板市场的日成交量甚至不及一只中等规模A股股票的日成交额。与一级市场火爆的场面形成鲜明对比的是,二级市场的交易情况十分不稳定:2015年前4个月新三板市场成交量一路高企,但5月以后成交量陡然下降(见图6)。另外,新三板市场的低迷以及流动性的严重不足,在一定程度上影响了挂牌公司的正常融资,也使做市商和投资者利益受损。概括来说,扩容以来,新三板二级市场交易呈现如下几个特点。

1. 指数波动幅度大,显示市场仍处于发展的初级阶段

从新三板市场行情启动以来的2015年来看,统计全市场2015年最高点至最低点跌幅,新三板做市指数跌幅为58.71%,大于创业板的55.94%、上证指数的44.95%和新三板成指的40.02%。

2. 新三板定增融资保持活跃,交易量持续低迷

定增融资反映一级市场的融资能力,交易量反映二级市场的定价能力。目前新三板二级市场严重缩量。新三板增发融资,尽管增发估值在走低,但是融资量基本没有减少,还是维持着高位震荡的态势。当市场情绪高涨的时候,新三板表现出股票市场的特性,大部分投资者认为在半年的投资周期内可以快进快出,而在市场预冷的时候,新三板又表现出PE市场的特性,投资机构会因为没有交易量无法卖出而被动持有。

3. 做市交易集中在少数标的,一半以上做市公司无交易

很多新三板企业做市之后期望能够有活跃的交易与较好的K线走势,导致新三板做市企业暴增,从2月底的不到170家,飙升到12月的1100多

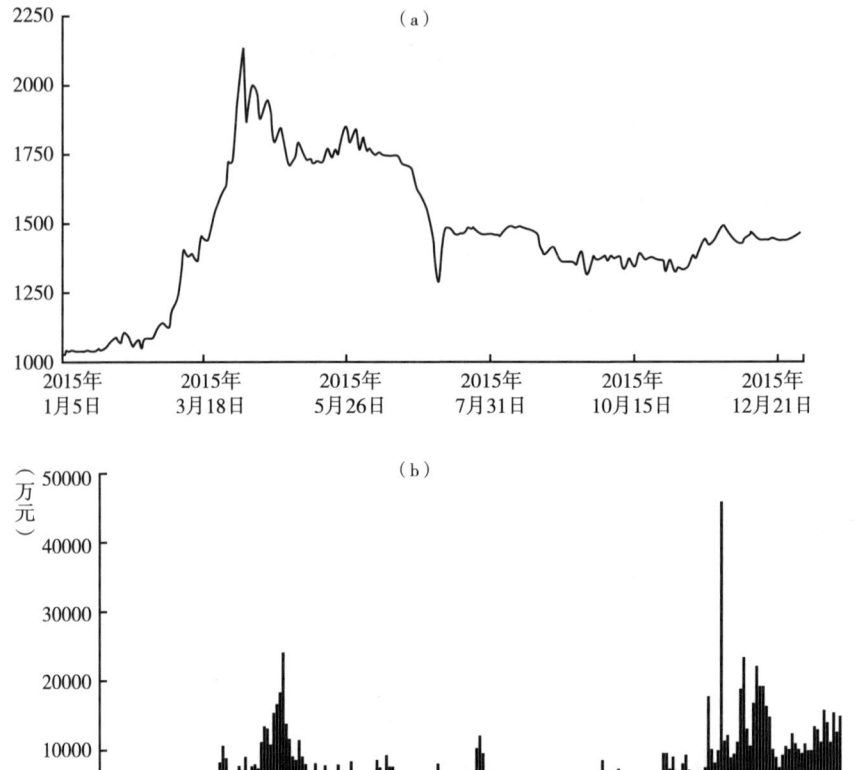

图 6　新三板市场成分指数与成交额走势（2015 年）

资料来源：全国股转系统网站（www.neeq.com.cn）。

家。然而做市交易市场目前的实际情况是，交易额排在前 50 位的企业占据做市交易全市场交易额的 60%；这 50 家企业占做市企业数量的 4.5%，占全市场挂牌企业数量的 1%。实际的做市情况比预期中的要差很多，大部分企业启动做市后仍然没有投资者交易，只有做市商之间的相互倒手。

B.2
新三板市场面临的机遇与挑战

王吉培*

摘　要： 新三板市场的推出是在新形势下对三板市场的另一次扩容试验，不仅是对国家支持创业、创新的政策落实，也为探索建立全国统一的场外交易市场积累了经验，经过短短几年的发展，已经成为我国多层次资本市场的重要组成部分。本报告在"双创"和"四众"的时代背景下，详细分析了新三板市场面临的机遇和挑战。

关键词： 新三板市场　场外市场　多层次资本市场

近年来，新三板市场的规模不断扩张，特别是2014年进入了高速发展期，在为中小微企业提供融资平台、完善公司治理结构、提升公司经营能力、提高企业知名度等方面都发挥了一定的作用，也为构建和完善多层次场外交易市场奠定了良好的基础。如今，新三板市场被写进了"十三五"规划，"双创"和"四众"的时代大潮滚滚而来，在新的历史背景下，新三板市场正迎来前所未有的历史机遇，同时，在我国多层次资本市场建设中，新三板市场建设才刚刚起步，在制度建设、政策完善的过程中也面临诸多挑战。

---

* 王吉培（1984～），河北邢台人，现就职于中国人民银行征信中心，中国人民大学金融学博士，研究方向为天使投资、风险投资、大数据征信等。

新三板蓝皮书

一 新三板市场面临的机遇

在新的历史背景下,新三板市场面临前所未有的历史机遇:新三板市场被写进了"十三五"规划,为新三板市场的改革发展提供更高层次的政策依据;"双创"和"四众"的时代大潮席卷而来,更多更好的高成长性企业将成为新三板市场潜在的发展目标;多层次资本市场的构建历来是国家层面的发展战略,新三板市场在逐步发展完善的过程中必然会扮演越来越重要的角色;新三板市场作为挂牌企业的退出通道,将吸引越来越多的私募股权基金涌入;第二波政策红利落地的预期越来越强烈,分层设计、竞价交易、降低投资者门槛等政策的出台将使新三板市场的功能和运行质量得到有效提升和改善。

(一)"十三五"规划为新三板市场的改革发展奠定坚实的政策基础

中国经济步入新常态,"十三五"规划对未来5年的改革发展工作做了更高层次的战略部署,进一步促进经济结构转型,鼓励自主创新,培育企业核心竞争力,进一步支持传统产业优化升级,拓展产业发展空间,支持创业、创新。"十三五"规划还提出,"发展天使、创业、产业投资,深化创业板、新三板改革"。其中,对资本市场建设提出了更加全面、细致的要求,如"积极培育公开透明、健康发展的资本市场""推进资本市场双向开放""提高直接融资比重"等,涉及创业板和新三板市场改革、股票及债券发行交易制度改革等多项具体工作。

新三板市场作为促进企业创新和推动中国产业转型升级的重要平台,其发展定位是以高成长性、高潜力的创业型、创新型企业为主,而这些企业必然是未来经济转型发展的核心驱动力和促进产业优化升级的重要力量。目前有关部门正在制定关于进一步支持新三板市场发展的指导意见,可以预期,已快速发展的新三板市场仍然是未来我国资本市场发展的生力军。

（二）"双创"和"四众"的时代强音为新三板市场提供更为广阔的发展空间

2013年10月，国务院常务会议强调"调动社会资本力量，促进小微企业特别是创新型企业成长，带动就业，推动新兴生产力发展"，此后，"大众创业、万众创新"上升为国家战略，在全国范围内掀起了一股创业、创新的风潮。据不完全统计，自2013年至今，中央和地方政府陆续出台一系列优惠政策支持创业、创新，其中，至少有22份促进创业、创新的相关文件是在中央层面出台的。从地方政府层面看，随着中央的号召以及政策的出台，全国多个省份已经出台相关的政策措施，对创业、创新起到了助推作用。

随着全球分享经济的快速增长，创业、创新的风潮掀起，新业态、新模式不断涌现，给生产方式和生活方式带来了广泛而深刻的影响。在这种背景下，2015年9月26日，国务院发布了《国务院关于加快构建大众创业万众创新支撑平台的指导意见》，鼓励支持"四众"（众创、众包、众扶、众筹）的发展。随着"四众"支撑平台快速发展，多方参与更加高效协同，劳动、资本、知识、信息、技术、管理等资源进一步优化配置，创业、创新与社会需求和市场资源的对接通道有效拓展，创业、创新的组织形态也更加丰富。

2015年1月1日中国工商总局公布的数据显示，2015年上半年，我国新增企业685万家，从2014年1月1日到2015年上半年，累计新增注册企业1200万家。可以说，"双创"和"四众"为社会大众广泛、平等地参与创业、创新，共同分享改革红利和发展成果提供了更多元的途径和更广阔的空间。从服务对象看，新三板市场主要面向新兴行业和先导性公司，在创业、创新的浪潮中，一些致力于开拓战略新兴产业的创业期中小微企业极有可能成为新三板市场的目标公司。

（三）多层次资本市场体系的构建为新三板市场提供发展动力

中国多层次资本市场的结构正在逐步完善。多层次资本市场包含场内市场和场外市场。场内市场就是上交所和深交所，场外市场就是全国中小企业股份转让系统，也就是新三板市场，以及区域性的股权交易中心。上交所为大盘蓝筹集合市，深交所是盘子略小企业的聚合场，还设有中小板和创业板市场，有些公司可能暂时达不到主板和创业板市场的上市要求，新三板市场提供了很好的过渡机会，使这些企业能够通过在新三板市场挂牌的方式及时获得资金支持，并且待时机成熟时，可望晋升到创业板或主板市场挂牌。① 与我国上千万家企业的直接融资需求相比，新三板市场具有广阔的发展空间。②

在国外成熟的资本市场体系里，场外市场公司的数量最多，处于金字塔底部。主板的大公司在金字塔的顶部，数量最少。一般来讲，上市公司数量与企业总体数量、交易成本、流动性、制度、投资文化及环境密切相关。从国际上看，印度有上市公司5000多家，属于上市公司比较多的国家；美国上市公司的数量不稳定，目前有4000多家；欧洲国家、日本一般不会超过3000家。就我国资本市场的开放性和成长性而论，交易所上市企业数量肯定不会限于目前主板市场的2500家。在这一过程中，借鉴纳斯达克与纽交所的竞争机制，模仿纳斯达克做市商制度的新三板市场，不排除将来其与沪、深交易所平等竞争的可能性。

（四）私募股权基金对新三板企业的孵化功能将吸引更多的公司挂牌

资本市场经历了20多年的发展，公募基金公司有近100家，私募基金公司有上千家，加上券商、保险公司等，这些专业的投资机构，可以从风险收益比的角度来衡量新三板市场，包括新三板公司。新三板市场作为挂牌公司股份的转让平台，是上市公司的资源孵化器和蓄水池。根据股转系统最新公

---

① 如果按照注册资金来划分，一般来说，注册资金2亿元以上的上市公司上主板市场，1亿~2亿上中小板市场，3000万~1亿元上创业板市场，500万~3000万元上新三板市场。
② 美国纳斯达克日均交易额是500多亿美元，占整个美国交易市场的比例大概是30%，国内每天A股成交额大概是1万亿元，创业板占10%，新三板占比完全可以忽略，按照这个比例来看，将新三板市场打造成为中国的纳斯达克，空间是无限的。

告，三类资金可投新三板拟挂牌公司股权。基金子公司资管计划、证券公司资管计划、契约型私募基金均可投资拟在新三板市场挂牌的公司的股权。①

作为资本市场的重要组成部分，新三板市场为私募股权基金的退出提供了新方式。从目前的实际操作情况看，私募股权投资基金有两种投资方式：一是投资拟挂牌新三板企业，并重点培育投资标的直至其被并购或上市；二是将所募资金滚动投资数家已挂牌企业，也就是采取"拟挂牌新三板企业+已挂牌新三板企业"的混合模式。目前，新三板市场的估值基本上是按照创业板市场的估值进行倒推，新三板市场的股价根据未来转创业板市场的时间折现取得。按照目前创业板市场的发行市盈率计算，增值空间可以达到30~40倍，有的个股甚至可能达到数百倍。清科数据显示，2015年VC/PE机构退出项目数量创历史新高，仅前三季度的退出案例就高达1833例，比2014年全年增长了120%。通过新三板市场实现退出已经成为如今最主要的退出渠道（已超过主要IPO），这无疑将会为新三板市场的发展提供更多的资金来源。

（五）第二波政策红利将极大提升新三板的市场功能

2014年12月26日，证监会发布《关于证券经营机构参与全国股转系统相关业务有关问题的通知》，新三板做市商主体进一步扩围，由目前的证券公司扩围至符合条件的基金子公司、期货子公司、证券投资咨询机构及私募基金公司。② 2015年6月末证监会发言人表示，拟引入非券商机构参与做

---

① 《证券公司直接投资业务规范》颁布后，券商直投将进一步突破自有资金的限制，进入杠杆投资阶段。根据《关于修改〈证券公司设立子公司试行规定〉的决定》，券商设立组织形式为有限合伙企业或公司制企业的直接投资业务子公司及其直投下属机构、直接投资基金，下面可以设立和管理股权投资基金、创业投资基金、并购基金、夹层基金等，以直投基金投资新三板市场挂牌公司。
② 做市商制度推出一年，做市商由开始的42家发展为现在的88家，但与此同时，参与做市的企业也超过800家。每家做市企业需要至少两家做市商，按此计算，1家做市商平均要为20多家公司做市，其中齐鲁证券、兴业证券、天风证券等8家券商的做市企业数量均超过100家。从国际经验看，纳斯达克的做市商达到了600家，平均每只挂牌股票有20家做市商做市，微软、苹果等规模较大的明星公司的做市商数量超过60个。

市业务，优化协议转让管理方式，协调新三板市场完善做市转让业务规则，提高交易规范程度，推进市场分层，实现差异化管理，政策落地预期增强。

第一，竞价机制有望引入，投资门槛或将降低，市场流动性有望进一步增强，新三板市场公开交易的特点将凸显。分层是竞价、转板和退市的基础。新三板市场实现分层之后，将会借鉴美国 OTC 市场的经验，对信息充分披露的公司采用竞价方式，流动性将显著增强。此外，分层之后有望执行差别化投资者适当性管理，个人投资者 500 万元的门槛有望降低，将吸引更多资金进入市场，增强整体流动性。

第二，随着新三板市场挂牌企业数量迅猛增长，结构性和层次性特征已显现，新三板市场实施分层管理的必要性日益凸显。此外，转板机制或将推出，新三板市场的估值水平得到提升，退出渠道更加便利。随着市场规模不断扩大，挂牌公司的差异逐步显现，单一的市场层次已逐渐不能满足新三板市场进一步发展的需要。挂牌公司进行分层管理成为必然。证监会相关领导表示，制定新三板转板机制是 2015 年工作重点。新三板市场分层方案于 2015 年第三季度公开征求市场意见，在交易方式、股票发行、投资者适当性、信息披露等方面对不同层次的市场实行差异化安排。

第三，差别化征收股息红利税的政策旨在鼓励投资者进行长期投资。为落实《国务院关于全国中小企业股份转让系统有关问题的决定》（国发〔2013〕49 号文），2014 年 6 月 27 日，财政部、国家税务总局、证监会联合发布财税〔2014〕48 号文，对个人持有全国股份转让系统挂牌公司的股票股息红利实施差别化个人所得税政策[①]，企业只要在新三板市场挂牌，20% 的股息红利税这一问题就会迎刃而解。2015 年 9 月 7 日，财政部、国家税务总局、证监会发布《关于上市公司股息红利差别化个人所得税政策

---

① 持股期限在 1 个月以内（含 1 个月）的，其股息红利所得全额计入应纳税所得额；持股期限在 1 个月以上至 1 年（含 1 年）的，暂减按 50% 计入应纳税所得额；持股期限超过 1 年的，暂减按 25% 计入应纳税所得额。如某公司账面有 2000 万元未分配利润，全部分红的话，股东要缴纳 400 万元个税，到手只剩下 1600 万元，而该公司在新三板市场挂牌后，股东最低只用缴纳 100 万元个税，节省 300 万元税金。

有关问题的通知》，一方面降低了投资成本，可吸引更多投资者入市，另一方面可减少短期非理性波动，有利于新三板市场的长期健康发展。

二 新三板市场面临的挑战

新三板的真正建设历程不长，属于一个新成长起来的市场，在自身制度建设、机制运行等方面面临诸多挑战。

（一）一级市场火热，二级市场流动性不足

新三板市场经过快速扩容，挂牌公司数量大幅增加，目前已成为我国最大的基础性证券市场。然而，与挂牌公司数量与日俱增形成鲜明对比的是，新三板二级市场依然面临流动性严重不足的尴尬局面。新三板上市公司虽远超沪深股市，但在挂牌的企业里，只有30%曾发生过交易。每天的交易企业数量甚至经常不超过200家，活跃的公司交易不到10%。其中，累计换手率不足1%的企业高达15%。相关数据显示，在流动性困局之下，在1220家计划定增的新三板公司中，最新股价已经跌破增发价的就有127家。

新三板二级市场之所以这样冷清，究其原因，主要有以下3个方面。

一是在新三板市场挂牌的圈钱效应具有较强的示范效应。目前，机构投资者和高净值客户是参与新三板市场的主体，这部分主体资金实力较强，参与定增市场往往会有一定折扣，客观上造成了新三板二级市场的流动性紧张。

二是新三板市场面向的是处于成长期的中小型科技企业，这些企业自身发展远未成熟，其投资和估值变动非常大，具有较大的不确定性。券商的做市制度使整个交易过程具有一定黏性，无法提高股权交易的效率。同时，与主板市场不同，对这些企业进行估值缺乏相对确定、公允的标准，投资人往往比较谨慎。

三是投资门槛过高。目前新三板市场中散户仍是主要力量，占2/3以上。现行投资者适当性标准要求个人名下前一交易日证券类资产市值逾

500万元①，使得大部分股民望而却步。最近的一次调查显示，假设投资门槛降低，大部分股民都愿意为此埋单，从投资额度来看，有四成股民投资额度为5万~30万元，这表明该区间是一般股民普遍能承受的；表示会投1万~5万元的投资者和会投30万~500万元的投资者，分别占20%左右。过高的投资门槛在保护投资者的同时，也在一定程度上限制了新三板市场交易的发展。

（二）交易特性突出，炒作气息浓烈

为未上市公司的股权融资对接股权投资基金服务是新三板市场设立的初衷，为具有成长性和发展潜力的中小企业对接各层次风险投资和各类股权投资基金，有利于降低投资基金的选择成本，这也激励着场外民间资金参与投资创新、创业企业。但是，当前频繁的股权交易并未支持挂牌公司实质性的发展，新三板市场炒作气息浓烈。

做市制度在提高股票交易活跃度的同时，也存在一些弊端，尤其是在新三板市场发展初期，挂牌公司数量较少，这些股票价格将会被抬到一个较高的水平，使得价格虚高。有些挂牌企业甚至借市值管理的名义进行内幕交易，通过操纵股价上涨的方式来推高市值，这给现有的监管和交易制度带来挑战。② 另外，新三板市场不设涨跌停制度，这也助推了不少挂牌公司的股价暴涨暴跌。由于没有涨跌限制，有些公司股票的当日涨幅竟达到500%。

曾经的纳斯达克也是风险积聚，制造了一个仅包装概念就能上市的神

---

① 按照股转系统2013年底发布的新三板企业发行、转让等14项配套规则，其中个人投资者适当性门槛由原来的300万元提高至500万元。要求自然人投资者"本人名下前一交易日日终证券类资产市值500万元人民币以上；具有两年以上证券投资经验，或具有会计、金融、投资、财经等相关专业背景或培训经历"。
② 目前，被证监会点名调查的新三板企业有红豆杉、九鼎投资、华泰集团、现代农装、春茂股份、易同科技、华恒生物、中科招商、国贸酝领、奥美格、宏泰矿业、中海阳共计12家。其中，红豆杉、九鼎投资还有中科招商等受到调查的原因是其股票价格暴涨暴跌。例如，中科招商股价在4月22日收盘时暴跌90.98%，当日最低跌至1.01元，而第二天又暴涨762.96%，产生盘中最高60元的异常交易；华恒生物则因以超高价成交了6笔交易，其中更是出现99999.99元/股的天价。

话，在资本市场支持创新、创业企业的炒作下，几年间上市公司由3000多家膨胀到近6000家，结果，纳斯达克指数也从5200点暴跌至1000点，导致2001年有2400多家公司退市。21世纪初的IT泡沫危机教会了美国创新、创业企业初期要远离华尔街，同时培育了初期以天使投资、风险投资为主，中后期以不同阶段股权投资为主的新业态企业的融资体系，也就是我们说的场外多层次资本市场。

（三）挂牌企业质量参差不齐，影响新三板市场健康发展

与沪深交易所的定位有所不同，新三板市场主要是满足初创型、成长型企业的融资需求。从挂牌条件看，新三板市场对盈利水平没有硬性要求，只要公司设立满两年，主营业务突出，公司治理结构健全，发展潜力可观，基本上可以向证券业协会提出挂牌申请。这些公司为了在新三板市场挂牌，本身就存在通过包装的方式对公司的发展现状、盈利能力、未来发展潜力进行美化的动机，信息不对称易吸引大量投资者陷入，这使得一些股票被扎堆抢购。

从目前统计数据看，我国每年有800~1000家中小企业在新三板市场挂牌交易，审核简化，无须漫长排队，在挂牌企业中，有湘财证券、联讯证券、九鼎投资及中科招商等实力雄厚的大公司，有中超电缆、大族激光、华谊兄弟等上市公司的子公司，有小贷公司、担保公司、农信社等金融机构，也有体量较小、抗风险能力弱甚至盈利模式和前景并不明晰的公司。新三板市场挂牌企业数量众多，参差不齐，在一定程度上使挂牌企业的融资冷热不均，有些企业被"爆炒"，吸引了较高的市场关注度，而有些企业鲜有人问津，成交寥寥，甚至没有交易量。

（四）股权集中度高，信息披露不充分

从交易制度看，无论是集合竞价制度还是连续竞价交易，都能促成最大成交量的实现，但要达到这样的效果，前提是挂牌企业的股权要相对较为分散，流动性强，且信息披露充分。另外，新三板企业转板到创业板市场，其

股权分散程度也是重要的衡量标准。从目前情况看,新三板市场股权集中度较高。相关数据显示,截至2015年上半年,新三板市场股东人数超过200人的企业不到170家,占比不足5%,将近四成的公司股东人数不超过10人。根据《中华人民共和国公司法》,企业改制时间不满一年股份不能流通,由于一些企业改制比较晚,还有1056家新三板公司没有可流通股份。

此外,对于新三板市场来说,企业挂牌的门槛很低,企业规模也很小,其管理不规范是可想而知的,各种损害投资者利益的事情不可避免,在不熟悉企业真实情况的基础上,投资者很难做出正确的投资决策,因此,信息披露就尤为必要。但在实际中,很多民营企业由家族管理模式直接改制挂牌后,出于税收规避、产品竞争等方面的考虑,在信息披露方面还很不规范。

尽管新三板市场存在诸多挑战,但发展的大趋势、大方向没有发生改变。做出这样的判断,除了上述新三板市场正在迎接的各种机遇之外,还基于两个事实:一是中央支持新三板市场发展,地方政府积极响应,中介积极参与;二是中央支持多层次资本市场建设、促进直接融资的政策方向没有发生变化。从实践来看,企业挂牌数量仍然大幅增长,企业融资增长量和速度也没有出现递减,新三板市场仍具有极为广阔的发展前景。

B.3
新三板市场发展趋势展望

范文波*

摘　要： 新三板市场是我国多层次资本市场体系的重要基石，近两年，新三板市场制度建设取得重大突破，整体发展实现跨越式推进，未来改革被写入"十三五"规划，发展前景无限。本报告根据我国经济金融新常态下资本市场整体发展战略，分别从市场培育、制度建设及监管优化三方面对新三板市场的未来发展趋势进行前瞻性探讨，力图对新三板市场未来的发展方向及改革重点提供参考。

关键词： 资本市场格局　制度建设　做市商制度　分层机制　转板机制

新三板市场是真正可推动国家创新发展、结构调整、产业升级等改革战略的市场。在我国经济结构转型的关键时期，新三板市场作为多层次资本市场建设的桥头堡，肩负着拓宽中小企业融资渠道、培育和孵化战略性新兴产业以及激发社会创新潜能的重大使命。未来10年，新三板市场将成为我国最重要的资本阵地，挂牌公司迅速增加的趋势将持续，并在10年内成为资本市场的重要支柱，其标的将成为投资配置组合中重要的"大类资产"。同时，作为场外市场的基石，新三板市场也将为主板与创业板市场提供更多的优质上市公司资源，为资本市场注入生机和活力。

---

* 范文波（1982～），广东梅州人，中国人民大学金融学博士，特华博士后科研工作站博士后。

新三板市场最显著的优势在于成长性与创新性，其未来发展的关键在于挂牌企业和自身制度。在挂牌企业方面，当前新常态下宏观经济下行，但受益于国家简政放权、"大众创业、万众创新"等改革措施和"一带一路"、京津冀一体化等政策，市场在资源配置中的决定性作用日益明显，特别是中小企业和小微经济体在产业扶持、税收优惠、信贷倾斜、人才支撑等多重政策利好下，深层活力逐步被激发，真正具备创新能力和竞争实力的企业将脱颖而出，从而为新三板市场提供充足的挂牌企业资源，并将最终在新三板市场实现自身价值。在新三板系统建设方面，随着市场制度的逐步完善和政策红利的不断释放，交易清淡、流动性不足的局面有望逐步好转。未来新三板市场将在不断提升和显现自身重要价值的同时，推动我国资本市场生态体系实现重构和完善。

一　市场培育

（一）资本市场格局将全面重构

新三板市场的发展是体现经济战略的国家工程，是多层次资本市场建设的重要一环，其发展将改变目前我国资本市场头重脚轻的倒金字塔现状，推动直接融资体系逐步趋向成熟完善，具体体现在以下方面。

1. 市场容量大幅扩大，成为资本市场金字塔塔基

2015年7月22日，新三板市场挂牌企业数量首超A股市场挂牌企业总数。截至2015年末，新三板市场挂牌企业达到5129家，已与券商签约的拟挂牌企业约有6000家，新三板市场作为全国最大的基础性证券市场的地位已经确立。假设未来新三板市场以每年平均2000家企业挂牌的速度扩张，预计2018年挂牌企业将接近上万家，10年内能聚集挂牌企业两万家，从而将我国1400万家中小企业中相对优秀的一批收入囊中。在融资方面，新三板市场挂牌企业2013年融资10亿元，2014年融资130亿元，2015年前10月已披露发行预案的融资额度为923亿元，全年直接融资额度超过1000亿元可期。可以大胆预测，新三板市值将在5年后超过深交所，8年后超过上

交所，15年后超过深交所和上交所的总和。随着挂牌企业的不断增多和总市值的不断膨胀，新三板市场将成为我国成长型企业的超级蓄水池，在资本市场中的影响力与日俱增，并使我国多层次资本市场彻底改观。

2. 成为中国版纳斯达克，成为A股市场乃至全球资本市场的有力挑战者

新三板市场是继上交所、深交所之后由国务院批准设立、证监会统一监管的第三家全国性股权交易场所，其定位和制度设计参照美国纳斯达克市场。纳斯达克用了35年在市值和交易规模等各方面赶超了纽交所，并且从最初的场外市场转变为公开市场，孕育了一大批高科技和创新、创业明星公司，成为世界上最火热的资本市场。在政策红利逐步释放后，新三板市场对创业公司和优秀公司的吸引力将与日俱增，随着市场规模不断扩大，新三板市场将实现纳斯达克发展历史在中国的翻版。当新三板总市值超过A股之后，将能与A股市场竞争上市资源，甚至可在世界范围形成吸引力，与纳斯达克等国际市场争夺全球优质企业股权。

3. 推动改善中国资本市场的资本配置效率

新三板市场采取备案制，创新了市场准入方式，只有底线标准，不过度设置门槛，没有涨跌幅限制，强调信息披露，可以说是一种负面清单式管理，实现了难得的市场化发展，给有价值的中小企业提供了一个更加公平竞争的环境，将改善中国资本市场的资本配置效率。同时，未来在新三板市场发展的竞争压力下，主板及创业板市场将加快市场化改革，完善发行和交易制度，从而逐步提升我国资本市场的整体有效性。

4. 有力支撑实体经济发展

中国经济未来的希望在于创新、成长型中小企业，而这类企业的腾飞需要一个为之服务的有效的资本市场。目前我国经济处于关键的转型调整时期，培育新的经济增长点也需要高效有力的资本市场。新三板市场作为最具活力的新型成长性市场，构建了有利于中小微企业发展的制度，以创新、创业科技型中小微企业为主体，有效改善了创新、创业环境，将成为承担上述任务的重要平台，为我国经济转型升级做出重要贡献。

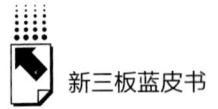

（二）高成长企业将加速入场和孵化

新三板市场作为全国中小企业股份运作的主阵地，是创新型企业的大熔炉，也是全面深化改革背景下释放企业创新、创业活力的重要场所。草根性和成长性构成新三板市场挂牌企业的主要特征，契合了"互联网+"背景下的时代精神。相对于主板市场支持"中国制造"，新三板市场主要支持"中国智造"，因此，相对于主板市场这一资本融通"老跑道"，新三板市场实际上是"新赛场"。2015年9月国务院发布了《关于加快构建大众创业万众创新支撑平台的指导意见》，其中明确提出要引导天使投资、创业投资基金等支持"四众"平台企业发展，支持符合条件的企业在新三板市场挂牌。目前新三板二级市场交易低迷并未影响一级市场优秀企业的供给，大量创新型、成长型企业涌入，将来一定会诞生一批伟大的公司。

1. 新三板市场将成为创新型企业初创期的"摇篮"

新三板市场进入门槛较低，对拟挂牌企业无盈利要求，只要求持续经营超过两年。这使资金不足的初创企业获得希望，给处于"烧钱"阶段的创新型企业提供了一条捷径。小企业与大集团的差距在于过去，而不是未来，成功挂牌新三板市场意味着可以更早进入资本大门，借助成长性机制实现发展梦想。目前新三板市场40%的挂牌公司属于具备中长期成长潜力的行业，TMT、医药和高端装备制造业已成为三条主线，部分公司通过新三板市场的支持已逐步显示发展优势。

2. 新三板市场将成为主板上市公司的"孵化器"

对于有较好发展前景但短期内尚未盈利的企业，主板市场一般不予接纳，新三板市场的大门向这些企业敞开。因此不少公司积极将新业务板块推向新三板市场，一方面可获得新三板市场融资的高效率，另一方面将获得子公司未来转板的预期红利。目前有近200家公司将其子公司或业务挂牌新三板市场，新三板市场将成为主板上市公司的"孵化器"。

3. 新三板市场将成为中小民营企业发展的"助推器"

资本市场的有效性和重要价值体现在发现和培育企业的价值上。新三板市场全面发展前，我国资本市场只支持利润超过 2000 万元的成熟企业的股权融资，每年仅有少量成熟企业上市。未来新三板市场每年将挂牌几千家企业，可解决 1400 万家中小民营企业中最优秀的一批企业的融资问题。从更长远的角度看，中国明天的百度、阿里和腾讯将诞生在新三板市场。当然，新三板市场将来的分化可能比主板市场严重得多，会出现少数明星公司，也可能出现大量无人问津的"僵尸公司"，因此新三板市场机遇与挑战并存。

（三）投资者参与新三板市场掘金的兴趣将不断提高

"得新三板者得天下"，投资新三板市场就是看好中国的未来。随着新三板市场容量不断扩大、层次不断丰富、机制不断完善，其将在有效助推我国"双创"战略实施和实体经济转型的同时，创造大量绝佳的投资机会，从而造就一大批把握住时代机会的财富人群。不断释放的制度利好为新三板市场长期发展提供持续动力，对广大投资者而言，新三板市场是拥抱早期创业公司的机会，也是难得的掘金新机遇。随着新三板市场的制度环境不断改善，越来越多的投资者着手建仓新三板。

2015 年上半年，由于新三板市场的交易制度推进未达到预期，制度套利者离场与场内流动性收缩形成恶性循环，新三板估值水平出现大幅下跌。随着新三板指数和市盈率水平回归，由流动性预期恶化所造成的市场下跌已接近尾声，新三板市场开始全面进入理性重建阶段。此外，预计公募资金直接投资新三板市场的政策可能将加速落地，将来新三板市场的整体估值体系将趋于理性，流动性也将有效提升。将来在赚钱效应的带动下，新三板市场必然成为创业者和价值投资者的盛宴。

（四）专业服务机构将逐渐发展壮大

随着新三板市场的不断发展，围绕新三板市场提供资本服务的专业机构快速兴起，结合投融资产业链形成新的盈利模式，在投行、定增、研究等领域分享巨大的市场红利，具体表现在以下方面。

1. 券商作为全面的资本服务提供商与新三板市场结合将产生全新的业务模式

新三板市场实施主办券商制度，主办券商与挂牌企业是终身捆绑关系，需要为企业提供推荐、定增、做市、重组等全链条的持续服务。从纳斯达克市场的经验看，券商做市商业务的利润占比为40%~60%。目前我国已有约80家券商进军做市商市场，申万宏源是其中较早进入的券商，目前占有近10%的市场份额，成为保荐龙头。面对未来的商机，各家券商都在着手打造满足新三板市场挂牌、融资、并购等需求的综合服务体系，从传统推荐业务走向全业务链的整合。监管机构也已明确表示，"支持证券公司设立专业子公司统筹开展全国股转系统相关业务，不受同业竞争的限制"。将来各家券商将以提供保荐挂牌、融资做市、并购重组等全产业链服务，打造在新三板市场的核心竞争力。

2. 私募及风投机构将变身综合资产管理公司

在新三板市场的盛宴中，私募及风投机构是最大的受益者之一。通过新三板市场，私募及风投机构可获得退出通道，从而推动投资模式转型。不少私募及风投机构借助新三板市场拓展业务链条，投资业务、并购基金、研究咨询、财务顾问甚至做市服务等都有可能被纳入业务范围。

3. 商业银行也将参与争夺新三板市场的发展红利

银行以前主要是通过股权质押贷款的方式参与新三板市场。在业务模式转型和盈利压力加大的背景下，面对新三板市场未来巨大的发展潜力，商业银行已不满足于仅开展风格保守的传统债权业务，将逐步加入新三板市场的商机争夺战中。预计商业银行将通过业务创新参与投融资、资管、投行等业务，例如，目前已有部分商业银行通过与外部机构合作设立夹层基金来投资新三板股权，借此逐步布局未来新的利润增长点。

（五）企业并购重组活动将日益活跃

目前新三板市场还是一个孵化器，将来随着投融资更加快捷，挂牌程序更加简化，新三板市场会成为从挂牌展示、价格重估到价值发现的最佳场所，推动并购重组活动蓬勃开展。2015年前10月累计有120余家挂牌公司进行重大资产重组和收购兼并，交易金额达250亿元。

1. 为投资者实施并购提供丰富标的

目前国内的传统产业存在产能过剩的问题，亟须转型升级。而新三板市场挂牌企业覆盖的业务类型越来越丰富，大部分是创新型的高科技企业，具有极好的成长性，加上新三板市场挂牌公司财务透明，管理规范，相较于非公众公司能更好地为收购方节约成本、提高并购效率。因此，新三板市场成了提供最佳并购标的的"狩猎场"，从2014年的情况来看，新三板市场有9家公司成为主板上市公司的收购对象，涉及金额超过100亿元，随着新三板市场聚集的优质中小企业不断增多，将来具有较为明显创新优势的新三板公司将日益成为主板上市公司的优质并购"猎物"。

2. 新三板公司从并购"猎物"转变为"猎手"

因为挂牌企业可通过新三板市场实现融资，有动力和实力去收购同业，进行行业整合，同时这个过程也是促进经济增长的动力。2015年下半年以来A股市场经历暴跌后，不少新三板公司开始反攻A股，向上市公司发起并购，从资本生态链中的"猎物"转变为"猎手"。随着新三板市场挂牌企业日益增加，这一趋势会更加明显，从而推动形成国内新产业整合的浪潮。

二 制度建设

有效的交易制度是资本市场发展的根基和生命线，从开启之初的制度设计到目前的一系列制度改革可见，新三板是在市场化的思路下发展的。国家不断推出改革政策以促进新三板市场发展，创新的力度比主板市场要大，发展的步伐比主板市场要快，注册制、做市商等制度优于A股市场，优先股、私募债、股票质押式回购等创新型产品也领资本市场风气之先。当前制约新三板市场发展最大的问题是流动性不足，未来的发展关键是要在增加流动性上下功夫。展望未来，新三板市场将进一步加快制度完善及创新步伐，着眼中小微企业的特点和投资人的需求，坚持走包容性制度之路，充分发挥公开

市场的特点和优势，持续提高投融资匹配效率，这也是投资者关注的政策红利。

（一）逐步完善做市商制度

作为全国性的公开市场，新三板市场的定价机制必须具有合理性、稳健性和有效性，这样才能发挥价值发现功能，实现资源的高效配置。新三板市场于 2014 年 8 月 25 日引入做市交易模式后，流动性问题开始破题。从当前做市股票品种看，做市企业大部分来自成长性行业，或在各自细分领域具有一定竞争优势。从做市的效果看，做市后股票的成交额、换手率等指标比协议转让有较为显著的提升。预计下一步做市商制度将在以下方面逐步完善。

1. 允许非券商做市

良好的做市商制度，能在发挥做市商信息获取及专业估值能力的同时，发挥其市场正向筛选作用。目前新三板市场只允许券商参与做市，在做市需求旺盛的背景下，做市商数量明显不足，不利于促进市场竞争效率的提高。截至 2015 年底，新三板市场做市商约有 80 家，平均来看每只做市股票的做市商不到 4 家，与美国纳斯达克市场相比还有较大差距。目前，纳斯达克的做市商约有 600 家，平均每只挂牌股票的做市商达 20 家，类似苹果、微软等大型明星公司的做市商数量往往有 60 家左右。根据证监会《关于证券经营机构参与全国股份转让系统相关业务有关问题的通知》[1]的相关规定，引入非券商成为做市商已成为市场普遍预期。目前相关细则尚未出台，但总体来看，未来新三板市场的做市商格局将发生显著变化。随着做市交易的不断活跃和流动性的持续改善，做市股票的流动性溢价及价值发现将得以充分实现。

---

[1] 根据《关于证券经营机构参与全国股份转让系统相关业务有关问题的通知》，实缴注册资本 1 亿元以上，财务状况稳健，且具有与开展做市业务相适应的人员、制度和信息系统的基金管理公司子公司、期货公司子公司、证券投资咨询机构、私募基金管理机构等机构经证监会备案后，也将可以在新三板市场开展做市业务。

2. 做市商趋于理性

由于流动性掣肘、市场热度下降，做市商参与新三板市场的策略逐渐从重量转向重质。此前新三板市场做市商的利润主要来自一二级市场的价差。与做市交易中的交易价差相比，一二级市场价差的风险低、收益高，使做市商把工作重心放在追求做市企业数量上，忽略了交易量。2015年4月以来新三板股价的下跌使市场参与者看清了流动性压力，做市商在选择做市企业时趋向谨慎，未来做市商将更好地发挥企业筛选器的角色，初期"分层"的效果将更加明显。随着做市商定价能力的提高，新三板市场的估值体系有望趋于稳定。

（二）实施完善分层机制

新三板市场化的准入条件吸引了各种类型的公司前来挂牌，在海量市场下投资者的信息收益成本会逐步提高。而且，新三板公司处于发展的不同阶段，有的处于天使轮、A轮阶段，有的处于上市后融资阶段，融资估值的阶段差异很明显。很多新三板公司缺少足够的历史估值表现，其中不少处于微利或亏损状态，未来成长性难以判断，甚至缺乏可比公司，对其进行合理估值存在较大难度。与挂牌企业类型繁多相对应，不同层次、不同类型投资者的理念和行为千差万别。在公司和投资者差异较大的背景下，新三板市场执行一刀切的治理规范和管理要求将有失公平，必定遇到与纳斯达克相似的市场分层问题。目前，美国纳斯达克市场分层为3个子市场。第一，纳斯达克资本市场，即原"纳斯达克小额资本市场"。作为成长期公司的挂牌市场，该市场的上市标准较低，目前有约1700只股票挂牌。第二，纳斯达克全球市场。该市场是纳斯达克体系中最大且交易最为活跃的市场，上市须满足较为严格的财务、资本等指标，目前挂牌股票约有4400只。第三，纳斯达克全球精选市场（NASDAQ-GS）。该市场集中了优质企业，财务和流通性方面的要求高于其他市场。

分层机制是未来推出竞价交易和降低投资者门槛的前提，也是包括公募基金在内的社会资本进入新三板市场以及转板试点开启的基础条件。2015年11月，《全国股转系统挂牌公司分层方案（征求意见稿）》发布，提出按照"多层次，分步走"的思路推进分层工作，起步阶段将挂牌公司划分为创新层和基础层，对创新层的公司会优先进行制度创新试点，创新层企业会享有一些政策优势，比如进行融资制度、交易制度的创新试点，而基础层的公司则继续进行现有的制度安排。该征求意见稿设计了3套并行标准以筛选公司进入创新层，包括净利润、股东人数、净资产收益等①，预计目前已经挂牌新三板市场的企业中将有超过600家企业满足创新层条件。每年4月底，挂牌公司披露年报之后，全国股转系统会调整分级，不符合创新层要求的公司会被调整到基础层，这意味着挂牌企业竞争的积极性也会更高。新三板市场分层后，有利于形成差异化的服务和监管安排，未来可在优先股、公司债、可转债等新型融资工具发展方面，对不同层次的市场做出有针对性的不同安排，有助于对应挂牌公司多元化的融资选择，加大对创新、创业、成长型挂牌公司的重点孵化培育。对于投资者而言，可降低信息收集成本，对企业进行更为准确的估值和定价，因此会带来同一层内的交易活跃度加强，改善市场的流动性和估值体系。但市场分层带来的问题是，可能加大不同层次企业股份的流动性差异，使低层级企业更难获得关注，从而进一步分化不同品种企业的流动性和投资风险。未来随着分层制度的实施和管理经验的不断丰富，分层可能进一步细化和完善，以满足

---

① 根据《全国股转系统挂牌公司分层方案》，分层标准有以下3套。标准一：净利润+净资产收益率+股东人数。（1）最近两年连续盈利，且平均净利润不少于2000万元（净利润以扣除非经常性损益前后孰低者为计算依据）；（2）最近两年平均净资产收益率不低于10%（以扣除非经常性损益前后孰低者为计算依据）；（3）最近3个月日均股东人数不少于200人。标准二：营业收入复合增长率+营业收入+股本。（1）最近两年营业收入连续增长，且复合增长率不低于50%；（2）最近两年平均营业收入不低于4000万元；（3）股本不少于2000万元。标准三：市值+股东权益+做市商家数。（1）最近3个月日均市值不少于6亿元；（2）最近一年年末股东权益不少于5000万元；（3）做市商家数不少于6家。在达到上述任一标准的基础上，须满足最近3个月内实际成交天数占可成交天数的比例不低于50%，或者挂牌以来（包括挂牌同时）完成过融资的要求，并符合公司治理、公司运营规范性等共同标准。

市场融资效率及结构优化的需要。例如，建立分层的转换机制及维持标准体系，实现不同层级挂牌公司在适度流动的同时保持基本稳定，在此基础上按照权利、义务相对等的原则，对不同层级挂牌公司实行市场服务与监管要求等方面的差异化安排。

（三）推出快速多元的融资工具

证监会《关于进一步推进全国中小企业股份转让系统发展的若干意见》提出，将鼓励中小企业在挂牌的同时向合格投资者发行股票，发行的对象、数量可根据公司的需求确定，并探索放开关于新增股东人数的限制。挂牌公司持续再融资，可以自主决定发行时间、地点及方式，并将研究推出储架发行制度（一次审批、分期实施），以及挂牌公司授权发行机制（股东大会一次审议、董事会分期实施）。以上制度的推动和落实，将进一步完善新三板市场的股本融资功能，提高融资效率，形成小额、快速、灵活的融资机制。

随着新三板市场挂牌公司的增加及分层制度的最终落地，公司债等直接融资制度也有望推出，从而解决挂牌公司基本靠定向增发进行融资的渠道单一问题。在流动性比较差的背景下，新三板市场目前的定增融资制度易受短期市场波动限制，难以有效满足企业的融资需求，探索多元化的融资工具和渠道，可以更好地支持中小企业融资发展。2015年5月，全国股转系统负责人提出，新三板市场将推出优先股和企业债，为不同企业提供丰富的融资工具选择。2015年9月，《全国中小企业股份转让系统优先股业务指引（试行）》发布，优先股的制度已经出台，因此推出公司债相关业务并在新三板市场挂牌交易将是下一步的重要工作。从市场品种和新三板市场挂牌公司的特点来看，私募债将首先成为新三板市场债务融资工具的选择。非公开发行的私募债只限在合格投资者之间转让，转让后持有同次发行债券的合格投资者不得超过200人。新三板市场适时推出挂牌公司的公司债制度，一是有利于完善自身融资功能，为挂牌企业提供全方位、多层次的融资工具，优化企业融资结构；二是有利于丰富新三板市场的投资渠道，促使投资者多元化；三是有利于整体债券市场的规模壮大，推动直接融资发展。

新三板蓝皮书

（四）探索竞价交易制度

2015年上半年以来新三板市场流动性的恶化反映了其在交易制度构建方面的缺失，完善交易制度工作已迫在眉睫。资本市场有3种交易制度，一是协议转让，二是做市商制度，三是竞价交易。其中，协议转让的流动性最差，其次是做市商制度，最佳的是竞价交易。新三板交易制度明确提到了竞价交易方式，但是目前尚未推出，对此市场予以热切期盼。证监会《关于进一步推进全国中小企业股份转让系统发展的若干意见》提出，现阶段新三板不实行连续竞价交易，预计竞价交易制度将在分层机制较为完善后再逐步探索推出，并适用于分层之后最高层次的板块。由于流动性好的股票才能达到竞价交易的要求，因此股权分散度和做市商数目将是选择竞价交易企业的重要标准。竞价交易制度形成后，新三板整体市场套利、对冲机制也将趋于完备，从而促使新三板市场在机制设计上可与主板市场相抗衡，为不同层次的企业提供综合服务。

（五）优化投资者适当性制度

2013年12月底新三板市场发布14项配套业务制度，将个人投资者的投资门槛由原来的300万元提高至500万元。新三板市场的投资门槛过高一直受到争议，市场上有不少呼吁降低投资门槛的声音。但这是一个两难问题，不放松不利于活跃交易和提升市场流动性，彻底放开又可能因大量个人投资者涌入而造成非理性投资和市场泡沫，加大市场波动风险。短期来看，新三板市场的投资者准入标准不会降低，将坚持以机构投资者为主体。同时，监管层表示将研究以下相关制度：一是推出公募证券投资基金投资挂牌证券制度，支持公募基金进入投资新三板企业；二是支持商业银行、证券公司、基金公司及其子公司、期货公司子公司等机构开发投资挂牌企业的新产品；三是推动QFII及RQFII资金参与投资新三板；四是推动新三板挂牌证券纳入社保基金、保险资金和企业年金等长期资金的投资范围。长期来看，随着挂牌企业数量的不断攀升，做市商制度的不断完善，竞价交易制度的推出，投资者门槛有望逐步下降。为了将保护投资者和促进市场发展平衡起来，不同层次市场适于采取不同的投资者门槛。

（六）研究推动转板机制

所谓转板制度，是指将不同层次的资本市场联系起来的机制，具体而言就是新三板市场中符合条件的挂牌企业无须经过烦琐的审核流程，可直接向主板或创业板市场申请上市。2015年新三板市场陆续有世纪瑞尔、北陆药业等9家企业完成退市并转向创业板市场上市，同时，还有一些企业正在筹备在创业板或者中小板市场上市。但目前这种在新三板市场摘牌，通过IPO到交易所上市的方式与普通企业去交易所上市没有任何差别，并非真正意义上的转板。

2014年10月证监会发布的《关于支持深圳资本市场改革创新的若干意见》明确提出："将积极研究制定方案，推动在深圳证券交易所创业板设立专门的层次，允许符合一定条件尚未盈利的互联网和科技创新企业在全国中小企业股份转让系统挂牌满12个月后到创业板发行上市，支持创业板的良性发展。"2015年初，深圳证券交易所表示将加快推进创业板市场改革，推动新三板向创业板转板的试点。2015年6月，国务院《关于大力推进大众创业 万众创新若干政策措施的意见》重点提到"加快推进全国中小企业股份转让系统向创业板转板试点"。2015年11月，证监会《关于进一步推进全国中小企业股份转让系统发展的若干意见》提出："全国股转系统应逐步完善服务体系，促进挂牌公司成长为优质企业，同时着眼建立多层次资本市场的有机联系，研究推出全国股转系统挂牌公司向创业板转板的试点，建立全国股转系统与区域性股权市场的合作对接机制。"

以上监管表态预示，新三板市场有望获得与创业板市场对接的转板机制。将来如果转板政策确定，新三板市场将可能出现挂牌企业的转板潮，同时具备转板潜力的企业也将出现估值大幅提升。当然，即使转板政策推出，也要坚持并明确新三板市场在资本市场体系中的独立地位，企业在此挂牌不应作为转板上市的跳板。乐观地看，未来随着制度的不断完善和市场交易的

逐渐火热，新三板市场有望逐渐缩小与A股市场的估值差距，甚至不排除超越A股成熟行业的估值水平的可能性，在此情况下转板对于挂牌企业而言其吸引力将逐步降低。

三 监管优化

新三板市场既是价值投资洼地，也是风险集中场所。一方面，新三板市场无疑是最具活力的新型成长性市场，不断增长的市场为价值发现提供机会；另一方面，中小企业固有的高风险特征决定了新三板市场具有高风险属性。新三板市场未来的发展，应坚持推动创新与控制风险两手抓的原则，既要坚定走创新推动发展的道路，又要严防出现系统性风险，提升风险管理能力。新三板市场的发展速度和创新推进力度，将取决于监管和风险控制能力。当前新三板市场已从之前的放水养鱼阶段过渡至收紧水龙头阶段，将来的市场制度安排将由宽到严。2015年5月，证监会发布《关于加强非上市公众公司监管工作的指导意见》，对于防控风险的总体思路是，"以信息披露为本，以公司自治和市场约束为基础，强化对市场主体规范要求，建立健全事中事后监管机制，坚决查处欺诈、虚假披露、内幕交易、操纵市场等违法违规行为"。这代表新三板市场总体监管方案不断完善，并将逐步走向成熟。

（一）信息披露要求趋于严格

完善信息披露是资本市场永恒的任务和基本制度安排，是解决资本市场信息不对称问题、规范市场主体行为的有效手段。从国际经验看，注册制有效实施的关键在于强化信息披露，监管部门对企业披露的信息不做实质性判断，但要确保所披露信息的真实性、准确性和完整性。新三板市场在坚持注册制的导向下，未来对挂牌公司的信息披露要求将更加严格，坚持以信息披露监管为重点，推动公司自治并加强市场的约束力量，不断提升市场的规范性和监管的有效性。

（二）主办券商责任约束加强

新三板市场要想有更多优质企业进入，关键在于中介机构的挑选和推荐，对中介机构加强管理有利于整个行业的良性发展。主办券商应按照法定职责，对拟挂牌公司的信息进行严格核验，同时做出专业性判断，并最终对自身所出具的文件承担法律责任。《关于加强非上市公众公司监管工作的指导意见》从信息披露、风险控制、持续督导3个方面对主办券商的行为做出了规范。新三板市场将建立中介机构工作底稿留痕和事后责任追究制度，形成申报即披露、披露即担责的硬性约束。对于主办券商在新三板市场出现的违法违规行为，将和A股市场一级发行及并购政策等相联系，主办券商的资质和评级也将成为公司挂牌、股权转让、定增的参考指标。

（三）劣质挂牌公司将遭到淘汰

新三板市场汇聚了一批优秀企业，但也不乏浑水摸鱼之辈。未来分层制度推出后，新三板二级市场流动性的"马太效应"将日益明显，优秀企业将被"保送"到高层级板块，整体溢价中枢呈现系统性抬升；而劣质企业除了在估值和流动性方面被打入"冷宫"之外，还可能面临摘牌考验。通过"良币驱除劣币"式的净化，整个新三板市场的效率和质量将不断提升。

（四）中小股东利益将得到强化

在经历一段时期的粗放式发展后，市场制度和机制的完善、监管理念和技术的提升，将成为决定新三板市场未来长期发展的根本因素。在流动性不断提升和市场人气逐步聚集的背景下，新三板市场挂牌企业的股权将逐步分散，在此情况下，保护中小股东利益的重要性将日益提升。随着强调中小股东利益的监管制度的不断改进，新三板短期套利模式将逐渐弱化，逐步过渡到真正的价值投资。

挂牌企业篇

Listed Companies Part

B.4
分行业挂牌企业情况报告

王 师*

摘　要： 新三板市场挂牌企业涉及的行业类别多样，基本上涵盖了国民经济分类的主要大类。从挂牌公司数量的角度进行行业分布分析，新三板公司以制造业为主，战略性新兴产业涉及的公司数量众多。本报告基于规模、盈利能力、成长性和运营风险控制能力4个主要维度共15项财务数据对新三板市场挂牌公司进行行业对比分析，从而总结出新三板市场挂牌公司所在各个行业的经营状况和行业特征。通过将各行业挂牌公司与所在行业总体情况进行对比，可以看出各行业新三板市场挂牌公司普遍具有盈利能力强和高成长性的特征。

关键词： 新三板市场挂牌公司　行业分析　财务指标对比

---

* 王师，特华财经研究所研究员，研究方向为资本市场。

一 新三板行业分类综述和分行业比较

本报告及下一报告的挂牌公司样本资料，取自Wind资讯公司根据新三板市场挂牌公司公开披露信息整理的数据库。样本数据选取截至2015年12月31日之前的挂牌公司，剔除部分数据缺失或者已经转板退市的公司，共计有5044家样本挂牌公司。

新三板市场主管部门全国中小企业股份转让系统公司为了方便对挂牌公司进行分类管理统计，按照国家统计局制定的管理类行业分类指引《国民经济行业分类》（GBT4754-2011），对所有挂牌公司按照主营业务的类别进行行业划分。① 该标准将挂牌公司按照经济活动的类型分为门类、大类、中类和小类4级。与此对应，门类代码用一个字母表示，即用字母A、B、C……S依次代表不同门类。

根据Wind资讯公司的新三板市场挂牌公司行业分类数据，新三板市场挂牌公司分布于全部19个门类行业，分布于87个大类行业、291个中类行业和588个小类行业，涵盖了绝大部分的大中小行业类别。由于新三板市场挂牌公司的分类过于广泛，不同行业中的挂牌公司数量差距悬殊，不适宜对87个行业大类进行全面比较。为了方便统计分类比较，结合新三板市场挂牌公司在87个大类行业的数量分布，基于行业之间的关联性和相近性进行合并整理，最终形成19个行业分类②以供本报告统计研究使用。表1为19个行业分类的构成及行业简称。

（一）分行业挂牌公司评价指标选取

为了全面反映各行业挂牌公司的基本情况和总体业务经营情况，本报告

---

① 分类标准具体内容和规定参见股转公司官网信息：http://www.neeq.cc/detail?id=11F18E58D19ZB905D0&type=11EDB2CB29Z11A6730。
② 由于数据标识和分类标准不统一，分类合并后会有交叉重复，部分行业相同或相近的公司可能因不同分类角度和标准分属于不同行业大类，如医药器械企业会分别分布在专用设备业、医药业和批发零售业。

表1　新三板市场行业分类指引大类行业整合详情

合并后行业	涉及主要大类行业	后文简称
电气机械和器材制造业	同名行业	电气业
非金属矿物制品业	非金属矿采选业、同名行业	非金属业
互联网和相关服务业	同名行业	互联网业
化学原料和化学制品制造业	同名行业、化学纤维制造业、橡胶和塑料制品业	化工业
计算机、通信和其他电子设备制造业	同名行业	电子信息业
建筑工程房地产业	房屋建筑业、土木工程建筑业、建筑安装业、建筑装饰和其他建筑业、房地产业	建筑地产业
金属矿冶制品业	有色金属矿采选业、黑色金属冶炼和压延加工业、有色金属冶炼和压延加工业、金属制品业	冶金业
能源环保基础设施业	石油和天然气开采业、废弃资源综合利用业、电力热力生产和供应业、燃气生产和供应业、水的生产和供应业、生态保护和环境治理业	能源环保业
农林牧渔食品业	农业、林业、畜牧业、渔业、农林牧渔服务业、农副食品加工业、食品制造业、酒饮料和精制茶制造业	农业
批发零售生活服务业	批发业、零售业、住宿业、餐饮业、居民服务业	批发零售业
汽车和通用设备制造业	汽车制造业、铁路船舶航空航天和其他运输设备制造业、通用设备制造业、金属制品机械和设备修理业	通用设备业
轻工消费品制造业	纺织业、服装服饰业、皮革毛皮羽毛及其制品和制鞋业、木材加工和木竹藤棕草制品业、造纸和纸制品业、印刷和记录媒介复制业、文教工美体育和娱乐用品制造业	轻工业
软件和信息技术服务业	同名行业	软件业
生产性服务业	道路运输业、水上运输业、管道运输业、装卸搬运和运输代理业、仓储业、租赁业、商务服务业	生产服务业
医药制造业	同名行业	医药业
仪器仪表制造业	同名行业	仪器仪表业
专业技术及其他服务业	电信广播电视和卫星传输服务、科学研究和技术服务业、专业技术服务业、科技推广和应用服务业、水利管理业、公共设施管理业、其他服务业、教育、新闻和出版业、广播电视电影和影视录音制作业、文化艺术业、体育、娱乐业	专业技术业
专用设备制造业	同名行业	专用设备业
综合金融业	货币金融服务业、资本市场服务业、保险业、其他金融业	金融业

选取 Wind 资讯公司新三板市场挂牌公司数据库中的挂牌公司 2014 年的财务数据，并选取了 14 项原始指标，再通过对原始数据进行加工运算，形成 1 个复合指标（下文中标 ＊ 号的）。按照挂牌公司的规模、盈利水平、增长速度和资产运营风险管控水平总计 4 个基本维度和人均劳动生产率、行业总体规模占全市场比重两个衍生维度进行行业分类比较。

1. 规模指标

（1）员工人数：反映挂牌公司业务规模对就业的贡献程度，也是劳动生产率指标的基础计算数据。

（2）总资产：挂牌公司整体资产规模，是公司开展经营活动的物质基础。

（3）净资产：挂牌公司权益性资本规模，反映出投资者实际投入资本数量。

（4）主营业务收入：挂牌公司生产产品和提供服务的货币化表现，反映公司业务规模。

2. 盈利指标

（1）净利润：挂牌公司年度经营活动实现的经济价值盈余和经营成果的数量表现。

（2）主营收入毛利率：营业收入中扣除营业成本之外的毛利比重。

（3）净资产回报率：挂牌公司单位数量净资本可以获得的利润回报。

3. 增长指标

（1）主营业务收入增长率：挂牌公司年度业务规模扩张的速度。

（2）净利润增长率：挂牌公司经营活动实现的最终净收益年度变动情况。

（3）净资产增长率：挂牌公司由经营盈利以及资本投入带来的净资产变动情况。

4. 运营风控指标

（1）经营活动现金净流量：经营活动产生的现金流入减去现金流出的

最终数值结果。

(2) 利润现金实现比率*：年度净利润中以现金形式体现的部分比例，等于净利润/经营活动现金净流量。

(3) 资产负债率：总资产构成中负债的比重，反映企业经营资本杠杆的利用程度。

(4) 速动比率：衡量可变现的流动资产与流动负债的比重，反映企业短期偿债能力。

(5) 总资产周转率：销售收入与资产规模之比，反映单位资本提供经营收入的多少。

（二）全市场挂牌公司行业分布特点总体评述

按照本报告开篇确定的行业分类方法，对目标资料来源的全部5044家新三板市场挂牌公司的行业信息进行整理。总计19个合并后大类行业挂牌公司数量如表2所示。按照挂牌公司数量多少进行排名，前六大行业依次是软件业、专业技术业、化工业、专用设备业、通用设备业和电子信息业，这六大行业总计占所有5044家被统计挂牌公司数量的52.33%，占比超过一半（见图1）。其中软件业和电子信息业构成广义的电子信息产业，而专用设备业和通用设备业属于广义的装备制造业范围。

表2 新三板市场挂牌公司分行业规模比较

行业分类	公司数量（家）	期末员工数量均值（人）	期末总资产均值（万元）	期末净资产均值（万元）	全年营收均值（万元）	全年净利润均值（万元）
软件业	795	187	8138.94	4513.56	6665.58	699.86
专业技术业	396	176	11168.52	5566.01	7042.08	874.54
化工业	390	208	22469.74	9864.13	20154.65	995.36
专用设备业	375	179	14579.12	6607.20	8883.57	708.58
通用设备业	365	298	19622.07	8536.74	12966.66	971.65
电子信息业	319	278	14573.77	7200.31	13088.69	847.82
电气业	309	251	16843.79	7616.46	13525.63	667.74

续表

行业分类	公司数量（家）	期末员工数量均值（人）	期末总资产均值（万元）	期末净资产均值（万元）	全年营收均值（万元）	全年净利润均值（万元）
生产服务业	279	249	18881.18	8548.69	13013.38	792.87
农业	257	261	24935.15	11573.84	20573.79	1368.89
批发零售业	196	369	29129.97	9780.04	41393.75	1089.26
互联网业	186	179	8244.17	4652.94	12513.75	369.14
轻工业	184	329	21249.06	8784.82	15075.57	874.24
建筑地产业	182	314	32991.52	10884.00	24939.95	1372.82
冶金业	162	262	26092.19	12394.86	37312.28	959.15
医药业	154	262	20411.98	10904.82	14038.11	1553.10
能源环保业	154	199	28655.23	11081.34	14964.28	1185.99
仪器仪表业	136	159	9722.36	5703.66	6847.23	838.99
非金属业	129	249	24110.37	10433.40	14797.97	1096.20
金融业	76	320	344119.06	79572.93	24224.84	8170.71

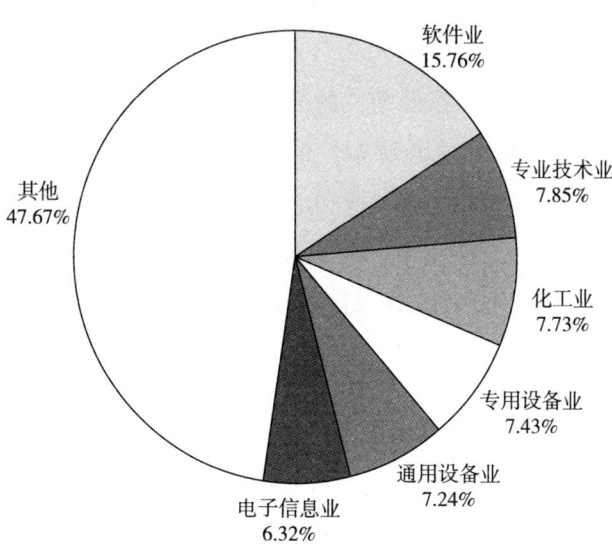

图1 新三板市场挂牌公司数量前6名行业及比重

对大类行业进行总结性梳理,在新三板市场挂牌公司中,属于制造业的共有2523家,占比略高于一半。其中节能环保、新一代信息技术、生物制药、高端装备制造、新能源、新材料、新能源汽车七大战略性新兴产业,新三板市场挂牌公司都有所涉及。其中:节能环保,对应能源环保业(154家);新一代信息技术,对应软件业(795家)、电子信息业(319家)和互联网业(186家),总计1300家;生物制药,对应医药业(154家);高端装备制造,对应专用设备业(375家)、通用设备业(365家)、电气业(309家)和仪器仪表业(136家),总计1185家;新材料,对应化工业(390家)、冶金业(162家)、非金属制品业(129家),总计681家。

新三板挂牌公司中涉及战略性新兴产业的挂牌公司总数超过六成。

1. 与国内沪深A股市场上市公司行业分布对比

通过Wind资讯公司提供的行业信息,对截至2015年12月沪深A股全部2809家上市公司,按照本报告开篇的分类方法进行行业分类。根据行业分类结果,沪深A股所有上市公司覆盖《国民经济行业分类》(GBT4754-2011)全部90个大类行业中的77个,行业覆盖面要窄于新三板市场。再对大类行业按照前文的合并大类标准进行整理,在A股市场上市公司19个大类中,排名前6位的行业依次是化工业、电子信息业、通用设备业、建筑地产业、电气业和冶金业。从中可以看出,在新三板市场挂牌公司和A股上市公司中,电子信息业和化工业排名都比较靠前,而建筑地产业在新三板市场挂牌公司中的排名中并不靠前,但在沪深A股市场中排在前列。

沪深A股公司数量前六大行业合计占比47%,行业集中度要低于新三板市场。按照各行业新三板公司数量占比与沪深A股公司数量占比的对比商值,从大到小依次是互联网业、软件业、专业技术业、仪器仪表业、生产服务业等,对比商值最低的是轻工业、能源环保业、冶金业、医药业和建筑地产业(见表3)。

表 3　分行业沪深 A 股公司和新三板公司数量及占比对比

行业分类	A 股公司数量（家）*	新三板公司数量（家）	A 股公司数量占比（%）	新三板公司数量占比（%）
互联网业	19	186	0.69	3.69
软件业	119	795	4.35	15.76
专业技术业	88	396	3.21	7.85
仪器仪表业	36	136	1.31	2.70
生产服务业	112	279	4.09	5.53
专用设备业	160	375	5.84	7.43
金融业	44	76	1.61	1.51
农业	150	257	5.48	5.10
电气业	181	309	6.61	6.13
通用设备业	230	365	8.40	7.24
非金属业	83	129	3.03	2.56
化工业	269	390	9.82	7.73
电子信息业	237	319	8.66	6.32
批发零售业	165	196	6.03	3.89
轻工业	161	184	5.88	3.65
能源环保业	152	154	5.55	3.05
冶金业	168	162	6.14	3.21
医药业	161	154	5.88	3.05
建筑地产业	203	182	7.41	3.61

＊A 股市场由于存在多主业和无主业的上市公司，本表中 19 个大类行业上市公司总数小于 2809 家。

2. 新三板市场挂牌行业特点分析

通过比较新三板市场挂牌公司和沪深 A 股上市公司行业分布的异同，可以看出新三板市场挂牌公司虽然涉及行业类别多样，但行业总体集中度高。突出表现为电子信息业、软件业、互联网业等高科技新兴产业和现代服务业的公司数量明显多于 A 股市场。

新三板市场的行业特点符合新三板市场设立的宗旨，即为成长型中小企业提供融资和资本运作的平台。结合新三板市场的历史沿革不难发现，新三板市场的股转系统最开始主要面向北京中关村自主创新园区，随后推广到全国主要高新区，进而辐射全国。按照这一发展路径，新三板市场挂牌公司从一开始就带有高技术、创新性和高成长性的特点。如果根据挂牌公司的挂牌时间分析，这种特点更为明显，越是在早期挂牌的公司，属于高新技术、高成长性行业的越多。但是2014年以后，随着新三板市场的急剧扩容，各种行业类型的企业都开始登陆新三板市场，挂牌公司的行业结构呈现多样化。

在新三板市场挂牌与在国内A股发行上市最大的区别就是新三板市场目前采取备案制，而A股发行需要证监会审批。挂牌公司申请登陆新三板市场只需要通过全国中小企业股转公司监管部门的程序性审核[①]，并不对挂牌公司进行实质性判断。因而与国内A股新股上市公司的行业构成不同，新三板市场挂牌公司的行业分布，并不完全是监管当局的意志体现，更多的是一种市场需求的现实反映。基于对不同行业公司特点的分析，企业选择在新三板市场挂牌主要基于以下几种原因。

第一，一些行业中新三板市场挂牌公司和A股上市公司数量均较多。这些行业主要是软件业、专用设备业、专业技术业、通用设备业、电子信息业、电气业，大部分企业规模中等偏小，业务高度集中于某个细分领域。而且这些企业大部分不是标准化地批量地生产产品，而是按照订单生产制造，以工程类产品为主（以软件业为典型），除了少数行业龙头大企业外，很难保证业绩的连续稳定。这类企业往往有着强烈的权益性融资需求，需要扩大资本规模以获得更多的业务机会，进而实现自身业务扩张。但针对原有的A股权益性融资市场，存在没有持续稳定的规模业绩就无法上市融资，没有融资就无法扩张业务，也就无法实现规模业绩增长的恶性循环。而不设立盈利规模门槛的新三板市场就成为这类企业融资的理想选择。

第二，新三板行业公司，特别是电子信息、装备制造和材料类挂牌企业，所处的行业领域过于细分，专业性过强，外行人士很难了解认识这些行业特点和产品技术。这些行业企业即使通过直接发行股票上市（大部分无法满足上市盈利规模和成长性指标）或者以被上市公司收购的形式进入A

---

① 原有股东数量或者挂牌发行后股东超过200人的公司除外。

股市场，其产品和业务专业生僻的特点也很难获得投资者的理解和关注，除了极少数热点概念、题材外，难以获得较高的市场溢价。在这种情况下，登陆新三板市场获得的市场估值与 A 股市场的估值相差不大，考虑到上市的时间和成本，显然登陆新三板市场更为划算，甚至有一些上市公司将具有上述行业特征的子公司和部分资产分拆，在新三板市场挂牌。

第三，部分金融和服务业公司，由于其业务、资产状况的特殊性，不具备登陆 A 股资本市场的条件，新三板市场成为这类公司唯一的选择。这方面的原因五花八门，较为常见的有：私募股权类公司没有稳定的经常性主营业务收入；技术服务公司严重依赖劳务性收入；改制后的国有和集体企业、地方信用社、农商行等股权结构复杂，股东人数超过 200 人；地方基础设施融资平台公司长期没有盈利等。

（三）各行业规模指标和总量比重比较

根据 5044 家挂牌公司的样本数据进行计算，新三板市场挂牌公司的员工数量、总资产、净资产、营业收入和净利润的均值分别为 236 人、22474.26 万元、8959.38 万元、14719.63 万元和 1012.89 万元。

员工数量均值排在前 5 位的行业分别是批发零售业、轻工业、金融业、建筑地产业和通用设备业，排在后 5 位的行业分别是软件业、互联网业、专用设备业、专业技术业和仪器仪表业。

总资产均值排在前 5 位的行业分别是金融业、建筑地产业、批发零售业、能源环保业和冶金业，排在后 5 位的行业分别是电子信息业、专业技术业、仪器仪表业、互联网业和软件业。

净资产均值排在前 5 位的行业分别是金融业、冶金业、农业、能源环保业和医药业，排在后 5 位的行业分别是专用设备业、仪器仪表业、专业技术业、互联网业和软件业。

营业收入均值排在前 5 位的行业分别是批发零售业、冶金业、建筑地产业、金融业和农业，排在后 5 位的行业分别是互联网业、专用设备业、专业技术业、仪器仪表业和软件业。

净利润均值排在前 5 位的行业分别是金融业、医药业、建筑地产业、农业和能源环保业，排在后 5 位的行业分别是生产服务业、专用设备业、软件业、电气业和互联网业。

通过将各行业的公司数量乘以行业规模平均指标，可以得出 19 个行业的员工总数、总资产总额、净资产总额、营业收入总额和净利润总额共计 5 个行业总规模指标（见表4）。将各行业指标进行对比，并计算出各行业 5 项指标占新三板全市场公司总额的比重。

表4　新三板市场挂牌公司各行业规模总量

行业分类	公司数量（家）	行业员工总数（万人）	行业内公司总资产总额（亿元）	行业内公司净资产总额（亿元）	行业内公司营收总额（亿元）	行业内公司净利润总额（亿元）
全市场公司	5044	119.27	11334.13	4518.55	7423.11	510.78
软件业	795	14.86	647.05	358.83	529.91	55.64
专业技术业	396	6.96	442.27	220.41	278.87	34.63
化工业	390	8.10	876.32	384.70	786.03	38.82
专用设备业	375	6.72	546.72	247.77	333.13	26.57
通用设备业	365	10.88	716.21	311.59	473.28	35.47
电子信息业	319	8.86	464.90	229.69	417.53	27.05
电气业	309	7.75	520.47	235.35	417.94	20.63
生产服务业	279	6.94	526.78	238.51	363.07	22.12
农业	257	6.71	640.83	297.45	528.75	35.18
批发零售业	196	7.23	570.95	191.69	811.32	21.35
互联网业	186	3.34	153.34	86.54	232.76	6.87
轻工业	184	6.05	390.98	161.64	277.39	16.09
建筑地产业	182	5.72	600.45	198.09	453.91	24.99
冶金业	162	4.24	422.69	200.80	604.46	15.54
医药业	154	4.03	314.34	167.93	216.19	23.92
能源环保业	154	3.06	441.29	170.65	230.45	18.26
仪器仪表业	136	2.17	132.22	77.57	93.12	11.41
非金属业	129	3.22	311.02	134.59	190.89	14.14
金融业	76	2.43	2615.30	604.75	184.11	62.10

在员工人数方面，人数占比最高的六大行业分别是软件业、通用设备业、电子信息业、化工业、电气业和批发零售业，总计占比接近一半（见图2）。前5个行业挂牌公司数量都排名靠前，是新三板市场的主流行业，而批发零售业属于人力密集型行业。

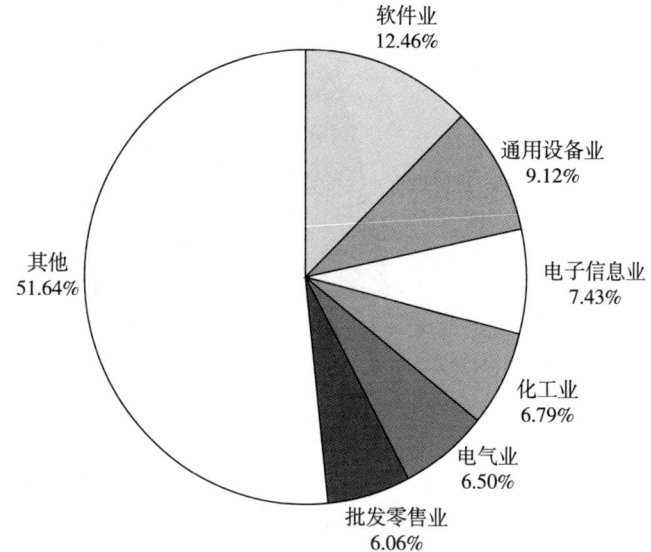

图2　新三板市场挂牌公司员工总数前6名行业及比重

在总资产规模方面，占全市场比重最高的6个行业依次是金融业、化工业、通用设备业、软件业、农业和建筑地产业，总计占比超过一半，显示出行业间资产集中程度较高（见图3）。在这六大行业中，金融业公司数量最少，但总资产所占比重最大，这是由该行业的属性和基本特征决定的。同样的，农业、化工业和建筑地产业的挂牌公司也具有重资产的特点。而数量最多的软件业的总资产规模所占比重仅排在第4位。

在营业收入方面，占全市场比重最高的6个行业依次是批发零售业、化工业、冶金业、软件业、农业和通用设备业，总计占比接近一半（见图4）。在这六大行业中，软件业和4个制造行业属于新三板市场分布集中的主流行业，而批发零售业公司数量排名并不靠前，但由于该行业企业平均营业规模较大，因此行业总体营业收入领先。

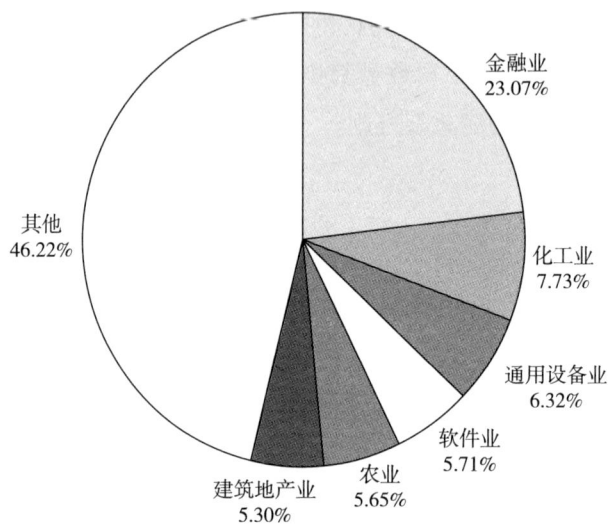

图 3　新三板市场挂牌公司总资产规模前 6 名行业及比重

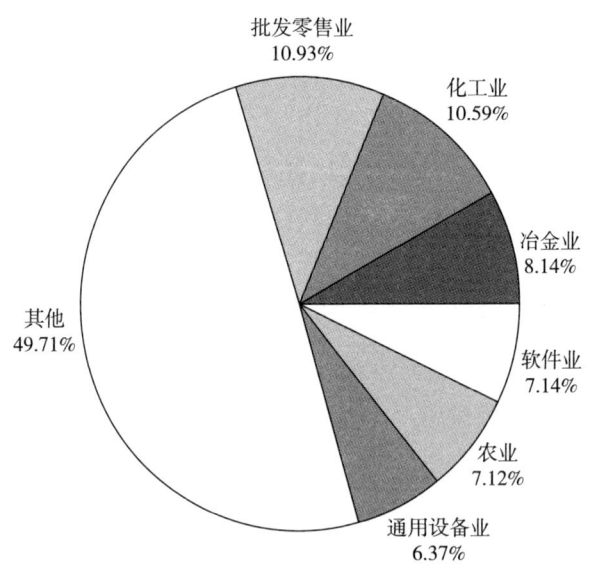

图 4　新三板市场挂牌公司营收总额前 6 名行业及比重

在净利润总额方面，占全市场比重最高的 6 个行业分别是软件业、金融业、化工业、通用设备业、农业和专业技术业，总计占比超过半数（见图 5）。金融企业一向以利润丰厚著称，即使新三板市场金融企业数量极少，其利润总规模也仅次于数量最多的软件业。而农业挂牌公司虽然数量不多，但整体盈利表现抢眼。

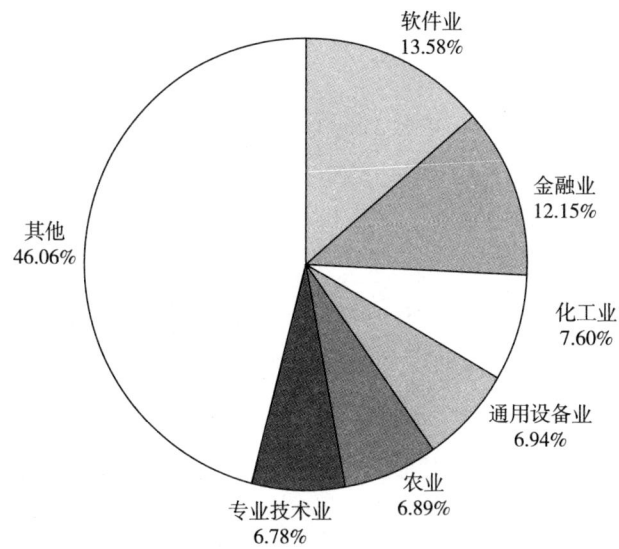

图 5　新三板市场挂牌公司净利润总额前 6 名行业及比重

（四）各行业劳动生产率比较

对所有 5044 家挂牌公司劳动生产率相关数据进行分类汇总统计，结果如表 5 所示。

表 5　新三板市场挂牌公司分行业劳动生产率比较

行业分类	公司数量（家）	行业公司人均创造营收（万元）	行业公司人均创造净利润（万元）
全市场公司	5044	62.25	4.28
软件业	795	35.67	3.74
专业技术业	396	40.07	4.98

续表

行业分类	公司数量(家)	行业公司人均创造营收(万元)	行业公司人均创造净利润(万元)
化工业	390	97.10	4.80
专用设备业	375	49.59	3.96
通用设备业	365	43.52	3.26
电子信息业	319	47.14	3.05
电气业	309	53.94	2.66
生产服务业	279	52.35	3.19
农业	257	78.80	5.24
批发零售业	196	112.24	2.95
互联网业	186	69.72	2.06
轻工业	184	45.87	2.66
建筑地产业	182	79.32	4.37
冶金业	162	142.59	3.67
医药业	154	53.63	5.93
能源环保业	154	75.32	5.97
仪器仪表业	136	42.99	5.27
非金属业	129	59.34	4.40
金融业	76	75.66	25.52

人均创造营业收入排在前5位的行业分别是冶金业、批发零售业、化工业、建筑地产业和农业，排在后5位的行业分别是仪器仪表业、轻工业、互联网业、专业技术业和软件业。

人均创造净利润排在前5位的行业分别是金融业、能源环保业、医药业、仪器仪表业和农业，排在后5位的行业分别是电子信息业、批发零售业、电气业、轻工业和互联网业。

（五）各行业盈利表现比较

对所有5044家挂牌公司的盈利能力指标相关数据进行分类汇总统计，结果如表6所示。

全年净利润均值排在前5位的行业分别是金融业、医药业、建筑地产业、农业和能源环保业，排在后5位的行业分别是生产服务业、专用设备

表6 新三板市场挂牌公司分行业盈利指标比较

行业分类	公司数量（家）	全年净利润均值（万元）	全年主营业务收入毛利率(%)	净资产回报率(%)
全市场公司	5044	1012.89	35.69	13.39
软件业	795	872.96	27.56	4.39
专业技术业	396	874.54	42.44	16.66
化工业	390	995.36	27.09	8.04
专用设备业	375	708.58	36.33	12.94
通用设备业	365	971.65	31.89	12.34
电子信息业	319	847.82	31.54	13.66
电气业	309	667.74	28.03	3.70
生产服务业	279	792.87	33.02	15.21
农业	257	1368.89	29.86	13.28
批发零售业	196	1089.26	26.87	4.59
互联网业	186	369.14	47.99	-30.06
轻工业	184	874.24	26.46	36.92
建筑地产业	182	1372.82	25.01	18.07
冶金业	162	959.15	23.96	8.96
医药业	154	1553.10	41.57	11.21
能源环保业	154	1185.99	29.95	12.84
仪器仪表业	136	838.99	43.74	15.44
非金属业	129	1096.20	29.38	11.24
金融业	76	8170.71	60.42	14.42

注：全市场公司净资产回报率扣除正负极值后为13.93%。此处及后面章节所指的极值，是指该数据的绝对值和所在行业平均值相差两个位数以上的，对于部分以百分比形式出现的指标数据，相差一个位数以上也算极值。从净资产回报率指标开始，全市场或某个行业若干指标项将会有极值导致平均值严重偏差的情况出现，本小节内排名暂时以原始数据为准，后面各个行业小节会附有去极值的修正统计数据。

业、软件业、电气业和互联网业。

全年主营业务收入毛利率排在前5位的行业分别是金融业、互联网业、仪器仪表业、专业技术业和医药业，排在后5位的行业分别是化工业、批发零售业、轻工业、建筑地产业和冶金业。

净资产回报率排在前5位的行业分别是轻工业、建筑地产业、专业技术业、仪器仪表业和生产服务业，排在后5位的行业分别是化工业、批发零售业、软件业、电气业和互联网业。

（六）各行业成长性比较

对所有5044家挂牌公司的增长指标相关数据进行分类汇总统计，结果如表7所示。

表7　新三板市场挂牌公司分行业增长能力比较

行业分类	公司数量（家）	全年主营业务收入增长率(%)	全年净利润增长率(%)	期末净资产增长率(%)
全市场公司	5044	100.16	289.02	200.85
软件业	795	26.64	161.70	56.93
专业技术业	396	154.54	686.90	200.95
化工业	390	265.40	185.96	80.97
专用设备业	375	35.10	216.09	114.67
通用设备业	365	36.11	18.55	74.72
电子信息业	319	60.49	321.28	549.08
电气业	309	33.48	73.16	72.90
生产服务业	279	72.77	716.41	155.97
农业	257	124.03	587.43	205.26
批发零售业	196	72.37	182.99	208.90
互联网业	186	354.07	158.64	361.34
轻工业	184	23.83	200.38	915.10
建筑地产业	182	51.70	323.60	75.85
冶金业	162	20.81	169.98	134.39
医药业	154	46.02	-71.34	313.58
能源环保业	154	43.09	114.10	46.55
仪器仪表业	136	21.53	99.94	43.53
非金属业	129	137.60	107.29	182.15
金融业	76	134.18	439.41	370.06

注：全市场公司主营业务收入增长率扣除正负极值后为42.66%，全市场公司净利润增长率扣除正负极值后为73.35%，全市场公司净资产增长率扣除正负极值后为61.68%。

全年主营业务收入增长率排在前 5 位的行业分别是互联网业、化工业、专业技术业、非金属业和金融业，排在后 5 位的行业分别是专用设备业、电气业、轻工业、仪器仪表业和冶金业。

全年净利润增长率排在前 5 位的行业分别是生产服务业、专业技术业、农业、金融业和建筑地产业，排在后 5 位的行业分别是非金属业、仪器仪表业、电气业、通用设备业和医药业。

期末净资产增长率排在前 5 位的行业分别是轻工业、电子信息业、金融业、互联网业和医药业，排在后 5 位的行业分别是通用设备业、电气业、软件业、能源环保业和仪器仪表业。

（七）各行业运营和风险控制能力比较

对所有 5044 家挂牌公司的资产运营和风控控制指标相关数据进行分类汇总统计，结果如表 8 所示。

表 8　新三板市场挂牌公司分行业运营风控能力比较

行业分类	公司数量（家）	全年经营现金流量均值（万元）	全年利润现金实现比率均值(%)	期末资产负债率均值(%)	期末速动比率均值（倍数）	全年总资产周转率均值（次数）
全市场公司	5044	1321.48	-114.99	47.99	4.15	1.04
软件业	795	1211.54	138.78	46.41	1.99	0.99
专业技术业	396	219.17	185.26	42.60	4.24	1.03
化工业	390	1517.25	-67.90	48.51	1.88	1.00
专用设备业	375	323.52	189.17	51.15	1.40	0.78
通用设备业	365	1016.79	61.57	55.36	1.17	0.80
电子信息业	319	613.29	70.81	47.93	1.77	1.17
电气业	309	752.80	-804.09	49.56	13.91	0.94
生产服务业	279	511.74	-2463.86	53.57	14.19	1.65
农业	257	1674.12	250.09	47.69	11.20	0.89
批发零售业	196	540.09	356.48	59.24	2.02	1.85
互联网业	186	132.89	206.65	47.77	4.38	1.58

续表

行业分类	公司数量（家）	全年经营现金流量均值（万元）	全年利润现金实现比率均值(%)	期末资产负债率均值(%)	期末速动比率均值（倍数）	全年总资产周转率均值（次数）
轻工业	184	1176.90	-2339.44	57.81	0.96	0.95
建筑地产业	182	-372.72	648.85	56.01	1.36	1.12
冶金业	162	1824.50	183.70	51.49	1.14	0.95
医药业	154	1670.09	184.47	46.32	4.15	0.79
能源环保业	154	1491.16	808.77	49.10	1.82	0.78
仪器仪表业	136	668.94	335.62	37.81	2.47	0.86
非金属业	129	745.69	-15.04	52.68	1.16	0.72
金融业	76	38748.11	138.37	38.54	42.58	0.57

注：全市场公司利润现金实现比率扣除正负极值后为58%，全市场公司速动比率扣除正负极值后为0.71。

全经营现金流量均值排在前5位的行业分别是金融业、冶金业、农业、医药业和化工业，排在后5位的行业分别是软件业、专用设备业、专业技术业、互联网业和建筑地产业。

全利润现金实现比率排在前5位的行业分别是能源环保业、建筑地产业、批发零售业、仪器仪表业和农业，排在后5位的行业分别是非金属业、化工业、电气业、轻工业和生产服务业。

期末资产负债率均值排在前5位的行业分别是批发零售业、轻工业、建筑地产业、通用设备业和生产服务业，排在后5位的行业分别是医药业、专业技术业、金融业、仪器仪表业和软件业。

期末速动比率均值排在前5位的行业分别是金融业、生产服务业、电气业、农业和互联网业，排在后5位的行业分别是建筑地产业、通用设备业、非金属业、冶金业和轻工业。

全总资产周转率均值排在前5位的行业分别是批发零售业、生产服务业、互联网业、电子信息业和建筑地产业，排在后5位的行业分别是医药业、专用设备业、能源环保业、非金属业和金融业。

二 软件业挂牌企业

根据证监会制定的行业分类标准,软件业是指利用计算机、通信网络等技术对信息进行生产、收集、处理、加工、存储、运输、检索和利用,并提供信息服务的业务活动。高端软件和新兴信息服务产业是国家战略性新兴产业,为此国家出台《国务院关于印发进一步鼓励软件产业和集成电路产业发展若干政策的通知》《国务院关于加快培育和发展战略性新兴产业的决定》《软件和信息技术服务业"十二五"发展规划》等政策,从税收、研究经费、进出口优惠、人才培养、知识产权保护、市场开发和投融资等方面给予了较为全面的政策支持。其业务形态主要是但不限于信息技术咨询、信息技术系统集成、软硬件开发、信息技术外包(ITO)和业务流程外包(BPO)等。

软件行业是目前国内最重要的战略性新兴产业之一,是实现产业转型升级和国民经济现代化和信息化的重要支撑,也是进入 21 世纪以来发展势头最为强劲的产业之一。根据工信部发布的 2015 年行业运行情况公报,我国软件业实现收入 4.3 万亿元,同比增长 16.6%。增长速度最为抢眼的是信息技术咨询服务、数据处理和存储类服务等新兴门类业务。全年软件业实现出口额 595 亿美元,同比增长 5.3%。中西部地区软件业发展迅速,占行业比重有所提升。

(一)行业内挂牌企业概览

在纳入样本数据的 5044 家挂牌公司中,软件行业挂牌公司共有 795 家,占比为 15.76%,是公司数量最多的行业。软件行业作为最能代表新三板市场创新性新兴产业和国家政策引导的产业转型升级方向的行业,数量最多也是必然现象。

从细分产品构成来看,新三板市场现有数量最多的细分产品业务是各类行业的专业软件和服务,数量占比接近 40%,其次是工业嵌入式软件及设备,传统的系统集成业务公司数量也很多,而从事中间件等基础软件开发的

企业数量不多。上述细分产品业务构成基本反映了国内本土软件企业的发展状况。

从所有制结构来看,软件类新三板公司绝大部分是自然人控股的民营企业,仅有极少数几家国有企业。从挂牌企业的经营年份来看,大部分企业的成立时间都不足 10 年,反映出行业企业总体年轻化的特点。从挂牌时间来看,越早期的挂牌公司中软件企业比重越高,新近挂牌的公司软件企业比重被其他行业稀释,背后反映出新三板企业从中关村延伸到全国的总趋势。从地域分布来看,软件行业自身智力密集型的特点决定了软件企业基本上分布于北京、上海、深圳等中心城市和部分二线城市。软件行业挂牌公司有近 1/3 分布于北京,其余基本分布于省会城市或其他大城市,来自中小城市的软件企业极少。

(二)挂牌企业规模指标分析

从全部 795 家挂牌公司的员工人数、资产规模和营业收入等数据的排名分布来看,软件行业公司无论是在员工人数、资产规模还是营业收入方面都显著低于全市场平均水平,除了员工人数外,其他 3 项指标均排在末位。这基本上与新三板市场软件企业的行业特点相符合,软件行业作为典型的轻资产运营企业,资产规模普遍不大;而新三板软件公司又大部分专注于细分产品的生产研发,因此营业收入也很难提高。考虑到新三板软件公司的业务模式和特点高度同质化,尽管不同公司之间细分产品的差异很大,但各公司的业务资产规模较为接近。2014 年软件业挂牌公司规模财务指标及全市场比较见表9。

表9 2014 年软件业挂牌公司规模财务指标及全市场比较

指标类型	行业均值	行业最大值	行业中值	行业标准差	全市同一指标值	均值排名
期末员工数量均值(人)	187	8149	92	444	236	15
期末总资产均值(万元)	8138.94	290859.79	3580.06	16597.80	22474.26	19
期末净资产均值(万元)	4513.56	107543.80	2161.55	7534.21	8959.38	19
全年营收均值(万元)	6665.58	308515.55	3256.33	14866.00	14719.63	19

(三）挂牌企业盈利表现指标分析

与软件行业总体资产和营业收入规模较小的情况相对应的是，软件公司总体盈利水平也明显低于全市场公司的平均水平，但软件行业挂牌公司两项盈利比率指标都高居第 2 位，软件行业的业务特点决定了软件产品服务的高毛利率，这在新三板市场挂牌公司中也得到体现。不仅软件行业挂牌公司平均毛利率高于全市场值，而且最高的公司毛利率接近 100%。软件行业由于轻资产的业务模式，企业总体资产回报率显著高于市场平均水平。此外，根据样本公司数据统计，软件行业绝大部分公司都处于盈利状态，盈利水平差距不大。2014 年软件业挂牌公司盈利财务指标及全市场比较见表 10。

表 10 2014 年软件业挂牌公司盈利财务指标及全市场比较

指标类型	行业均值	行业最大值	行业中值	行业标准差	全市同一指标值	均值排名
全年净利润均值（万元）	699.86	18392.69	292.46	1496.89	1012.89	17
主营收入毛利率（%）	48.74	98.90	46.88	22.70	35.69	2
净资产回报率（%）	25.26	6062.09	15.52	218.74	13.39	2

（四）挂牌企业成长性指标分析

虽然软件行业作为新兴产业，总体发展势头十分迅猛，特别是 2000 年以后迎来了十几年高速发展期，但新三板市场的软件企业扣除极值后营业收入和利润增长速度与全市场总体水平相比优势并不明显。总体来看，行业内公司营收增长差别不大，但净利润增速分化较大。2014 年软件业挂牌公司增长率财务指标及全市场比较见表 11。

（五）挂牌企业运营风险控制指标分析

软件类新三板公司不仅营业收入和净利润规模低于全市场平均值，经营

表11 2014年软件业挂牌公司增长率财务指标及全市场比较

指标类型	行业均值	行业最大值	行业中值	行业标准差	全市同一指标值	均值排名
全年主营业务收入增长率(%)	113.60	15940.66	24.74	775.84	100.16	7
全年净利润增长率(%)	368.76	49973.22	53.91	2727.20	289.02	5
期末净资产增长率(%)	141.37	37088.23	25.34	1358.46	200.85	11

注：主营业务收入增长率扣除正负极值后为53.81%，净利润增长率扣除正负极值后为98.37%，净资产增长率扣除正负极值后为61.74%。

现金净流量更远低于全市场平均水平，扣除极值后的利润现金比率仅为24.99%。这两个指标反映了目前国内大部分软件类企业的业务模式是通过竞标工程进行合同施工的，营业收入的现金回款比较慢，资金周转状况不是很理想。但新三板软件企业总体资产负债率不高，低于全市场平均值。软件企业现金和流动资产比重较大，行业总体速动比率较高，但依然低于市场平均值（扣除极值后高于市场平均值）。2014年软件业挂牌公司运营状况风险控制财务指标及全市场比较见表12。

表12 2014年软件业挂牌公司运营状况风险控制财务指标及全市场比较

指标类型	行业均值	行业最大值	行业中值	行业标准差	全市同一指标值	均值排名
全年经营现金流量均值（万元）	374.67	28215.56	121.16	2203.77	1321.48	15
全年利润现金实现比率均值(%)	120.81	36562.03	40.69	2097.63	-114.99	12
期末资产负债率均值(%)	37.52	218.52	35.36	23.11	47.99	19
期末速动比率均值（倍数）	4.07	178.66	2.08	8.41	4.15	18
全年总资产周转率均值（次数）	1.04	4.23	0.95	0.56	1.04	16

注：利润现金实现比率扣除正负极值后为24.99%，速动比率扣除正负极值后为2.71。

三 专业技术业挂牌企业

根据国际权威统计咨询机构的行业界定，专业技术业是指由专门为客户或社会提供职业化和科技服务活动的机构所组成的现代服务行业，这些活动要求有高度的专业技能和培训。在我国，专业技术业包括气象服务业、地震服务业、海洋服务业、测绘服务业、技术检测业、环境监测业、工程技术与规划管理业、工程管理服务业、工程勘察设计业、规划管理业、其他专业技术服务业等。本报告的专业技术业是指除了商务服务业、生活服务业之外的其他所有服务业。

国内专业技术业发展较晚，在相当长的历史时期中，上述行业都是以事业单位的形式存在。随着国家对相关行业特别是对科技服务机构的企业化、市场化改革的推进，在原有事业单位性质的专业技术服务机构中衍生出了大批专业技术服务企业。

专业技术业和商务服务业、物流业等作为现代服务业和生产服务业，为各行各业的发展提供技术和智力支持，是国家和各地方重点扶持的战略性产业和热门行业，也成为地方经济增长的新引擎，以及转型升级的重要突破口。

（一）行业内挂牌企业概览

在纳入样本数据的5044家挂牌公司中，专业技术业挂牌公司共有396家，占比为7.85%，公司数量排在第2位。专业技术业在沪深A股主板和创业板的上市公司中较少分布，但新三板公司数量众多，可以最直接地反映新三板市场的取向和行业多样性。

按照细分行业结构来看，专业技术业的主要业务方向为专业技术咨询，涵盖建筑、能源、环境、医疗、教育、社会服务和科技等各个门类。除此之外，影视制作、传媒出版和互联网内容供应等文化产业也是该行业挂牌公司的主要业务领域。

该行业挂牌公司基本上都是自然人持股的民营创业企业。企业成立时间普遍较晚,大部分都是2005年以后设立的。挂牌时间也较为靠后,大部分都在2015年,可能与该类企业融资需求不迫切、资本运作意识较弱有关。从地域分布来看,这类企业作为人力资源密集型企业,经营活动高度依赖外部商务环境,将近半数的公司分布于北京、上海、深圳等中心城市,多数省会城市以及二线城市也有此类企业零星分布。

(二)挂牌企业规模指标分析

专业技术业由于行业类型多样、业务经营模式不一,规模差异较大。在员工人数方面,除了华图教育等少数几家大型连锁教育及其他服务企业外,绝大部分公司规模较小,人数普遍不到100人,营业收入多半在5000万元以下。该行业是新三板各行业中规模分化较大的行业之一。由于服务业固定资产较少的特点,该行业挂牌公司的资产规模要显著低于全市场平均水平。2014年专业技术业挂牌公司规模财务指标及全市场比较见表13。

表13 2014年专业技术业挂牌公司规模财务指标及全市场比较

指标类型	行业均值	行业最大值	行业中值	行业标准差	全市同一指标值	均值排名
期末员工数量均值(人)	176	4086	82	335	236	18
期末总资产均值(万元)	11168.52	444501.62	4310.36	27295.49	22474.26	16
期末净资产均值(万元)	5566.01	124240.74	2103.91	10323.39	8959.38	17
全年营业收入均值(万元)	7042.08	133986.96	2955.84	12680.86	14719.63	17

(三)挂牌企业盈利表现指标分析

专业技术业挂牌公司总体经营规模不大,盈利规模也偏小,低于全市场平均水平。行业内挂牌公司盈利规模分化较大。由于专业技术业技术门槛较高的特点,企业提供的服务附加值较高,营业收入毛利率平均值显著高于全市场平均水平。同时,该行业轻资产运营的特征也使该行业公司的净资产回报率总体高于大多数其他行业公司。2014年专业技术业挂牌公司盈利财务指标及全市场比较见表14。

表14　2014年专业技术业挂牌公司盈利财务指标及全市场比较

指标类型	行业均值	行业最大值	行业中值	行业标准差	全市同一指标值	均值排名
全年净利润均值(万元)	874.54	87724.55	246.14	5258.22	1012.89	11
营业收入毛利率(%)	42.44	91.60	44.46	43.67	35.69	5
净资产回报率(%)	16.66	662.80	16.42	75.46	13.39	4

(四) 挂牌企业成长性指标分析

作为极具生命力的新兴行业,专业技术业市场规模的扩大十分抢眼。新三板市场挂牌公司的营业收入和净利润增长速度十分惊人,但增速差异极大,扣除个别异常增长的公司,该行业公司的普遍增速处于正常范围之内。净利润增速即使扣除极值依然遥遥领先于其他行业,呈现良好的成长态势。值得注意的是,作为新兴朝阳产业,该行业挂牌公司扣除极值后的净资产增长速度并不如外界想象的迅速,这可能与该行业企业资本扩张动力不足有关。2014年专业技术挂牌公司增长率财务指标及全市场比较见表15。

表15　2014年专业技术业挂牌公司增长率财务指标及全市场比较

指标类型	行业均值	行业最大值	行业中值	行业标准差	全市同一指标值	均值排名
全年主营业务收入增长率(%)	154.54	19156.84	27.04	1037.12	100.16	3
全年净利润增长率(%)	686.90	98868.40	62.87	5532.08	289.02	2
期末净资产增长率(%)	200.95	10837.00	38.80	832.28	200.85	8

注:主营业务收入增长率扣除正负极值后为48.38%,净利润增长率扣除正负极值后为119.94%,净资产增长率扣除正负极值后为78.54%。

（五）挂牌企业运营风险控制指标分析

专业技术业所有企业的平均经营现金净流量低于平均净利润，但利润现金实现比率的均值远远高于1。这反映出行业内极少数公司的经营现金流表现极好，拉高了利润现金比率的平均值。总体来看，该行业内公司经营活动现金流状况的好坏与公司经营规模呈现明显的负相关关系，越小的公司现金流状况越好。该行业对资产规模的要求不高，因此行业内挂牌公司总体资产负债状况和资产流动性较好，资产负债率和扣除极值后的速动比率低于全市场平均水平。2014年专业技术业挂牌公司运营状况风险控制财务指标及全市场比较见表16。

表16　2014年专业技术业挂牌公司运营状况风险控制财务指标及全市场比较

指标类型	行业均值	行业最大值	行业中值	行业标准差	全市同一指标值	均值排名
全年经营现金流量均值（万元）	219.17	15431.03	144.99	3426.28	1321.48	17
全年利润现金实现比率均值(%)	185.26	62384.43	64.64	3846.99	-114.99	8
期末资产负债率均值(%)	42.60	364.55	40.06	29.83	47.99	16
期末速动比率均值（倍数）	4.24	314.77	1.77	17.16	4.15	6
全年总资产周转率均值（次数）	1.03	4.87	0.91	0.67	1.04	7

注：速动比率扣除正负极值后为2.28。

四　化工业挂牌企业

根据官方定义，化工业是指利用化学工艺生产经济社会所需的各种化学产品的社会生产部门的总称。根据国家统计局行业分类标准（GB/T 4754-

2011），化工业共包括基础化学原料制造，肥料制造，农药制造，涂料、油墨、颜料及类似产品制造，橡胶及制品行业，塑料及制品行业，合成材料制造，专用化学产品制造及日用化学产品制造9个子行业。

化工业是国民经济的支柱，为其他各个行业的生产和人民的生活提供原料支持。同时化工业也是典型的周期性行业，其运营状况直接反映国民经济特别是工业生产的景气程度。国家发改委公布的《2015年石油和化工行业经济运行报告》显示，2015年石油和化工行业规模以上企业有29781家，全行业增加值同比增长8.7%；主营业务收入为13.35万亿元，下降5.5%；利润总额为6440亿元，降幅为19.5%；上缴税金1.03万亿元，增长5.0%；完成固定资产投资2.32万亿元，下降0.5%；资产总计11.95万亿元，增幅为4.0%；进出口贸易总额为5270亿美元，下降21.5%，其中出口1816亿美元，降幅为7.7%。

化工业结构调整继续深化，专用化学品、涂（颜）料等精细化学品对经济增长的贡献率上升。但化工业依然面临经济下行压力不断增大、效益下降、投资动力不足和创新能力较弱的问题。

（一）行业内挂牌企业概览

在纳入样本数据的5044家挂牌公司中，化工业挂牌公司共有390家，占比为7.73%，公司数量排在第3位。化工业是国民经济的支柱和制造业的重要组成部分，无论是在国内A股市场还是新三板市场，化工类公司都是市场主要的行业主体。

从细分产品构成来看，化工业挂牌公司最集中的是高分子合成材料企业，有40多家；其次是化学试剂企业，有35家；塑料制品企业、橡胶企业和农用化学品企业各有20家左右；剩余企业多为类型复杂多样的行业专业化学品公司。挂牌公司结构与全国化工行业整体产业结构有差别，代表化工行业发展方向的有机新材料公司远远多于传统大宗无机化工品企业。

从所有制结构来看，与新三板市场整体状况一致，超过90%的挂牌公司都是民营企业。从挂牌企业的成立年份来看，一半以上的公司都成立了10年以上。从挂牌时间来看，绝大部分公司都是在2014年之后挂牌的，这与新三板扩容推广至全国的趋势相关。从地域分布来看，主要集中于江苏、山东、浙江和广东等沿海经济大省以及上海、重庆等中心城市，相比于其他行业的新三板公司，化工业公司总体上更多地分布于县域和城市郊区。

（二）挂牌企业规模指标分析

从全部390家挂牌公司的员工人数、资产规模和营业收入等数据的排名分布来看，化工业公司的员工人数和总体资产规模普遍不突出，但营业收入普遍较高。这主要取决于化工业典型的规模经济特征。在行业内规模指标方面，大部分公司之间差距不大，特别是员工数量和营业收入的标准差较小。从行业内挂牌公司经营规模的离散程度来看，行业企业经营分化不明显。2014年化工业挂牌公司规模财务指标及全市场比较见表17。

表17 2014年化工业挂牌公司规模财务指标及全市场比较

指标类型	行业均值	行业最大值	行业中值	行业标准差	全市同一指标值	均值排名
期末员工数量均值（人）	208	2641	122	280	236	13
期末总资产均值（万元）	22469.74	691916.52	10557.76	58361.27	22474.26	8
期末净资产均值（万元）	9864.13	196692.31	5000.90	19812.91	8959.38	8
全年营业收入均值（万元）	20154.65	905632.99	8386.59	59719.80	14719.63	6

（三）挂牌企业盈利表现指标分析

对化工业内390家公司的盈利能力指标进行排名，主营业务平均毛利率要远远高于同期全国化工行业毛利率4.9%的水平，说明化工业挂牌公司总体竞争力较强。在净资产回报率方面，挂牌公司的平均值也显著优于全国同行业4.7%的水平。① 这反映出在新三板市场挂牌的化工企业专注于高技术含量的细分产品，企业盈利能力和竞争力高于行业平均水平。值得注意的是，化工业挂牌公司在净利润和净资产回报率方面分化很大，标准差数值偏大，但是在营业收入毛利率方面，不同公司表现较为一致，行业中值和平均值十分接近。2014年化工业挂牌公司盈利财务指标及全市场比较见表18。

表18　2014年化工业挂牌公司盈利财务指标及全市场比较

指标类型	行业均值	行业最大值	行业中值	行业标准差	全市同一指标值	均值排名
全年净利润均值(万元)	995.36	35477.01	409.22	3154.13	1012.89	8
主营业务收入毛利率(%)	27.09	85.16	25.37	16.46	35.69	15
净资产回报率(%)	8.04	535.03	10.24	104.51	13.39	16

（四）挂牌企业成长性指标分析

与新三板市场总体高成长性的特征相一致，化工业挂牌公司扣除极值后的主营业务收入增速远远高于化工行业8.9%的增长率。特别是挂牌公司在净利润方面出现了接近60%的惊人增速，出现这种情况，除了挂牌公司扩大规模实现业绩增长以外，也与2014年油价暴跌导致原料成本下降有很大关系。净资产增长更多的应与公司的资本运作相关，无法直接反映经营状况。虽然化工业挂牌公司总体增速较快，但是行业内公司增速分化十分明显，营业收入增速最快的公司年均增长将近863倍。行业内增长较快的企业多是研发、销售等轻资产的小型企业。2014年化工业挂牌公司增长率财务指标及全市场比较见表19。

---

① 此处及本报告以后各小节中关于各个大类行业的财务统计指标，除有特别标注外均来源于最近两年的券商行业报告。

表19　2014年化工业挂牌公司增长率财务指标及全市场比较

指标类型	行业均值	行业最大值	行业中值	行业标准差	全市同一指标值	均值排名
全年主营业务收入增长率(%)	265.40	86368.03	11.64	4373.70	100.16	2
全年净利润增长率(%)	185.96	30231.98	23.94	1980.28	289.02	10
期末净资产增长率(%)	80.97	5393.55	17.37	335.01	200.85	14

注：主营业务收入增长率扣除正负极值后为22.12%，净利润增长率扣除正负极值后为59.37%。

（五）挂牌企业运营风险控制指标分析

虽然化工业挂牌企业的经营现金流均值高于净利润均值，但利润现金实现比率为负值，可以看出行业内除了少数大型企业外，大部分企业的现金流状况十分不理想。在反映风险控制指标的资产负债率方面，行业挂牌公司的这一指标低于50%，作为一个高度依赖债务融资的重资产行业，挂牌公司的资产状况明显优于全国同行业57%的水平。值得注意的是，行业内公司的速动比率分化较为显著，显示出行业内各公司资产状况各异。2014年化工业挂牌公司运营状况风险控制财务指标及全市场比较见表20。

表20　2014年化工业挂牌公司运营状况风险控制财务指标及全市场比较

指标类型	行业均值	行业最大值	行业中值	行业标准差	全市同一指标值	均值排名
全年经营现金流量均值（万元）	1517.25	96380.35	390.92	6566.43	1321.48	5
全年利润现金实现比率均值(%)	-67.90	7361.52	66.30	2164.80	-114.99	16
期末资产负债率均值(%)	48.51	99.58	50.11	20.95	47.99	11
期末速动比率均值(倍数)	1.88	83.60	0.92	5.09	4.15	11
全年总资产周转率均值（次数）	1.00	3.29	0.92	0.54	1.04	8

五 专用设备业挂牌企业

专用设备业属于装备制造业范围之内。装备制造业又称装备工业，主要是指资本品制造业，是为满足国民经济各部门发展和国家安全需要而制造各种技术装备的产业总称。专用设备业是为各个经济部门和其他应用领域提供非标准化成套设备及配件的行业。专用设备业涵盖行业类型广泛，主要有模具制造，炼油、化工生产专用设备制造，建筑工程用机械制造，冶金专用设备制造，社会公共安全设备及器材制造，食品、酒、饮料及茶生产专用设备制造，木材加工机械制造，印刷专用设备制造，水资源专用机械制造，石油钻采专用设备制造，医疗、外科及兽医用器械制造，日用化工专用设备制造等。

根据工信部产业研究院的调研数据，2013年我国专用设备业总资产达到29609.03亿元，同比增长20.76%；行业销售收入为32057.48亿元，较2012年同期增长17.52%；行业利润总额为2147.28亿元，同比增幅为13.92%。截至2013年底，我国专用设备业规模以上企业数量达15374家，其中1677家企业出现亏损，行业亏损率为10.91%。2011~2013年，行业总体销售毛利润率和净利润率呈现下滑趋势，行业资金周转状况不断恶化。

（一）行业内挂牌企业概览

在纳入样本数据的5044家挂牌公司中，专用设备行业挂牌公司共有375家，占比为7.43%，公司数量排在第4位。专用设备业作为国民经济发展的基础性行业，其发展状况直接决定了中国先进制造业的发展水平和竞争力，也是资本市场重点关注的板块，因此越来越多的该行业公司涌向新三板市场。

按照细分行业划分，新三板专用设备公司所处行业极其广泛多样，基本涵盖了国民经济各个部门所涉及的装备制造，其中以农业、化工、医药、电子、环保和建筑等热点行业所用装备较多。

专用设备业的中小企业基本上都是民营企业，新三板市场挂牌公司的所有制结构也符合这一特点，只有极少数地方国企，没有央企和外商企业。从专用设备公司的成立年份来看，有20世纪70～80年代成立的老企业，也有2011年以后设立的新兴企业。从挂牌时间来看，早期专用设备公司不是在新三板市场挂牌的主流行业，绝大部分公司都是在2014年以后登陆新三板市场。从地域分布来看，专用设备业的发展依托地方雄厚的经济和工业基础，因此新三板专用设备公司主要集中于江苏、山东、浙江和广东等沿海工业大省，河南、湖北、四川等内陆工业发达省份也有分布。从城市分布来看，从北京、上海等中心城市到县城都有分布。

（二）挂牌企业规模指标分析

专用设备业的企业虽然数量众多，但由于每个企业都专注于某个细分行业和若干个细分产品，因此即便是行业龙头企业，规模也普遍不大。新三板专用设备公司在员工数量、资产规模和营业收入方面都或多或少地低于全市场平均水平。与软件行业颇为相似的是，专用设备企业虽然具体业务千差万别，但大部分企业的规模较为相近，规模指标的标准差不大。2014年专用设备业挂牌公司规模财务指标及全市场比较见表21。

表21　2014年专用设备业挂牌公司规模财务指标及全市场比较

指标类型	行业均值	行业最大值	行业中值	行业标准差	全市同一指标值	均值排名
期末员工数量均值（人）	179	2300	122	212	236	17
期末总资产均值（万元）	14579.12	323416.40	7999.99	25451.52	22474.26	14
期末净资产均值（万元）	6607.20	83677.98	3644.59	9249.89	8959.38	15
全年营业收入均值（万元）	8883.57	171520.86	5069.64	14370.71	14719.63	16

（三）挂牌企业盈利表现指标分析

专用设备业作为较为传统的劳动密集型产业，行业利润水平受原材料、劳动成本的影响极为明显。作为典型的周期性行业，由于宏观经济特别是产业投资增速下滑，行业总体盈利状况和增长情况非常不乐观。但新三板公司作为各自细分行业的优质企业，盈利能力普遍优于同行。2014年挂牌公司平均营业收入毛利率和净资产回报率分别高于全行业2013年16.39%和7.25%的水平（无法获知2014年数据，但根据行业趋势，2014年行业盈利指标会进一步恶化）。2014年专用设备业挂牌公司盈利财务指标及全市场比较见表22。

表22　2014年专用设备业挂牌公司盈利财务指标及全市场比较

指标类型	行业均值	行业最大值	行业中值	行业标准差	全市同一指标值	均值排名
全年净利润均值(万元)	708.58	25287.24	316.13	1924.04	1012.89	16
主营业务收入毛利率(%)	36.33	89.14	35.49	24.05	35.69	7
净资产回报率(%)	12.94	176.78	11.26	32.84	13.39	10

（四）挂牌企业成长性指标分析

作为传统行业，专用设备业的增长完全取决于下游行业的扩张以及部分出口市场的拉动。专用设备业的下游市场的大部分企业经营状况不理想，严重拖累了专用设备业的收入增速。因此新三板专用设备公司的营业收入增长率低于全市场平均水平，扣除极值后的净利润率和净资产增长率也远低于全市场水平。但值得注意的是，专用设备业涉及的子行业众多，不同企业之间的收入利润增长率分化较大，环保和医药等新兴领域的设备制造企业收入利润增速总体较高。2014年专用设备业挂牌公司增长率财务指标及全市场比较见表23。

表23　2014年专用设备业挂牌公司增长率财务指标及全市场比较

指标类型	行业均值	行业最大值	行业中值	行业标准差	全市同一指标值	均值排名
全年主营业务收入增长率(%)	35.10	1159.73	15.21	99.56	100.16	15
全年净利润增长率(%)	216.09	16989.81	23.93	1442.08	289.02	8
期末净资产增长率(%)	114.67	20891.33	16.26	1105.77	200.85	13

注：净利润增长率扣除正负极值后为59.29%，净资产增长率扣除正负极值后为40.81%。

（五）挂牌企业运营风险控制指标分析

与行业市场不景气相对应的是，新三板专用设备公司的营业收入现金流入状况总体不乐观，平均经营现金流入不到净利润的一半，扣除极值的利润现金实现比率也低于50%。同时行业内企业现金流状况分化也十分严重，这与专用设备企业普遍利用赊销方式销售产品有关。但是相比于全行业负债沉重的状况，新三板公司的资产负债率明显低于55.45%的行业水平。在反映资产流动性的速动比率方面，专用设备制造企业也低于全市场平均水平。行业挂牌公司的总资产周转率远低于1，这与专用设备业采用订单式生产，制造周期长，存货占压资金有着密切关系。2014年专用设备业挂牌公司运营状况风险控制财务指标及全市场比较见表24。

表24　2014年专用设备业挂牌公司运营状况风险控制财务指标及全市场比较

指标类型	行业均值	行业最大值	行业中值	行业标准差	全市同一指标值	均值排名
全年经营现金流量均值(万元)	323.52	25347.05	142.28	2161.79	1321.48	16
全年利润现金实现比率均值(%)	189.17	115642.00	46.82	6195.46	-114.99	7
期末资产负债率均值(%)	51.15	191.19	50.35	21.47	47.99	8
期末速动比率均值(倍数)	1.40	17.03	1.00	1.56	4.15	14
全年总资产周转率均值(次数)	0.78	2.99	0.69	0.43	1.04	16

注：利润现金实现比率扣除正负极值后为42.68%，速动比率扣除正负极值后为1.29。

六　通用设备业挂牌企业

汽车和通用设备制造业简称通用设备业。其中，汽车制造业是生产制造各种动力的四轮车辆交通工具的行业，通用设备制造业属于装备制造业范围之内。

汽车制造业是国民经济的支柱产业，也是拉动内需最主要的消费品行业。而装备制造业是工业的基础，通用设备制造业又是装备制造业的基础。通用设备制造业的发展水平直接决定了一国的工业实力和竞争力，是国家现代化的重要根基。以高端装备制造为代表的通用设备行业也是国家重点支持的主导产业。

根据工信部产业研究院的调研数据，2015年中国汽车产销量分别完成2450.33万辆和2459.76万辆，创历史新高，比上年分别增长3.3%和4.7%，总体呈现平稳增长态势，而产销增速比上年分别下降4个和2.2个百分点。

2014年我国通用设备制造业总资产达到37637.42亿元，同比增长7.22%；行业销售收入为46255.43亿元，较2013年同期增长8.10%；行业利润总额为3018.47亿元，同比增幅为5.28%。2011～2014年，虽然行业经营规模不断稳步扩大，但是盈利增速逐年下滑。

（一）行业内挂牌企业概览

在纳入样本数据的5044家挂牌公司中，专用设备行业挂牌公司共有365家，占比为7.24%，挂牌公司数量排在第5位。通用设备行业种类众多，大部分细分行业市场集中度低，行业竞争异常激烈，也是国际化水平和开放程度最高的行业之一。行业龙头企业纷纷希望通过登陆新三板市场来实现资本扩张和产业整合。

根据细分行业公司构成，在通用设备业所有挂牌公司中，以汽车零部件企业最多，总数超过50家。其余主要是机床等工具设备、动力机械、传动机械以及管泵阀门等多种零部件的制造企业。目前新三板市场没有汽车整车企业和工程机械整机制造企业。

与全市场公司的所有制结构类似，通用设备业也基本上以民营企业和公众公司为主。成立时间总体较早，绝大部分成立于2005年以前。从挂牌时间来看，挂牌公司基本上是在2013年新三板市场扩容之后登陆新三板市场的。从地域分布来看，挂牌公司的分布与装备制造业总体产业地理格局一致，以东部经济发达省份为主，数量较多的省份是浙江、山东和江苏，以及上海、重庆等汽车工业重镇。从城市类型来看，主要分布于大城市的郊县以及三线以下城市。

（二）挂牌企业规模指标分析

通用设备业企业都是生产标准化通用产品的行业，同时又大多属于劳动密集型行业，因此员工人数都在新三板市场的制造业行业中排名靠前，但营业收入略低于全市场平均值。挂牌公司的资产规模，相比其他制造业挂牌公司也不算低。挂牌公司的规模指标较为接近，分化不显著。2014年通用设备业挂牌公司规模财务指标及全市场比较见表25。

表25　2014年通用设备业挂牌公司规模财务指标及全市场比较

指标类型	行业均值	行业最大值	行业中值	行业标准差	全市同一指标值	均值排名
期末员工数量均值（人）	298	3348	168	375	236	5
期末总资产均值（万元）	19622.07	232609.97	11215.98	25434.47	22474.26	11
期末净资产均值（万元）	8536.74	108941.15	4683.89	11806.66	8959.38	12
全年营业收入均值（万元）	12966.66	203456.52	7373.01	18451.72	14719.63	14

（三）挂牌企业盈利表现指标分析

通用设备业也是较为传统的产业和劳动密集型产业，行业利润水平受原材料、劳动成本的影响极为明显。作为典型的周期性行业，由于宏观经济特别是工业固定资产投资增速下滑，行业总体盈利状况和增长情况非常不乐观。而汽车零部件企业受下游汽车整车市场不景气和出口下滑的影响较大。虽然大行业整体不景气，但是新三板市场挂牌公司的盈利状况还较为理想。特别是与通用设备全行业[①]平均16.23%的销售毛利率

---

① 汽车零部件行业总体财务指标没有公开数据，但总体应该低于通用设备行业。

和8.17%的净资产回报率相比，新三板市场挂牌公司的表现显著优于行业总体水平。2014年通用设备业挂牌公司盈利财务指标及全市场比较见表26。

表26　2014年通用设备业挂牌公司盈利财务指标及全市场比较

指标类型	行业均值	行业最大值	行业中值	行业标准差	全市同一指标值	均值排名
全年净利润均值(万元)	971.65	31076.01	455.34	2254.37	1012.89	9
主营业务收入毛利率(%)	31.89	80.76	30.83	11.00	35.69	9
净资产回报率(%)	12.34	1247.69	10.72	118.86	13.39	12

注：净资产回报率扣除正负极值后为15.01%。

（四）挂牌企业成长性指标分析

与装备制造业总体发展形势相关，通用设备业增长速度较为低迷。特别是汽车配件和部分大宗机械零部件，市场出现严重饱和。新三板市场挂牌公司整体营业收入和利润的增长速度均低于全市场平均水平。特别是扣除极值之后的净资产增速更是远远低于全市场指标，这在一定程度上反映出通用设备业的发展前景不被投资者看好，对外来资本的吸引力有限。2014年通用设备业挂牌公司增长率财务指标及全市场比较见表27。

表27　2014年通用设备业挂牌公司增长率财务指标及全市场比较

指标类型	行业均值	行业最大值	行业中值	行业标准差	全市同一指标值	均值排名
全年主营业务收入增长率(%)	36.11	1783.50	14.22	127.19	100.16	14
全年净利润增长率(%)	18.55	9471.23	32.96	2180.77	289.02	18
期末净资产增长率(%)	74.72	4626.32	12.57	296.01	200.85	16

注：净利润增长率扣除正负极值后为61.66%，净资产增长率扣除正负极值后为52.25%。

（五）挂牌企业运营风险控制指标分析

通用设备业生产销售的产品类型多样，既有订单式生产的大型设备，也

有批量化生产的零部件。因此行业内企业现金周转状况分化很大,但总体上要好于专用设备业。行业经营现金流量均值为正数,且大于净利润均值,而利润现金实现比率则远低于1,行业内规模大的公司总体上现金流状况较好,规模小的公司则比较差。资产负债率总体高于市场平均水平,与通用设备全行业指标接近。在总资产周转率方面,作为资本不是十分密集的行业,通用设备业总资产周转率只有0.8,可以看出行业产品销售状况不是十分理想。2014年通用设备业挂牌公司运营状况风险控制财务指标及全市场比较见表28。

表28 2014年通用设备业挂牌公司运营状况风险控制财务指标及全市场比较

指标类型	行业均值	行业最大值	行业中值	行业标准差	全市同一指标值	均值排名
全年经营现金流量均值(万元)	1016.79	36408.18	419.24	3123.23	1321.48	8
全年利润现金实现比率均值(%)	61.57	15528.82	89.54	2517.47	-114.99	14
期末资产负债率均值(%)	55.36	122.17	56.32	19.66	47.99	4
期末速动比率均值(倍数)	1.17	17.24	0.81	1.46	4.15	16
全年总资产周转率均值(次数)	0.80	2.73	0.71	0.43	1.04	14

七 电子信息业挂牌企业

当前,我国通信设备、计算机及其他电子设备制造业扮演着国民经济的支柱产业和先导产业的重要角色,该行业作为电子信息的硬件行业,与软件信息服务业共同成为我国经济发展的第一支柱产业,对国民经济发展、国家现代化和科技进步起到举足轻重的作用。该行业技术最为密集,虽然我国是计算机、通信设备和电子设备制造的第一大国,但该行业主要由外资企业主导。国家有关部门出台政策扶持本土电子信息企业崛起,抢占产业制高点,完善国内产业链。

根据工信部发布的《2015年电子信息产业统计公报》,2015年,我国规模以上电子信息产业企业数量超过6.08万家,其中电子信息制造业企业1.99万家。全年完成销售收入15.4万亿元，同比增长10.4%；其中，电子信息制造业实现主营业务收入11.1万亿元，同比增长7.6%。2015年，我国规模以上电子信息制造业增加值增长10.5%，高于同期工业平均水平4.4个百分点，在全国41个工业行业中增速居第5位；收入和利润总额分别增长7.6%和7.2%，高于同期工业平均水平6.8个和9.5个百分点。

（一）行业内挂牌企业概览

在纳入样本数据的全部5044家挂牌公司中，电子信息行业挂牌公司共有319家，占比为6.32%，挂牌公司数量排在第6位。虽然电子信息制造企业在新三板市场挂牌的数量不少，但是与电子信息行业第一支柱产业的地位明显不相称，未来还将有越来越多的同类企业挂牌新三板市场。

按照挂牌公司细分构成来看，新三板市场挂牌公司产业结构与国内电子信息制造行业产业结构明显不同。新三板公司大部分以生产专业化电子设备为主，其次是电子元器件和计算机通信外部设备，消费电子终端产品较少，没有品牌家电、手机等数码产品制造商。这反映出新三板电子信息制造公司专业性强的特点，大部分公司主要面对非消费市场的企业用户。

新三板电子信息制造公司主要以民营企业为主，也与行业总体所有制结构有很大差别。从企业成立年限来看，该行业挂牌公司成立时间长短不等，从20世纪80年代末到2012年皆有分布。从挂牌时间来看，由于新三板市场起源于高新区，所以在早期挂牌公司中，电子信息制造公司的数量较多。从产业地域分布来看，电子信息制造行业具有高度外向型的产业特征，对上下游产业链的依赖较严重，新三板电子信息制造业的挂牌公司也基本上分布于外资集中的出口大省，如广东、江苏和上海等。中西部省份企业数量极少，很多中西部省份没有电子信息制造业企业分布，该行业是挂牌公司数量超过200家行业中地域集中程度最高的。

（二）挂牌企业规模指标分析

电子信息制造业特别是芯片电子元件行业，受摩尔定律和马太效应的影响极大，呈现典型的规模经济特点。新三板市场挂牌公司虽然大部分属于电子信息制造领域的细分专业产品制造商，但平均规模较消费电子厂商和电子代工企业要小很多。行业挂牌公司除了员工人数外，资产规模和营业收入都低于市场平均水平。作为总体业务模式同质化严重的行业，电子信息制造业挂牌公司彼此之间规模较为平均。2014年电子信息业挂牌公司规模财务指标及全市场比较见表29。

表29 2014年电子信息业挂牌公司规模财务指标及全市场比较

指标类型	行业均值	行业最大值	行业中值	行业标准差	全市同一指标值	均值排名
期末员工数量均值（人）	278	3462	155	393	236	6
期末总资产均值（万元）	14573.77	156109.93	7735.08	20881.29	22474.26	15
期末净资产均值（万元）	7200.31	79324.04	3900.05	10257.73	8959.38	14
全年营业收入均值（万元）	13088.69	146254.51	6917.58	18592.10	14719.63	12

（三）挂牌企业盈利表现指标分析

电子信息制造行业作为一个高度开放竞争的行业，行业总体营业收入毛利率十分低。而新三板挂牌公司毛利率居然超出全行业平均4.9%的营业收入毛利率的6倍，是新三板各个行业中，挂牌公司盈利能力与全行业差距最大的。但挂牌公司净资产回报率优势并不明显，仅略高于全行业10.9%的总体水平。该行业盈利指标还有一个显著特点就是行业内企业利润分化不明显，这也是完全竞争行业的普遍特征。2014年电子信息业挂牌公司盈利财务指标及全市场比较见表30。

表30　2014年电子信息业挂牌公司盈利财务指标及全市场比较

指标类型	行业均值	行业最大值	行业中值	行业标准差	全市同一指标值	均值排名
全年净利润均值(万元)	847.82	16195.09	450.57	1812.28	1012.89	13
主营业务收入毛利率(%)	31.54	73.45	30.10	22.36	35.69	10
净资产回报率(%)	13.66	344.18	13.14	44.91	13.39	8

（四）挂牌企业成长性指标分析

国内电子信息制造行业大部分产品的世界市场占有率极高，同时电子产品技术更新换代导致单价下降较快，因此挂牌公司销售额增速表现出的市场规模成长性较低。但该行业的新三板挂牌公司高度专注于特定细分领域，主营业务收入增长速度远高于当年行业的平均水平8.9%，略低于新三板市场的平均水平。在净利润增速方面，即使扣除个别异常企业数据，增速也远远超过行业增加值的增速12.3%。行业挂牌公司扣除极值后的净资产增长速度低于全市场平均水平，说明该行业挂牌公司还没有充分利用资本市场进行规模扩张。2014年电子信息业挂牌公司增长率财务指标及全市场比较见表31。

表31　2014年电子信息业挂牌公司增长率财务指标及全市场比较

单位：%

指标类型	行业均值	行业最大值	行业中值	行业标准差	全市同一指标值	均值排名
全年主营业务收入增长率(%)	60.49	3593.59	20.96	230.26	100.16	10
全年净利润增长率	321.28	28897.00	44.13	1822.24	289.02	7
期末净资产增长率(%)	549.08	151257.65	20.90	8453.30	200.85	2

注：净利润增长率扣除正负极值后为68.04%，净资产增长率扣除正负极值后为54.6%。

（五）挂牌企业运营风险控制指标分析

电子信息制造行业作为加工制造业，无论是产品还是原料零部件的价值

都较高,存货和产成品占用较多流动资金。该行业挂牌公司的经营现金流量低于净利润,而利润现金比率也仅有七成,略高于扣除极值后的全市场平均值,可以看出电子信息制造企业的资金周转情况较为紧张。在资产周转方面,虽然总资产周转率大于1,但大部分公司的这一指标都在1左右,也远远低于行业平均水平1.8。2014年电子信息业挂牌公司运营状况风险控制财务指标及全市场比较见表32。

表32 2014年电子信息业挂牌公司运营状况风险控制财务指标及全市场比较

指标类型	行业均值	行业最大值	行业中值	行业标准差	全市同一指标值	均值排名
全年经营现金流量均值(万元)	613.29	23193.61	123.07	2494.58	1321.48	12
全年利润现金实现比率均值(%)	70.81	7919.26	49.70	720.29	-114.99	13
期末资产负债率均值(%)	47.93	111.60	47.21	20.52	47.99	12
期末速动比率均值(倍数)	1.77	45.53	1.14	2.89	4.15	13
全年总资产周转率均值(次数)	1.17	4.90	1.01	0.74	1.04	4

注:速动比率扣除正负极值后为1.53。

八 电气业挂牌企业

电气业是我国国民经济行业分类中一个非常重要的大类,细分行业包括电机制造业、输配电及控制设备制造业、电工器械制造业、日用电器制造业等,该行业产品技术密集程度相对较高,其在提升产业经济、提高一国国民生活质量中起着不可替代的基础性作用。在当代,电气业已经成为反映一国工业发展水平的重要指标性行业。电气业的发展体现着国家工业发展的进程,同时受到本国经济社会建设水平,尤其是工业发展总体环境的制约。

目前看来,伴随着国家在电力、装备制造以及高新技术领域的政策支持和引导,我国电气业仍然处于较快增长阶段。

根据工信部产业研究院公布的调研统计资料,2015年1~6月电气业实现主营业务收入25357.83亿元,同比增长5.19%;行业实现利润总额

1364.40亿元，同比增长3.98%；上缴税金总额697.88亿元，同比增长8.19%。行业亏损面为18.09%，比上年同期提高了2.37个百分点，亏损额为156.60亿元，同比增加了21.95亿元。反映盈利能力的多项经济指标不如上年。总资产贡献率为10.50%，成本费用利润率为5.69%，主营业务收入利润率为5.38%，总资产利润率为3.11%，分别较上年同期水平下降0.31个、0.08个、0.06个和0.11个百分点。流动资产周转率为1.80次，较上年同期降低0.02次。

（一）行业内挂牌企业概览

在纳入样本数据的5044家挂牌公司中，电气业挂牌公司共有309家，占比为6.13%，挂牌公司数量排在第7位。电气业虽然在工业生产和国民经济中的地位举足轻重，但作为传统行业和工业品制造业，行业缺少热点题材和概念，该行业上市公司股票很难得到主板市场投资者的关注，无法获得较高的估值溢价。这也成为大批电气行业企业选择登陆新三板市场的原因。

从细分产品构成来看，在电气业挂牌公司中，中低压变电设备企业最多，数量超过40家。

虽然国内电气业龙头企业主要为大型国企和跨国公司，但新三板电气类公司主要以地方国企和民营企业为主。由于电气业发展较早，因此大部分挂牌企业的成立时间早于2005年，规模企业以2000年初成立的居多。作为传统制造行业，大部分电气行业公司在2013年以后挂牌。从挂牌企业的地域结构来看，与装备制造业的产业格局基本一致，电气类挂牌公司主要分布于浙江、江苏、山东等东部沿海经济发达地区，以及武汉、西安等内地重要的工业城市。同样，作为传统制造业，电气业挂牌公司更多地分布于中小城市和大城市郊县。

（二）挂牌企业规模指标分析

尽管电气业是一个企业数量众多、完全竞争的行业，但是由于安全生产等原因，该行业有一定的准入门槛，行业挂牌公司总体规模普遍不小，员工数量、资产规模和营业收入超过或接近全市场平均水平。但相比于其他制造业行业,电气业挂牌公司规模方面的内部差异偏大,300多家公司中出现了若干家营业收入超10亿元的行业龙头企业,与大多数亿元级别的公司形成对应。2014年电气业挂牌公司规模财务指标及全市场比较见表33。

表33 2014年电气业挂牌公司规模财务指标及全市场比较

指标类型	行业均值	行业最大值	行业中值	行业标准差	全市同一指标值	均值排名
期末员工数量均值(人)	251	4106	142	416	236	10
期末总资产均值(万元)	16843.79	205131.11	9096.16	24397.89	22474.26	13
期末净资产均值(万元)	7616.46	86733.61	4149.24	10555.69	8959.38	13
全年营业收入均值(万元)	13525.63	180662.79	6635.06	21771.00	14719.63	11

(三)挂牌企业盈利表现指标分析

由于电气业大部分企业产品结构单一、技术较为成熟,行业恶性竞争加剧。电气业总体盈利情况并不理想,行业挂牌公司的净利润只有全市场平均水平的六成。但是相对于全行业,新三板电气公司的盈利能力表现较为出色,毛利率高出全行业平均水平14.57%的将近一倍。挂牌电气公司内部净资产回报率差异十分巨大,但排除少数巨亏企业的影响,行业挂牌公司资产回报率的中位数为9.7%,依然高于全行业7.44%的平均水平。[①] 2014年电气业挂牌公司盈利财务指标及全市场比较见表34。

表34 2014年电气业挂牌公司盈利财务指标及全市场比较

指标类型	行业均值	行业最大值	行业中值	行业标准差	全市同一指标值	均值排名
全年净利润均值(万元)	667.74	8992.61	352.79	1512.31	1012.89	18
主营业务收入毛利率(%)	28.03	72.58	26.98	16.71	35.69	14
净资产回报率(%)	3.70	293.90	9.65	114.86	13.39	18

注:净资产回报率扣除正负极值后为10.49%。

---

① 此处为2013年数据,根据行业发展趋势,2014年这一指标很可能继续下滑。

（四）挂牌企业成长性指标分析

作为市场严重饱和，同时又严重依赖国家基础设施建设投资和房地产投资的周期性行业，电气业受经济增速下滑影响十分明显。但新三板挂牌公司的营业收入增长速度依然高于全行业增速一倍，显示出较强的市场发展潜力。在净利润增长率方面，挂牌公司扣除极值后增速均值虽然明显低于全市场净利润增速，但表现依然好于行业总体水平。在净资产增长率方面，挂牌公司扣除极值后增速远低于其他行业，可以看出投资者对电气行业的兴趣一直不高，该行业在短期内也难成为市场追逐的热点。2014年电气业挂牌公司增长率财务指标及全市场比较见表35。

表35 2014年电气业挂牌公司增长率财务指标及全市场比较

指标类型	行业均值	行业最大值	行业中值	行业标准差	全市同一指标值	均值排名
全年主营业务收入增长率(%)	33.48	1644.80	12.55	127.79	100.16	16
全年净利润增长率(%)	73.16	53195.71	20.06	7022.30	289.02	17
期末净资产增长率(%)	72.90	5847.38	12.44	355.41	200.85	17

注：净利润增长率扣除正负极值后为58.62%，净资产增长率扣除正负极值后为44.21%。

（五）挂牌企业运营风险控制指标分析

由于电气企业的经营主要依赖工程赊销，因此大部分电气企业的资金周转不理想，总资产周转率低于1。虽然行业挂牌公司平均经营现金流大于净利润数额，但即便是扣除极值之后的利润现金比率平均值也要远低于1，从中可以看出该行业新三板公司中少数大公司现金流状况良好，大多数中小公司现金流状况紧张。这也体现出该行业中企业规模对资金运作和议价能力的影响。该行业企业普遍愿意举债经营，高负债率是一大行业特点，但新三板公司平均资产负债率低于全行业平均水平57.70%。新三板挂牌公司总体资

产状况优于行业水平。2014年电气业挂牌公司运营状况风险控制财务指标及全市场比较见表36。

表36 2014年电气业挂牌公司运营状况风险控制财务指标及全市场比较

指标类型	行业均值	行业最大值	行业中值	行业标准差	全市同一指标值	均值排名
全年经营现金流量均值（万元）	752.80	41720.03	243.88	3283.39	1321.48	9
全年利润现金实现比率均值（％）	-804.09	4620.30	72.53	12817.72	-114.99	17
期末资产负债率均值（％）	49.56	216.81	48.86	22.62	47.99	9
期末速动比率均值（倍数）	13.91	3819.91	1.10	216.87	4.15	3
全年总资产周转率均值（次数）	0.94	4.01	0.85	0.57	1.04	11

注：利润现金实现比率扣除正负极值后为75.19％；速动比率扣除正负极值后为1.41。

九 生产服务业挂牌企业

国务院出台的《国务院关于加快发展生产性服务业促进产业结构调整升级的指导意见》，对生产性服务业按照国民经济分类进行了详细界定。

根据这一官方文件，生产服务业的范围包括："为生产活动提供的研发设计与其他技术服务、货物运输仓储和邮政快递服务、信息服务、金融服务、节能与环保服务、生产性租赁服务、商务服务、人力资源管理与培训服务、批发经纪代理服务、生产性支持服务。"[1]

由于本报告之前部分专门分出了"专业技术服务业"，同时其他行业部分涉及的挂牌公司中也有生产性服务业的相关内容，因此本部分对生产性服

---

[1] 详细的行业内容分级代码和内容信息参见官网：http://www.stats.gov.cn/tjsj/tjbz/201506/t20150604_1115421.html。

务业的界定，主要是在国家分类标准中剔除了科技服务业、农业相关服务业、专业技术性服务业、通信互联网和信息技术服务、电子商务行业、官方牌照管制的金融服务业、节能环保服务、能源开发服务和批发经纪业等。

本部分研究的主要是财务、税务、咨询、法律和广告等商务服务业、物流业和各种租赁行业。

国家一直高度关注生产服务业的发展，2014年国务院出台了《国务院关于加快发展生产性服务业促进产业结构调整升级的指导意见》，对生产服务业的各个分类和部门都做出了专门的规定并提出了促进措施。李克强总理在2014年中央工作会议上提出要大力发展生产服务业，将生产服务业打造成国民经济新的增长引擎。

生产服务业中规模比重最大，发展历史最为悠久，在国民经济中地位最为突出的就是物流业。根据全国物流与采购联合会发布的社会物流业2015年的运行情况公告，2015年前10个月，物流运行呈现"总体平稳，市场细分，结构优化"的特点，物流需求规模增速虽小幅回落，但较为平稳；1~10月，全国社会物流总额为181.9万亿元，按可比价格计算，同比增长5.7%，增速较1~9月回落0.1个百分点，增速比上年同期回落2.6个百分点。

1~10月，工业品物流总额同比增长6.1%，比1~9月回落0.1个百分点，比1~8月回落0.2个百分点。1~10月进口物流总额同比下降1.3%，延续下降走势，但降幅比1~9月收窄0.1个百分点，比上半年收窄3.4个百分点。1~10月消费物流需求继续较快增长。数据显示，与民生相关的单位和居民物品物流总额保持快速增长，同比增长33.3%，增速比1~9月提高0.5个百分点；社会消费品零售总额为244359亿元，同比增长10.6%，增速比1~9月提高0.1个百分点。1~10月，社会物流总费用规模为8.3万亿元。其中，运输费用4.2万亿元，同比增长3.6%，增速比1~9月回落0.1个百分点；保管费用3.0万亿元，同比增长4.1%，增速比1~9月回落0.1个百分点；管理费用1.1万亿元，同比增长5.2%，增速比1~9月回落0.3个百分点。1~10月物流市场规模增速小幅回落，物流业总收入6.1万亿元，同比增长5.0%，增速比1～9月回落0.1个百分点，比1～6月回落0.3个百分点。

（一）行业内挂牌企业概览

在纳入样本数据的5044家挂牌公司中，生产性服务业挂牌公司共有279家，占比为5.53%，挂牌公司数量排在第8位。生产服务业由于部分类型企业和细分行业被划入其他行业分类中，因此新三板挂牌公司中实际从事与生产性服务业有关业务的公司数量更多。

生产服务业细分子行业门类众多，包括公路货运服务、第三方物流服务、仓储服务、商务调研咨询服务、广告传播市场营销服务、其他生产制造环节配套服务等。

在现有的挂牌公司中，除了少数物流仓储和担保公司之外，多数是民营企业。按照挂牌公司成立年限划分，大部分公司都在2005年以后成立。从挂牌时间来看，与大部分非高科技新三板企业一样，绝大部分行业公司都是在2014年以后的一年半时间集中挂牌上市。生产服务业是高度社会化分工的产物，因此生产服务业主要集中在经济高度发达的地区，新三板挂牌公司也不例外。北京、上海和广东作为全国第三产业最为发达的地区，以商务服务业为代表的生产性服务公司分布最为集中，而物流类公司主要分布于沿海及内地物流枢纽城市。

（二）挂牌企业规模指标分析

生产服务业虽然大部分企业所处子行业，普遍具有行业经营主体规模小（租赁担保企业除外）、主体分散、市场地域分割的特点，但新三板挂牌公司，无论是商务服务企业还是物流企业，其人员数量、营业收入等规模指标都远远高于行业企业普遍水平。在规模指标方面，生产服务业也不明显低于全市场平均水平。但由于生产服务业内部行业差异极大，规模指标的偏离程度很高，反映出这一行业规模巨大的物流企业和规模较小的广告公司并存的情况。2014年生产服务业挂牌公司规模财务指标及全市场比较见表37。

表37 2014年生产服务业挂牌公司规模财务指标及全市场比较

指标类型	行业均值	行业最大值	行业中值	行业标准差	全市同一指标值	均值排名
期末员工数量均值(人)	249	4770	87	501	236	12
期末总资产均值(万元)	18881.18	297057.36	4874.32	40908.90	22474.26	12
期末净资产均值(万元)	8548.69	208425.25	2178.99	19147.73	8959.38	11
全年营业收入均值(万元)	13013.38	195179.89	5260.60	23198.81	14719.63	13

（三）挂牌企业盈利表现指标分析

与生产服务业总体经营规模水平相对应的是，行业挂牌公司的盈利规模也处于全市场较低水平。在营业收入毛利率方面，行业内企业分化极大，既有毛利率极高的商务服务业，也有毛利率较低的物流运输业。由于大部分生产服务业不属于资产密集型企业，所以净资产回报率明显高于全市场平均水平。2014年生产服务业挂牌公司盈利财务指标及全市场比较见表38。

表38 2014年生产服务业挂牌公司盈利财务指标及全市场比较

指标类型	行业均值	行业最大值	行业中值	行业标准差	全市同一指标值	均值排名
全年净利润均值(万元)	792.87	21071.10	236.52	2737.08	1012.89	15
主营业务收入毛利率(%)	33.02	97.85	31.70	24.38	35.69	8
净资产回报率(%)	15.21	692.20	14.06	103.37	13.39	6

（四）挂牌企业成长性指标分析

生产服务业作为代表国民经济成长和产业转型升级方向的战略性产业，行业总体增长速度一直优于服务业总体水平。行业挂牌公司平均营业收入增速高于扣除极值后的全市场水平，在利润增速方面，只有少数公司实现超高速增长，大部分公司平均利润增速与全市场平均值持平，但增长表现依然超过大部分服务业企业。生产服务业总体上属于轻资产行业，但是扣除极值后的净资产增速接近翻倍，反映出该行业资本投入势头正在加快。2014年生产服务业挂牌公司增长率财务指标及全市场比较见表39。

表39 2014年生产服务业挂牌公司增长率财务指标及全市场比较

指标类型	行业均值	行业最大值	行业中值	行业标准差	全市同一指标值	均值排名
全年主营业务收入增长率(%)	72.77	2235.86	26.16	203.88	100.16	8
全年净利润增长率(%)	716.41	59269.66	53.11	4873.76	289.02	1
期末净资产增长率(%)	155.97	7580.96	22.35	560.95	200.85	10

注：净利润增长率扣除正负极值后为78.38%，净资产增长率扣除正负极值后为70.74%。

（五）挂牌企业运营风险控制指标分析

生产服务业经营现金流量均值低于平均净利润，而利润现金实现比率更是出现极端负值，可以看出行业内有相当大数量的企业，经营现金流状况十分不理想。同时行业挂牌公司的业务模式千差万别，在现金流状况方面表现出的差异极大。考虑到行业内同时存在资产构成偏重的物流仓储租赁企业和资产构成较轻的咨询服务业企业，在反映资产流动性的速动比率和资产周转率方面，挂牌公司也大范围地出现极端情况。2014年生产服务业挂牌公司运营状况风险控制财务指标及全市场比较见表40。

表40 2014年生产服务业挂牌公司运营状况风险控制财务指标及全市场比较

指标类型	行业均值	行业最大值	行业中值	行业标准差	全市同一指标值	均值排名
全年经营现金流量均值（万元）	511.74	42402.28	184.93	6691.75	1321.48	14
全年利润现金实现比率均值(%)	-2463.86	15176.55	67.97	42710.26	-114.99	19
期末资产负债率均值(%)	53.57	2484.85	41.84	148.93	47.99	5

续表

指标类型	行业均值	行业最大值	行业中值	行业标准差	全市同一指标值	均值排名
期末速动比率均值（倍数）	14.19	3065.29	1.67	183.06	4.15	2
全年总资产周转率均值（次数）	1.65	34.49	1.14	2.46	1.04	2

注：利润现金实现比率扣除正负极值后为72.11%，速动比率扣除正负极值后为2.01。

十 农业挂牌企业

根据国民经济行业分类，农业是对依靠自然生物资源进行生产活动的行业的总称。农业的具体范围包括种植业、养殖业、饲养业、林业、牧业、捕捞业、水利业及其相关产业。食品工业指主要以农业、渔业、畜牧业、林业或化学工业的产品或半成品为原料，制造、提取、加工成食品或半成品，连续而有组织的经济活动工业体系。

其中农业是所有行业分类中唯一一个属于第一产业范畴的行业。"民以食为天"，农业以及依托于农业进行工业加工的食品工业是最重要的民生产业，也是关系到国家安全和社会稳定的根本所在。中央每年的一号文件都高度关注农业的发展和现代化。我国农业总体上以分散的家庭生产为主，经营规模普遍较小，技术水平低下，现代化程度低，产品竞争力差，抵抗风险能力不足，是典型的弱势产业。食品工业作为满足人民生活需要，促进农产品销售和农民增收的重要行业，虽然行业规模巨大，但发展水平不高，特别是食品安全管理问题严重，食品安全事故频发，成为社会关注的热点问题。

根据国家统计局的统计公报，2015年全国第一产业实现增加值60863亿元，增长3.9%；全年粮食种植面积达11334万公顷，比上年增加62万公顷。棉花种植面积达380万公顷，比上年减少42万公顷；油料种植面积达

1406万公顷，比上年增加1万公顷；糖料种植面积达174万公顷，比上年减少16万公顷。全年粮食产量达62144万吨，比上年增产2.4%；全年棉花产量达561万吨，比上年减产9.3%；全年油料产量达3547万吨，比上年增产1.1%；全年糖料产量达12529万吨，比上年减产6.2%；全年茶叶产量达224万吨，比上年增产6.9%；全年肉类总产量达8625万吨，比上年下降1.0%；全年水产品产量达6690万吨，比上年增长3.5%；全年木材产量达6832万立方米，比上年下降17.0%。全年新增耕地灌溉面积158万公顷，新增节水灌溉面积254万公顷。

在食品工业方面，2015年，按可比价格计算，全国39647家规模以上食品工业企业增加值同比增长5.7%；实现主营业务收入11.35万亿元，同比增长4.6%；实现利润总额8028.02亿元，同比增长5.9%；上缴税金总额9642.93亿元，同比增长4.7%。

（一）行业内挂牌企业概览

在纳入样本数据的5044家挂牌公司中，农业挂牌公司共有257家，占比为5.1%，挂牌公司数量排在第9位。农业企业虽然受到政府的高度重视和扶持，但目前国内农业企业大多存在购销现金管理不规范、自然灾害风险大、收入波动性强、土地权属不明等各种问题，严重制约了这类企业在沪深A股市场的发行上市，因此新三板市场成为农业企业的重要上市选择。

按照具体行业划分，农业挂牌公司中从事农业及相关行业和食品工业的公司数量总体呈现三七开的格局。而农业类公司中，主要涉及行业有乳制品业、禽肉制品业、种子饲料等农资业、花卉苗木业、菌类等特种农产品业。

农业类挂牌公司除了数量占绝对比重的民营企业外，也有一定数量的地方国资农垦企业。农业行业由于经营周期较长，大部分挂牌公司成立时间较早，最新的企业也在2011年设立。从挂牌时间来看，绝大部分公司都在2014年之后挂牌新三板市场，尤其是2015年以后，农业类公司有加快在新三板市场挂牌的趋势。农业和食品工业天然的地域分散性，导致农业挂牌公司的地域分布是新三板所有行业之中最为分散的，不仅山东、江苏、河南等中东部农业大省有所分布，而且新疆、内蒙古、云南等西部省份也有很多企业分布，一些西部省份所有挂牌公司都是农业企业。

（二）挂牌企业规模指标分析

虽然国内农业生产主体呈现小而分散的家庭农户经营特点，但是农业生产投入巨大、周期较长、风险较高。新三板挂牌公司作为农业领域的龙头企业，资产规模和收入规模都较大，不仅远高于行业一般经营主体若干个数量级，也明显高于全市场平均水平。但农业挂牌公司彼此之间由于行业差异巨大，所以规模指标方面分化十分明显。2014年农业挂牌公司规模财务指标及全市场比较见表41。

表41 2014年农业挂牌公司规模财务指标及全市场比较

指标类型	行业均值	行业最大值	行业中值	行业标准差	全市同一指标值	均值排名
期末员工数量均值(人)	261	3600	111	419	236	9
期末总资产均值(万元)	24935.15	391899.47	12163.01	38124.79	22474.26	6
期末净资产均值(万元)	11573.84	109214.66	5624.38	14823.36	8959.38	3
全年营业收入均值(万元)	20573.79	449946.99	7456.34	45305.37	14719.63	5

（三）挂牌企业盈利表现指标分析

相比于制造企业，农业企业由于生产产品标准化程度低，即使同类产品之间，由于品牌和市场认可度的差别，产品销售盈利状况差别也十分明显。新三板挂牌企业作为国内优秀的农业食品企业，生产的产品大部分具有品牌附加值，因此盈利水平高于行业其他企业和普通农业生产者。但由于农业生产，特别是产值比重大的养殖业，需要大量的资本投入，农业企业即使在销售表现良好的情况下，资本回报率也无法超过市场平均水平。2014年农业挂牌公司盈利财务指标及全市场比较见表42。

表42　2014年农业挂牌公司盈利财务指标及全市场比较

指标类型	行业均值	行业最大值	行业中值	行业标准差	全市同一指标值	均值排名
全年净利润均值(万元)	1368.89	36140.60	494.64	3345.66	1012.89	4
主营业务收入毛利率(%)	29.86	79.91	27.48	18.38	35.69	12
净资产回报率(%)	13.28	145.13	11.46	19.75	13.39	9

（四）挂牌企业成长性指标分析

作为一个"靠天吃饭"的行业，农业企业生产有别于制造业或者其他行业，其业务收入增长不仅取决于市场需求和要素投入，还受自然条件气候变化的巨大影响。因此虽然行业挂牌公司总体实现了强劲的增长势头，但主营业务收入增速和净利润增长速度分化却十分明显。特别是营业收入增长方面，在新三板公司收入普遍高速增长的背景下，农业类挂牌公司依然出现了一大批营业收入负增长企业。2014年农业挂牌公司增长率财务指标及全市场比较见表43。

表43　2014年农业挂牌公司增长率财务指标及全市场比较

指标类型	行业均值	行业最大值	行业中值	行业标准差	全市同一指标值	均值排名
全年主营业务收入增长率(%)	124.03	5910.02	20.15	574.25	100.16	6
全年净利润增长率(%)	587.43	124373.09	26.72	7758.49	289.02	3
期末净资产增长率(%)	205.26	11525.18	18.72	1017.29	200.85	7

注：主营收入增长率扣除正负极值后为41.63%，净利润增长率扣除正负极值后为45.3%，净资产增长率扣除正负极值后为61.19%。

（五）挂牌企业运营风险控制指标分析

农业企业虽然前期投入巨大，但由于下游销售客户现金回款较为普遍，故而农业企业销售现金流情况良好。农业主管部门对拖欠农产品生产者收购款的行为会给予严厉的处罚，农产品销售市场现金回流比率较高。行业挂牌公司无论是经营现金流量净额还是利润现金实现比率都高于全市场平均水平。但新三板挂牌农业企业资产构成较高的问题，使挂牌公司资产周转速度低于市场平均水平。2014年农业挂牌公司运营状况风险控制财务指标及全市场比较见表44。

表44　2014年农业挂牌公司运营状况风险控制财务指标及全市场比较

指标类型	行业均值	行业最大值	行业中值	行业标准差	全市同一指标值	均值排名
全年经营现金流量均值（万元）	1674.12	52559.50	533.33	5733.24	1321.48	3
全年利润现金实现比率均值(%)	250.09	35345.30	58.91	2431.34	-114.99	5
期末资产负债率均值（%）	47.69	91.92	48.82	21.07	47.99	14
期末速动比率均值（倍数）	11.20	2391.58	0.69	148.90	4.15	4
全年总资产周转率均值（次数）	0.89	8.26	0.63	0.84	1.04	12

注：利润现金实现比率扣除正负极值后为66%，速动比率扣除正负极值后为1.01。

十一　批发零售业挂牌企业

根据统计局制定的行业分类标准，批发业是指批发商向批发、零售单位及其他企业、事业、机关批量销售生活用品和生产资料的活动，以及从事进出口贸易和贸易经纪与代理的活动。零售业是指从工农业生产者、批发贸易业从业者或居民购进商品，转卖给城乡居民作为生活消费品和售给社会集团作为公共消费品的商品流通活动。生活服务业是指面向居民生活的各类服务业，主要包括酒店业、餐饮业、美容美发业等。

批发零售业是连接生产者和消费者重要的流通中介行业，与人民生活和

企业生产息息相关。当前我国处于经济结构转型调整的关键时期,拉动内需成为重要的经济增长方式,批发零售业的重要性也格外凸显。

虽然我国现阶段经济增长放缓,但消费增长速度一直保持高位,特别是以电商为代表的网上零售行业崛起,增长更为迅猛。根据商务部和全国商业采购联合公布的统计数据,2015年全年,社会消费品零售总额达300931亿元,比上年增长10.7%。其中,限额以上单位消费品零售额达142558亿元,增长7.8%。全年城镇消费品零售额达258999亿元,比上年增长10.5%;乡村消费品零售额达41932亿元,增长11.8%。餐饮收入达32310亿元,比上年增长11.7%;商品零售额达268621亿元,增长10.6%。全年全国网上零售额达38773亿元,比上年增长33.3%。

(一)行业内挂牌企业概览

在纳入样本数据的5044家挂牌公司中,批发零售业挂牌公司共有196家,占比为3.89%,挂牌公司数量排在第10位。批发零售业作为传统企业,除了电商之外并没有太多创新性的商业模式和投资亮点,只有少数龙头企业受到资本追捧。国内沪深A股市场早期同类公司较多,但最近几年,新上市批发零售企业越来越少,国内批发零售企业更倾向于在港股上市,对新三板市场关注度不高。

从批发零售企业具体经营产品内容来看,新三板公司经营产品内容极其复杂,从日用百货、食品药品、烟酒、服装饰品到办公用品、生产资料不一而足。总体而言,从事批发业务的企业居多,终端零售企业较少。挂牌公司中只有少数几家餐饮服务企业。

新三板批发零售行业公司由于普遍规模不大,有央企和外商投资企业,所有制结构以民企和地方国企为主。企业经营时间总体偏长,大部分企业为20世纪90年代末期至2000年初设立。从挂牌时间来看,批发零售类公司基本上是2013年以后开始登陆新三板市场,之前新三板市场没有同类企业。批发零售类挂牌企业主要集中于商业繁荣的东部沿海省份和内地中心城市,从北京、上海等中心城市到县域都有分布。

(二）挂牌企业规模指标分析

批发零售业由于业务模式高度同质化，属于完全竞争行业，行业规模经济效应十分显著。而流通行业销售产品的业务特点，使行业挂牌公司总资产规模和营业收入规模总体偏大，特别是营业收入规模在新三板所有行业中最高。但挂牌公司平均三四亿元的年营业收入水平，相比全国龙头企业上千亿元、几百亿元的销售额可以说是小巫见大巫，和地方龙头企业上百亿元、几十亿元的销售额也不可以等量齐观，大部分挂牌公司只能算是地方市场专业产品销售排名靠前的企业。2014年批发零售业挂牌公司规模财务指标及全市场比较见表45。

表45　2014年批发零售业挂牌公司规模财务指标及全市场比较

指标类型	行业均值	行业最大值	行业中值	行业标准差	全市同一指标值	均值排名
期末员工数量均值（人）	369	11021	98	961	236	1
期末总资产均值（万元）	29129.97	1360063.23	6733.53	104184.16	22474.26	3
期末净资产均值（万元）	9780.04	372179.23	2738.39	29510.74	8959.38	9
全年营业收入均值（万元）	41393.75	1357826.16	8576.75	117729.65	14719.63	1

（三）挂牌企业盈利表现指标分析

批发零售业作为高度竞争的行业，总体利润呈现下滑趋势，特别是零售业受到电子商务热潮的冲击，经营状况没有起色。2013年零售企业毛利率仅为19.8%，且呈现不断下滑态势。相比之下，新三板挂牌公司的销售盈利指标较为理想，高于行业平均水平。但是新三板挂牌公司由于经营规模较小，运营效率不高，净资产回报率不仅低于全市场平均水平，也低于批发零售业行业总体12.26%的水平。2014年批发零售业挂牌公司盈利财务指标及全市场比较见表46。

表46　2014年批发零售业挂牌公司盈利财务指标及全市场比较

指标类型	行业均值	行业最大值	行业中值	行业标准差	全市同一指标值	均值排名
全年净利润均值(万元)	1089.26	72318.58	261.56	6131.44	1012.89	7
主营业务收入毛利率(%)	26.87	98.18	21.66	18.88	35.69	16
净资产回报率(%)	4.59	143.39	12.12	83.33	13.39	17

（四）挂牌企业成长性指标分析

批发零售业挂牌公司虽然盈利水平表现一般，但是业务增长能力表现较为突出。所有挂牌公司主营业务收入增长速度高出全行业3倍以上，这种增速对于传统行业而言显得十分罕见。特别是净利润的增速，扣除极值之后依然将近50%，这说明挂牌公司随着规模的不断扩张，盈利能力开始逐步显现。2014年批发零售业挂牌公司增长率财务指标及全市场比较见表47。

表47　2014年批发零售业挂牌公司增长率财务指标及全市场比较

指标类型	行业均值	行业最大值	行业中值	行业标准差	全市同一指标值	均值排名
全年主营业务收入增长率(%)	72.37	1758.59	19.79	199.93	100.16	9
全年净利润增长率(%)	182.99	6489.22	27.54	849.60	289.02	11
期末净资产增长率(%)	208.90	7096.45	22.33	714.91	200.85	6

注：净利润增长率扣除正负极值后为47.08%，净资产增长率扣除正负极值后为73.29%。

（五）挂牌企业运营风险控制指标分析

批发行业和零售行业现金流量规律迥异，零售业被称为"现金奶牛"，而批发业资金周转问题严重。行业挂牌公司总体经营现金流量均值低于净利润金额，但利润现金比率反而远高于1，可以发现行业内规模越小的企业，销售现金流状况越好。该行业挂牌公司资产负债状况在全市场各行业中最差，速动比率和资产周转速度表现相对其行业特点而言也不突出。

2014年批发零售业挂牌公司运营状况风险控制财务指标及全市场比较见表48。

表48 2014年批发零售业挂牌公司运营状况风险控制财务指标及全市场比较

指标类型	行业均值	行业最大值	行业中值	行业标准差	全市同一指标值	均值排名
全年经营现金流量均值（万元）	540.09	81408.03	94.47	8121.44	1321.48	13
全年利润现金实现比率均值（%）	356.48	76203.87	0.76	5693.22	-114.99	3
期末资产负债率均值（%）	59.24	419.33	59.19	36.75	47.99	1
期末速动比率均值（倍数）	2.02	52.24	1.01	5.06	4.15	10
全年总资产周转率均值（次数）	1.85	8.94	1.59	1.38	1.04	1

注：经营现金流量扣除正负极值后为-17.73%，速动比率扣除正负极值后为1.21。

十二 互联网业挂牌企业

业界和学术界把互联网业定义为以现代新兴的互联网技术为基础，专门从事网络资源搜集和互联网信息技术的研究、开发、利用、生产、贮存、传递，可为经济发展提供有效服务的综合性生产活动的产业集合体，是现阶段国民经济结构的基本组成部分。

互联网行业兴起最晚，但是成长势头最为抢眼。国内巨大的互联网用户市场也诞生了一大批巨头，以阿里巴巴、百度和腾讯为代表的"BAT"互联网巨头在海外市场上市，成为市值富可敌国的巨无霸企业。在巨大的利益和市场前景的诱惑下，各路资本纷纷投入互联网行业。资本市场上有关互联网题材、概念的企业也成为资金追逐的对象，获得了极高的估值。部分国内资本市场上的互联网龙头企业，其市值远远超过了传统的行业巨头。

国家主管部门对互联网行业的发展，特别是对国民经济信息化、现代化和产业结构的转型升级高度重视和关注，2015年政府工作报告提出了积极推进"互联网+"行动。在国家政策和市场需求的双重带动下，国内互联网行业又将迎来新一轮创业和资本运作热潮。

互联网行业各主要细分行业均在2014年取得不俗的市场增长业绩。根据专业机构艾瑞咨询公布的报告，2014年中国移动互联网市场规模达到2134.8亿元，同比增长115.5%，同时未来会保持高速增长，预计到2018年整体移动互联网市场规模将突破1万亿元大关。2014年中国电子商务市场交易规模达12.3万亿元，增长21.3%，其中网络购物增长48.7%，社会消费品零售总额渗透率年度首次突破10%。2014年中国网游市场规模达到1108.1亿元，同比增长24.3%，其中移动游戏占比24.9%，份额首次超过页游。

（一）行业内挂牌企业概览

在纳入样本数据的5044家挂牌公司中，互联网行业挂牌公司共有186家，占比为3.69%，挂牌公司数量排在第11位。互联网行业虽然发展势头良好，但是由于互联网企业普遍采用免费手段获取用户，无法在短期内实现盈利，进而满足国内资本市场上市需求。传统上互联网企业一般会在海外资本市场，特别是在美股市场上市。但随着国内资本市场互联网概念的火爆以及海外资本市场中概股的低估值，越来越多的海外上市互联网企业开始选择回归国内资本市场。很多规模盈利达到标准的企业直接登陆A股市场，部分热点题材互联网企业借壳上市或者被上市公司收购，剩余一些规模较小、所处行业关注度低的互联网企业开始越来越多地在新三板市场挂牌。未来互联网企业将成为在新三板市场挂牌的主力。

按照互联网挂牌公司的细分行业构成来看，新三板挂牌公司很少涉及移动互联网、网游、视讯娱乐等面向消费者的业务，大部分从事面向企业的专业化互联网服务，如B2B电子商务、行业系统平台运维、数据中心和互联网广告等。

从所有制结构来看，互联网类挂牌公司与行业总体现状一致，除了地方门户平台网站之外基本没有国有企业涉足。从互联网企业的成立时间来看，与行业发展规律一致，绝大部分公司是在2000年以后设立。从挂牌时间来看，虽然早期的新三板市场主要面向中关村等高新区，但是罕有互联网公司挂牌，与其他大多数行业挂牌公司一样，互联网企业都是在2014年以后开始挂牌的。从挂牌企业的地域分布来看，北京作为国内互联网行业的中心城市，一家独大，包揽了将近半数的互联网企业，其他企业主要分布于广东、上海和江苏等东部省份，来自中西部地区的挂牌企业数量极少。

（二）挂牌企业规模指标分析

互联网行业，除了视频行业、电信服务行业等少数细分行业外，大部分业务经营不需要大规模资本投入，属于标准的轻资产运营行业。互联网挂牌公司的规模指标，都明显低于全市场公司的平均水平，这充分直接地反映出这一行业的特征。相比于其他传统行业，互联网挂牌公司之中不同细分行业的经营模式相差极大，因此各项规模指标的分化离散程度较高。2014年互联网业挂牌公司规模财务指标及全市场比较见表49。

表49　2014年互联网业挂牌公司规模财务指标及全市场比较

指标类型	行业均值	行业最大值	行业中值	行业标准差	全市同一指标值	均值排名
期末员工数量均值（人）	179	1892	99	229	236	16
期末总资产均值（万元）	8244.17	150442.67	3332.18	16905.30	22474.26	18
期末净资产均值（万元）	4652.94	133179.92	1669.03	12041.18	8959.38	18
全年营业收入均值（万元）	12513.75	736803.79	3298.93	57714.10	14719.63	15

（三）挂牌企业盈利表现指标分析

互联网行业特殊的行业属性，导致互联网企业在经营过程中前期投入较大、实现盈利的周期较长。新三板挂牌公司很多处于前期市场开拓和业务培育期，营业收入在短期内无法直接带来利润，这也是互联网挂牌公司亏损面比较大的原因。在行业挂牌公司盈利指标方面，净利润均值全市场最低，而净资产回报率更是为负数。互联网行业提供无形产品服务，行业挂牌企业产品附加值较高，因此平均营业收入毛利率较为理想，高于全市场平均水平。2014年互联网业挂牌公司盈利财务指标及全市场比较见表50。

表50　2014年互联网业挂牌公司盈利财务指标及全市场比较

指标类型	行业均值	行业最大值	行业中值	行业标准差	全市同一指标值	均值排名
全年净利润均值（万元）	369.14	10023.83	175.49	1946.59	1012.89	19
主营业务收入毛利率（%）	47.99	97.45	52.90	33.97	35.69	3
净资产回报率（%）	-30.06	480.28	16.08	495.42	13.39	19

（四）挂牌企业成长性指标分析

互联网行业最受资本青睐的原因之一就是其天生的高成长性。新三板挂牌公司大部分处于没有被寡头分割的新兴细分行业，增长速度更为抢眼。主营业务收入、净利润和净资产3项指标都实现了3位数的超高速增长。但是，主营业务收入增速除去少数爆发性增长的企业之外，体现行业增速整体水平的中值指标并不高。可以看出，与行业总体规律一致，新三板挂牌公司会面临持续的大浪淘沙、优胜劣汰的过程，只有少数优秀企业可以生存。2014年互联网业挂牌公司增长率财务指标及全市场比较见表51。

表51　2014年互联网业挂牌公司增长率财务指标及全市场比较

指标类型	行业均值	行业最大值	行业中值	行业标准差	全市同一指标值	均值排名
全年主营业务收入增长率（%）	354.07	14742.62	44.89	1549.60	100.16	1
全年净利润增长率（%）	158.64	4822.08	49.82	736.62	289.02	13
期末净资产增长率（%）	361.34	22793.26	60.73	1953.73	200.85	4

注：营业收入增长率扣除正负极值后为97.63%，净利润增长率扣除正负极值后为65.9%，净资产增长率扣除正负极值后为121.96%。

（五）挂牌企业运营风险控制指标分析

与互联网业利润规模较小相对应的是，行业挂牌公司的经营净现金流状况很差，扣除极值之后的利润现金实现比率低于1，可见行业内只有规模较小的企业现金流状况较为理想。互联网行业作为典型的轻资产结构行业，扣除极值之后速动比率等反映资产流动性的指标好于大部分行业，总资产周转率指标排名也十分靠前。行业挂牌公司虽然盈利能力表现平平，但是资本利用效率很高。2014年互联网业挂牌公司运营状况风险控制财务指标及全市场比较见表52。

表52 2014年互联网业挂牌公司运营状况风险控制财务指标及全市场比较

指标类型	行业均值	行业最大值	行业中值	行业标准差	全市同一指标值	均值排名
全年经营现金流量均值（万元）	132.89	27887.64	98.37	4602.02	1321.48	18
全年利润现金实现比率均值（%）	206.65	16600.86	74.63	1465.36	-114.99	6
期末资产负债率均值（%）	47.77	425.83	37.77	49.98	47.99	13
期末速动比率均值（倍数）	4.38	80.20	2.13	8.07	4.15	5
全年总资产周转率均值（次数）	1.58	9.82	1.07	1.57	1.04	3

注：利润现金实现比率扣除正负极值后为71.91%，速动比率扣除正负极值后为2.49。

十三 轻工业挂牌企业

按照国民经济分类定义，轻工消费品制造业，传统上又称作"轻纺工业"，是生产消费资料的工业部门，包括纺织、食品、造纸、医药、日用消费品生产等行业，是国民经济的重要组成部分。轻纺产品不仅是人民的基本

生活资料，也广泛用于国防、重工业、文教卫生等方面。轻纺工业是国家积累资金和出口创汇的重要生产部门，也是解决人民就业特别是弱势群体就业问题的最主要部门。

本报告涉及的挂牌公司统计范围不包括食品类消费品企业。

轻工业涉及门类广泛，产品种类繁多，其中规模最大的单一行业是纺织服装业。根据行业协会的统计资料，2015年1~12月纺织行业规模以上企业累计实现主营业务收入70713亿元，同比增长5.0%；实现利润总额3860亿元，同比增长5.4%；企业亏损面为11.4%，比上年低0.1个百分点，亏损企业亏损总额同比下降4.6%。2015年1~12月，我国出口纺织品服装2911亿美元，同比下降4.8%。其中，我国纺织品出口1153亿美元，同比下降2.3%；服装出口1759亿美元，同比下降6.4%。

（一）行业内挂牌企业概览

在纳入样本数据的5044家挂牌公司中，轻工业挂牌公司共有184家，占比为3.65%，挂牌公司数量排在第12位。在国内A股市场早期上市公司中，轻工纺织消费品企业较多。但最近几年，由于行业效益不断恶化，消费品不再成为资本市场关注的重点，上市企业越来越少，从事该行业的上市公司也纷纷转行。国内消费品龙头企业更多选择在港股市场上市。轻工业现状与新三板市场高成长性的特点不相符，挂牌公司数量自然较少。

按照行业或者产品构成来看，挂牌公司主要从事纺织面料生产、服装生产销售、家居用品生产、印刷包装产品生产、日用杂货生产等，基本上是较为传统的产业。

从所有制结构来看，该行业挂牌公司基本上是民营企业，只有少数几家是公众公司和地方国企。企业成立时间分布较为均匀，从20世纪80年代后期至2011年都有分布。从挂牌时间来看，2013年以前没有轻工业公司挂牌，大部分挂牌公司是在2014年特别是下半年以后开始集中挂牌。新三板挂牌轻工企业集中于广东、浙江和江苏等沿海轻纺工业发达的经济大省，安徽、河南等内陆轻工产业重地也有若干家挂牌企业分布，北京、上海、深圳等新三板挂牌公司密集的中心城市反而少有此类公司分布。

（二）挂牌企业规模指标分析

轻工业作为典型的劳动密集型行业，行业企业创造单位产值所需员工数量较多。轻工类挂牌公司虽然平均营业收入仅略高于全市场平均水平，但平均员工人数明显高于其他制造行业，呈现典型的人员密集型特征。新三板挂牌轻工企业虽然不属于行业龙头企业，但在产业格局高度分散的轻工行业，相比于一般中小企业、小微企业，在经营规模方面还是具备一定的竞争实力。2014年轻工业挂牌公司规模财务指标及全市场比较见表53。

表53　2014年轻工业挂牌公司规模财务指标及全市场比较

指标类型	行业均值	行业最大值	行业中值	行业标准差	全市同一指标值	均值排名
期末员工数量均值（人）	329	2021	213	344	236	2
期末总资产均值（万元）	21249.06	283144.76	11715.97	31801.82	22474.26	9
期末净资产均值（万元）	8784.82	122430.84	3922.46	13719.84	8959.38	10
全年营业收入均值（万元）	15075.57	114954.30	9340.02	16703.13	14719.63	7

（三）挂牌企业盈利表现指标分析

轻工业作为国内最早开始市场化竞争的工业行业，经过几十年发展，行业市场高度饱和。特别是低端消费品行业，面临剧烈的市场竞争，受人民币升值和劳动力人工成本上升的影响，行业盈利能力不断弱化。新三板轻工挂牌公司整体盈利指标表现要明显逊于全市场平均水平和其他行业，但考虑到行业竞争激烈的市场状况，取得这样的盈利表现实属不易。特别是挂牌公司的主营业务收入毛利率，尽管低于新三板全市场水平，但相比于目前全国轻纺工业10%左右的水平，可以算是一枝独秀。2014年轻工业挂牌公司盈利财务指标及全市场比较见表54。

表54　2014年轻工业挂牌公司盈利财务指标及全市场比较

指标类型	行业均值	行业最大值	行业中值	行业标准差	全市同一指标值	均值排名
全年净利润均值(万元)	874.24	12834.51	304.86	1855.49	1012.89	12
主营业务收入毛利率(%)	26.46	81.96	23.88	12.72	35.69	17
净资产回报率(%)	36.92	4755.15	9.98	349.85	13.39	1

注：净资产回报率扣除正负极值后为11.06%。

（四）挂牌企业成长性指标分析

作为一个面向居民消费的传统行业，虽然在国家拉动内需的政策带动下，居民消费保持较高增速，但轻工业销售市场在短期内难以明显好转。与行业行情低迷呈现反差，轻工类挂牌公司的销售收入依然保持居民消费增速两倍左右的增速，充分说明总体上挂牌公司的市场开拓能力和竞争力要明显强于行业总体水平。特别是扣除极值之后的净利润增速两倍于销售收入增速，说明虽然行业经营十分艰难，但盈利状况开始逐步好转。2014年轻工业挂牌公司增长率财务指标及全市场比较见表55。

表55　2014年轻工业挂牌公司增长率财务指标及全市场比较

指标类型	行业均值	行业最大值	行业中值	行业标准差	全市同一指标值	均值排名
全年主营业务收入增长率(%)	23.83	754.98	9.25	73.04	100.16	17
全年净利润增长率(%)	200.38	11797.63	11.62	1101.60	289.02	9
期末净资产增长率(%)	915.10	152827.57	17.35	11231.79	200.85	1

注：净利润增长率扣除正负极值后为46.52%，净资产增长率扣除正负极值后为64.93%。

（五）挂牌企业运营风险控制指标分析

轻工类挂牌公司的盈利规模指标并不理想，但是经营现金流量净额十分可观，远远超出净利润均值。这反映出轻工行业作为消费品制造业，直接面对下游消费客户，销售收入回款能力较强。但值得注意的是，扣除极值之后的利润现金比率低于1，可以推断出行业内企业规模较大的现金流状况较好。轻工类企业一般都是资本密集度较低的企业，理论上资产周转率应该高于1，而新三板挂牌公司资产周转率只有0.95，说明挂牌公司经营规模偏小，运营效率有待进一步提升。2014年轻工业挂牌公司运营状况风险控制财务指标及全市场比较见表56。

表56 2014年轻工业挂牌公司运营状况风险控制财务指标及全市场比较

指标类型	行业均值	行业最大值	行业中值	行业标准差*	全市同一指标值	均值排名
全年经营现金流量均值（万元）	1176.90	21510.33	440.25	3246.56	1321.48	7
全年利润现金实现比率均值(%)	-2339.44	18137.35	94.12	25474.89	-114.99	18
期末资产负债率均值（%）	57.81	199.97	58.90	22.44	47.99	2
期末速动比率均值（倍数）	0.96	13.75	0.69	1.22	4.15	19
全年总资产周转率均值（次数）	0.95	3.00	0.86	0.52	1.04	10

注：利润现金实现比率扣除正负极值后为75.31%。

十四 建筑地产业挂牌企业

根据国家规定的行业分类标准，广义建筑业包括建筑物装修装饰业，线路、管道和设备安装业。建筑业是专门从事土木工程、房屋建设和设备安装以及工程勘察设计工作的生产部门，其产品是各种工厂、矿井、铁路、桥梁、港口、道路、管线、住宅以及公共设施的建筑物、构筑物和设施。

房地产业是指以土地和建筑物为经营对象，从事房地产开发、建设、经营、管理以及维修、装饰和服务的集多种经济活动为一体的综合性产业，是具有先导性、基础性、带动性和风险性的产业。

建筑业和房地产业是国民经济最重要的支柱产业，与社会生产活动和人民生活关系最为密切，也是固定资产投资最主要的构成内容。

根据国家住建部出台的建筑业发展公报，2015年全国建筑业总产值达180757亿元，比上年增长2.3%；全国建筑业房屋建筑施工面积达124.3亿平方米，比上年增长-0.6%。数据显示，2015年全国固定资产投资增速明显回落，对建筑业增速的大幅下降产生较大的影响。

根据住建部出台的房地产业发展公报，2015年全国房地产开发投资95979亿元，比上年名义增长1.0%（扣除价格因素实际增长2.8%），其中住宅投资增长0.4%。房屋新开工面积154454万平方米，比上年下降14.0%，其中住宅新开工面积下降14.6%。全国商品房销售面积128495万平方米，比上年增长6.5%，其中住宅销售面积增长6.9%。全国商品房销售额87281亿元，比上年增长14.4%，其中住宅销售额增长16.6%。

（一）行业内挂牌企业概览

在纳入样本数据的5044家挂牌公司中，建筑地产业挂牌公司共有182家，占比为3.61%，挂牌公司数量排在第13位。虽然国内建筑地产企业数量众多，但大部分都是项目类公司，缺少持续经营能力，同时传统建筑业和住宅开发地产业也不是新三板市场的主要发展方向，从而导致这两个行业挂牌公司数量较少。

国内建筑行业作为一个规模极其庞大的行业，其行业产值构成主要是土木工程和交通基础设施工程，但新三板挂牌公司主要以装饰装修、设备安装维修和细分特种建筑为主，呈现"小而精"和"小而专"的特点。房地产业挂牌公司主要是物业管理公司，没有土地开发商、地产开发商和物业持有出租型企业。

作为建筑地产业中细分行业的中小型企业，新三板挂牌企业以地方企业和民营企业为主。从挂牌企业经营年份来看，大部分企业成立时间在2005

年以前。作为高新区外开展经营业务的传统行业，建筑地产企业大部分在 2013 年新三板扩容之后开始挂牌。相比于新三板其他类型企业，建筑企业分布较为分散，各个省份都有分布，大部分挂牌公司分布于房地产开发投资较为活跃的区域中心城市。

（二）挂牌企业规模指标分析

由于大部分建筑施工安装和房地产开发运营需要从业企业具备一定资质，因此该行业存在一定的收入和规模门槛。新三板挂牌公司作为独立经营的建筑地产企业，平均规模排名虽然在同行业中不算靠前，但是无论资产还是营业收入都高于全市场平均水平。2014 年建筑地产业挂牌公司规模财务指标及全市场比较见表 57。

表 57　2014 年建筑地产业挂牌公司规模财务指标及全市场比较

指标类型	行业均值	行业最大值	行业中值	行业标准差	全市同一指标值	均值排名
期末员工数量均值（人）	314	5711	132	628	236	4
期末总资产均值（万元）	32991.52	635639.81	11891.91	70437.43	22474.26	2
期末净资产均值（万元）	10884.00	137099.55	4668.28	17854.40	8959.38	6
全年营业收入均值（万元）	24939.95	269068.89	10706.13	40764.70	14719.63	3

（三）挂牌企业盈利表现指标分析

建筑业和房地产服务业属于典型的劳动密集型行业，随着行业景气度下滑和原料、人工成本上升，建筑业总体盈利水平不断下滑。根据行业企业普遍反映，建筑业毛利率基本低于 10%。但新三板挂牌公司由于大多专注于高附加值的装修装饰和专业性强的特殊工程施工领域，毛利率水平和净资产回报率都远远高于行业平均水平。此外，行业挂牌公司大部分属于细分领域或者地方市场的龙头企业，各企业之间盈利表现差异不大。2014 年建筑地产业挂牌公司盈利财务指标及全市场比较见表 58。

表58 2014年建筑地产业挂牌公司盈利财务指标及全市场比较

指标类型	行业均值	行业最大值	行业中值	行业标准差	全市同一指标值	均值排名
全年净利润均值(万元)	1372.82	14573.16	621.98	2102.82	1012.89	3
主营业务收入毛利率(%)	25.01	90.26	23.46	14.43	35.69	18
净资产回报率(%)	18.07	168.36	15.55	20.46	13.39	3

（四）挂牌企业成长性指标分析

建筑地产业作为与宏观经济周期高度相关的行业，行业增长势头受经济下行的压力影响极大。但新三板挂牌企业平均营业收入增长速度依然逆势上扬，充分显示出挂牌公司所在细分行业的良好前景和各个企业不俗的竞争力。挂牌公司的净利润在行业总体盈利状况恶化的情况下维持高增长，十分难得。但净资产增速远低于全市场平均水平，反映出资本对该行业前景并不看好。2014年建筑地产业挂牌公司增长率财务指标及全市场比较见表59。

表59 2014年建筑地产业挂牌公司增长率财务指标及全市场比较

指标类型	行业均值	行业最大值	行业中值	行业标准差	全市同一指标值	均值排名
全年主营业务收入增长率(%)	51.70	1700.99	21.86	145.22	100.16	11
全年净利润增长率(%)	323.60	19085.74	38.76	1686.05	289.02	6
期末净资产增长率(%)	75.85	1392.18	24.76	186.60	200.85	15

注：净利润增长率扣除正负极值后为90.16%。

（五）挂牌企业运营风险控制指标分析

建筑地产业挂牌企业总体经营现金流量净值和扣除极值后的利润现金比率为负数。不难看出，尽管行业挂牌公司普遍实现业绩增长，但现金流状况不断恶化。但也有部分现金流周转较好地区企业拉高了利润现金比率均值，造成这种情况的主要原因是，挂牌公司中大型企业多为施工企业，工程应收款较大，现金周转不良，而小型企业主要是装修和设计企业，现金周转状况明显较好。同生产服务业类似，由于行业内出现"大而重"和"小而轻"企业经营两极化的特征，在反映资产流动性的速动比率指标和总资产周转率指标方面，行业内也出现了较大的分化。2014年建筑地产业挂牌公司运营状况风险控制财务指标及全市场比较见表60。

表60 2014年建筑地产业挂牌公司运营状况风险控制财务指标及全市场比较

指标类型	行业均值	行业最大值	行业中值	行业标准差	全市同一指标值	均值排名
全年经营现金流量均值（万元）	-372.72	14198.58	29.47	4137.47	1321.48	19
全年利润现金实现比率均值（％）	648.85	75262.02	9.37	6176.23	-114.99	2
期末资产负债率均值（％）	56.01	94.43	58.81	19.06	47.99	3
期末速动比率均值（倍数）	1.36	10.08	1.03	1.26	4.15	15
全年总资产周转率均值（次数）	1.12	3.27	0.96	0.64	1.04	5

注：现金流量均值扣除正负极值后为-210.21，利润现金实现比率扣除正负极值后为-20.37％，速动比率扣除正负极值后为1.23。

十五　冶金业挂牌企业

本报告界定的冶金业是指金属矿产开发、冶金行业、金属制品制造业的统称。

冶金业是指对金属矿物进行勘探、开采、精选、冶炼以及轧制成材的工业部门，包括黑色冶金工业（即钢铁工业）和有色冶金工业两大类。金属制品业是对金属原料和成品进行加工处理，制造各种用途的金属原料产品的加工业。

冶金业生产工业和建筑所需的基本材料，是一切生产活动进行的前提和

基础。特别是钢铁行业，被形象地称为生产"工业粮食"的行业。冶金业市场需求受下游工业生产和固定资产投资的影响极大，其行业经营状况成为体现国民经济形势好坏的晴雨表。

根据工信部和钢铁业、有色金属行业等行业协会组织的统计信息，2015年，全国粗钢产量为8.04亿吨，同比下降2.3%；生铁产量为6.91亿吨，同比下降3.5%；钢材产量为11.23亿吨，同比增长0.6%。钢铁企业实现销售收入2.89万亿元，同比下降19.05%；实现税金632.31亿元，同比下降22%；亏损645.34亿元，上年为盈利225.89亿元，亏损面为50.5%，亏损企业产量占会员企业钢产量的46.91%。

2015年，全国10种有色金属产量合计为5090万吨，同比增长5.8%，其中，精炼铜产量为796万吨，原铝3141万吨，铅386万吨，锌615万吨，同比分别增长4.8%、8.4%、-5.3%、4.9%。

2015年，中国冶金业主营业务收入为37016.7亿元，同比增长4.5%。全年利润总额为2102.2亿元，同比增长4.7%。2011~2015年，冶金业实现的利润总额一直延续上涨的态势，但利润增长率逐年下滑，利润增长率由2011年的30.2%下滑至2015年的4.7%。

（一）行业内挂牌企业概览

在纳入样本数据的5044家挂牌公司中，冶金业挂牌公司共有162家，占比为3.21%。冶金业作为最传统的工业行业，目前行业经营状况总体不佳，更难以获得资本市场和投资者的认可。无论是国内外资本市场，还是新三板市场，冶金类公司都不是上市的主要行业。

冶金业是一个横跨上下游产业链的行业，上游矿产和冶金主要以特大型联合企业为主，新三板公司主要集中于下游深加工领域，挂牌公司较多涉及的行业主要有各种功能合金材料、铝材铜材加工、金属包装材料、金属加工零部件结构件和金属催化剂等。

虽然冶金业是一个国有经济占绝对主导地位的行业，但该行业新三板挂牌公司也是以民营企业为主。从挂牌企业的经营年份来看，大部分企业的经营年份较长，只有极少数公司在2007年以后设立。同其他传统制造行业一样，绝大部分挂牌公司都在2014年以后集中登陆新三板市场。作为典型的资源加工型行业，冶金制品企业挂牌公司主要分布于江苏、山东和辽宁等重工业发达省份，以及湖南、云南等金属资源主产区。作为"两高一资"行业，大部分企业都分布于远离中心城市的边远地区。

（二）挂牌企业规模指标分析

冶金业是一个典型的资本投入巨大的行业，也是一个规模经济效益较为显著的行业。即使作为资本密集度相对低的下游成品加工企业，新三板挂牌公司的平均资产规模和业务规模也很大。这在新三板挂牌公司中得到显著体现，在反映资产经营规模的指标方面，冶金业挂牌公司各项指标都高于全市场平均水平，同时行业内公司经营规模分化不严重。2014年冶金业挂牌公司规模财务指标及全市场比较见表61。

表61　2014年冶金业挂牌公司规模财务指标及全市场比较

指标类型	行业均值	行业最大值	行业中值	行业标准差	全市同一指标值	均值排名
期末员工数量均值（人）	262	5186	165	437	236	8
期末总资产均值（万元）	26092.19	611541.23	13935.80	53777.40	22474.26	5
期末净资产均值（万元）	12394.86	293977.37	5837.94	25925.97	8959.38	2
全年营业收入均值（万元）	37312.28	2751993.36	8883.78	217390.48	14719.63	2

（三）挂牌企业盈利表现指标分析

冶金业作为严重依赖经济景气度的强周期行业，也是现阶段受经济增速下滑影响最严重的行业，冶金业特别是钢铁行业已成为国有企业亏损的重灾区。但新三板挂牌公司由于大多数从事下游金属产品加工，相比于大宗金属冶炼，挂牌公司的产品业务技术含量和附加值较高，营业收入毛利率也远高于行业总体5%以下的毛利率，盈利表现比较突出。但是相比于新三板其他行业公司，冶金制品业公司的盈利指标，特别是资产回报率严重落后。2014年冶金业挂牌公司盈利财务指标及全市场比较见表62。

表62 2014年冶金业挂牌公司盈利财务指标及全市场比较

指标类型	行业均值	行业最大值	行业中值	行业标准差	全市同一指标值	均值排名
全年净利润均值（万元）	959.15	14515.09	381.48	1941.83	1012.89	10
主营业务收入毛利率（%）	23.96	63.53	22.76	11.70	35.69	19
净资产回报率（%）	8.96	80.25	7.04	21.78	13.39	15

（四）挂牌企业成长性指标分析

一方面，中国是冶金行业的超级大国，各种金属产量都高居第一；另一方面，国内冶金行业也是产能过剩最为严重的行业。在不利的经济环境和市场面前，冶金行业收入增长举步维艰，利润更是出现大幅下滑。但新三板挂牌企业却"风景这边独好"，不仅营业收入实现两位数增长，净利润增长更是十分抢眼。冶金业挂牌公司收入增速与全市场平均水平存在较大差距。而扣除极值之后净资产增速则远远低于市场水平，反映出冶金业对资本缺少足够的吸引力。2014年冶金业挂牌公司增长率财务指标及全市场比较见表63。

表63 2014年冶金业挂牌公司增长率财务指标及全市场比较

指标类型	行业均值	行业最大值	行业中值	行业标准差	全市同一指标值	均值排名
全年主营业务收入增长率（%）	20.81	315.44	9.63	46.39	100.16	19
全年净利润增长率（%）	169.98	11581.08	38.27	1281.40	289.02	12
期末净资产增长率（%）	134.39	13576.98	11.70	1068.67	200.85	12

注：净利润增长率扣除正负极值后为81.32%，净资产增长率扣除正负极值后为40.65%。

（五）挂牌企业运营风险控制指标分析

与冶金业总体经营困难、资金周转紧张的普遍状况反差极大的是，新三板挂牌公司反映现金流状况的两大指标都十分优异，特别是利润现金比率优于全市场平均水平。行业挂牌公司的总资产周转率偏低，但基本符合冶金企业重资产的行业特征。2014年冶金业挂牌公司运营状况风险控制财务指标及全市场比较见表64。

表64　2014年冶金业挂牌公司运营状况风险控制财务指标及全市场比较

指标类型	行业均值	行业最大值	行业中值	行业标准差	全市同一指标值	均值排名
全年经营现金流量均值（万元）	1824.50	62967.83	543.41	5971.51	1321.48	2
全年利润现金实现比率均值(％)	183.70	16190.10	112.37	1865.24	-114.99	10
期末资产负债率均值（％）	51.49	99.65	53.47	19.76	47.99	7
期末速动比率均值（倍数）	1.14	9.87	0.88	1.09	4.15	18
全年总资产周转率均值（次数）	0.95	4.61	0.80	0.63	1.04	9

十六　医药业挂牌企业

根据权威定义，医药是预防、治疗或诊断人类和牲畜疾病的物质或制剂。药物按来源分为天然药物和合成药物。医药行业是我国国民经济的重要组成部分，是传统产业和现代产业相结合，集第一、第二、第三产业为一体的产业。医药行业主要分为医药工业和医药商业两大类，其中医药工业可分为七大子行业，分别为化学原料药制造业、化学制剂制造业、生物制剂制造业、医疗器械制造业、卫生材料制造业、中成药制造业、中药饮片制造业。医药行业对于保护和增进人民健康、提高生活质量、促进经济发展和社会进步均具有十分重要的作用。

随着我国人口老龄化加剧、国家对卫生事业投入力度的加大以及居民健

康意识的提升，医药行业迎来了高速发展的春天。

根据卫生部对2015年医药工业的统计信息，2015年上半年我国医药工业规模以上企业实现主营业务收入12355.61亿元，同比增长8.91%，其中，子行业增长最快的是医疗器械制造业，增速为12.05%。规模以上医药工业增加值同比增长9.9%，增速较上年同期下降3.6个百分点。1~6月，医药工业规模以上企业实现利润总额1262.05亿元，同比增长12.85%，高于全国工业整体增速13.55个百分点，但较上年同期降低1.87个百分点。在各子行业中，生物制剂制造上的利润增长最快，增速达18.77%。1~6月，医药工业规模以上企业实现出口交货值871.75亿元，同比增长3.95%，增速较上年同期下降1.64个百分点。

（一）行业内挂牌企业概览

在纳入样本数据的5044家挂牌公司中，医药行业挂牌公司共有154家，占比为3.05%。医药行业作为极具发展前景的朝阳行业，在沪深A股市场中向来受到投资者热捧，不仅新发行上市的医药企业很多，而且很多上市公司热衷于收购医药企业，海外上市公司中医药企业也占很大比重。医药行业相比于其他行业更容易登陆境内外股票市场，可能是医药企业在新三板市场挂牌较少的原因之一。

按照具体的行业分布，新三板医药企业分布较为均衡，各种门类都有所涉及，其中比较多的有医药中间体、原料药、生物诊断试剂等，保健药品、医疗器械和医用耗材企业也有少量分布。

从所有制结构来看，医药类企业基本上依然以民营企业为主，但其他所有制企业比重略高于其他制造业。按照挂牌企业的成立年份划分，将近2/3的企业成立于2005年以前。在挂牌时间方面，大部分医药企业是在2014年以后以"井喷"式的状态批量登陆新三板市场的。从区域分布来看，国内医药工业是地域分布较为平衡的行业，受此影响，新三板挂牌公司的分布也较为均匀，东、中、西部省份都有分布，没有特别集中的地区。而国内医药工业产值比重最大的山东、江苏和浙江等省，挂牌公司数量并不突出。

（二）挂牌企业规模指标分析

医药行业由于直接关系到人民的生命安全，对企业质量管理水平要求极高。国家食品药品监督部门对医药生产经营企业实行严格的 GMP 准入制度。同时医药生产需要高水准的设备设施，资本投入巨大；药品研发须投入密集的人力资源，开发周期漫长。这些因素都决定了医药企业具有较高的规模门槛。这也正是医药挂牌企业平均资产规模和营业收入规模在制造业行业排名比较靠前的原因。但新三板挂牌医药企业总体规模在国内医药企业中并不突出，与国际药企更是差距悬殊。2014 年医药业挂牌公司规模财务指标及全市场比较见表 65。

表 65　2014 年医药业挂牌公司规模财务指标及全市场比较

指标类型	行业均值	行业最大值	行业中值	行业标准差	全市同一指标值	均值排名
期末员工数量均值（人）	262	1535	159	285	236	7
期末总资产均值（万元）	20411.98	189855.85	11183.49	26331.84	22474.26	10
期末净资产均值（万元）	10904.82	170741.05	5295.20	17846.50	8959.38	5
全年营业收入均值（万元）	14038.11	107772.94	7197.92	18660.56	14719.63	10

（三）挂牌企业盈利表现指标分析

医药行业高准入门槛的特征，致使医药行业尽管总体上企业数量众多、市场格局分散，但是大多数细分产品业务领域（特别是处方药和特种医药制品）基本上是被少数几家企业瓜分。而国产药品与进口药品之间、专利药品和仿制药品之间存在巨大价差，也给国内医药企业留下巨大利润空间。这直接体现在新三板挂牌医药企业，在利润总额和营业收入毛利率方面领先于其他制造业行业挂牌公司。但各医药企业产品结构、市场空间差异巨大，盈利能力表现分化也十分明显。2014 年医药业挂牌公司盈利财务指标及全市场比较见表 66。

表66 2014年医药业挂牌公司盈利财务指标及全市场比较

指标类型	行业均值	行业最大值	行业中值	行业标准差	全市同一指标值	均值排名
全年净利润均值（万元）	1553.10	44249.61	539.78	4470.72	1012.89	2
主营业务收入毛利率(%)	41.57	99.01	38.86	24.59	35.69	6
净资产回报率(%)	11.21	128.96	11.35	28.55	13.39	14

（四）挂牌企业成长性指标分析

新三板挂牌医药企业产品结构特点与国内医药行业产值比重最大的特大型医药企业差别很大，大型医药企业以品牌类OTC（非处方药）为主，虽然单品销售金额巨大，但市场增长空间有限。而新三板医药企业主要经营小众的细分产品，如辅助用药、生物试剂等，虽然产值规模不大，但是市场增长速度极高。新三板医药企业主营业务收入增速高于全行业平均水平两倍以上，扣除极值的净利润增速远高于收入增速。这主要是由于中小医药企业各项固定成本费用支出巨大，收入增长会摊薄固定成本费用，从而改善盈利状况。2014年医药业挂牌公司增长率财务指标及全市场比较见表67。

表67 2014年医药业挂牌公司增长率财务指标及全市场比较

指标类型	行业均值	行业最大值	行业中值	行业标准差	全市同一指标值	均值排名
全年主营业务收入增长率(%)	46.02	744.60	18.29	120.07	100.16	12
全年净利润增长率(%)	-71.34	7570.92	27.86	1681.98	289.02	19
期末净资产增长率(%)	313.58	25762.70	26.62	2154.45	200.85	5

注：净利润增长率扣除正负极值后为65.64%，净资产增长率扣除正负极值后为65.32%。

（五）挂牌企业运营风险控制指标分析

新三板医药企业不仅盈利状况良好，经营活动现金流状况也十分理想。不仅经营现金流总额高于利润总额，营业收入现金比率也高于1，可以看出行业内企业无论规模大小,主营业务现金流都较为宽松。但新三板医药企业的资产周转状况不尽如人意,扣除极值之后的速动比率和总资产周转率都明显低于市场平均值,这可能缘于新三板挂牌公司经营规模有限,资产利用效率没有完全发挥。2014年医药业挂牌公司运营状况风险控制财务指标及全市场比较见表68。

表68 2014年医药业挂牌公司运营状况风险控制财务指标及全市场比较

指标类型	行业均值	行业最大值	行业中值	行业标准差	全市同一指标值	均值排名
全年经营现金流量均值(万元)	1670.09	67775.85	449.62	6371.91	1321.48	4
全年利润现金实现比率均值(%)	184.47	5072.98	103.18	757.97	-114.99	9
期末资产负债率均值(%)	46.32	115.73	47.80	21.18	47.99	15
期末速动比率均值(倍数)	4.15	359.64	0.81	28.95	4.15	7
全年总资产周转率均值(次数)	0.79	3.43	0.70	0.49	1.04	15

注:速动比率扣除正负极值后为1.18。

十七 能源环保业挂牌企业

本报告所研究的能源环保行业主要包括石油、煤炭、天然气等化石能源生产开发及相关服务行业,包括新能源在内的其他类型能源生产开发行业,用于改善环境状况、消除污染的环保设备和服务行业,以及供水、供电和燃气等基础设施运营行业。

能源环保行业是国民经济的命脉,也是关键的基础性行业。随着我国经济增长方式的转变,传统的高污染、高能耗的生产方式无法维持,经济增速的下滑和国际能源市场的衰落导致国内煤炭、石油行业面临严峻的形势,但经济产业结构的转型为能源结构调整和能源产业优化升级提供了良好的机遇。我国长期以来工业高速发展带来的环境污染和生态破坏问题日渐突出，特别是雾霾等危害公众健康的环境事件，引起了国家和社会的高度关注。在此背景下，国家不断加大环境治理投入力度，环保产业迎来了前所未有的发展空间。而随着我国城市化进程不断推进，作为城市重要的基础设施行业，水、电、燃气行业也面临广阔的市场前景。

根据国土资源部的统计数据，2014年我国石油和天然气开采业主营业务收入达到11556亿元，同比下降1.2%。2010年我国石油和天然气开采业利润总额为2789.21亿元，2011年达到4044.29亿元，增长率达到45.0%。2012年利润总额达到4097.27亿元，是这几年最高的一年，此后连年持续下降。受到国内经济增长放缓和各种非常规石油产量的大幅增产影响，市场竞争日益激烈，利润总额下降也是可以预期的。

2014年，我国煤炭开采和洗选业销售收入达30045.87亿元，同比下降7.3%，创2011年以来业务收入新低。2011年我国煤炭开采和洗选业利润总额达到4341.73亿元，此后逐年下降，2012～2014年利润总额同比减少分别为18.1%、33.3%和46.5%。

2005～2012年我国环境污染治理投资总额从2388亿元增长到8253.6亿元，年均复合增长率达到19.38%，远高于GDP的增长。"十二五"期间环保装备产业总产值年均增长20%，2015年达到5000亿元，其中大气污染治理装备将成为发展重点。环保装备出口额年均增长30%以上，2015年突破100亿元。

（一）行业内挂牌企业概览

在纳入样本数据的5044家挂牌公司中，能源环保业挂牌公司共有154家，占比为3.05%。能源环保行业，特别是新能源、节能技术、清洁技术、环保设备和服务等领域企业，作为国内A股资本市场后起的力量，发展势头十分强劲，2010年以后大量环保企业登陆国内资本市场，并取得极高的市场估值溢价。而2014年上市公司大范围的资本运作，环保企业也是主要选择标的。在资本市场环保热潮的刺激下，国内环保企业开始纷纷登陆各类资本市场，新三板能源环保企业数量不断增多。

按照能源环保行业挂牌公司的具体业务划分，主要有环保机械设备和环保服务企业，数量各自有10余家。此外，还有水处理技术运营和工业节能企业、石油开采技术服务企业、光伏新能源企业等。

行业内所有制结构呈现明显的差异性，主业为能源基础设施投资运营的大型企业基本上是地方国企和公众公司，其他行业以民营企业为主。按照企业的成立年限，从20世纪90年代初到2012年分布较为均匀。虽然环保企业是中关村等各大高新区主打的产业，但早期挂牌企业中该行业公司不多，大部分公司是在2013年以后陆续登陆新三板市场的。区域分布也呈现很明显的特点，能源类企业主要分布于新疆等西部能源基地，而环保类企业主要分布于北京、江苏和湖北等中东部工业科技发达地区。

（二）挂牌企业规模指标分析

能源环保行业内部企业规模分化严重，能源基础设施运营行业作为规模效益显著的基础行业，公司数量不多但平均规模较大。环保行业作为热点行业，规模较大的公司不是登陆A股或海外资本市场，就是被其他企业收购。因而登陆新三板市场的环保企业大部分专注于某类细分产品和服务，或承接某个环节的外包业务，平均经营规模都不大。但这些挂牌公司的规模指标，在全市场排名中比较靠前。2014年能源环保业挂牌公司规模财务指标及全市场比较见表69。

表69 2014年能源环保业挂牌公司规模财务指标及全市场比较

指标类型	行业均值	行业最大值	行业中值	行业标准差	全市同一指标值	均值排名
期末员工数量均值（人）	199	2559	95	323	236	14
期末总资产均值（万元）	28655.23	527929.85	12463.88	58630.35	22474.26	4
期末净资产均值（万元）	11081.34	191140.17	5329.67	18755.18	8959.38	4
全年营业收入均值（万元）	14964.28	208324.74	7290.07	22606.24	14719.63	8

（三）挂牌企业盈利表现指标分析

能源环保行业挂牌公司平均营业收入水平略高于全市场平均水平。现阶段，国内环保行业企业技术门槛较高、市场需求扩张迅速（很多环保设备被要求强制安装使用）、产品和服务的溢价较高，行业企业平均净利润水平要高于其他制造业。而与能源环保行业产品高溢价、高毛利率的行业特征形成反差的是，新三板市场挂牌公司总体毛利率水平并不突出，资产回报率也低于全市场平均水平。这可能是规模巨大的能源基础设施企业拉低了平均盈利指标。2014年能源环保业挂牌公司盈利财务指标及全市场比较见表70。

表70　2014年能源环保业挂牌公司盈利财务指标及全市场比较

指标类型	行业均值	行业最大值	行业中值	行业标准差	全市同一指标值	均值排名
全年净利润均值(万元)	1185.99	22113.64	507.04	2465.03	1012.89	5
主营业务收入毛利率(%)	29.95	78.36	29.10	19.79	35.69	11
净资产回报率(%)	12.84	77.98	10.41	19.04	13.39	11

（四）挂牌企业成长性指标分析

能源环保行业作为新兴战略性行业，历来受到国家政策的鼓励支持。在充足的市场需求拉动下，行业总体维持了较高的增长速度。特别是新三板挂牌企业，总体营业收入增长速度要高于行业平均增速20%的一倍以上，显示出良好的发展态势。由于环保企业研发推广等前期投入巨大，因此随着收入的快速增长，盈利增速要明显高于收入增速。在净资产增长速度方面，行业挂牌公司表现一般，落后于全市场平均水平，这说明新三板大部分环保企业还没有获得机构投资者的关注和认可。2014年能源环保业挂牌公司增长率财务指标及全市场比较见表71。

表71　2014年能源环保业挂牌公司增长率财务指标及全市场比较

指标类型	行业均值	行业最大值	行业中值	行业标准差	全市同一指标值	均值排名
全年主营业务收入增长率(%)	43.09	521.20	20.40	87.13	100.16	13
全年净利润增长率(%)	114.10	4186.31	38.61	855.68	289.02	14
期末净资产增长率(%)	46.55	1127.29	14.00	124.93	200.85	18

注：净利润增长率扣除正负极值后为78.78%。

（五）挂牌企业运营风险控制指标分析

能源环保行业的挂牌公司既有基础设施运营企业，也有提供设备服务技术的企业，彼此之间的业务模式差别巨大，因此现金流状况表现不一。但行业挂牌公司总体现金流量均值依然远远高于净利润，利润现金实现比率扣除极值后略小于1，可以看出行业内规模较大的企业（主要是基础设施运营商）现金流状况要好于中小企业。能源环保企业虽然盈利较为可观，但总体资产运营效率不高，资产周转率显著低于1，可能的原因是行业内基础设施运营企业资本规模巨大，在总资产周转速度上拉低了行业平均值。2014年能源环保业挂牌公司运营状况风险控制财务指标及全市场比较见表72。

表72　2014年能源环保业挂牌公司运营状况风险控制财务指标及全市场比较

指标类型	行业均值	行业最大值	行业中值	行业标准差	全市同一指标值	均值排名
全年经营现金流量均值（万元）	1491.16	36227.18	329.30	4148.60	1321.48	6
全年利润现金实现比率均值(%)	808.77	72441.56	79.20	6830.10	-114.99	1
期末资产负债率均值(%)	49.10	97.30	51.26	22.25	47.99	10
期末速动比率均值（倍数）	1.82	17.50	1.08	2.35	4.15	12
全年总资产周转率均值（次数）	0.78	2.76	0.69	0.50	1.04	17

注：利润现金实现率扣除正负极值后为96.94%，速动比率扣除正负极值后为1.5。

十八 仪器仪表业挂牌企业

仪器仪表是用以检出、测量、观察、计算各种物理量、物质成分、物性参数等的器具或设备。仪器仪表业应用领域广泛，直接关系到各个行业生产经营的标准化、质量控制和安全，也是开展科研教育医疗活动的物质基础。

仪器仪表业是高端精密制造业的代表性行业，该行业的发展水平直接反映了一国的工业制造能力和科技发展水平。改革开放以后，通过吸收借鉴国外先进产品技术，我国已步入仪器仪表生产大国的行列，通过多年发展已具备了相当大的产业规模。但总体上而言，仪器仪表行业是我国工业生产的短板，是与发达国家先进水平差距最大的行业之一。行业企业缺少核心技术，产品技术水平与国际领先跨国公司存在 10 年以上差距，贸易逆差巨大。

据行业协会公布的统计数据，2015 年全年，仪器仪表大行业 20 个小行业，规模以上企业有 4321 家，共实现主营业务收入 9378 亿元，换算为产值近 9500 亿元，未达到"十二五"规划"行业产值达到或接近万亿"的预期。营业收入同比增幅 6.2%，为 21 世纪以来新低。全年利润总额为 824 亿，增幅为 5.36%，低于主营业务收入增幅 0.84 个百分点，创历年新低，但仍保持 8%~9% 的主营业务收入利润率。从经济类型上看，民营企业依然是行业发展的中坚力量。此外，全行业亏损企业数从年初的 1307 家下降到 526 家，亏损面逐步收窄。

（一）行业内挂牌企业概览

在纳入样本数据的 5044 家挂牌公司中，仪器仪表业挂牌公司共有 136 家，占比为 2.7%。仪器仪表业作为高端制造业的代表，是国家大力扶持的高精尖产业，资本市场也一向看好这类企业。但由于大部分国内仪器仪表制造企业规模有限，直接登陆主板、创业板市场的公司并不多，所以行业企业纷纷开始选择登陆新三板市场。

从细分产品构成来看，虽然仪器仪表业产品构成五花八门，但挂牌公司的主要产品业务方向高度集中于电力、电气和电子检测行业以及环保、工程测绘等领域。这一方面反映出行业技术发展方向，另一方面也说明在新兴电子仪表领域，国内企业同世界领先企业的差距没有传统精密机械仪表领域的差距大。

作为新兴创业型企业集中的行业，新三板挂牌公司基本上是民营企业。但该行业企业需要一定年限的技术积累，挂牌公司成立时间普遍较早，大部分成立于2005年以前。挂牌时间主要集中于2014年全年和2015年上半年。仪器仪表业的发展水平与区域工业发展水平和科技实力密切相关，因此新三板挂牌企业主要集中于工业发达的江苏、广东、山东、浙江等沿海经济大省和科技实力雄厚的北京、上海等中心城市，该行业极少有来自中西部或者中小城市的挂牌公司。

（二）挂牌企业规模指标分析

仪器仪表业普遍存在细分产品市场空间有限，细分行业之间专业性极强，很难进行跨行业扩张整合等问题。因此仪器仪表企业普遍规模不大，即使世界上最大的仪器仪表企业日本岛津公司，其2014财年的销售收入也只有25亿美元左右①，远远达不到世界五百强的水平。仪器仪表业新三板挂牌公司各项规模指标普遍较低，特别是挂牌公司员工人数和营业收入平均值，属于所有制造业挂牌公司的最后水平。2014年仪器仪表业挂牌公司规模财务指标及全市场比较见表73。

表73 2014年仪器仪表业挂牌公司规模财务指标及全市场比较

指标类型	行业均值	行业最大值	行业中值	行业标准差	全市同一指标值	均值排名
期末员工数量均值(人)	159	1500	103	181	236	19
期末总资产均值(万元)	9722.36	78958.27	4339.35	12624.96	22474.26	17
期末净资产均值(万元)	5703.66	33721.81	2582.81	7099.74	8959.38	16
全年营业收入均值(万元)	6847.23	60004.66	3828.64	8875.10	14719.63	18

① 出自公司官网财务报告，参见链接：http://www.shimadzu.com/ir/i7rr0a0000003ch1-att/015iqj1d000001ybb9.pdf。

（三）挂牌企业盈利表现指标分析

虽然仪器仪表企业经营规模普遍较小，但由于该行业极高的科技含量和技术门槛，同时国产仪器仪表性价比高于进口产品，新三板仪器仪表公司议价能力较强，销售毛利率普遍较高，在制造业挂牌公司中水平最高，而挂牌公司毛利率也高于全国同行业23.6%的平均水平。尽管行业挂牌公司经营产品千差万别，但业务模式和企业运营情况基本相近，盈利水平相差不大。2014年仪器仪表业挂牌公司盈利财务指标及全市场比较见表74。

表74　2014年仪器仪表业挂牌公司盈利财务指标及全市场比较

指标类型	行业均值	行业最大值	行业中值	行业标准差	全市同一指标值	均值排名
全年净利润均值(万元)	838.99	5980.85	328.50	1243.45	1012.89	14
主营业务收入毛利率(%)	43.74	80.29	42.38	14.25	35.69	4
净资产回报率(%)	15.44	82.24	13.68	17.64	13.39	5

（四）挂牌企业成长性指标分析

仪器仪表业虽然历史较为悠久，但在包括物联网、智能化等技术进步潮流的驱动下，行业面临良好的发展前景。有别于工业设备等一般资本品行业，仪器仪表业下游客户分散，单笔业务金额较低，设备采购不属于生产性投入，因此行业收入增长一直较为稳定，总体增速维持在高于国民经济增速2~5个百分点。相比于新三板公司普遍收入、净利润高速增长的情形，仪器仪表业的营业收入增速处于后端。与之相对应的是，行业挂牌公司净资产增长速度也屈居最末，在一定程度上说明仪器仪表业专业性过强、技术过于深奥，在短时间内难以获得一般投资者的认识和了解。2014年仪器仪表业挂牌公司增长率财务指标及全市场比较见表75。

表75　2014年仪器仪表业挂牌公司增长率财务指标及全市场比较

指标类型	行业均值	行业最大值	行业中值	行业标准差	全市同一指标值	均值排名
全年主营业务收入增长率(%)	21.53	515.67	9.46	69.69	100.16	18
全年净利润增长率(%)	99.94	6110.18	16.89	582.57	289.02	16
期末净资产增长率(%)	43.53	791.22	18.21	102.89	200.85	19

注：净利润增长率扣除正负极值后为48.48%。

（五）挂牌企业运营风险控制指标分析

仪器仪表业由于上段所述的经营特点，销售回款情况比其他制造行业要好一些，一般情况下行业企业经营现金流量状况较为良好。虽然挂牌公司经营现金流量低于净利润，但总体利润现金实现比率较高。在反映资产流动性的速动比率方面，由于不同企业经营产品、业务类型和客户各不相同，所以资产流动性状况分化较大。在资产周转方面，仪器仪表企业可能受制于业务收入持续性差、产品类型多样、定制化生产等特点，资产利用效率不高。2014年仪器仪表业挂牌公司运营状况风险控制财务指标及全市场比较见表76。

表76　2014年仪器仪表业挂牌公司运营状况风险控制财务指标及全市场比较

指标类型	行业均值	行业最大值	行业中值	行业标准差	全市同一指标值	均值排名
全年经营现金流量均值(万元)	668.94	8473.99	261.40	1364.43	1321.48	11
全年利润现金实现比率均值(%)	335.62	11399.49	63.94	1616.81	-114.99	4
期末资产负债率均值(%)	37.81	92.06	36.76	17.87	47.99	18
期末速动比率均值(倍数)	2.47	22.21	1.70	2.48	4.15	9
全年总资产周转率均值(次数)	0.86	2.68	0.75	0.38	1.04	13

注：利润现金实现比率扣除正负极值后为56.98%。

十九 非金属业挂牌企业

非金属业是以非金属矿物和岩石为基本或主要原料进行深加工的产业，主要包括水泥制造业、水泥制品业、石灰砖瓦制造业、玻璃及玻璃制品业、陶瓷制品业、石墨及碳素制品业等。

非金属业同化工业和冶金业一起，为国家建设和工业生产提供基础性物资和原料。特别是非金属业中最主要的子行业水泥、玻璃和陶瓷业，广泛应用于建筑等领域，受工业生产和基础设施投资增速影响巨大。过去十几年，随着国内经济固定资产投资的快速增长，行业总体呈爆发式增长。后来随着经济增长速度的放缓，传统的非金属材料和制品行业出现产能过剩、市场需求不足的问题，行业盈利水平严重下滑。但是在光伏半导体技术、LED 照明技术、新能源技术等新兴科技的带动下，包括石墨烯、蓝宝石、3D 打印材料、高端金刚石工具在内的高技术新材料产品和相关行业企业，得到了投资者和资本市场的极大关注。

国家统计局数据显示，2015 年中国非金属业主营业务收入达 58873.9 亿元，同比增加 2.8%。2011~2015 年，全国非金属业主营业务收入总额一直保持稳步上涨的态势，但非金属业营业收入增长率处于动荡下滑态势。全年全国非金属业利润总额为 313.4 亿元，同比增长 15.2%。2011~2014 年，非金属业全年利润总额都是正增长，仅有 2015 年利润总额增长率为负。

（一）行业内挂牌企业概览

在纳入样本数据的 5044 家挂牌公司中，非金属业挂牌公司共有 129 家，占比为 2.56%。非金属业作为传统资源性原材料加工业的代表，行业大部分企业存在产品附加值不高、污染严重、产能过剩、盈利指标恶化等问题，在沪深 A 股市场上普遍不被投资者看好，难以获得较高估值。这也是行业企业选择登陆新三板市场的主要原因。

非金属行业涉及的具体产品类别众多，但新三板挂牌企业主要集中于陶瓷制品、玻璃制品、水泥石材、耐火材料和金刚石制品等领域，绝大部分属于较为传统的产品和行业。

非金属业的特大型龙头企业以国有企业为主，而新三板挂牌公司普遍规模较小，基本上是民营企业。多半企业的成立时间在2005年之前，行业企业平均经营年限略长。从挂牌时间来看，作为典型的传统行业，2014年以前只有零星企业挂牌，大部分企业的挂牌时间集中于2014之后。从地域分布来看，非金属业挂牌公司的分布基本上与行业总体产业格局一致，主要集中于山东、江苏、浙江和河北等工业大省。挂牌公司在中心城市分布较少，在三线以下城市分布较多。

（二）挂牌企业规模指标分析

非金属业长期存在生产企业小而分散、技术水平低下和污染严重等问题。伴随着市场竞争和国家有关部门的整顿，行业内企业集中度明显上升。作为一个规模经济效应明显的典型重化工业行业，非金属业企业平均资产规模和营业收入水平较高，高于全市场平均水平。挂牌公司营业收入规模与全行业30000多家规模以上企业平均1.6亿元左右的营业收入规模基本接近。2014年非金属业挂牌公司规模财务指标及全市场比较见表77。

表77 2014年非金属业挂牌公司规模财务指标及全市场比较

指标类型	行业均值	行业最大值	行业中值	行业标准差	全市同一指标值	均值排名
期末员工数量均值（人）	249	2515	142	339	236	11
期末总资产均值（万元）	24110.37	231764.23	11672.77	37470.39	22474.26	7
期末净资产均值（万元）	10433.40	123225.38	5213.80	16738.97	8959.38	7
全年营业收入均值（万元）	14797.97	160560.94	6961.65	24555.12	14719.63	9

（三）挂牌企业盈利表现指标分析

作为高度竞争的低技术含量传统行业，非金属业企业盈利状况普遍不理想，挂牌公司的净利润均值和营业收入毛利率明显低于全市场平均水平。但是相比于行业总体15%左右的毛利率和9%左右的资产回报率，新三板挂牌公司的盈利表现要明显占优。2014年非金属业挂牌公司盈利财务指标及全市场比较见表78。

表78　2014年非金属业挂牌公司盈利财务指标及全市场比较

指标类型	行业均值	行业最大值	行业中值	行业标准差	全市同一指标值	均值排名
全年净利润均值（万元）	1096.20	13367.55	436.25	2137.61	1012.89	6
主营业务收入毛利率（%）	29.38	68.14	29.20	17.80	35.69	13
净资产回报率（%）	11.24	104.66	10.65	19.29	13.39	13

（四）挂牌企业成长性指标分析

作为受宏观经济影响严重的周期性行业，非金属业在经济下行的背景下增长乏力。但新三板挂牌公司在行业整体不利的市场环境下依然取得营业收入和净利润的超常规增长，平均增速尽管低于全市场平均水平，依然十分难得。从中可以看出新三板挂牌企业所在细分行业具有较好的市场前景。在净资产增长率方面，行业挂牌公司扣除极值后的增速明显低于全市场平均水平，也与资本对该行业的关注程度较低的情况相对应。2014年非金属业挂牌公司增长率财务指标及全市场比较见表79。

表79　2014年非金属业挂牌公司增长率财务指标及全市场比较

指标类型	行业均值	行业最大值	行业中值	行业标准差	全市同一指标值	均值排名
全年主营业务收入增长率（%）	137.60	11743.53	17.88	1034.61	100.16	4
全年净利润增长率（%）	107.29	3519.16	53.88	580.90	289.02	15
期末净资产增长率（%）	182.15	16478.42	18.75	1446.45	200.85	9

注：主营收入增长率扣除正负极值后为32.02%，净利润增长率扣除正负极值后为74.93%，净资产增长率扣除正负极值后为46.19%。

（五）挂牌企业运营风险控制指标分析

在行业总体营业收入增长状况不佳的背景下，新三板挂牌企业的经营现金流状况多少受到市场不景气的影响，经营现金净流量低于净利润金额，利润现金比率更是为负值，总体资金周转状况不容乐观。行业挂牌公司总资产周转率远远小于1。从该行业重资产的经营特点以及行业挂牌企业规模普遍偏小这两大因素分析，不难看出行业企业资产运营效率很难提高。2014年非金属业挂牌公司运营状况风险控制财务指标及全市场比较见表80。

表80 2014年非金属业挂牌公司运营状况风险控制财务指标及全市场比较

指标类型	行业均值	行业最大值	行业中值	行业标准差	全市同一指标值	均值排名
全年经营现金流量均值（万元）	745.69	25453.99	299.33	3869.87	1321.48	10
全年利润现金实现比率均值(%)	-15.04	5929.75	75.75	1550.97	-114.99	15
期末资产负债率均值(%)	52.68	97.25	54.93	19.50	47.99	6
期末速动比率均值(倍数)	1.16	9.45	0.85	1.11	4.15	17
全年总资产周转率均值（次数）	0.72	2.52	0.66	0.39	1.04	18

二十　金融业挂牌企业

金融业是指经营金融商品的特殊行业，主要包括银行业、保险业、信托业、证券业和租赁业。[①] 金融业具有指标性、垄断性、高风险性、效益依赖性和高负债经营性等特点。

---

① 本报告所研究挂牌公司中不包括租赁业，该行业归为生产服务业。

金融业是国民经济的命脉，为各行各业的生产经营提供最为关键的生产资料——资本和货币，金融机构因此被称为经济的"血库"。

由于金融业对于国家经济稳定运行的重要作用，我国金融业一直以来实行分业经营和严格的牌照管制政策。金融业特别是银行信贷部门的垄断程度极高。近年来，国家金融主管部门为了降低社会融资成本，满足中小微企业的融资需求，提供多样化的金融服务，开始着手打破垄断局面，尝试推进包括互联网金融、村镇银行、小贷公司、民营银行等在内的新兴小微金融机构发展。

根据央行发布的《2014年中国金融市场发展报告》（2015年报告未在官网公布），2014年，债券市场共发行人民币债券11.0万亿元，同比增加22.3%。财政部通过银行间债券市场发行国债1.7万亿元，财政部代发地方政府债券2908亿元，地方政府自行发债1092亿元，国家开发银行和中国进出口银行、中国农业发展银行在银行间债券市场发行债券2.3万亿元，政府支持机构发行债券1850亿元，商业银行等金融机构发行金融债券5460亿元，证券公司发行短期融资券4247亿元，信贷资产支持证券发行2794亿元。公司信用类债券发行5.2万亿元，同比增加38.9%，增速较上年扩大34.9个百分点。银行间市场拆借、现券和债券回购累计成交302.4万亿元，同比增加28.5%。其中，银行间市场同业拆借成交37.7万亿元，同比增加6.0%；债券回购成交224.4万亿元，同比增加41.9%；现券成交40.4万亿元，同比减少3.0%。股票指数和两市成交量均大幅增长。沪市全年累计成交37.7万亿元，日均成交1539.4亿元，同比增长59.1%。

（一）行业内挂牌企业概览

在纳入样本数据的5044家挂牌公司中，金融行业挂牌公司共有76家，占比为1.51%，是公司数量最少的行业。金融机构受制于地方主管部门、金融监管部门的多重管辖，企业上市审批较为复杂。因此无论是在沪深A股市场还是新三板市场，金融机构上市挂牌数量少、比重低。但随着地方金融机构改革，特别是混合所有制的实行，地方金融机构登陆新三板市场实现股权流通成为一种长期趋势。

我国金融机构中信贷类机构数量最多，信贷类金融机构数量呈现典型的金字塔结构，除了几百家农商行、城商行和几千家村镇银行外，遍地开花的是小贷公司等单纯放贷机构。新三板挂牌金融机构的构成也呈现这一特征，76家公司中超过一半是各地小贷公司，其他机构类型分别有城商行、村镇银行、农信社、证券公司、私募股权基金和资产管理公司。

虽然国内金融行业资产绝大部分被国有金融机构控制，但是新三板挂牌金融机构以公众公司和民营企业为主。从成立时间来看，小贷公司、村镇银行等新兴民间金融机构的成立时间普遍较晚，基本上在2006年以后出现，而其他金融机构成立时间较早。从挂牌时间来看，金融机构挂牌新三板的案例集中出现于2014年以后。由于小贷公司、村镇银行集中于民间金融发达的东部省份，新三板挂牌金融机构的分布也符合这一特点，数量最多的省份是江苏省，其次是浙江、广东和福建等省。

（二）挂牌企业规模指标分析

新三板挂牌金融机构尽管主要以小微金融机构为主，金融机构作为依靠资产提供融资服务的企业，经营规模下限很高。新三板挂牌金融机构无论是在资产规模、营业收入，还是在员工人数方面都远远领先于其他行业公司。但是由于行业挂牌公司数量较少，同时类型差异极大，既有大型券商银行，又有小微民间金融机构，行业公司规模指标分化明显。2014年金融业挂牌公司规模财务指标及全市场比较见表81。

表81　2014年金融业挂牌公司规模财务指标及全市场比较

指标类型	行业均值	行业最大值	行业中值	行业标准差	全市同一指标值	均值排名
期末员工数量均值（人）	320	3882	47	681	236	3
期末总资产均值（万元）	344119.06	12288129.08	19966.52	1459342.15	22474.26	1
期末净资产均值（万元）	79572.93	1146011.74	13380.21	185167.69	8959.38	1
全年营业收入均值（万元）	24224.84	353123.30	5418.55	57879.14	14719.63	4

（三）挂牌企业盈利表现指标分析

金融业一向以高利润著称，社会普遍认为其是"暴利行业"。新三板挂牌企业的盈利指标也是一枝独秀，净利润规模相当于全市场平均水平的8倍。主营业务收入毛利率也高出全市场平均水平将近一倍。新三板挂牌金融机构的净资产回报率虽然高于市场平均水平，但是要低于全国银行业17.59%的水平。[①] 背后的原因是，新三板挂牌公司多为民间金融机构，杠杆率偏低，资金成本高，同时经营规模小，故而单位业务费用比率高。2014年金融业挂牌公司盈利财务指标及全市场比较见表82。

表82　2014年金融业挂牌公司盈利财务指标及全市场比较

指标类型	行业均值	行业最大值	行业中值	行业标准差	全市同一指标值	均值排名
全年净利润均值（万元）	8170.71	109500.87	1408.55	20326.71	1012.89	1
主营业务收入毛利率(%)	60.42	105.23	61.30	30.24	35.69	1
净资产回报率(%)	14.42	189.01	10.77	24.28	13.39	7

（四）挂牌企业成长性指标分析

全国金融业特别是信贷类金融机构，受经济增速和投资增速下降的影响，业务扩张速度明显放缓。但新三板挂牌公司，以小微金融机构和其他金融服务企业为主，营业收入增长速度十分迅猛。反映出新三板挂牌金融机构更加符合市场需求，具有强大的生命力和市场活力。新三板挂牌金融机构扣除极值之后净资产增速不高，这主要是因为资产达到一定规模后扩张空间有限。2014年金融业挂牌公司增长率财务指标及全市场比较见表83。

---

① 资料来源于银监会的《中国银行业运行报告（2014年度）》，http://www.cbrc.gov.cn/chinese/home/docView/58ACEC7E5A834DF295766B009417F4A2.html。

表83 2014年金融业挂牌公司增长率财务指标及全市场比较

指标类型	行业均值	行业最大值	行业中值	行业标准差	全市同一指标值	均值排名
全年主营业务收入增长率(%)	134.18	2525.34	26.07	404.08	100.16	5
全年净利润增长率(%)	439.41	22568.31	30.81	2602.92	289.02	4
期末净资产增长率(%)	370.06	14743.61	11.80	1892.01	200.85	3

注：主营收入增长率扣除正负极值后为49.97%，净利润增长率扣除正负极值后为70.29%，净资产增长率扣除正负极值后为32.55%。

（五）挂牌企业运营风险控制指标分析

金融行业作为提供融资服务的行业，现金流状况普遍好于其他类型企业。新三板挂牌金融机构的经营现金流量明显高于净利润指标，利润现金实现比率也远远高于1。但值得注意的是，金融机构普遍具有高负债、高杠杆性的特征，但新三板挂牌公司的资产负债率只有不到一半，甚至低于其他生产性行业，说明挂牌金融机构在利用外部市场融资、放大杠杆方面还有很大提升空间。2014年金融业挂牌公司运营状况风险控制财务指标及全市场比较见表84。

表84 2014年金融业挂牌公司运营状况风险控制财务指标及全市场比较

指标类型	行业均值	行业最大值	行业中值	行业标准差	全市同一指标值	均值排名
全年经营现金流量均值（万元）	38748.11	1795460.27	688.12	216463.17	1321.48	1
全年利润现金实现比率均值(%)	138.37	2936.65	64.87	931.18	-114.99	11
期末资产负债率均值(%)	38.54	141.17	31.38	31.04	47.99	17
期末速动比率均值(倍数)	42.58	1577.05	3.54	185.53	4.15	1
全年总资产周转率均值（次数）	0.57	5.67	0.17	0.91	1.04	19

注：速动比率扣除正负极值后为2.88。

附——去除极值后的部分指标汇总

在本报告中，净利润增长率、净资产增长率、利润现金实现比率、速动比率4项指标大范围出现极值影响行业平均值的情况。为了更真实地反映各个行业的平均指标，将上述4个指标所有去极值修正后的数据进行汇总并与原始数据进行比照（见表85）。

表85 4项指标各个行业数据去掉极值对比

行业分类	全年净利润增长率（%）	去极值结果（%）	期末净资产增长率（%）	去极值结果（%）	全年利润现金实现比率均值（%）	去极值结果（%）	期末速动比率均值（倍数）	去极值结果（倍数）
全市场公司	289.02	73.35	200.85	61.68	-114.99	58.00	4.15	0.71
软件业	386.76	98.37	141.37	61.74	120.81	24.99	4.07	2.71
专业技术业	686.90	119.94	200.95	78.54	185.26	—	4.24	2.28
化工业	185.96	59.37	80.97	—	-67.90	—	1.88	
专用设备业	216.09	59.29	114.67	40.81	189.17	42.68	1.40	1.29
通用设备业	18.55	61.66	74.72	52.25	61.57	—	1.17	
电子信息业	321.28	68.04	549.08	54.60	70.81	—	1.77	1.53
电气业	73.16	58.62	72.90	44.21	-804.09	75.19	13.91	1.41
生产服务业	716.41	78.38	155.97	70.74	-2463.86	72.11	14.19	2.01
农业	587.43	45.30	205.26	61.19	250.09	66	11.20	1.01
批发零售业	182.99	47.08	208.90	73.29	356.48	-17.73	2.02	1.85
互联网业	158.64	65.90	361.34	121.96	206.65	71.91	4.38	2.49
轻工业	200.38	46.52	915.10	64.93	-2339.44	75.31	0.96	
建筑地产业	323.60	90.16	75.85	—	648.85	-20.37	1.36	1.23
冶金业	169.98	81.32	134.39	40.65	183.70	—	1.14	
医药业	-71.34	65.64	313.58	65.32	184.47	—	4.15	1.18
能源环保业	114.10	78.78	46.55	—	808.77	96.94	1.82	1.50
仪器仪表业	99.94	48.48	43.53	—	335.62	56.98	2.47	
非金属业	107.29	74.93	182.15	46.19	-15.04	—	1.16	
金融业	439.41	70.29	370.06	32.55	138.37	—	42.58	2.88

B.5 分省份挂牌企业情况报告

宋占军*

摘　要： 从注册省份来看，新三板挂牌企业主要集中于北京、广东、江苏、上海、浙江、山东等东部经济发展较好的省份。挂牌企业数量最多的前五大省份累计挂牌企业数量占全国的57.45%，前十大省份累计挂牌企业数量占全国的77.74%。从注册城市来看，新三板挂牌企业分布在全国409个城市，除北京、上海外，新三板挂牌企业大部分集中于深圳、广州、武汉、杭州、苏州等经济较为发达的城市。

关键词： 新三板挂牌企业　省份分析　财务指标对比

一　概述

本报告及《分行业挂牌企业情况报告》的样本数据来自万得资讯公司（Wind）根据新三板挂牌公司公开披露信息整理的数据库。样本数据选取2015年12月31日之前挂牌的公司，剔除部分数据缺失或者已经转板退市的公司，共计有5044家挂牌公司。

从注册省份来看，新三板挂牌企业主要集中于北京、广东、江苏、上海、浙江、山东等东部经济发展较好的省份。从具体数量上来看，截至2015年12月31日，北京市有753家新三板挂牌企业，居全国首位，其次是

---

* 宋占军，经济学博士，特华博士后科研工作站在站博士后。

广东省，有673家挂牌企业，江苏省、上海市和浙江省紧随其后。前五大省份的挂牌企业数量累计占全国挂牌企业数量的57.45%，前十大省份的挂牌企业数量累计占全国挂牌企业的77.74%。经济发展状况相对落后地区的挂牌企业数量远远少于东部沿海发达地区，比如内蒙古自治区只有26家挂牌企业，西藏自治区仅有2家挂牌企业（见表1）。

表1 各省份新三板挂牌企业数量

单位：家，%

省份	数量	占比	排名	省份	数量	占比	排名
北 京	753	14.93	1	江 西	61	1.21	17
广 东	673	13.34	2	新 疆	60	1.19	18
江 苏	634	12.57	3	重 庆	57	1.13	19
上 海	435	8.62	4	云 南	55	1.09	20
浙 江	403	7.99	5	黑龙江	50	0.99	21
山 东	334	6.62	6	吉 林	41	0.81	22
湖 北	201	3.98	7	宁 夏	35	0.69	23
河 南	193	3.83	8	贵 州	34	0.67	24
安 徽	156	3.09	9	山 西	32	0.63	25
福 建	139	2.76	10	广 西	31	0.61	26
四 川	136	2.70	11	内蒙古	26	0.52	27
辽 宁	111	2.20	12	海 南	16	0.32	28
湖 南	106	2.10	13	甘 肃	14	0.28	29
河 北	98	1.94	14	青 海	3	0.06	30
天 津	92	1.82	15	西 藏	2	0.04	31
陕 西	63	1.25	16	合 计	5044	100	—

资料来源：Wind 资讯。

从注册城市来看，5044家挂牌企业分布在全国409个城市。由表2可知，除北京、上海外，新三板挂牌企业大部分集中于深圳、广州、武汉、杭州、苏州等经济较为发达的城市。从具体数量上来看，截至2015年12月31日，深圳有284家新三板挂牌企业，居全国第3位，之后是广州，有144家挂牌企业，武汉、杭州、苏州紧随其后。挂牌企业最多的前20个城市，新三板挂牌企业数量占全部挂牌企业数量的58.13%，而北京、上海、深圳、广州、武汉5个城市，新三板挂牌企业数量就占全国总数量的34.89%。

表2 新三板挂牌企业数量最多的前20个城市

单位：家，%

城市	数量	占比	排名	城市	数量	占比	排名
北京	753	14.93	1	无锡	74	1.47	12
上海	435	8.62	2	济南	70	1.39	13
深圳	284	5.63	3	长沙	62	1.23	14
广州	144	2.85	4	东莞	62	1.23	15
武汉	144	2.85	5	常州	58	1.15	16
杭州	136	2.70	6	重庆	57	1.13	17
苏州	136	2.70	7	宁波	56	1.11	18
成都	92	1.82	8	大连	55	1.09	19
天津	92	1.82	9	西安	55	1.09	20
南京	90	1.78	10				
郑州	77	1.53	11	合计	2932	58.13	—

资料来源：Wind资讯。

表3显示的是以期末总资产、全年营收均值、全年净利润和期末员工数来反映的各省份新三板挂牌企业的规模与效益情况。从期末总资产来看，新三板挂牌企业总资产最高的省份是山东省，尽管其挂牌企业数量仅排在全国第6位，但其期末总资产达到了1992.35亿元。期末总资产超过1000亿元的省份还有江苏省、广东省、北京市，其挂牌企业总资产分别达到1400.50亿元、1352.48亿元、1327.01亿元。从全年营收均值来看，新三板挂牌企业全年营业收入最高的省份是广东省，尽管其挂牌企业数量排在全国第2位，但其营业总收入达到1057.04亿元。浙江省、北京市、江苏省新三板挂牌企业营业总收入分别为979.86亿元、929.84亿元和920.64亿元。从全年净利润来看，新三板挂牌企业净利润最高的省份是广东省，为73.73亿元。北京市新三板挂牌企业最多，其全年净利润也较多，仅次于广东省，达到70.66亿元。从期末员工数来看，新三板挂牌企业期末员工数最多的省份是广东省（222016人），远远高于排名第2的江苏省（140186人）。总的来

看，新三板挂牌企业期末员工总数达到1192389人，在扩大就业方面发挥了重要作用。广东省在新三板挂牌企业全年营业总收入均值、全年净利润、期末员工数等方面均处于全国领先地位。

表3 各省份新三板挂牌企业规模情况

单位：万元，人

省份	期末总资产	全年营收均值	全年净利润	期末员工数
山 东	19923480	6246680	481547	85655
江 苏	14004980	9206350	621399	140186
广 东	13524772	10570443	737343	222016
北 京	13270076	9298393	706630	132662
浙 江	8015801	9798601	453461	108158
上 海	5667768	5415960	336404	83101
湖 南	3875210	1122234	140582	22777
河 南	3670037	2330941	167973	42664
湖 北	3477192	2825209	129287	45359
安 徽	3236915	2203238	189759	37780
福 建	2381135	1514812	81312	25170
四 川	2108302	1502228	96012	36936
辽 宁	2063869	1243963	136280	25645
陕 西	1883765	950170	95116	14628
新 疆	1803975	807196	44871	11715
天 津	1738705	1276110	97692	16399
河 北	1720429	1214764	67158	24370
云 南	1696301	973081	47061	11282
重 庆	1418856	1083071	87562	18625
贵 州	1241367	614228	46004	8433
黑龙江	1095780	704031	80095	8773
江 西	1020632	855069	63925	19190
内蒙古	988911	468783	44882	7919
海 南	748187	260653	18819	6159
吉 林	680743	377819	30037	9662
宁 夏	657968	286089	26542	5705
广 西	610103	649061	41888	12750
山 西	465436	219678	26359	4287
甘 肃	250490	144915	12624	3223
青 海	90349	44609	-951	1047
西 藏	10018	22730	-46	113

资料来源：Wind 资讯。

由《分行业挂牌企业情况报告》可知，全国范围内新三板企业主要集中于软件和信息技术服务业、专业技术及其他服务业、化学原料和化学制品制造业、专用设备制造业、汽车和通用设备制造业等行业。本报告根据各省份新三板挂牌企业的行业类型进行排序，选择各省份前五大类行业的挂牌企业进行分析。由表4可知，各个省份挂牌企业的第一大类产业分布存在明显的差异，其中山东、北京、上海、河南、湖北、福建、辽宁、天津、陕西、四川、吉林、山西地区以软件和信息技术服务业为挂牌企业的第一大产业，浙江、湖南、安徽、江西以汽车和通用设备制造业为挂牌企业的第一大产业，云南、黑龙江、广西、内蒙古、宁夏、甘肃、青海以农林牧渔食品业为挂牌企业的第一大产业，江苏和重庆以化学原料和化学制品制造业为挂牌企业的第一大产业，广东以计算机、通信和其他电子设备制造业为挂牌企业的第一大产业，而新疆和西藏则以能源环保基础设施业为其挂牌企业的第一大产业。从北京、江苏、广东、上海、山东等挂牌企业数量和规模总量较大的省份来看，其主要行业类型的分布与全国范围内的分布较为一致，多集中在软件和信息技术服务业、专用设备制造业等行业。

表4 分省份新三板挂牌企业行业分析

省份	第一大类	第二大类	第三大类	第四大类	第五大类
山东	软件和信息技术服务业	专用设备制造业	化学原料和化学制品制造业	汽车和通用设备制造业	专业技术及其他服务业
江苏	化学原料和化学制品制造业	汽车和通用设备制造业	专用设备制造业	电气机械和器材制造业	软件和信息技术服务业
北京	软件和信息技术服务业	专业技术及其他服务业	互联网和相关服务	生产性服务业	专用设备制造业
广东	计算机、通信和其他电子设备制造业	软件和信息技术服务业	化学原料和化学制品制造业	电气机械和器材制造业	专用设备制造业
浙江	汽车和通用设备制造业	软件和信息技术服务业	电气机械和器材制造业	化学原料和化学制品制造业	专用设备制造业

续表

省份	第一大类	第二大类	第三大类	第四大类	第五大类
上海	软件和信息技术服务业	专业技术及其他服务业	计算机、通信和其他电子设备制造业	生产性服务业	互联网和相关服务
湖南	汽车和通用设备制造业	软件和信息技术服务业	生产性服务业	专用设备制造业	化学原料和化学制品制造业
河南	软件和信息技术服务业	化学原料和化学制品制造业	农林牧渔食品业	专用设备制造业	汽车和通用设备制造业
湖北	软件和信息技术服务业	汽车和通用设备制造业	化学原料和化学制品制造业	专用设备制造业	电气机械和器材制造业
安徽	汽车和通用设备制造业	化学原料和化学制品制造业	软件和信息技术服务业	农林牧渔食品业	电气机械和器材制造业
新疆	能源环保基础设施业	农林牧渔食品业	建筑工程房地产业	批发零售生活服务业	软件和信息技术服务业
福建	软件和信息技术服务业	计算机、通信和其他电子设备制造业	化学原料和化学制品制造业	农林牧渔食品业	电气机械和器材制造业
辽宁	软件和信息技术服务业	金属矿冶制品业	专用设备制造业	化学原料和化学制品制造业	农林牧渔食品业
天津	软件和信息技术服务业	专用设备制造业	汽车和通用设备制造业	生产性服务业	建筑工程房地产业
陕西	软件和信息技术服务业	化学原料和化学制品制造业	专业技术及其他服务业	医药制造业	专用设备制造业
河北	电气机械和器材制造业	化学原料和化学制品制造业	软件和信息技术服务业	汽车和通用设备制造业	专业技术及其他服务业
重庆	化学原料和化学制品制造业	软件和信息技术服务业	建筑工程房地产业	汽车和通用设备制造业	非金属矿物制品业
四川	软件和信息技术服务业	专用设备制造业	汽车和通用设备制造业	生产性服务业	计算机、通信和其他电子设备制造业
云南	农林牧渔食品业	建筑工程房地产业	专业技术及其他服务业	化学原料和化学制品制造业	金属矿冶制品业
贵州	医药制造业	软件和信息技术服务业	专业技术及其他服务业	化学原料和化学制品制造业	非金属矿物制品业

续表

省份	第一大类	第二大类	第三大类	第四大类	第五大类
黑龙江	农林牧渔食品业	电气机械和器材制造业	汽车和通用设备制造业	专业技术及其他服务业	化学原料和化学制品制造业
江西	汽车和通用设备制造业	电气机械和器材制造业	化学原料和化学制品制造业	金属矿冶制品业	软件和信息技术服务业
海南	互联网和相关服务	能源环保基础设施业	农林牧渔食品业	软件和信息技术服务业	生产性服务业
吉林	软件和信息技术服务业	农林牧渔食品业	医药制造业	电气机械和器材制造业	化学原料和化学制品制造业
广西	农林牧渔食品业	软件和信息技术服务业	生产性服务业	化学原料和化学制品制造业	批发零售生活服务业
内蒙古	农林牧渔食品业	批发零售生活服务业	软件和信息技术服务业	电气机械和器材制造业	轻工消费品制造业
山西	软件和信息技术服务业	能源环保基础设施业	专业技术及其他服务业	专用设备制造业	农林牧渔食品业
宁夏	农林牧渔食品业	专业技术及其他服务业	化学原料和化学制品制造业	软件和信息技术服务业	电气机械和器材制造业
甘肃	农林牧渔食品业	专用设备制造业	化学原料和化学制品制造业	计算机、通信和其他电子设备制造业	能源环保基础设施业
青海	农林牧渔食品业	轻工消费品制造业			
西藏	能源环保基础设施业	生产性服务业			

资料来源：Wind 资讯。

如表 5 所示，以营业总收入增长率、净利润增长率和净资产增长率来反映挂牌企业的成长性，青海可能是由于企业刚刚挂牌上市，营业总收入增长率最高，达到 1965.49%。挂牌企业最多的北京市，营业总收入增长率达到 162.13%，广东省、江苏省、上海市、浙江省等挂牌企业较多的省份，其营业总收入增长率均在 60% 以上。从净利润增长率来看，挂牌企业净利润增长率最高的省份是广西，其平均增长率为4219.35%，北京市、广东省等挂牌企业较多的地区也呈现400%以上的增速。从净资产增长率来看，挂牌企业净资产增长率最高的省份是湖南省，其增长率为439.94%，北京市挂牌企业净资产增长率亦高达227.60%。总的来看，全国新三板挂牌企业营业总收入增长率平均达到100.12%，净利润增长率平均达到288.96%，净资产增长率平均达到200.81%。

表5　各省份新三板挂牌企业成长情况

单位：%

省份	营业总收入增长率	净利润增长率	净资产增长率
安　徽	587.10	114.03	49.36
北　京	162.13	407.17	227.60
福　建	49.19	171.20	69.68
甘　肃	44.51	46.46	68.97
广　东	66.24	440.18	368.12
广　西	169.93	4219.35	183.79
贵　州	26.27	348.23	295.12
海　南	54.15	49.95	-494.64
河　北	104.70	113.10	81.08
河　南	74.17	257.61	181.73
黑龙江	69.35	320.61	245.15
湖　北	42.71	-287.33	76.71
湖　南	58.00	640.83	439.94
吉　林	68.19	-40.09	142.31
江　苏	67.09	191.25	319.61
江　西	419.17	876.57	109.00
辽　宁	32.00	525.48	148.33
内蒙古	47.73	30.40	108.18
宁　夏	227.51	234.74	225.83
青　海	1965.49	-23.71	113.12
山　东	43.63	290.36	106.02
山　西	70.54	75.92	104.12

续表

省份	营业总收入增长率	净利润增长率	净资产增长率
陕西	35.59	185.60	51.69
上海	76.75	212.09	127.25
四川	70.53	165.71	167.52
天津	49.47	104.31	85.37
西藏	-17.92	-19.22	-19.51
新疆	52.20	-33.43	53.62
云南	41.92	95.63	61.79
浙江	60.32	236.89	157.34
重庆	63.13	131.36	169.00

资料来源：Wind 资讯。

为进一步准确反映各省份新三板市场的发展情况，本报告选择新三板挂牌企业最多的前6个省份进行分析。在6个省份中，北京、广东、江苏的挂牌企业最多，属于第一梯队；其次是上海、浙江、山东，属于第二梯队。由于新三板挂牌企业涉及的行业较多，本报告将选取6个省份前五大类新三板行业来做更深层次的分析。

二 北京市新三板挂牌企业分析

如表6所示，北京市新三板挂牌企业前五大类行业分别为软件和信息技术服务业、专业技术及其他服务业、互联网和相关服务、生产性服务业、专用设备制造业。在这五大类行业中，期末总资产最高的是软件和信息技术服务业，达到209.26亿元，最低的是互联网和相关服务，达到47.40亿元。营业总收入最高的是软件和信息技术服务业，达到179.48亿元，最低的是互联网和相关服务，达到38.73亿元。净利润最高的是软件和信息技术服务业，达到17.43亿元，最低的是专用设备制造业，仅为2984万元。期末员工人数最多的是软件和信息技术服务业，达到43458人，最少的是专用设备制造业，达到6321人。

表6　北京市新三板挂牌企业分行业情况分析

单位：万元，人

行业类别	期末总资产	全年营收均值	全年净利润	期末员工数
软件和信息技术服务业	2092570	1794765	174267	43458
专业技术及其他服务业	1527659	855740	167599	17249
互联网和相关服务	474020	387258	3194	11312
生产性服务业	705707	642925	39828	8704
专用设备制造业	658145	412707	2984	6321

资料来源：Wind资讯。

将北京市新三板挂牌企业规模特征与北京市不同行业生产总值相比较，由表7可见，在可以类比分析的行业中，北京市信息传输、软件和信息技术服务业生产总值占地区生产总值的比重达到10.3%，北京市相关产业的新三板市场发展也较好，显示了新三板行业对实体经济的贡献。但是，作为占北京市地区生产总值17.1%的金融业，却没有较多的新三板挂牌企业，反映出北京市中小金融企业还有待进一步利用新三板市场。

表7　2015年北京市按行业分地区生产总值

单位：亿元，%

行业	地区生产总值	比上年增长	比重
农、林、牧、渔业	142.6	-9.5	0.6
工业	3662.9	0.9	15.9
建筑业	965.9	13.3	4.2
批发和零售业	2400.3	-1.2	10.5
交通运输、仓储和邮政业	957.9	4	4.2
住宿和餐饮业	412.6	0.3	1.8
信息传输、软件和信息技术服务业	2372.7	12	10.3
金融业	3926.3	18.1	17.1
房地产业	1438.4	4.2	6.3
租赁和商务服务业	1766.8	-1.7	7.7
科学研究和技术服务业	1820.6	14.1	7.9
水利、环境和公共设施管理业	180.5	13.3	0.8
居民服务、修理和其他服务业	115	2	0.5

续表

行业	地区生产总值	比上年增长	比重
教育	965.5	11.8	4.2
卫生和社会工作	577.6	13.7	2.5
文化、体育和娱乐业	527.8	3.5	2.3
公共管理、社会保障和社会组织	735.2	8.6	3.2

资料来源：《2015年北京市国民经济和社会发展统计公报》。

从成长性来看，北京市新三板挂牌企业营业总收入增长最快的是互联网和相关服务，高达772.85%，最低的是专用设备制造业，仅为9.94%（见表8）。尽管专业技术及其他服务业的营业总收入增长率不是最高的，但其净利润增长率是最高的（1365.97%）。互联网和相关服务是净资产增长率最高的行业，高达606.23%，即便是最低的专用设备制造业，其净资产增长率亦高达118.31%，反映出北京市新三板市场整体规模的快速增长。

表8 北京市新三板挂牌企业分行业成长性分析

单位：%

行业类别	营业总收入增长率	净利润增长率	净资产增长率
软件和信息技术服务业	183.20	331.76	232.49
专业技术及其他服务业	170.98	1365.97	225.60
互联网和相关服务	772.85	98.09	606.23
生产性服务业	72.76	833.72	237.42
专用设备制造业	9.94	-128.21	118.31

资料来源：Wind资讯。

三 广东省新三板挂牌企业分析

如表9所示，广东省新三板挂牌企业前五大类行业分别为计算机、通

信和其他电子设备制造业,软件和信息技术服务业,化学原料和化学制品制造业,电气机械和器材制造业,专用设备制造业。在这五大类行业中,期末总资产最高的是计算机、通信和其他电子设备制造业,达到151.31亿元,最低的是专用设备制造业,达到59.10亿元。全年营收均值最高的同样是计算机、通信和其他电子设备制造业,达到166.73亿元,最低的是专用设备制造业,达到48.27亿元。净利润最高的还是计算机、通信和其他电子设备制造业,达到9.25亿元,最低的是化学原料和化学制品制造业,达到3.76亿元。期末员工人数最多的也是计算机、通信和其他电子设备制造业,达到37958人,最少的是化学原料和化学制品制造业,达到9609人。不难发现,广东省新三板挂牌企业中计算机、通信和其他电子设备制造业总体实力突出。

表9 广东省新三板挂牌企业分行业情况分析

单位:万元,%

行业类别	期末总资产	全年营收均值	全年净利润	期末员工数
计算机、通信和其他电子设备制造业	1513055	1667342	92533	37958
软件和信息技术服务业	786848	686065	82187	23445
化学原料和化学制品制造业	664134	701850	37613	9609
电气机械和器材制造业	852141	790156	45792	21790
专用设备制造业	591046	482728	64503	11071

资料来源:Wind 资讯。

将广东省新三板挂牌企业规模特征与广东省固定资产投资相比照,由表10可见,在可以类比分析的行业中,广东省信息传输、软件和信息技术服务业固定资产投资额增长率高达13%,与之相应,广东省新三板挂牌企业中软件和信息技术服务业以及计算机、通信和其他电子设备制造业也发展较好,显示了新三板行业与实体经济的发展保持一致。但是,固定资产投资额增长率高达17.6%的金融业,却没有较多的新三板挂牌企业,反映出广东省中小金融企业还有待进一步利用新三板市场。

表10 2015年广东省分行业固定资产投资额及增长速度

行业	投资额(亿元)	比上年增长(%)
农、林、牧、渔业	501.09	47.4
采矿业	162	-34.9
制造业	8783.3	24.5
电力、热力、燃气及水的生产和供应业	1206.47	9.7
建筑业	55.8	6.7
批发和零售业	914.86	8.4
交通运输、仓储和邮政业	3104	16.1
住宿和餐饮业	462	-1.9
信息传输、软件和信息技术服务业	486.81	13.0
金融业	113.21	17.6
房地产业	10120.53	11.1
租赁和商务服务业	315.35	26.1
科学研究和技术服务业	218.14	32.4
水利、环境和公共设施管理业	2443.42	20.6
居民服务、修理和其他服务业	48.03	-2.1
教育	415.29	1.7
卫生和社会工作	254.75	9.9
文化、体育和娱乐业	292.56	12.4
公共管理、社会保障和社会组织	133.55	14.0
合　计	30031.20	—

资料来源：《2015年广东省国民经济和社会发展统计公报》。

如表11所示，从成长性来看，广东省新三板挂牌企业营业总收入增长率最高的是计算机、通信和其他电子设备制造业，高达61.14%，最低的是化学原料和化学制品制造业，达到37.01%。尽管电气机械和器材制造业的营业总收入增长率不是最高的，但其净利润增长率是最高的（1156.14%），净利润增长率最低的行业是专用设备制造业，但亦高达123.59%，这反映了广东省新三板挂牌企业主要行业呈现良好的发展状况。计算机、通信和其他电子设备制造业是净资产增长率最高的行业，高达1613.97%，即便最低的软件和信息技术服务业，净资产增长率亦高达60.49%，反映出广东省新三板市场整体规模的快速增长。

表11 广东省新三板挂牌企业分行业成长性分析

单位：%

行业类别	营业总收入增长率	净利润增长率	净资产增长率
计算机、通信和其他电子设备制造业	61.14	445.26	1613.97
软件和信息技术服务业	57.90	945.40	60.49
化学原料和化学制品制造业	37.01	1010.84	72.51
电气机械和器材制造业	39.09	1156.14	102.32
专用设备制造业	55.14	123.59	503.50

资料来源：Wind资讯。

四 江苏省新三板挂牌企业分析

如表12所示，江苏省新三板挂牌企业前五大类行业分别为化学原料和化学制品制造业、汽车和通用设备制造业、专用设备制造业、电气机械和器材制造业、软件和信息技术服务业。在这五大类行业中，期末总资产和全年营收均值最高的都是化学原料和化学制品制造业，分别达到203.96亿元和210.39亿元，最低的都是软件和信息技术服务业，达到38.36亿元和32.14亿元。净利润最高的还是化学原料和化学制品制造业，达到6.03亿元，最低的是专用设备制造业，达到3.90亿元。期末员工人数最多的也是化学原料和化学制品制造业，达到16322人，最少的是专用设备制造业，达到11034人。不难发现，江苏省新三板挂牌企业中化学原料和化学制品制造业总体实力突出。

表12 江苏省新三板挂牌企业分行业情况分析

单位：万元，%

行业类别	期末总资产	全年营收均值	全年净利润	期末员工数
化学原料和化学制品制造业	2039627	2103930	60313	16322
汽车和通用设备制造业	904804	604338	43444	13199
专用设备制造业	876808	529061	38974	11034
电气机械和器材制造业	907910	821479	55889	12217
软件和信息技术服务业	383628	321400	46301	11982

资料来源：Wind资讯。

将江苏省新三板挂牌企业规模特征与江苏省 2015 年国民经济统计情况比较，根据《2015 年江苏省国民经济和社会发展统计公报》，2015 年江苏省先进制造业增长情况总体较好。全年规模以上工业中，汽车制造业实现产值 7128.8 亿元，比上年增长 9.6%；医药制造业实现产值 3551.6 亿元，增长 14.5%；专用设备制造业实现产值 5943.4 亿元，增长 6%；电气机械和器材制造业实现产值 16910.3 亿元，增长 8.7%；通用设备制造业实现产值 8803.8 亿元，增长 6.2%；计算机、通信和其他电子设备制造业实现产值 19334.4 亿元，增长 9.4%。总体来看，江苏省新三板挂牌企业与实体经济发展趋势较为一致。

如表 13 所示，从成长性来看，江苏省新三板挂牌企业营业总收入增长率最高的是化学原料和化学制品制造业，增长率高达 61.55%，最低的是电气机械和器材制造业，达到 29.78%。尽管电气机械和器材制造业的营业总收入增长率不是最高的，但其净利润增长率是最高的（306.98%），净利润增长率最低的行业是专用设备制造业，为 24.56%。软件和信息技术服务业是净资产增长率最高的行业，高达 78.73%，即便最低的专用设备制造业，净资产增长率亦高达 33.84%，反映出江苏省新三板市场整体规模的快速增长。

表 13　江苏省新三板挂牌企业分行业成长性分析

单位：%

行业类别	营业总收入增长率	净利润增长率	净资产增长率
化学原料和化学制品制造业	61.55	102.00	53.60
汽车和通用设备制造业	41.06	147.05	43.61
专用设备制造业	48.50	24.56	33.84
电气机械和器材制造业	29.78	306.98	60.55
软件和信息技术服务业	57.37	297.48	78.73

资料来源：Wind 资讯。

五　上海市新三板挂牌企业分析

如表 14 所示，上海市新三板挂牌企业前五大类行业分别为软件和信息技术服务业，专业技术及其他服务业，计算机、通信和其他电子设备制造业，生产性服务业，互联网和相关服务。在这五大类行业中，期末总资产、全年营收均值最高的都是互联网和相关服务，反映出上海市互联网和相关服务总体实力突出。全年净利润最高的是专业技术及其他服务业，达到5.26亿元。期末员工数最多的行业是软件和信息技术服务业，达到12286人。期末总资产、全年营收均值、全年净利润最低的都是生产性服务业。期末员工数最少的是计算机、通信和其他电子设备制造业，达到4952人。

表14 上海市新三板挂牌企业分行业情况分析

单位：万元，人

行业类别	期末总资产	全年营收均值	全年净利润	期末员工数
软件和信息技术服务业	525995	406908	41957	12286
专业技术及其他服务业	494269	408412	52641	8234
计算机、通信和其他电子设备制造业	392281	352485	15877	4952
生产性服务业	262869	346540	-2100	7570
互联网和相关服务	543443	1102456	32747	6902

资料来源：Wind资讯。

将上海市新三板挂牌企业规模特征与上海市6个重点行业工业总产值及增长速度相比照，由表15可见，在可以类比分析的行业中，2015年，上海市电子信息产品制造业处于负增长，石油化工及精细化工制造业同比增长7.1%，与之相对，上海市新三板挂牌行业中的计算机、通信和其他电子设备制造业以及化学原料和化学制品制造业均呈现较快的增长，显示了新三板行业并没有完全与实体经济的增长同步。

表15 2015年上海市6个重点行业工业总产值及增长速度

单位：亿元，%

指标	绝对值	比上年增长
电子信息产品制造业	6159.55	-1.8
汽车制造业	5168.22	-2.3
石油化工及精细化工制造业	3375.31	7.1
精品钢材制造业	1159.53	-7.6

续表

指标	绝对值	比上年增长
成套设备制造业	4001.94	0.3
生物医药制造业	904.89	2
六个重点行业工业总产值	20769.44	-0.2

资料来源：《2015年上海市国民经济和社会发展统计公报》。

如表16所示，从成长性来看，上海市新三板挂牌企业营业总收入增长率最高的是软件和信息技术服务业，高达157.98%，最低的是生产性服务业，为30.59%。净利润增长率最高的是软件和信息技术服务业，高达401.06%，净利润增长率最低的行业是计算机、通信和其他电子设备制造业，为16.02%。互联网和相关服务是净资产增长率最高的行业，高达331.84%，即便是最低的计算机、通信和其他电子设备制造业，其净资产增长率亦高达50.98%，反映出上海市新三板市场整体规模的快速增长。

表16 上海市新三板挂牌企业分行业成长性分析

单位：%

行业类别	营业总收入增长率	净利润增长率	净资产增长率
软件和信息技术服务业	157.98	401.06	53.12
专业技术及其他服务业	42.66	317.00	284.48
计算机、通信和其他电子设备制造业	34.28	16.02	50.98
生产性服务业	30.59	379.19	183.95
互联网和相关服务	121.99	180.30	331.84

资料来源：Wind资讯。

六 浙江省新三板挂牌企业分析

如表17所示，浙江省新三板挂牌企业前五大类行业分别为汽车和通用设备制造业、软件和信息技术服务业、电气机械和器材制造业、化学原料和化学制品制造业、专用设备制造业。在这五大类行业中,期末总资产、全年净利润、期末员工数最高的都是汽车和通用设备制造业,反映出浙江省汽车和通用设备制造业总体实力突出。全年营收均值最高的是电气机械和器材制造业,达到107.71亿元。期末总资产和全年营收均值最低的都是软件和信息技术服务业,分别达到29.32亿元和24.40亿元。净利润最低的是化学原料和化学制品制造业,达到1.98亿元。期末员工数最少的是化学原料和化学制品制造业,达到4033人。

表17 浙江省新三板挂牌企业分行业情况分析

行业类别	期末总资产（万元）	全年营收均值（万元）	全年净利润（万元）	期末员工数（人）
汽车和通用设备制造业	1165357	966633	85729	21223
软件和信息技术服务业	293223	244028	26650	6844
电气机械和器材制造业	1007521	1077085	45542	9740
化学原料和化学制品制造业	351387	390940	19756	4033
专用设备制造业	405443	268957	19939	5874

资料来源：Wind资讯。

将浙江省新三板挂牌企业规模特征与浙江省规模以上工业重点产业增加值相比照,根据《2015年浙江省国民经济和社会发展统计公报》,由表18可见,在规模以上工业中,高新技术产业增加值为4910亿元,增长6.9%；装备制造业增加值为4856亿元,增长6.3%。在规模以上工业中,健康产品制造、节能环保产业的增加值分别增长6.2%、5.9%；新一代信息技术和物联网、新能源、新能源汽车、新材料、生物、海洋新兴产业的增加值分别增长15.1%、17.1%、10.9%、8.1%、6.6%和6.1%。与之相应,浙江省新三板挂牌企业中汽车和通用设备制造业以及专用设备制造业也发展较好,显示了新三板行业与实体经济的发展保持一致。

分省份挂牌企业情况报告

表 18 2015 年浙江省规模以上工业重点产业增加值

单位：亿元，%

行业	绝对数	比上年增长
高新技术产业	4910	6.9
装备制造业	4856	6.3
战略性新兴产业	3367	6.9
高耗能产业	4542	3.5
信息经济核心产业制造业	1389	9.3
高端设备制造业	1607	4.1

资料来源：《2015 年浙江省国民经济和社会发展统计公报》。

如表 19 所示，从成长性来看，浙江省新三板挂牌企业营业总收入增长率最高的是软件和信息技术服务业，高达 145.90%，最低的是化学原料和化学制品制造业，为 27.13%。净利润增长率最高的是专用设备制造业，高达 359.57%，净利润增长率最低的行业是汽车和通用设备制造业，但亦高达 113.40%。软件和信息技术服务业是净资产增长率最高的行业，高达 263.57%，即便是最低的汽车和通用设备制造业，其净资产增长率亦高达 49.30%，反映出浙江省新三板市场整体规模的快速增长。

表 19 浙江省新三板挂牌企业分行业成长性分析

单位：%

行业类别	营业总收入增长率	净利润增长率	净资产增长率
汽车和通用设备制造业	32.01	113.40	49.30
软件和信息技术服务业	145.90	309.97	263.57
电气机械和器材制造业	30.46	213.84	232.98
化学原料和化学制品制造业	27.13	118.46	50.54
专用设备制造业	29.42	359.57	92.33

资料来源：Wind 资讯。

七　山东省新三板挂牌企业分析

如表 20 所示，山东省新三板挂牌企业前五大类行业分别为软件和信息技术服务业、专用设备制造业、化学原料和化学制品制造业、汽车和通用设备制造业、专业技术及其他服务业。在这五大类行业中，期末总资产、全年营收均值、全年净利润最高的都是化学原料和化学制品制造业，反映出山东省化学原料和化学制品制造业总体实力突出。期末员工数最多的是汽车和通用设备制造业，达到16255人。期末总资产、全年营收均值、全年净利润、期末员工数最低的都是专业技术及其他服务业，分别为16.75亿元、9.46亿元、1.55亿元和3415人。

表20　山东省新三板挂牌企业分行业情况分析

单位：万元，人

行业类别	期末总资产	全年营收均值	全年净利润	期末员工数
软件和信息技术服务业	342459	269330	31222	7456
专用设备制造业	831114	507098	43109	8718
化学原料和化学制品制造业	1671238	1575330	89409	12219
汽车和通用设备制造业	1184997	784574	48656	16255
专业技术及其他服务业	167507	94564	15523	3415

资料来源：Wind资讯。

将山东省新三板挂牌企业规模特征与山东省规模以上工业增加值相比照，根据《2015年山东省国民经济和社会发展统计公报》，由表21可见，在规模以上工业中，计算机、通信和其他电子设备制造业增长9.5%；专用设备制造业增长6%，化学原料和化学制品制造业增长12.3%，汽车制造业增长6.6%，总体规模以上工业增长7.5%。与之相对应，山东省新三板挂牌企业中相关产业发展也较好，显示了新三板行业与实体经济的发展保持一致。

表21　2015年山东省规模以上工业增加值增长速度

单位：%

行业	比上年增长
总体规模以上工业	7.5
主要行业	
农副食品加工业	5.8
纺织业	8.9

续表

行业	比上年增长
家具制造业	12.1
造纸和纸制品业	7.4
文教、工美、体育和娱乐用品制造业	9.9
石油加工、炼焦和核燃料加工业	19.8
化学原料和化学制品制造业	12.3
医药制造业	8.3
化学纤维制造业	7.1
橡胶和塑料制品业	11.8
非金属矿物制品业	6.1
黑色金属冶炼和压延加工业	8.3
有色金属冶炼和压延加工业	14.4
金属制品业	9.6
通用设备制造业	3.7
专用设备制造业	6.0
汽车制造业	6.6
铁路、船舶、航空航天和其他运输设备制造业	11.6
电力机械和器材制造业	7.9
计算机、通信和其他电子设备制造业	9.5
电力、热力生产和供应业	3.0

资料来源：《2015年山东省国民经济和社会发展统计公报》。

如表22所示，从成长性来看，山东省新三板挂牌企业营业总收入增长率最高的是软件和信息技术服务业，高达77.03%，最低的是汽车和通用设备制造业，为23.62%。净利润增长率最高的是专用设备制造业，高达567.91%。专业技术及其他服务业是净资产增长率最高的行业，高达110.35%，即便是最低的汽车和通用设备制造业，其净资产增长率亦高达47.48%，反映出山东省新三板市场整体规模的快速增长。

表22 山东省新三板挂牌企业分行业成长性分析

单位：%

行业类别	营业总收入增长率	净利润增长率	净资产增长率
软件和信息技术服务业	77.03	251.82	85.73
专用设备制造业	26.48	567.91	54.57
化学原料和化学制品制造业	26.01	-203.19	57.33
汽车和通用设备制造业	23.62	185.64	47.48
专业技术及其他服务业	75.01	278.16	110.35

资料来源：Wind资讯。

市场运营篇
Market Operation Part

B.6
一级市场投融资情况与展望

朱元甲 祝玉坤*

| 摘　要： | 2012年在改革原两网股权系统的基础上，设立全国中小企业股份转让系统，即新三板市场。近年来，新三板市场加速发展，无疑是中国多层次资本市场建设的重要历程。新三板市场的发展不仅为中小创新型企业走向公开资本市场进行直接融资提供了渠道，也为国内的机构投资资本提供了退出渠道和投资渠道。截至2015年底，新三板市场挂牌公司已经达到5129家，总市值为2.46万亿元。新三板市场行情火爆，推动了"双创"和中小企业发展，也带动了股权投资市场的发 |

---

* 朱元甲，中国人民大学经济学博士，2015年7月起在特华博士后科研工作站从事博士后研究，研究方向为私募股权投资，现供职于金石投资有限公司，任金石投资有限公司监事，负责私募股权投资，对私募股权基金运作、资本市场、金融会计有深入研究；祝玉坤，山东淄博人，经济学博士，特华博士后科研工作站博士后，主要研究领域为融资租赁、企业投融资。

展。在快速发展的同时,也暴露了一些问题,如挂牌企业偏重于某几个行业、融资规模不大、融资渠道单一、挂牌企业经常上演业绩变脸剧等等。因此,新三板一级市场还存在一些需要改进和完善的地方。

关键词: 新三板 挂牌 融资 基金

一 新三板市场概述

完备的资本市场能够为不同规模、不同阶段的企业提供融资平台和权益流通服务。从资本市场结构的层次性来看,按照公司上市标准、上市公司规模、市场监管力度、投资风险大小,我国资本市场可以分为主板市场、中小板市场、创业板市场、新三板市场(全国中小企业股份转让系统)、产权交易市场、区域性股权交易市场。每一层次的市场交易主体和服务对象均有所区别,它们的上市标准依次宽松,上市公司规模依次减小,市场监管力度由强渐弱,投资风险由小变大。新三板市场属于场外交易市场(OTC),挂牌公司规模较小,只具有一定比例的公众投资者,资金流动性、融资规模、监管强度和交易效率等都较交易所的层次要低。

我国三板市场起源于20世纪90年代初设立的STAQ和NET"两网"股份交易系统,初步成形于2001年的证券公司股权代办转让系统。这时三板市场的主体是原"两网"挂牌公司和在沪深退市的公司。2006年1月,中关村科技园区非上市公司股份报价转让的试点是对原三板市场的扩容,也是新三板市场的开端。2012年7月,国家批准设立全国中小企业股份转让系统。8月,中国证监会公布《关于规范证券公司参与区域性股权交易市场的指导意见(试行)》,标志着区域性股权交易市场正式成为多层次资本市场的组成部分。此后,经历扩容发展,正式形成了当前的新三板市场体系。

新三板市场近年来发展迅猛,挂牌公司不断增加,市场容量迅速扩大,交易机制不断完善，市场交易活跃，管理规范化，信息披露机制日趋健全。近年来，新三板市场挂牌企业数量持续增长，截至2015年底，新三板挂牌企业数量达到5129家，其中采用做市转让方式的共有1115家，协议转让的共有4014家（见图1），总市值达到24584.42亿元。

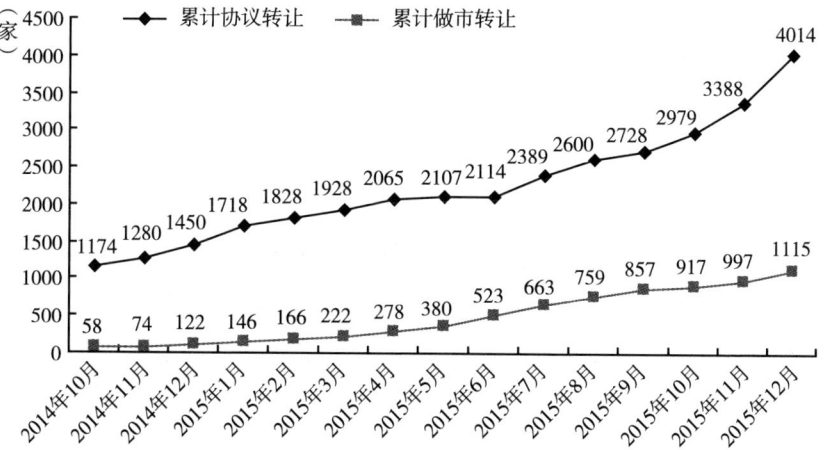

图1　2014年10月至2015年12月两类挂牌企业情况

资料来源：http：//www.neeq.com.cn/。

二　企业挂牌新三板市场动机

（一）中小企业融资途径

由于中小企业和创业型企业在不同时期有不同的特点，因此其资金需求不一样，融资决策也存在差异。处于种子期的初创企业的资金主要靠创业者自筹，来源渠道往往有3个，即通常所称的"3F"的支持：家庭（family）、朋友（friend）、创业者本人（founder）。企业在创业者的悉心呵护下，慢慢从无到有，从设想和概念到产出实际产品，然后开始逐步从外部进行融资，如天使投资、科技孵化器等。一旦寻求外部融资，创业企业家就需要考虑融资的种类、规模、资金来源和时机等因素。L. Smith Richard 和 Janet Kiholm Smith 对美国创业企业的融资情况做了总结,显示了不同阶段创业企业的融资来源状况(见表1)。

表1 创业企业不同阶段融资来源

资金来源	研发阶段	创始阶段	早期成长阶段	快速成长阶段	退出阶段
创业者	●	○			
朋友和亲属	●	○			
天使投资	●	●	○	○	
战略伙伴	●	●	●	●	
风险投资	○	●	●	●	
资产抵押贷款		●	●	●	
设备租赁		●	●	●	
小型商业投资公司		○	●	●	
贸易信贷			●	●	
保理融资			●	●	
夹层贷款				●	●
公募债券					●
IPO					●
收购					●

注:实心黑圈●表示主要资金来源,空心圆○表示次要资金来源。
资料来源:L. Smith Richard and Janet Kiholm Smith, *Entrepreneurial Finance*, John Wiley, 2000, p.34。

我国中小企业的融资发展阶段总体上可以分为4个:创业初期、早期成长期、成长期、成熟期。创业初期主要是靠自筹或者依靠天使投资。早期成长阶段主要依靠风险投资等权益资本,也会有少量的贷款支持。成长期进行权益资本融资更加容易,但是也面临股权被更大限度地稀释、控制权旁落的风险,所以企业家更愿意采取债务融资方式,如发行中小企业私募债,或者公开发行股票,维持企业家对企业的实际控制地位。进入成熟期的企业有可能已经是公众公司,在二级市场融资更加便利,也可能积累了可观的资产,债务融资变得容易起来。

不过,国内中小企业的融资途径虽然看上去很多,但在实际操作中存在各种障碍,导致我国出现了中小企业融资难的困境。

（二）中小企业挂牌新三板市场动机

在新三板市场挂牌的企业主要是规模不大的创业型企业，融资对它们而言，无疑是一个生死攸关的问题。中小企业融资难一直是困扰我国企业发展和资本市场发展的难题。中小企业融资难既有外部原因，如金融市场和产品市场的原因，也与企业自身性质有关，如企业资产性质和发展不确定性。推出新三板市场就是从中小企业内外两重原因入手，解决中小企业融资难的问题。

中小企业挂牌新三板市场的另一重推力源自早期入股中小企业的权益资本需要找到退出渠道。天使投资、风险投资、私募股权投资等权益资本在企业无希望在主板市场、中小板市场和创业板市场上市，且并购市场还不够规模从而不便于退出的情况下，寄希望于通过其他渠道退出。因此，推动企业在新三板市场挂牌，让权益流动起来，成为他们的首选目标。

在新三板市场挂牌，除了可以满足企业自身融资需求之外，还可为其市场拓展、公司规范治理、可持续发展带来增值效应。

1. 摆脱中小企业融资困境

一是资本市场结构及功能的缺陷导致中小企业融资困难。我国金融系统一直以来以间接资本市场为主，商业银行居于主导地位，直接融资市场起步较晚，但是发展速度迅猛，初步构建了层次比较齐全的一级资本市场。主板市场、中小板市场、创业板市场对企业进行直接融资发挥了重要作用，为我国国有企业改革和产业发展融资提供了平台，为广大投资者提供了投资渠道和市场，基本上满足了广大企业的融资需求，尤其是中小板市场和创业板市场解决了相当一部分中小企业融资难的问题。但是，从融资者角度来看，企业在上述板块上市融资的准入条件还是太高，即使是要实现在创业板上市，也需要经历非常漫长的时期，而企业的发展又急需资金支持。有了资金支持，解决当下的发展问题，企业就壮大了，自然就符合上市条件了。因此，这里存在一个两难困境。对于急需资金发展壮大的企业来说，公开融资渠道的门槛太高，等于关闭了这一上市融资渠道。对于市场而言，它需

要资质好的企业上市,以吸引投资者,做大市场规模。目前对中小企业而言,存在资金需求和供给不匹配的严重现象,导致大部分中小企业很难获得直接融资。

因此,在上述板块之外,有必要为更多需要融资的中小企业开辟专门的融资板块,以补充主板、中小板和创业板市场,完善直接融资市场功能。

二是中小企业自身的特点导致其融资困难。中小企业发展尚不成熟,规模小,企业产品和市场风险大,直接决定了企业首先要解决的不是发展的问题,而是生存问题。这是中小企业利用传统金融工具融资需要解决的问题。

中小企业的发展面临多重不确定性,导致其难以从常规渠道得到融资安排。中小企业的技术、产品、市场的不确定性大,很多不可控因素都会对其发展造成影响。以创业型为主的中小企业的早期融资主要用于技术开发、产品试验、市场开拓,对有形资产的投资不多。技术和企业发展的不确定性直接影响了融资成本、投资收益,投资者无法按照传统的投资理论和方法,运用常规金融工具投资,因此投资意愿不高。难以获得传统资金支持的重要原因在于,中小企业属于轻资产业务经营,研发中的技术未经市场确认,价值不确定,投资价值低,抵押价值低,投资风险难以控制,在中国的商业银行经营环境中完全不适合用债务方式融资,因为商业银行贷款一般都需要资产抵押。

三是中小企业不能无限制引进权益资本。引入非公开权益资本,如天使投资、创投、私募资本等是多数创业型企业早期的融资策略,事实上,天使投资、风险投资为这些高风险、高潜在收益的项目提供了部分资金,但是风险投资在扶持企业成长和促进高新技术产业化,以及提供一种有效的投资工具的同时,也不是无条件的,或者说风险资本也不是天上掉下来的馅饼,相反,由于企业自身特点,风险投资显得不那么"仁慈"。风险投资者有很强烈的介入企业经营管理的需求,以便缓解信息不对称的问题。这往往成为资本与企业之间冲突的诱因。

同时,直接权益融资容易造成公司控制权的分散,不利于公司经营。中小企业需要逐步规范管理,但更重要的是要化解生存的风险。所以经营决策效率在这时期是居于首位的。企业实际控制人大多数是行业内的技术精英或者强有力的管理者，融资带来的决策效率下降，不利于企业的前期发展。而且对于企业实际控制人而言，其也不希望在前期就放弃有控制力的股权。

四是中小企业融资信息不对称现象严重。中小企业公司治理不规范，家族企业居多，中小企业与投资者之间存在所有权方面的委托代理问题，这是一般管理上的信息不对称。同时，投资者缺乏对创业型中小企业得以创建的技术知识的了解，企业实际控制人在强烈的自我保护意识下形成的商业保密行为，导致企业和投资者之间的信息不对称程度超过一般股权投资行为的信息不对称程度。例如，企业为了吸引投资，会隐瞒一些技术、项目和市场等方面的潜在缺陷，使投资者决策信息不完整或是在决策时受到干扰。由于受到的监管少，无公开信息披露要求，中小企业非公开融资容易造成融资后的道德风险行为，即融资后企业会做一些有利于实际控制人但有损于投资者的事情。投资者清楚信息不对称带来的风险，因此要求的投资回报或股权要求较高，这也是影响中小企业融资的因素。

综合上述中小企业融资困境，为了促进我国更具活力的创业型企业、创新型企业和广大中小企业发展，在金融体系设计中，有必要为中小企业提供新的融资平台，创造新的金融工具，打开一道新的融资之门。因此，推出新三板市场势在必行。新三板市场的推出确实受到广大中小企业的欢迎，并为之提供了融资便利。

2. 权益资本退出需求

财务投资者与战略投资者不同，他们通常需要在一定的时间内退出投资实现收益。这类权益资本的投资期限往往 1~5 年不等，并购资金的投资周期可能会更长一些，但是也要求最终退出企业。因此，退出渠道是这类资本在投资时就已经在考虑的重要事项。一般来说，权益资本退出的主要渠道有 IPO、借壳上市、并购、股权转让、股权回购，最终不得已的选择是清算。在美国市场，权益资本退出的渠道主要是 IPO 和并购。美国完善的多层次资本市场纳斯达克为成长型、创业型企业提供了很好的上市渠道，也是权益资本的退出途径。另外,纳斯达克自身内部的分层设计,也有利于各类企业上市。因此,美国权益资本有比较通畅的退出渠道。这反过来又促进了对中小企业的投资。这是一个相互促进的自循环机制。当然,当某一环节出现问题的时候,这种机制也会产生反作用,导致中小企业融资难。多年来,我国中小企业发展就存在这个问题。

2006~2014年,股权投资、风险投资的投资和退出案例数量见图2。

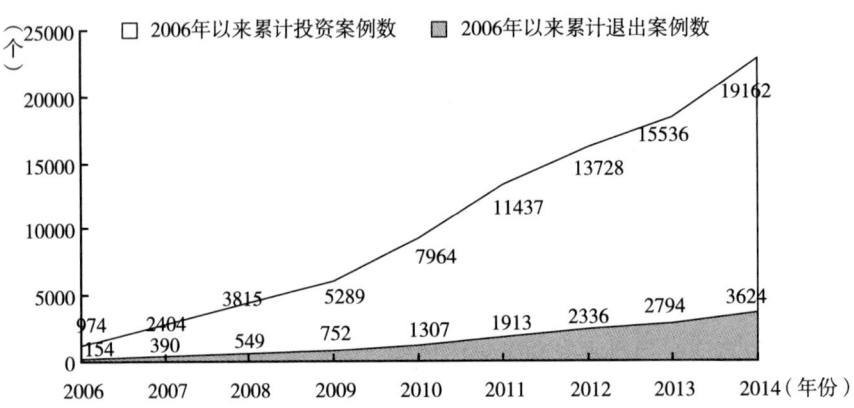

图2 2006~2014年股权投资、风险投资的投资与退出案例数量

2015年,权益资本投资的企业在新三板市场挂牌的企业有868家。2015年,权益资本退出格局发生变化,新三板市场成为退出的最主要途径。权益资本投资的企业在新三板市场挂牌的数量总体呈增长趋势(见图3)。在新三板市场挂牌不仅是企业自身融资的需求,也是权益资本退出的动力。

3. 挂牌新三板市场的增值效应

挂牌新三板市场的直接效应是可以将公司公众化,发行股票募资,有机会向主板市场转板。同时,还可以为公司带来以下收益。

(1)增强公司权益资产的流动性,将账面财富变现。实现股份流通将使股票价值得到提升,原股东的股份易于转让,投资机构易于进入与退出。

(2)提升融资功能,有利于挂牌公司后续募资和发展。挂牌前中后期

一级市场投融资情况与展望

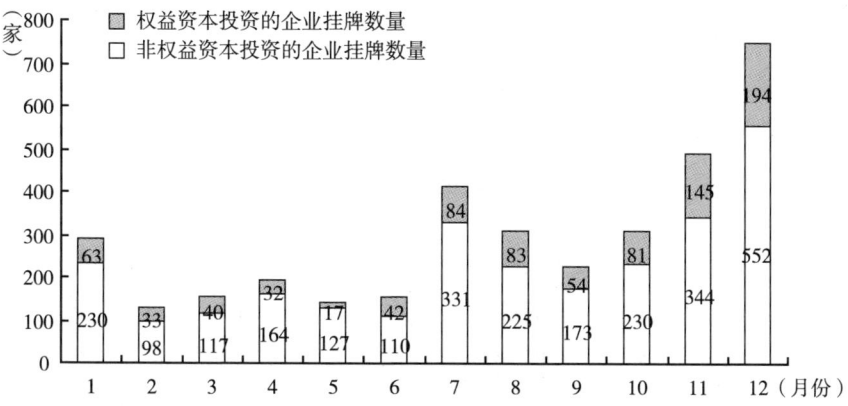

图3　2015年权益资本投资的企业在新三板市场挂牌数量月度分布

均可发行股票，按需融资；股东在200人以下可豁免审批；经历挂牌过程，公司治理规范，并履行信息披露义务，能有效提升信用水平；实施市场化定价机制，银行接受股权质押贷款更容易。

（3）实现员工激励，包括持股核心员工和高管。股权可流通，且有可预期的增长，变成实实在在的奖励。

（4）规范公司治理，为后续进入更高资本市场打好基础。法人治理结构的完善、股份制改造能为企业带来好处。规则要求挂牌企业完善法人治理结构，建立三会（股东会、董事会、监事会），明确所有者与管理层的权责关系，接轨《公司法》《证券法》，在社会与投资者中树立规范形象，以吸引投资者的关注，取得监管部门的认可，为企业长久在资本市场发展奠定良好的基础。

（5）挂牌公司通过市场进行收购兼并，扩大企业规模。公司挂牌后，基于市场化的估值，可以以股份为支付对价进行并购，帮助企业实现跨越式发展。

（6）树立市场形象，创造企业品牌价值。提升品牌影响力和价值，更有利于开拓市场；获得媒体更多关注和报道；获得政府更多支持；获得更庞大的投资群体。

新三板蓝皮书

三 新三板一级市场

（一）新三板市场企业挂牌情况

我国将新三板市场定位于为创新、创业、成长型中小微企业提供融资服务的平台，挂牌类似于企业在主板市场上市（IPO），但是又不同于IPO。因为企业在新三板市场挂牌本身不具备融资功能，企业从资本市场台下走到台前亮相，并不像 IPO 一样有一系列的发行动作。如果拟挂牌企业同时采取定向增发，则挂牌具有融资的功能。挂牌是企业在新三板市场具备融资功能的前提。

中小企业和创业型企业在新三板市场挂牌，有利于为成熟资本市场板块培育上市资源，为广大投资者尤其是机构投资者涵养投资资源。新三板市场是主板和创业板市场的"孵化器"和"蓄水池"，为准备进一步上市的企业提供前期融资、估值、权益流动以及企业展示的平台。

近年来，受制于制度设计层面的不适应和市场的因素，新三板市场的前期发展非常缓慢。不仅交易停滞，挂牌企业也寥寥无几。2012～2013 年新三板市场实行改革，改革效应在 2014 年立即显现，当年新增加挂牌企业数量迅速达到 1225 家，总股本为 658.35 亿股，总市值为 4591.42 亿元。2015 年新三板市场的发展速度进一步加快。截至 2015 年底，新三板市场挂牌企业数量达到 5129 家，总股本为 2959.51 亿股，其中流通股本为 1023.63 亿股，总市值为 24584.42 亿元（见表 2）。

表 2　2012～2015 年新三板市场挂牌规模

挂牌规模	2015 年	2014 年	2013 年	2012 年
挂牌公司数量（家）	5129	1572	356	200
总股本（亿股）	2959.51	658.35	97.17	55.27
总市值（亿元）	24584.42	4591.42	553.06	336.10

资料来源：http://www.neeq.com.cn/。

在新三板市场挂牌融资的主体主要是规模较小且处于成长期的中小型、创新型企业。制造业及信息传输、软件和信息技术服务业是新三板市场挂牌企业的主体。这两个行业有更多的技术创新、创业企业和中小型企业，企业发展相对更加需要资金的支持。按照2014年底的挂牌企业情况统计，上述两个行业的挂牌企业数量合计超过79%，股本约为总量的2/3（见表3）。单家企业规模较大的新三板市场挂牌企业集中在金融业，如地方商业银行、投资公司、证券公司等，这类企业属于资本密集型，在发展进程中还受到资本杠杆的约束，所以有更迫切的股权融资需求。

表3　2014年新三板市场挂牌企业行业分布情况

行业名称	挂牌公司数量（家）	数量占比（%）	总股本（亿股）	总股本占比（%）
制造业	883	56.17	339.73	51.60
信息传输、软件和信息技术服务业	360	22.90	84.85	12.89
建筑业	57	3.63	26.85	4.08
科学研究和技术服务业	55	3.50	13.15	2.00
农、林、牧、渔业	38	2.42	23.87	3.63
租赁和商务服务业	30	1.91	11.41	1.73
文化、体育和娱乐业	28	1.78	7.09	1.08
批发和零售业	26	1.65	12.37	1.88
水利、环境和公共设施管理业	24	1.53	9.12	1.39
交通运输、仓储和邮政业	15	0.95	6.55	0.99
采矿业	14	0.89	7.22	1.10
金融业	12	0.76	106.44	16.17
卫生和社会工作	11	0.70	3.21	0.49
居民服务、修理和其他服务业	7	0.45	2.19	0.33
电力、热力、燃气及水生产和供应业	5	0.32	1.91	0.29
教育	4	0.25	0.91	0.14
综合	2	0.13	1.18	0.18
住宿和餐饮业	1	0.06	0.30	0.05
合　计	1572	100.00	658.35	100.00

资料来源：http://www.neeq.com.cn/index。

截至2015年11月13日的数据显示，新三板市场挂牌行业的情况延续了2014年的情形。制造业及信息传输、软件和信息技术服务业的挂牌企业数量依然占据前两位，金融业虽然挂牌数量并不占优，但是其74家挂牌企业的总市值达到了3113.51亿元，排名紧随位居第一的制造业之后（见表4）。

表4　截至2015年11月13日新三板市场挂牌企业行业分布情况

行业名称	挂牌数量（家）	总市值（亿元）
制造业	2289	5598.86
信息传输、软件和信息技术服务业	795	2283.25
建筑业	136	422.30
科学研究和技术服务业	185	316.31
农、林、牧、渔业	101	510.03
租赁和商务服务业	152	510.34
文化、体育和娱乐业	73	204.97
批发和零售业	131	366.09
水利、环境和公共设施管理业	63	237.91
交通运输、仓储和邮政业	44	182.67
采矿业	20	83.88
金融业	74	3113.51
卫生和社会工作	15	42.26
居民服务、修理和其他服务业	10	11.09
电力、热力、燃气及水生产和供应业	25	109.45
教育	12	110.47
房地产业	19	46.58
住宿和餐饮业	7	10.32
合　计	4151	14160.29

资料来源：http://www.neeq.com.cn/index。

（二）新三板市场定向增发

在新三板市场挂牌的程序不同于在主板、中小板和创业板市场上市。如果拟挂牌企业不是为了筹资挂牌，则可以选择存量挂牌，得到交流的途径或者其他的功能。拟挂牌企业也可以在挂牌的同时定向发行股票以募集资金。拟挂牌企业可根据自身对资金的需求,自主决定发行方式、发行价格和发行的比例。股票发行后股东不超过200人的,或在12个月内发行股票累计融资额低于公司净资产20%的,中国证监会豁免核准(小额融资豁免)。新三板市场挂牌定增实行储价发行方式,即一次核准,分期发行。无限售期要求,公司董事、监事、高级管理人员所持新增股份除外。

新三板市场实行投资者适当性管理制度,与主板、中小板和创业板市场的制度不一样。新三板市场挂牌公司定向增发的对象主要是各类合格投资者,其次是公司股东、管理层人员或核心员工。合格投资者包括法人机构、合伙企业、资管计划产品、自然人。

从2012年至今新三板企业挂牌和发行股票的情况来看,新三板企业挂牌募资行情一路向好。2012年定增发行股票1.92亿股,募资8.55亿元;2013年定增发行股票2.92亿股,募资10.02亿元;2014年定增发行股票26.52亿股,募资132.09亿元;2015年发行229.9亿股,募资1213.38亿元(见图4和表5)。

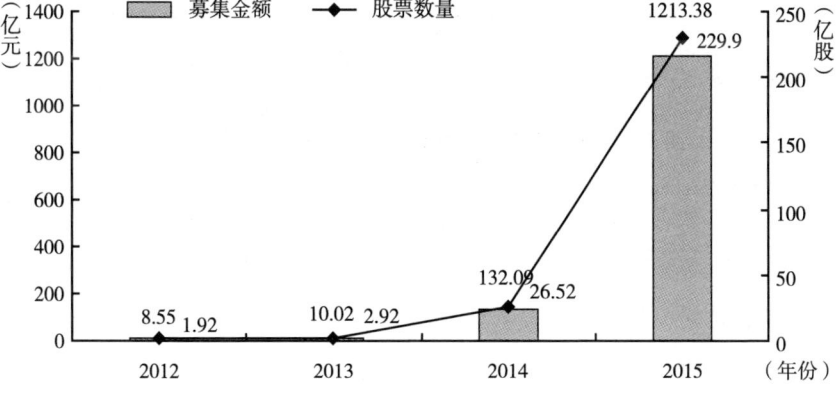

图4 2012~2015年新三板市场挂牌企业股票发行数量和募集金额

资料来源:全国中小企业股份转让系统网站,http://www.neeq.com.cn/index。

表5　2012~2015年新三板市场挂牌公司股票发行及募资情况

时间	完成股票发行			
	次数(次)	股票发行数量(亿股)	募集金额(亿元)	均价(元)
2012年累计	24	1.92	8.55	4.45
2013年累计	60	2.92	10.02	3.43
2014年累计	327	26.52	132.09	4.98
2015年累计	2547	229.9	1213.38	5.28

资料来源：http://www.neeq.com.cn/index。

2015年新三板市场挂牌企业定向增发募资情况见图5，投资者对新三板市场的关注度越来越高。

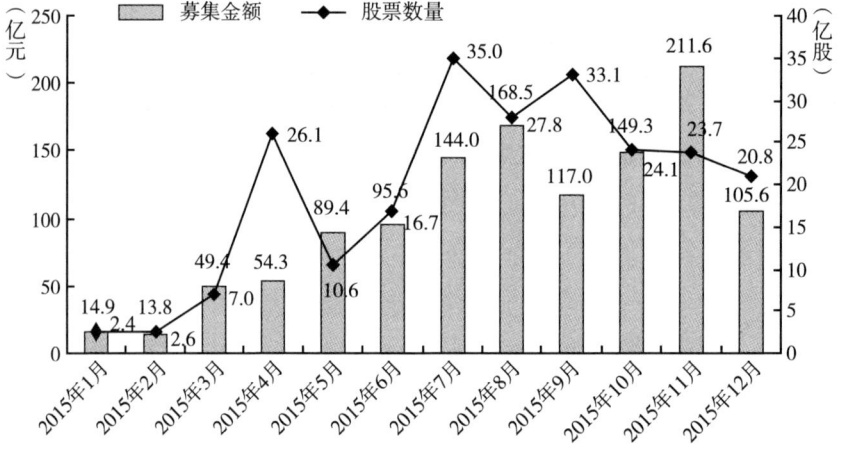

图5　2015年新三板市场挂牌企业定向增发募资情况

资料来源：http://www.neeq.com.cn/index。

2014年，新三板市场挂牌企业发行股票的行业情况见表6。金融业，制造业，信息传输、软件和信息技术服务业三大行业分别占据前3位，合计占了新三板市场股票发行金额的89.13%。其中金融业发行12.94亿股，占总发行股数的48.96%，发行金额为67.87亿元，占总发行金额的52.21%；制造业发行6.97亿股，占总发行股数的26.37%，发行金额为31.26亿元，占总发行金额的24.05%；信息传输、软件和信息技术服务业发行2.7亿股,占总发行股数的10.24%,发行金额为16.73亿元,占总发行金额的12.87%。

表6 2014年股票发行行业统计

行业分类	发行金额（万元）	发行金额占比(%)	发行股数（万股）	发行股数占比(%)	发行次数（次）
金融业	678676.59	52.21	129391.15	48.96	3
制造业	312584.82	24.05	69698.10	26.37	157
信息传输、软件和信息技术服务业	167266.23	12.87	27053.10	10.24	97
水利、环境和公共设施管理业	21060.00	1.62	5010.00	1.90	6
租赁和商务服务业	20220.00	1.56	11250.00	4.26	4
农、林、牧、渔业	18839.69	1.45	4327.30	1.64	9
文化、体育和娱乐业	17562.00	1.35	3008.29	1.14	7
综合	16000.00	1.23	415.96	0.16	1
建筑业	14512.00	1.12	4425.33	1.67	14
科学研究和技术服务业	10600.50	0.82	3336.88	1.26	8
卫生和社会工作	6394.40	0.49	1753.00	0.66	5
批发和零售业	4990.76	0.38	1807.03	0.68	5
采矿业	4804.50	0.37	873.41	0.33	4
交通运输、仓储和邮政业	3236.28	0.25	1188.73	0.45	5
教育	2310.00	0.18	350.00	0.13	1
电力、热力、燃气及水生产和供应业	820.00	0.06	410.00	0.16	1
合 计	1299877.77	100.00	264298.28	100.00	327

资料来源:http://www.neeq.com.cn/index。

2015年,金融业,制造业,信息传输、软件和信息技术服务业依然占据了股票发行和募资的前3位,募资总规模为931.65亿元,达到了新三板2015年募集金额的76.78%。其中,金融业募资390.67亿元,占总规模的32.2%;制造业募资357.89亿元,占总规模的29.5%;信息传输、软件和信息技术服务业募资183.09亿元,占总规模的15.09%。

(三)新三板市场资产重组和并购

企业挂牌新三板市场后,除了以定向增发、发行中小企业私募债等方式融资外,还可以采取资产重组和并购等行为进一步融资并进行战略布局。

2014年之前，新三板市场仍处于起步阶段，交易很不活跃，资产重组和并购业务寥寥无几。2014年，资产重组和并购交易开始活跃起来，分别发生8次交易，交易金额分别为10.7亿元和2.2亿元。其中，在资产重组交易中，股票发行购买资产交易6起，交易金额合计10.55亿元；出售资产后企业摘牌交易1起，交易金额7104万元；现金收购资产交易1起，交易金额1056.21万元。在并购交易中，企业并购交易1起，交易金额1.48亿元；个人并购交易5起，交易金额7342.3万元；企业间签订一致行动协议1项；股权变更交易1起。

2015年，新三板市场资产重组交易和并购交易迅速增长到208起，金额达到344.4亿元。其中，资产重组交易102起，金额为289.3亿元；并购交易106起，交易金额55.1亿元（见表7）。

表7　2014年和2015年挂牌公司重大资产重组及并购

年份	资产重组交易(起)	重组交易金额(万元)	并购交易(起)	收购交易金额(万元)
2014	8	107368.94	8	22109.80
2015	102	2893130.82	106	550972.89

资料来源：http://www.neeq.com.cn/index。

新三板市场挂牌企业进行资产重组和并购交易有利于进行产业整合，优化市场结构，也非常有利于营造良好的市场环境。随着新三板市场资产重组和并购业务的发展，新三板市场将得到进一步完善。

（四）其他融资

以新三板市场为基础，产生了一些债务类的融资方式，获得了一些比较好的效果，如中小企业私募债，以及银行对挂牌企业推出的以股权、资产或投资为主体的贷款产品等。全国有22家银行与全国中小企业股份转让系统合作，针对挂牌企业推出29款专项产品及服务。这类贷款更有针对性，更加灵活，而且由于企业挂牌后信息公开化，银行面临的信息不对称风险降低。

一是信用贷款。例如，交通银行的信融通产品主要是向具有优质信用的中小企业发放的无担保贷款，用于满足企业生产经营过程中的正常资金需要，贷款期限为1年，该项业务获得政府贴息支持，可以与各项金融业务随意组合，灵活便捷。工商银行科技通、贵阳银行股权贷是针对高科技企业提供的信用贷款。

二是以股权或资产为质押的贷款。例如，汉口银行的三板通是专门为在全国中小企业股份转让系统挂牌的企业提供的股权质押贷款支持。杭州银行推出的知识产权质押融资，是客户或第三人以其知识产权的财产权利出质，将该财产权作为债权的担保。针对新三板市场挂牌和拟挂牌企业，杭州银行目前可接受发明专利权质押（该发明专利已应用于企业主要产品并处于保护期内），质押率最高为20%。杭州银行还推出应收账款质押融资，如果买方客户符合杭州银行供应链金融核心客户的准入标准，则企业的应收账款可质押给杭州银行作为担保，三方模式和回执模式质押率最高为60%。

三是投贷联动类融资业务。兴业银行投联贷是针对已引入股权投资机构的中小企业，在综合考虑股权投资机构投资管理能力和中小企业未来发展前景等因素的基础上，灵活应用信用、股权质押、股权投资机构保证或股权投资机构回购股权等担保方式，向中小企业提供的融资服务。贷款金额最高可达股权投资机构投资金额的50%，且不超过3000万元。

浦发银行与超过50家创投机构合作，开展两方业务合作与三方业务合作模式的投贷联动产品。一类是投贷宝模式，是由浦发银行、创投机构、担保机构联合推出的投资、担保、贷款联动产品，按照一定的股权投资和银行贷款配置比例，在创投机构对企业进行股权投资后，由担保机构进行担保，由浦发银行发放贷款。产品优势在于企业可获得"股权+债权"的双重融资支持，股权、债权之间的配置比例灵活，企业可根据自身需求合理选择。另一类是通行的投贷联模式，浦发银行与优质股权基金管理机构紧密合作，为基金所投资的优质企业提供股债结合、投贷一体的融资支持服务。投贷联可满足企业发展初期对融资的需求，从而促进企业的快速成长，提升企业价值。

还有其他一些融资服务，如过桥融资、订单贷款等。杭州银行针对符合相关要求或与杭州银行合作券商签订新三板挂牌合作协议的科技型中小企业，在担保公司担保或取得拨付单位的书面承诺的情况下发放不超过100万元的流动资金贷款，客户在政府的补贴和退税资金到位后归还杭州银行的贷款。这类融资由于与挂牌补贴相关，也被称为挂牌贷。广发银行针对拟在新三板市场挂牌，并已和相关推荐机构签订推荐挂牌辅导协议的中小企业，根据当地政府的补贴金额，给予其一定额度的流动资金贷款，用于企业挂牌过程中的各项费用支出或生产经营周转。订单贷款是银行根据客户订单，以订单项下的预期销货款作为主要还款来源，提供融资业务。对订单合同付款方是国有大型企业或上市公司的，订单融资额度最高不超过扣除预付款后订单金额的70%。

四　新三板基金

在大资管时代，新三板市场不仅是企业挂牌融资的平台，也是各类资产管理机构逐鹿的地方。各资产管理机构在投资新三板市场方面的策略不尽相同。按照资产管理机构的背景、资源渠道和投资风格的差异，以及各自的投资策略区别，从新三板基金设立主体和投资策略角度，将新设立的新三板基金划分为三大类：一是私募股权投资基金和创业投资基金（以下简称VC/PE）设立投资于新三板市场的基金，主要投资拟挂牌企业；二是以阳光私募方式先定项目，后募资基金，主要参与新三板市场定增；三是以券商和公募基金为代表的机构投资者，主要依靠集团丰富的资源参与新三板市场业务。

新三板市场的挂牌企业和拟挂牌企业大部分处在中早期阶段，因此，VC/PE背景的新三板资产管理机构很受投资者欢迎。阳光私募一般先确定项目再募资，事先注册投资实体（SPV等）的壳，项目装进壳之后开始募资，然后将SPV股东名册变更。整体基金设立和投资以投资项目为基础，效率比较高。券商和公募基金对新三板市场的制度红利带来的系统性机会颇为看重。短期内，做市商扩围、分层制度和竞价交易的推出、转板机制的落地以及公募等机构的大规模入场，都将大幅增强新三板市场的流动性。新三板市场的投资机会来自两大方面，一是来自制度改善下的系统性机会，二是价值挖掘带来的个股性机会。很多公司背靠大集团，旗下金融牌照齐全、实力雄厚，组建团队并不难，而且，丰富的集团资源更受新三板企业的欢迎。

从另一角度讲，新三板市场不仅是各类权益资本退出的渠道，同时也是股权资本的投资渠道。新三板市场聚集着大量的高新技术企业，众多投资机构和投资人随之将目光投向新三板市场，纷纷设立新三板基金，用于投向新三板市场。

据清科研究中心的数据，截至2015年8月，各类资产管理机构设立的新三板基金有2000多支，整体可投资金总额约为5000亿元，新三板总市值为1.41万亿元，新三板基金规模占新三板总市值的35.5%，随着新三板基金逐渐入市，它们将分食新三板这块大蛋糕。

根据清科研究中心统计，截至2015年6月，VC/PE设立的新三板基金有735支进行募资，募资1187.45亿元。其中2015年上半年VC/PE机构共新募集456支基金投资于新三板市场，占新三板募资基金总数的62%。从新三板基金的发展趋势来看，2014年成为新三板基金迅速崛起的转折年，2015年是新三板基金集中爆发式设立和募资的年份（见图6）。

私募股权投资基金和创业投资基金不仅支持新三板市场挂牌企业上市前的发展，还是目前新三板市场挂牌企业融资的主要来源。2015年VC/PE机构退出项目的进程加快，前三季度退出1833例，是2014年全年退出数量的2.2倍（见图7）。在2015年6月A股股灾前，主板二级市场交易极度活跃，IPO退出是私募股权投资机构最主要、最有效且投资价值回报最高的退出渠道。股灾后，A股市场态势急转直下，IPO暂停堵塞了投资机构的退出渠道，新三板市场成为机构的另一选择。一方面，新三板市场的价值发现功能可以为挂牌企业和潜在投资者提供相对公允的企业估值；另一方面，新三板市场从设立至今，各项制度不断完善，在交易流动性逐步增强的过程中，

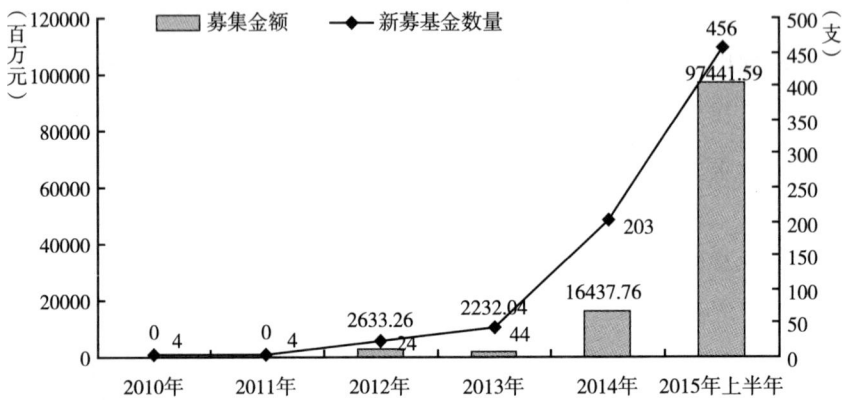

图6 2010年至2015年上半年中国股权投资市场新三板基金募资情况

资料来源：清科研究中心。

也逐渐得到投资者和市场的认可，越来越多的投资机构和企业开始关注、研究和参与新三板市场的股权投资。清科研究中心统计数据显示，2015年机构选择通过新三板市场实现退出的数量达到总数的51%，已超过IPO退出，成为如今最主要的退出渠道（见图8）。新三板基金的退出回报倍数在1.44倍左右，内部收益率超过40%，略高于其他类型股权投资基金的平均内部收益率。

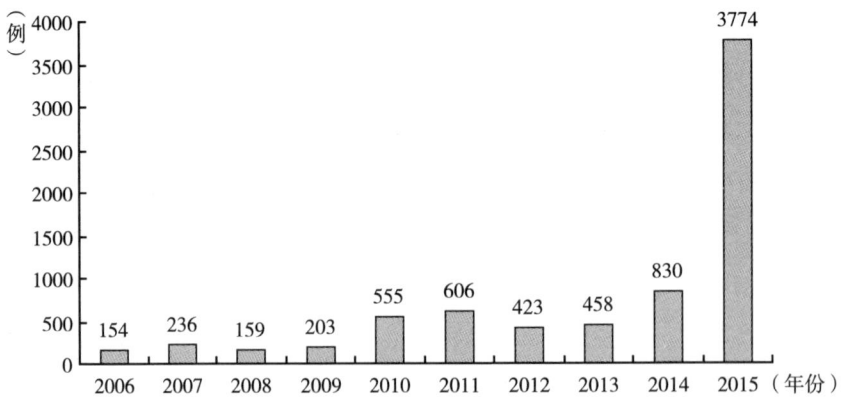

图7 2006~2015年中国股权投资市场退出情况（按退出案例数）

一级市场投融资情况与展望

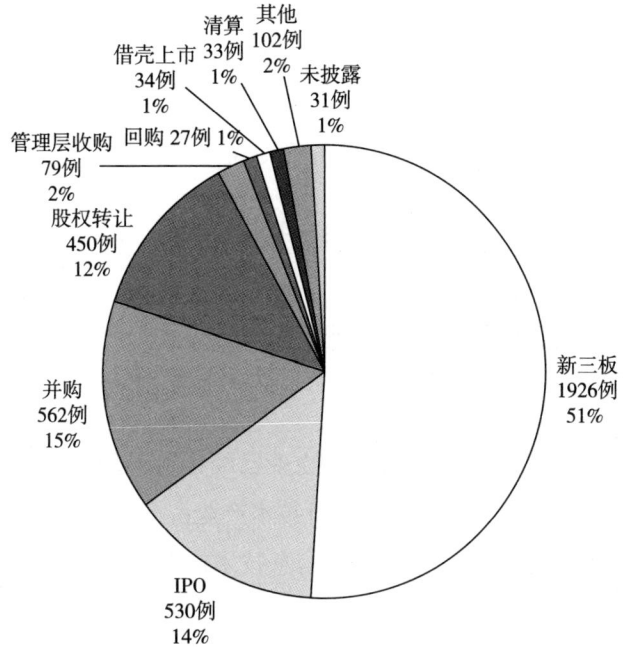

图8　2015年中国股权投资市场退出情况（按退出案例数）

资料来源：私募通，www.pedata.cn。

新三板基金主要投资拟挂牌企业或参与企业挂牌后的定增。第一种投资策略以VC/PE背景的基金为主，第二种投资策略主要是以阳光私募等资产管理机构设立的基金为主。从风险、收益配比的基本投资原理来讲，第一种投资策略事先投资于拟挂牌企业的收益会更高，因为在最早期介入该企业，成长性更高，企业估值增值空间更大，但面临流动性风险。

VC/PE机构投资的拟挂牌企业完成挂牌后，投资机构能获得较高的回报倍数，优质项目的投资回报通常相当于IPO退出的回报倍数。相对而言，参与挂牌后定增，估值已经相对较高，获利空间有限，面临企业成长性风险。参与挂牌后新三板企业的回报周期通常较短，但总体回报倍数较低。

在流动性较低的环境中，新三板基金面临的流动性挑战就是如何有效地退出。新三板基金或者专项的资产管理计划周期一般是"2+1"或"2+2"

的情形，期限比较短，对项目退出的时限要求比较紧。因此新三板基金有更大的意愿投资已挂牌或者确定有做市商的新三板企业，或者通过并购重组来实现权益退出。

五　新三板市场展望

（一）新三板市场存在的问题

1. 挂牌企业结构待改善

截至2015年底，新三板市场挂牌企业已经达到了5129家，从挂牌企业的行业分布的数量来看，制造业和信息技术产业占据了3/4的份额；从行业分布的市值来看，制造业、金融业和信息技术产业占了近80%的份额；从发行股份融资额来看，制造业、金融业和信息技术产业占比为77%。显然，挂牌企业的数量逐月加速增长，但是行业过度集中。不合理的行业结构造成新三板市场的大起大落，容易引起系统性风险。姑且不论金融企业挂牌新三板市场的合理性，新三板市场挂牌金融企业数量占总挂牌企业的1.8%，其融资额却接近新三板市场总融资额的一半，这显然不是一个正常的市场现象。例如，私募股权投资基金管理机构挂牌新三板市场，九鼎、中科招商等市值都超过100亿元，甚至接近1000亿元。这不仅扭曲了私募股权基金行业的发展，也必然会引起新三板市场的系统性风险。

2. 新三板市场交易不够活跃

在多层次资本市场中，新三板市场挂牌交易的活跃程度仍然不够，而且总体交易规模偏小。与场内市场动辄万亿的交易额相比，新三板市场的交易仍处于非常低的水平。新三板市场年换手率低于其他板块市场。有一部分企业挂牌却从未发生交易，成为所谓的"僵尸企业"。有些新三板企业挂牌后无人问津，有价无市。这都不是一个健康市场应有的现象。

新三板市场部分企业挂牌后无交易或交易不活跃的主要因素有两点。一是新三板市场长期以来交易清淡，企业挂牌门槛相对主板市场的要低得多，投资者和部分中小企业对是否进入新三板市场心存疑虑。二是新三板市场大部分采用协议转让的交易制度，即买卖双方通过平等协商达成交易的制度。这种双方自我寻找交易对象的方式，搜寻信息成本太高，同时信息不对称也会导致交易失败率偏高。所以新三板市场协议转让方式对于股权投资类等专业性很强的交易对象，难以达到活跃市场的目的。不过随着最近券商在新三板做市交易的强势介入，新三板市场挂牌企业的交易状况得到相对改善。

股份惜售及市场参与者成熟度低也是导致市场不活跃的重要因素。新三板市场挂牌企业多数是私人资本企业，企业实际控制人一般为个人。多数企业由于中国目前信贷体系下债务融资艰难，不得已引入权益资本。企业家本人对企业的控制权相当看重。市场也经常出现引入资本后，企业原始控制人或创始团队控制权旁落的案例。这对于企业家而言是最大的威胁，因为中国企业家更看重自身对企业的实际控制权。因此，虽然企业在新三板市场挂牌，但是绝大多数为私人股东，由于挂牌企业股份规模小，企业家在权益融资和控制权之间平衡：一方面希望维持股份交易价格，另一方面为了不稀释对企业的控制权，往往有非常强的惜售心理。从投资人角度来看，一是现行的新三板市场自然人投资者的准入门槛要求过高，极大地限制了市场参与者的广度；二是个人投资者比例高（见表8），市场参与程度不够，有投机心理和羊群效应。另外，国内新三板机构投资者还处在趋于成熟化的进程中，所以面对新三板挂牌企业资源时，机构投资者的风险意识被放大，在市场交易中惜售心理强烈。

表8 新三板市场投资者结构

投资者账户数量	2015年	2014年	2013年
机构投资者（户）	22717	4695	1088
个人投资者（户）	198625	43980	7436

资料来源：http://www.neeq.com.cn/index。

3. 企业融资渠道依赖VC/PE等资本

在新三板市场挂牌企业增长的同时，其中有VC/PE支持背景的企业数量也在增加。从新三板市场挂牌企业的规模和发展阶段来看，大多数属于创新企业成长期，挂牌新三板市场之前，已经有很多企业进行了股权融资，主要是引进VC/PE资本（见图9）。最近半年的数据显示，新三板市场挂牌企业中有VC/PE资本支持的挂牌企业数量占比维持在25%的水平（见表9）。

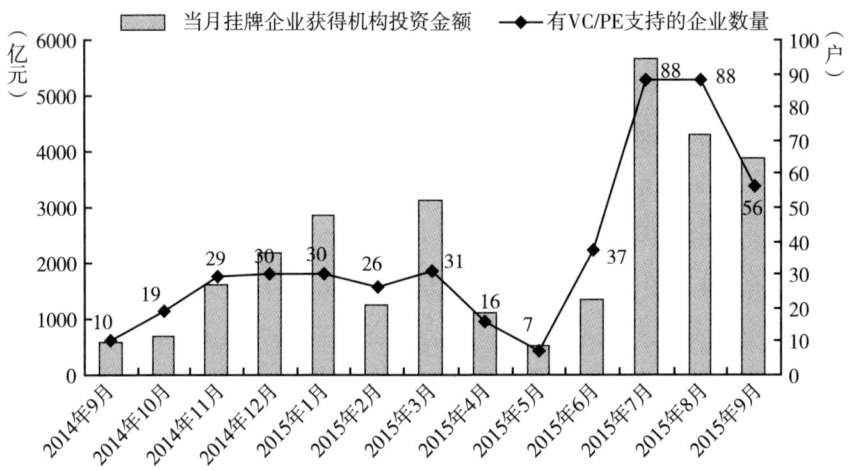

图9　2014年9月至2015年9月挂牌企业获得VC/PE支持情况

资料来源：清科研究中心。

表9　2015年5~12月挂牌企业获得VC/PE支持情况

时间	挂牌企业数量(家)	VC/PE支持的企业数量(家)	占比(%)
2015年5月	144	26	18.06
2015年6月	150	33	22.00
2015年7月	415	88	21.20
2015年8月	307	88	28.66
2015年9月	226	56	24.78
2015年10月	311	89	28.62
2015年11月	489	148	30.27
2015年12月	746	197	26.41

资料来源：http://www.neeq.com.cn/index。

中小企业和创业企业进入发展期后的融资主要依赖以 VC/PE 为主体的成长资本的支持。新三板市场成为 VC/PE 资本投资重要的项目源泉,很多 VC/PE 专门投资于新三板企业,例如成立新三板基金,参与挂牌企业的定向增发等。尽管新三板市场活跃后,挂牌企业可以通过新三板市场面向更多的投资人进行募资,估值水平也可能提高,但是新三板企业过度依赖 VC/PE 资本的格局还没改变,而且从趋势上看还会增长。因为 VC/PE 机构具有很好的人力资源,市场上的 VC/PE 机构一般都会有自身的投资风格,集中于某一行业和企业的投资服务和跟进。新三板市场成为 VC/PE 便利的退出渠道之后,这些资本会更加深入地投资于或聚焦新三板企业。

4. 挂牌企业业绩波动大

新三板市场挂牌企业存在业绩大幅波动的情况,其估值往往也存在被市场投机因素吹大的风险,这也刺激了后续企业的挂牌。

截至 2015 年底,新三板市场挂牌企业家达 5129 家,超过沪深两市 2800 多家上市公司的总和。新三板市场总规模迅速扩张的同时,也逐渐暴露出市场和企业的问题。市场的行情波动较大(见图 10)、企业业绩变动大、企业

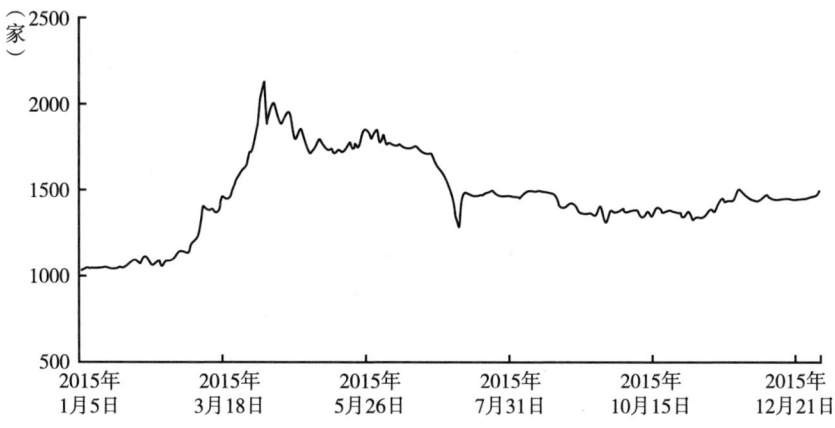

图 10 新三板市场成指 2015 年走势

资料来源:http://www.neeq.com.cn/StaticKLineView? DM = 899001。

抗风险能力较差和流动性不佳等。同其他板块市场相比，新三板市场的市盈率偏高。进入2015年，新三板市场的市盈率基本上稳定在40倍以上（见图11）。一方面，这一现象说明投资者对新三板市场的前景看好；另一方面，也存在投机炒作的情况。

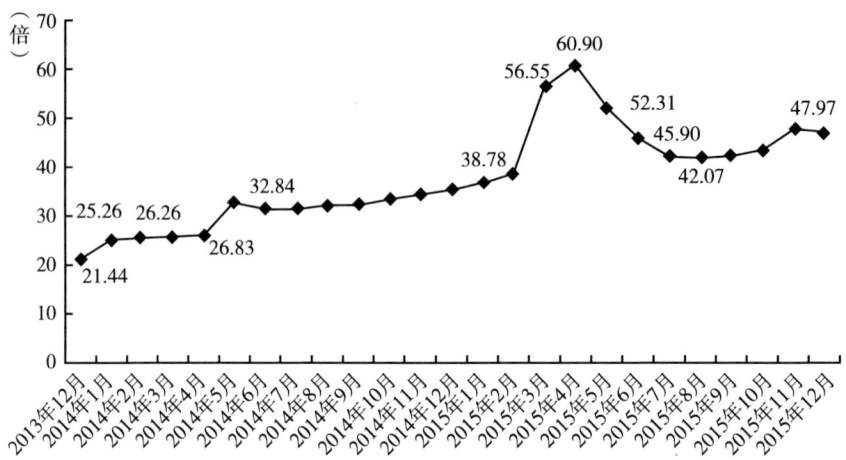

图11　2013年12月至2015年12月新三板市场整体市盈率

资料来源：http：//www.neeq.com.cn/StaticKLineView？DM=899001。

（二）新三板市场的发展对策

1. 加强对企业挂牌的指导

新三板市场之所以被称为"新"，关键在于其挂牌条件区别于主板、中小板和创业板，是一个新的资本市场板块。新三板市场的定位是服务于中小型企业的资本市场，为创新、创业、成长型中小企业的发展提供资本市场的服务，企业规模小，盈利模式尚不稳定。这充分体现在挂牌新三板市场的企业条件很宽松，如没有财务和规模的限制性条件，主要的挂牌门槛是成立满两年、由券商推荐挂牌、企业经营业务明确、具备持续经营的能力等。

虽然新三板市场挂牌的门槛很低，但不是所有的企业都适合在新三板市场挂牌。从已挂牌企业的行业属性来看，制造业挂牌企业数量最多，占挂牌企业总数的53.5%，排名前三的行业挂牌企业数量约占挂牌企业总数的4/5。在挂牌企业中，占总数2.05%（105家）的金融业，发行股票融资规模占总数的32.2%，排名前三的行业挂牌企业发行股票融资规模占总融资规模的76.78%。

新三板市场挂牌企业类型应属于致力于开拓战略新兴产业的风险型企业。这类公司前景一般被看好，市场关注度和预期也高，这对企业的融资和后续经营改善有很好的激励效应。

金融业挂牌新三板市场不仅偏离了新三板市场的初衷，对金融业的发展本身也有误导作用。金融业属于资本密集型行业，本身具有很强的伸缩性，金融企业的融资规模、融资效应都与一般企业不同。而且，金融业挂牌新三板市场，有悖于新三板市场对服务对象的要求——创业型、成长型中小微企业。例如，齐鲁银行登陆新三板市场，其市值非常大；九鼎和中科招商等PE机构挂牌新三板市场，多次发行股票融资。这些都不利于新三板市场的健康发展。

2. 为挂牌完善后续机制

新三板市场现行协议转让和做市转让的交易制度，满足不了新三板市场发展的需要。完善的资本市场既要有市场规模，也要有非常活跃的二级市场交易，通过交易实现价格发现的功能，以及证券和资金的流通功能。协议转让和做市转让更适合机构投资者之间的交易。在中国个人投资者居多，且机构投资者不成熟的市场氛围中，现行交易制度不利于活跃市场交易。

活跃市场交易首先需要推出竞价交易机制，完善新三板市场的交易制度。随着做市企业数量的增加，新三板市场推出竞价交易方式，预期市场流动性将进一步改善。对挂牌公司而言，竞价交易将促进挂牌企业特别是创新、创业、成长型企业估值定价体系的形成，通过做市转让，企业能进一步分散股权，提升公众化程度，增强市场流动性，畅通投融资渠道。对市场整体而言，竞价交易有利于全国股份转让系统完善市场化运行体系，理顺业务逻辑，提升市场的深度和广度，增强市场运行的稳定性。

3. 优化合格机构投资者制度

降低投资者门槛，提升投资者的市场活跃度。同主板、中小板和创业板市场相比，新三板市场对个人投资者的限制更严格。"证券类资产市值500万元人民币以上"这一条规定将很多对新三板市场感兴趣的投资者拒之门外，而新三板市场机构投资者的门槛也是500万元。

随着新三板市场规模的扩大，以及投资者在参与资本市场的活动中对风险的判断能力的提高，新三板市场应尽可能为投资主体创造参与的机会，各个层次的投资者通过投资分享实体经济和资本市场成长的红利。新三板市场降低门槛，不仅可使投资参与者增多，提升新三板市场的活跃度，也可以培育合格投资者。合格投资者具有一定的风险识别和风险承担能力，在一个供给充分的市场上，通过投资者的自主决策，实现资本市场的价值发现和服务功能。

完善的交易机制和活跃的市场，必须有相对充足的金融工具以满足市场融资者和投资者的需求。所以，应增加融资工具，丰富中小企业债务融资模式，增加企业融资选择机会，改变挂牌企业过度依赖VC/PE等机构的资本局面。

4. 引导新三板市场规范交易

新三板市场自2013年才步入快速发展的轨道，尽管目前规模较大，但是制度建设和交易、监管机制都有待进一步完善。新三板市场还在起步阶段，应在优化运行机制的基础上，改善市场功能，提高运行质量。其重点工作之一就是要加强对挂牌企业的财务规范。一是防止业绩变脸。虽然在新三板市场挂牌没有业绩要求，但是如果挂牌企业挂牌前后业绩差异太大，容易影响市场有序发展。二是要防止交易中的人为价格操纵。鉴于目前的协议转让模式存在较多的不可监控性，很容易出现人为操控价格转移利润或者规避税务监管的现象。因此，对于企业挂牌新三板市场而言，既要宽进，也要加强信息披露和合规管理，维护新三板市场秩序，维持市场理性发展。

B.7
二级市场交易情况与展望

李圣刚*

摘　要： 自2014年以来，新三板市场成长迅速，成为影响我国资本市场发展和运行的重要力量，而作为新三板发展的助推器和运行的晴雨表，二级市场的重要性毋庸赘言。本报告对当前我国新三板二级市场的总体运行情况进行介绍，着重对当前运行的协议转让制度与做市商制度两种交易方式进行分析和比较。在此基础上，本报告探讨了二级市场面临的流动性困境及相应的解决方案，并着重对新三板市场在分层机制、转板制度、扩大机构投资者队伍等方面的改革进行了展望。

关键词： 新三板二级市场　协议转让　做市商　竞价交易　分层制度

一　概述

当前，我国经济步入新常态，经济发展迫切需要进一步激发数量庞大的中小微企业群体的创新动力，充分发挥其带动结构转型和保障就业稳定的历史使命。利用新三板市场的制度优势，促进对中小微企业投融资服务的改进和效率的提升，发挥市场在资源配置中的决定性作用，积极创造有利于大众创业、万众创新的资本市场环境，是新三板市场发展的重要目标。

---

* 李圣刚，经济学博士，特华博士后科研工作站在站博士后，主要研究领域为国际贸易、资本市场。

尽管新三板的探索时间并不长，但市场发展的活力有目共睹。从二级市场的运行情况来看，股份转让系统的成交笔数、成交数量以及成交金额一直呈上升趋势，自2014年起更是涨势迅猛（见表1、图1）。2015年，新三板市场的股票转让成交金额达1910.62亿元，超过2014年全年成交量的14倍。

表1　新三板二级市场交易概况（2006～2015年）

年份	挂牌公司数量(家)	成交笔数(笔)	成交数量(万股)	成交金额(万元)	换手率(%)
2006	10	251	1593	8341	—
2007	24	521	4420	23157	—
2008	41	484	5408	29528	—
2009	59	878	10736	48343	—
2010	74	644	6951	41872	—
2011	97	832	9563	56170	5.57
2012	200	638	11456	58432	4.47
2013	356	989	20243	81396	4.47
2014	1572	92654	228212	1303580	19.67
2015	5129	2821339	2789072	19106225	53.88

资料来源：根据全国中小企业股份转让系统有限责任公司网站资料整理。

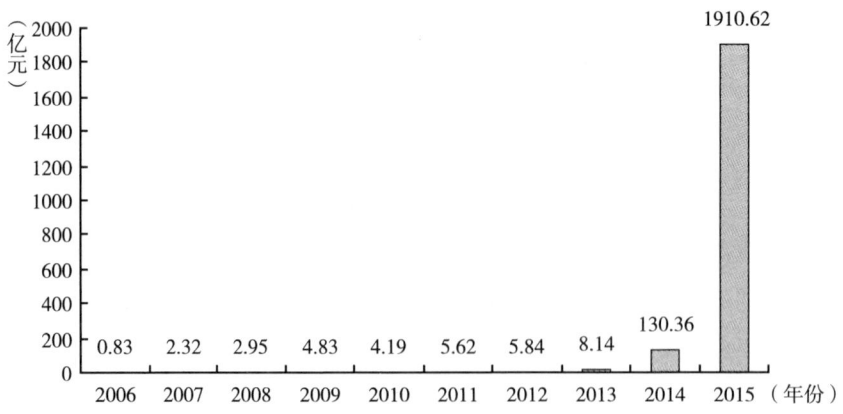

图1　全国中小企业股份转让系统交易金额（2006～2015年）

资料来源：根据全国中小企业股份转让系统有限责任公司网站资料整理。

目前，新三板二级市场的交易方式包括协议转让方式和做市转让方式。协议转让方式于2014年5月19日正式上线，在委托类型上主要包括定价委托、成交确认委托和意向委托3种，成交方式包括点击成交、互报成交以及收盘自动匹配成交3种；做市转让方式以传统竞争性做市商为参与主体，已于2014年8月25日正式上线。此外，二级市场的交易制度还包括竞价转让方式，主要以集合竞价和连续竞价两种方式进行，仅设置"价格笼子"而不设涨跌停板，目前这一方式仍在测试阶段，尚未正式上线。对这3种交易制度的特点及适用情况的简单比较见表2。2015年，协议转让方式与做市转让方式的成交金额为803.87亿元和1106.75亿元，分别约占二级市场总成交额的42%和58%，此外，做市转让方式在成交笔数以及成交均价上都要略胜于协议转让方式（见表3、图2）。

表2 新三板二级市场交易制度的简要比较

交易方式	特点	适用情况
协议转让	证券代码和申报价格相同，买卖方向相反	股本规模较小，股东人数较少，股权相对集中；主要转让意向是以特定价格向特定对象转让
做市转让	两家及以上做市商同时提供买卖价格	想要有效分散股权的企业（不受股本规模大小、原股东人数多少限制）；至少有两家做市商愿意为挂牌股票提供做市报价服务，持续发布双向报价
竞价转让	价格优先，时间优先	股本规模较大；股东人数较多，股权较分散

资料来源：根据全国中小企业股份转让系统有限责任公司网站资料整理。

表3 2015年协议转让方式与做市转让方式交易概况

项目	成交数量（万股）	成交金额（万元）	成交均价（元）	成交笔数（笔）
协议转让方式	1551780.37	8038698.24	5.18	421172
做市转让方式	1237292.12	11067526.75	8.94	2400167
合计	2789072.49	19106224.99	6.85	2821339

资料来源：根据全国中小企业股份转让系统有限责任公司网站资料整理。

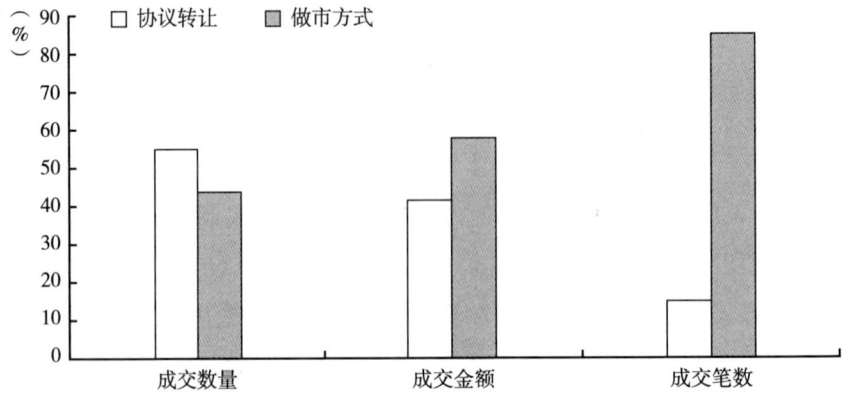

图 2　2015 年协议转让与做市转让交易方式比较

资料来源：根据全国中小企业股份转让系统有限责任公司网站资料整理。

二　协议转让交易

在 2014 年 8 月做市转让交易制度推出之前，协议转让交易是新三板市场的唯一交易方式。在协议转让交易制度下，买卖双方在场外自主对接形成协议后，进入股权转让系统报价即完成交易。

具体来看，协议转让交易包含 3 种成交方式：定价委托点击确认成交、互报成交确认委托以及收盘自动匹配成交。其中，定价委托点击确认是指投资者根据自己的买卖意愿报出确定的委托价格和委托数量，其他投资者如果愿意与该委托进行交易，则可以通过点击该定价委托的方式选择与之成交；互报成交确认委托方式是指买卖双方达成转让协议后，各自委托主办券商发出成交确认申报，通过全国股份转让系统进行撮合；收盘自动匹配成交是指对价格相同、方向相反的定价委托，交易系统在 15：00 对其进行自动匹配成交。

在我国的证券市场上，协议转让交易制度早已占有一席之地，发展比较成熟。随着新三板市场的快速发展，协议转让也成为新三板市场中一种非常重要的交易方式。Wind 数据统计显示，截至 2015 年 12 月底，新三板市场共有5129家挂牌企业,其中有4014家选择协议转让方式进行交易,占挂牌企业总数的3/4强,这些企业的类型、地域及行业分布见表4至表6。

表4 新三板二级市场协议转让交易企业类型

企业类型	数量(家)	占比(%)	企业类型	数量(家)	占比(%)
民营企业	3634	90.53	中央国有企业	33	0.82
地方国有企业	140	3.49	其他企业	18	0.45
公众企业	130	3.24	集体企业	1	0.02
外资企业	58	1.44			

资料来源:Wind资讯。

表5 新三板二级市场协议转让交易企业地域分布

所属地区	数量(家)	占比(%)	所属地区	数量(家)	占比(%)
北京	592	14.75	江西	54	1.35
江苏	533	13.28	重庆	50	1.25
广东	529	13.18	陕西	49	1.22
浙江	331	8.25	黑龙江	42	1.05
上海	315	7.85	云南	40	1.00
山东	256	6.38	吉林	34	0.85
湖北	158	3.94	山西	25	0.62
河南	150	3.74	宁夏	25	0.62
安徽	131	3.26	贵州	25	0.62
四川	109	2.72	内蒙古	23	0.57
辽宁	96	2.39	广西	21	0.52
福建	94	2.34	海南	14	0.35
湖南	90	2.24	甘肃	13	0.32
河北	80	1.99	青海	3	0.07
天津	75	1.87	西藏	2	0.05
新疆	55	1.37			

资料来源:Wind资讯。

表6 新三板二级市场协议转让交易企业行业分布情况

所属行业	企业数量(家)	占比(%)
软件业	601	14.97
专用设备业	301	7.50
电气业	246	6.13
电子信息业	238	5.93
化工业	215	5.36
通用设备业	189	4.71
互联网业	157	3.91
商务业	156	3.89
医药业	120	2.99
专业技术业	115	2.87
非金属业	98	2.44
仪器仪表业	92	2.29
汽车制造业	90	2.24
批发业	86	2.14
橡胶和塑料制品业	84	2.09
金属业	79	1.97
农副食品加工业	65	1.62
生态保护和环境治理业	55	1.37
农业	50	1.25
零售业	48	1.20
食品业	48	1.20
建筑装饰和其他建筑业	47	1.17
货币金融服务	45	1.12
科技推广和应用服务业	38	0.95
土木工程建筑业	37	0.92
有色金属冶炼和压延加工业	37	0.92
广播、电视、电影和影视录音制作业	35	0.87
资本市场服务	34	0.85
印刷和记录媒介复制业	29	0.72
纺织业	27	0.67
造纸和纸制品业	27	0.67
畜牧业	25	0.62
建筑安装业	22	0.55
道路运输业	21	0.52
房地产业	21	0.52

续表

所属行业	企业数量(家)	占比(%)
卫生	20	0.50
文化艺术业	19	0.47
电力、热力生产和供应业	18	0.45
文教、工美、体育和娱乐用品制造业	18	0.45
新闻和出版业	18	0.45
铁路、船舶、航空航天和其他运输设备制造业	17	0.42
电信、广播电视和卫星传输服务	16	0.40
教育	16	0.40
研究和试验发展	16	0.40
纺织服装、服饰业	15	0.37
废弃资源综合利用业	15	0.37
开采辅助活动	14	0.35
其他制造业	13	0.32
石油加工、炼焦和核燃料加工业	13	0.32
装卸搬运和运输代理业	13	0.32
家具制造业	12	0.30
黑色金属冶炼和压延加工业	11	0.27
租赁业	11	0.27
酒、饮料和精制茶制造业	10	0.25
木材加工和木、竹、藤、棕、草制品业	10	0.25
保险业	9	0.22
公共设施管理业	9	0.22
农、林、牧、渔业	9	0.22
娱乐业	9	0.22
皮革、毛皮、羽毛及其制品和制鞋业	8	0.20
化学纤维制造业	7	0.17
金属制品、机械和设备修理业	7	0.17
林业	7	0.17
体育	7	0.17
其他服务业	6	0.15
其他金融业	6	0.15
燃气生产和供应业	6	0.15
餐饮业	5	0.12
仓储业	5	0.12

续表

所属行业	企业数量（家）	占比（%）
居民服务业	5	0.12
住宿业	5	0.12
房屋建筑业	4	0.10
水的生产和供应业	4	0.10
水上运输业	4	0.10
渔业	4	0.10
其他	3	0.07
有色金属矿采选业	3	0.07
非金属矿采选业	1	0.02
管道运输业	1	0.02
航空运输业	1	0.02
机动车、电子产品和日用产品修理业	1	0.02
石油和天然气开采业	1	0.02
水利管理业	1	0.02
铁路运输业	1	0.02
烟草制品业	1	0.02
邮政业	1	0.02

数据来源：Wind资讯。

由表中数据可以看出，与新三板挂牌企业类型结构相似，采取协议转让交易方式的企业中民营企业占九成以上；从地域分布来看，这些企业大多分布在东部沿海经济发达地区；从行业分布来说，软件和信息技术服务业，专用设备制造业，电气机械和器材制造业，计算机、通信和其他电子设备制造业，化学原料和化学制品制造业5类行业是协议转让交易的重头，交易企业数量均在200家以上，占据了市场的40%。

协议转让是我国新三板二级市场上运行时间最长的交易方式，具有比较明显的优点。首先，协议转让交易制度能够促进公司治理机制的完善。在进行并购重组时，协议转让一般是首选的交易方式，因为它通常会带来公司控制权的转移，而变动后的收购方和目标公司管理层会促进公司治理结构的优化。此外，目标公司出于降低被并购风险和增强自身防御能力的需要，也会不断提高公司的治理水平。其次，协议转让交易制度还能够为公司的并购融资提供规则基础。然而，目前由于我国资本市场中的行政管制过于严格，制定的限制规则过多，协议转让交易方式融资功能的发挥受到了一定的限制。

当然，任何一项制度都不是完美的，协议转让交易机制亦然。在做市商交易机制推出之前，仅依靠协议转让方式的新三板二级市场在流动性上表现较差。数据显示，2014年8月做市商交易制度正式上线以前，新三板市场的交易笔数、成交数量和成交金额均随挂牌公司数量的增加呈波动上升趋势，但总体体量和增幅都十分有限，换手率仅在5%左右，市场活跃程度很低。而自从做市商制度推出以来，新三板二级市场体量增长迅猛，当月成交笔数环比增长了6倍，成交数量和成交金额分别增长了5倍和3倍，并保持快速增长的趋势直至2015年4月（见图3、图4）。截至2015年底，尽管受到年中价格下滑的影响，但新三板二级市场的成交笔数仍然达到做市商制度推出前2013年的2853倍，成交数量和成交金额分别是2013年的138倍和235倍，市场活跃度相对有了大幅提高。相应的，在协议转让交易机制下，市场欠佳的流动性水平和活跃度表现直接影响了中小企业通过新三板市场进行融资的能力，集中表现为上市企业的融资难、分化大，市场的资源配置功能受到了极大的限制。

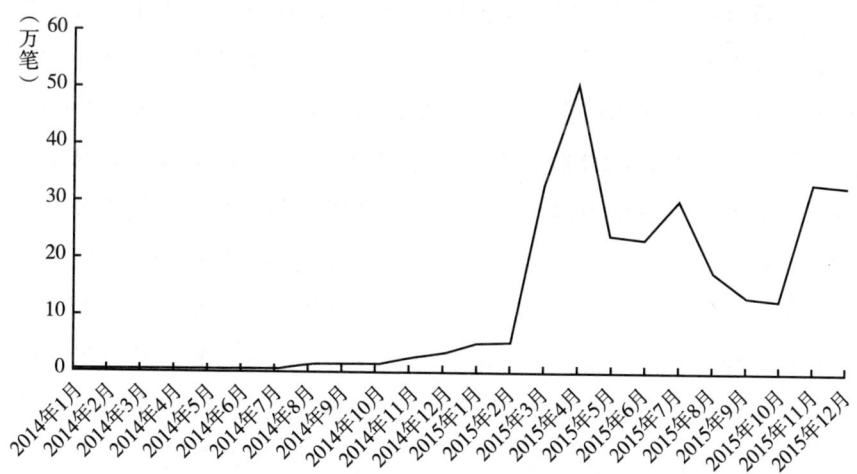

图3 新三板二级市场成交笔数月度统计（2014年1月至2015年12月）

资料来源：根据全国中小企业股份转让系统有限责任公司网站资料整理。

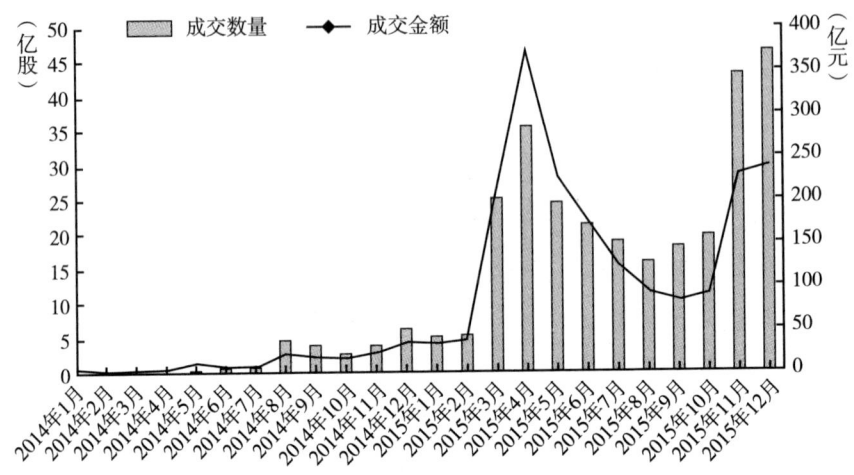

图4 新三板二级市场成交数量与成交金额月度统计
（2014年1月至2015年12月）

资料来源：根据全国中小企业股份转让系统有限责任公司网站资料整理。

除了市场流动性差，协议转让交易机制另外一个致命的缺陷就是无法保证交易价格的稳定性。不设置涨跌幅限制是新三板交易的一大特色和亮点，因此新三板市场上屡屡出现转让价格剧烈波动的现象。2014年5月，刚刚在新三板挂牌的九鼎投资的股价就出现了1元/股和800元/股的巨大差异。2015年初，肉牛育肥与销售企业壹加壹分别以1元/股、0.1元/股和1元/股的交易价格完成了1000股、120万股以及8.2万股的3笔交易，涨跌幅高达90%。同样，新三板市值排名靠前、最高股价为8.83元/股的联讯证券曾两度出现"一分钱交易"，类似的情形还发生在冰洋科技和雪郎生物两家企业身上。可以预见的是，随着新三板定向发行的火爆，许多企业都将采取先由机构参与定增拿到股份，再通过协议转让方式过户到自然人名下的方式，而定增价格大幅低于二级市场价格的现状必将批量性催生协议转让的低价成交，市场扰动仍将继续增加。按照新三板的相关规定，在协议转让方式下，出现成交价格较前收盘价变动幅度超过50%的情况仅会在异常交易信息中予以公告，并不要求相应挂牌企业对异常波动进行披露公告，因此，炒作抬高股价和一分钱超低价成交的情况都有出现的可能，这无疑体现了协议转让交易制度的漏洞。值得注意的是，在这种没有涨跌幅限制、不需要披露股价异常波动原因的背景下，有些交易是真实发生的，有些价格则是虚假的，比如因股价剧烈波动而被称为新三板"妖股"的九鼎投资，公司的股价曾达到970元/股的高点，如果以此价格计算，其市值将超过1万亿元，这显然并不现实。关于虚假价格出现的原因，可能是挂牌企业进行市值管理的一种手段，较高的估值可能是公司对其声誉及日后融资进行的铺垫，而股价过低则可能是因为公司股票交易投资不活跃，因此企业试图用低成本来活跃交易，提升公司价值。除此之外，还有一些交易存在买卖双方为同一家证券营业部甚至同一个证券账户的异常情况，可能存在利益输送及企图避税的情况。总而言之，在协议转让交易较高的自由度和尊重当事人的价格决定权及协商权的原则下，同一只股票可能会出现几百甚至几千倍的价格差距，挂牌企业有了在股价上动手脚的机会，可能会滋生交易价格偏离内在价值的情况，极大地损害新三板市场的价格发现功能，这种现象的存在本身就是协议转让制度的漏洞和缺陷造成的。

三 做市转让交易

2014～2015年无疑是我国新三板市场发展史上最为重要的一段时期，这得益于相关部门先后发布的市场交易规则方面的法律法规，更重要的是，得益于相关规则的出台，新三板市场发展的速度突飞猛进。在各项政策文件中，特别需要提及的是2014年5月9日国务院发布的《国务院关于进一步促进资本市场健康发展的若干意见》，以及2015年11月20日证监会发布的《关于进一步推进全国中小企业股份转让系统发展的若干意见》和随后全国股转系统发布的《全国股转系统挂牌公司分层方案（征求意见稿）》。前者明确要求加快对新三板股转系统进行完善，并建立小额、便捷、灵活、多元的投融资机制。根据这一文件精神，全国中小企业股份转让系统于2014年8月25日正式推出了新三板市场做市转让交易方式，当日，新三板市场成交的全部2879笔挂牌股票交易中采用做市转让交易方式的就达到2733笔，

占总量的九成以上,成交股数和金额分别达到480万股和3889万元,所占比重分别达35%和49%。后面两份文件则在分层机制、转板试点、摘牌制度等7个方面推出具体制度安排,并在分层政策、挂牌公司向创业板转板、引入公募基金投资等方面进入研究实施阶段,这无疑将改善目前新三板市场流动性不足的现状,促进多层次资本市场为供给侧管理提供完善服务。

做市商交易制度正式上线至今已经历了一年多时间,由于发展历程短,市场发育不够成熟,这一制度无论是在顶层设计还是在实际运行中都存在诸多问题。下文将从规则和实际两个层面对我国新三板市场中的做市商交易制度及其运行情况进行介绍和分析,并在此基础上讨论可行的政策建议。

(一)规则层面

将做市转让交易制度引入我国的新三板市场可以说是2014年一项重要的突破性举措。做市转让制度起源于20世纪60年代美国的柜台交易市场,又称报价驱动交易制度,是一种以做市商为中介的证券交易制度。做市商向市场提供买卖双向报价,以维持市场的流动性,满足公众投资者的投资需求。现行的做市转让制度主要分为两种类型,区别在于同一股票交易中做市商的数量多少:有两家及以上做市商为同一只股票提供报价服务的称为多元做市商制度(又称竞争性做市商制度),这一制度可以有效利用做市商之间的竞争关系来降低交易成本,从而使报价更趋近于股票的真实价格,美国纳斯达克和伦敦股票交易所采用的都是这种做市商制度;如果每只股票只允许一家做市商为其提供服务,则称作垄断做市商制度(又称特许交易商制度),以美国纽约证券交易所为代表。我国目前采用的是多元做市商交易制度,并规定该制度中最重要的市场主体——做市商须为具备一定实力和信誉的独立证券经营法人(在我国主要为证券公司或者其他符合条件的非券商金融机构),做市商须用自有资金和证券参与新三板挂牌公司的股票交易,并不断向公众投资者报出某些特定证券的双向报价(即买卖价格),通过做市商报价系统中的买卖差价赚取利润。此外,做市商还可以利用其营业网点,为符合条件的投资者开立新三板投资账户,以提升市场的活跃度,促进新三板市场快速发展。

1. 规则演变

2013年1月31日，证监会发布了《全国中小企业股份转让系统有限责任公司管理暂行办法》，其中明确提出"挂牌股票转让可以采取做市方式、协议方式、竞价方式或证监会批准的其他转让方式"，这一条款为新三板市场做市商制度的建立奠定了法律基础。从2013年2月8日开始，全国中小企业股份转让系统有限责任公司发布了数十条规则，其中涵盖了上市申报、投行尽职调查、上市交易以及优先股等诸多方面，这就建立了较为完善的新三板市场规则。从时间的先后顺序来看，2013~2014年发布的规则主要致力于构建新三板的基本市场框架，如企业上市、投行介入、信息披露、上市交易等内容，进入2015年之后开始在上述框架的基础上进行制度创新。新三板市场真正的快速发展阶段也是起源于对交易规则的进一步规范，以及市场对制度创新的期待。

在做市商制度方面，全国中小企业股份转让系统有限责任公司在2013~2014年发布的一系列规则基本上对新三板市场的交易系统进行了完善的定位，当前市场主要认可两种交易方式：协议转让和做市商转让。协议转让制度内容较为简单，其报价、交易主要由相关投资者在私下进行，而做市商制度的引入则意义重大，无论是在提高市场流动性、降低交易风险，还是在维护市场稳定性方面都可以发挥巨大的作用。由于我国目前采用多元做市商制度，根据做市商细则规定，同一只股票须有两家以上的做市商参与做市，且每家做市商所持股票不得低于公司发行总股本的10%或者100万股（以孰低为准），同时，如果做市公司在做市过程中出现少于两家做市商的情况，则须在一个月内重新找到新的做市商以符合规定，否则将自动转为协议转让方式。在做市商交易方式下，在面对经营风险较大的企业时，做市商会主动降低其做市能力，削减其持股数额，甚至不为其提供做市服务；而对业绩优秀的企业，则会有越来越多的做市商希望能够获得为其做市的资格，从而获得更高的收益。这一机制也在一定程度上促使新三板市场开始分层实践。

新三板交易制度以及做市商制度的引入激发了市场对新三板的交易热

情，但由于对个人投资者设置了较高的准入门槛，包括个人投资者在开户前一晚的股票账户规模为 500 万元以上，同时还要求有两年及以上在全国中小企业股份转让系统或者上海证券交易所、深圳证券交易所的投资经验，因此大多数个人投资者被挡在了新三板市场之外。另外，对做市券商也有很高的要求，不仅包括人员配备方面的要求，而且对系统风险的隔离也存在要求。这在一定程度上对后来新三板流动性的短缺产生了影响。

2. 规则现状

根据全国中小企业股份转让系统有限责任公司的分类，目前我国新三板市场的做市商制度主要由 5 类规则构成。第一类是法律法规，包括 2005 年 10 月 27 日修订通过的《中华人民共和国公司法》以及《中华人民共和国证券法》，国务院 2013 年 11 月 30 日发布的国发〔2013〕46 号《国务院关于开展优先股试点的指导意见》以及 2013 年 12 月 13 日发布的国发〔2013〕49 号文件《国务院关于全国中小企业股份转让系统有关问题的决定》，这些是国家层面关于做市商制度最上位的规则。第二类是部门规章，包括证监会 2014 年 3 月 21 日公布的《优先股试点管理办法》、2014 年 6 月 23 日公布的《非上市公众公司重大资产重组管理办法》、2015 年 1 月 15 日公布的《公司债券发行与交易管理办法》等，这是在证券业监督管理部门层面制定的规则。第三类是业务规则，包括全国中小企业股份转让系统有限责任公司于 2013 年 02 月 08 日发布的《全国中小企业股份转让系统主办券商管理细则》、2013 年 2 月 8 日发布并与 2013 年 12 月 30 日修改的《全国中小企业股份转让系统业务规则（试行）》、2013 年 12 月 30 日发布的《全国中小企业股份转让系统股票转让细则（试行）》、2014 年 06 月 05 日发布的《全国中小企业股份转让系统做市商做市业务管理规定（试行）》以及 2014 年 07 月 17 日发布的《全国中小企业股份转让系统股票转让方式确定及变更指引（试行）》等，这是由作为新三板运营管理机构的全国中小企业股份转让系统有限责任公司发布的具体交易规则。第四类和第五类分别为服务指南和技术规范，主要包括全国中小企业股份转让系统有限责任公司为业务规则的顺利实施提供的配套规则等。

在上述法律法规等规则中，直接对做市商制度做出规定的主要为全国中小企业股份转让系统有限责任公司公布的两个业务规则：《全国中小企业股份转让系统做市商做市业务管理规定（试行）》和《全国中小企业股份转让系统股票转让方式确定及变更指引（试行）》。其中，前者主要对做市商（目前主要为证券公司）以及做市业务人员的专业化条件做了规定：对做市商来说，申请在全国股份转让系统开展做市业务需要满足的条件包括具备证券自营业务资格、设立做市业务专门部门并配备开展做市业务必要人员、建立做市业务管理制度、具备做市业务专用技术系统等；对业务人员来说，需要满足的条件包括取得证券从业资格、具备证券投资研究或类似从业经验、熟悉相关法律法规等规则、具备良好的诚信记录和职业操守等。后者则对新三板市场中股票转让方式（目前主要为协议转让与做市转让两种方式）的确定、变更及其他相关事项做了规定，其中涉及做市商制度的有如下3个方面。第一，交易方式的确定。申请挂牌公司在挂牌时准备采用做市转让方式的应具备的条件包括：①须有两家以上做市商同意为该公司的股票提供做市报价服务，并且其中一家做市商须为推荐该股票挂牌的主办券商或者其母公司（子公司）；②所有做市商总共须取得该申请挂牌公司总股本的5%或者100万股（以孰低值为准），同时各家做市商须持有不低于10万股的做市库存股票。第二，交易方式的变更。当挂牌公司拟从协议转让方式变更为做市转让方式时需要满足的条件包括：有两家以上做市商同意为该公司股票提供做市报价服务，并且各家做市商持有该公司的做市库存股票不低于10万股。而当挂牌公司拟从做市转让方式变更为协议转让方式时需要满足的条件包括：该公司股票的所有做市商均已满足该转让细则中关于最低做市期限的规定，且均同意退出为该公司股票提供做市服务。第三，做市商后续加入与退出。挂牌时采用做市转让方式的股票，如有做市商拟在后续加入为该股票提供做市报价服务，在该股票挂牌满3个月后方可提出申请。挂牌时采用做市转让方式，以及由协议转让方式变更为做市转让方式的股票，其初始做市商为该只股票提供做市服务未满6个月的，不得申请退出为该股票做市，后续加入的做市商为该只股票提供做市服务未满3个月的，不得申请退出为该股票做市。另外，做市商退出为相关股票提供做市服务后，1个月内不得申请再次为该股票做市。

（二）实际市场层面

1. 新三板做市交易发展情况

Wind数据统计显示，截至2015年12月底，新三板市场共有5129家挂牌企业，其中1115家采用了做市转让方式，约占挂牌企业总数的1/4，这些企业的类型、地域及行业分布见表7至表9。

表7 新三板二级市场做市转让交易企业类型分布

企业类型	数量（家）	占比（%）	企业类型	数量（家）	占比（%）
民营企业	1049	94.08	地方国有企业	16	1.43
外资企业	20	1.79	其他企业	4	0.36
公众企业	25	2.24	中央国有企业	1	0.09

资料来源：Wind资讯。

表8 新三板二级市场做市转让交易企业地域分布情况

所属地区	数量（家）	占比（%）	所属地区	数量（家）	占比（%）
北　京	170	15.25	陕　西	15	1.35
广　东	155	13.90	云　南	14	1.26
上　海	125	11.21	贵　州	11	0.99
江　苏	118	10.58	宁　夏	11	0.99
山　东	80	7.17	广　西	10	0.90
浙　江	80	7.17	黑龙江	9	0.81
湖　北	46	4.13	重　庆	9	0.81
福　建	45	4.04	江　西	8	0.72
河　南	45	4.04	新　疆	8	0.72
安　徽	32	2.87	吉　林	7	0.63
四　川	28	2.51	山　西	7	0.63
湖　南	20	1.79	甘　肃	4	0.36
河　北	18	1.61	内蒙古	3	0.27
辽　宁	18	1.61	海　南	2	0.18
天　津	17	1.52			

资料来源：Wind资讯。

表9 新三板二级市场做市转让交易企业行业分布情况

所属行业	企业数量(家)	占比(%)
软件业	198	17.76
电子信息业	81	7.26
专用设备业	73	6.55
电气业	66	5.92
化工业	66	5.92
通用设备业	61	5.47
仪器仪表业	43	3.86
商务业	38	3.41
互联网业	33	2.96
医药业	33	2.96
专业技术业	31	2.78
非金属业	28	2.51
批发业	24	2.15
土木工程建筑业	23	2.06
农副食品加工业	21	1.88
金属业	18	1.61
汽车制造业	17	1.52
橡胶和塑料制品业	16	1.43
生态保护和环境治理业	13	1.17
建筑装饰和其他建筑业	12	1.08
零售业	12	1.08
铁路、船舶、航空航天和其他运输设备制造业	12	1.08
电信、广播电视和卫星传输服务	11	0.99
广播、电视、电影和影视录音制作业	11	0.99
食品业	11	0.99
畜牧业	10	0.90
科技推广和应用服务业	10	0.90
农业	10	0.90
有色金属冶炼和压延加工业	10	0.90
废弃资源综合利用业	8	0.72

续表

所属行业	企业数量(家)	占比(%)
建筑安装业	8	0.72
研究和试验发展	7	0.63
纺织业	5	0.45
货币金融服务	5	0.45
木材加工和木、竹、藤、棕、草制品业	5	0.45
文教、工美、体育和娱乐用品制造业	5	0.45
资本市场服务	5	0.45
道路运输业	4	0.36
房地产业	4	0.36
水上运输业	4	0.36
卫生	4	0.36
电力、热力生产和供应业	3	0.27
房屋建筑业	3	0.27
教育	3	0.27
酒、饮料和精制茶制造业	3	0.27
林业	3	0.27
新闻和出版业	3	0.27
造纸和纸制品业	3	0.27
装卸搬运和运输代理业	3	0.27
纺织服装、服饰业	2	0.18
化学纤维制造业	2	0.18
家具制造业	2	0.18
开采辅助活动	2	0.18
农、林、牧、渔业	2	0.18
皮革、毛皮、羽毛及其制品和制鞋业	2	0.18
其他制造业	2	0.18
石油加工、炼焦和核燃料加工业	2	0.18
水的生产和供应业	2	0.18
租赁业	2	0.18
其他	1	0.09
保险业	1	0.09
餐饮业	1	0.09

续表

所属行业	企业数量(家)	占比(%)
非金属矿采选业	1	0.09
公共设施管理业	1	0.09
黑色金属矿采选业	1	0.09
黑色金属冶炼和压延加工业	1	0.09
其他采矿业	1	0.09
其他服务业	1	0.09
其他金融业	1	0.09
燃气生产和供应业	1	0.09
石油和天然气开采业	1	0.09
体育	1	0.09
文化艺术业	1	0.09
印刷和记录媒介复制业	1	0.09

资料来源：Wind资讯。

由表中数据可以看出，与新三板挂牌企业类型结构相似，采取做市转让交易方式的企业中民营企业占了绝大多数。从地域分布来看，这些企业大多分布在东部沿海地区。从行业分布来说，做市转让交易最频繁的几大行业与协议转让交易大致相同，其中，最常运用做市转让的行业是软件和信息技术服务业，而计算机、通信和其他电子设备制造业，专用设备制造业，电气机械和器材制造业，化学原料和化学制品制造业，通用设备制造业等行业中采取做市交易的企业数量也超过了50家。

从整体交易情况来看，2015年，无论是整个新三板交易市场还是做市交易市场都曾经历了"过山车"式的行情变化。新三板成指从年初的1000点左右迅速上升，并在4月初升至超出2000点的最高位后一路下跌，在经历了小幅回调之后目前稳定在1400点左右，日成交量则经历了两轮涨跌，从最高时的近4.6亿股下降至当前的1.5亿股左右（见图5、图6）。与此同时，做市指数也经历了类似的过程，从年初的1000点飙升至超出2500点的最高点，之后一路下跌，后小幅回调至当前的1400点左右，日交易量则在冲破2亿股之后迅速回落,在9000万股上下波动(见图7、图8)。两大指数及成交量走势的趋同在一定程度上反映了做市交易方式在二级市场中的地位举足轻重。

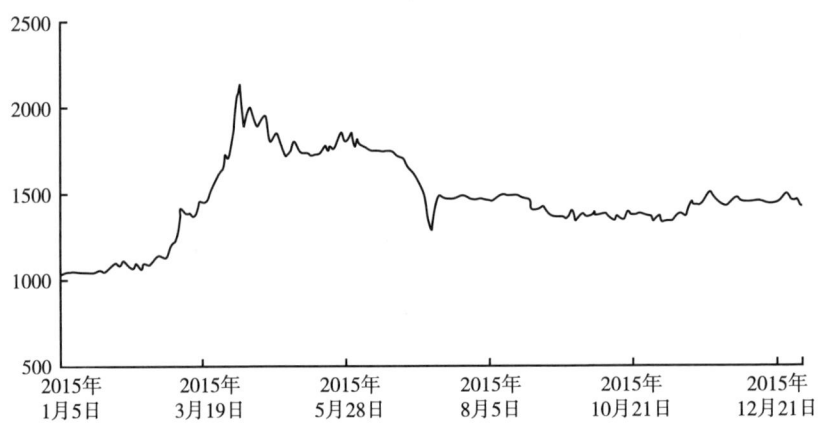

图5　新三板成指日K线

资料来源:全国中小企业股份转让系统有限责任公司网站。

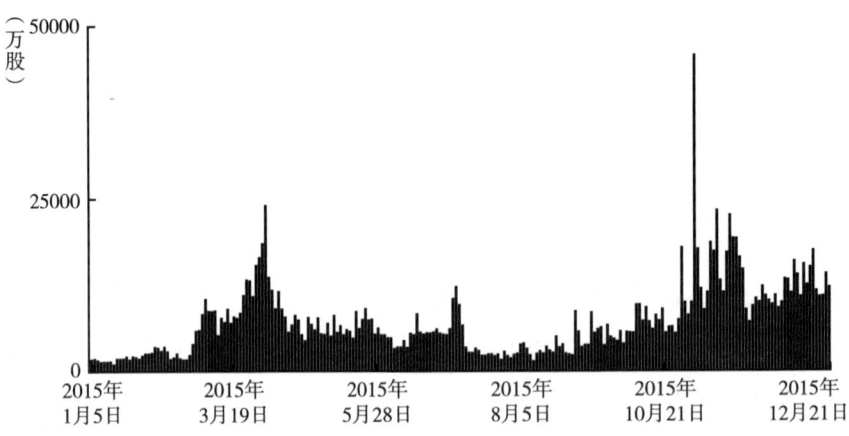

图6　新三板二级市场日成交数量

资料来源:全国中小企业股份转让系统有限责任公司网站。

2. 做市商发展情况

随着新三板市场上挂牌企业数量以及交易量的大幅增加,做市商的数量

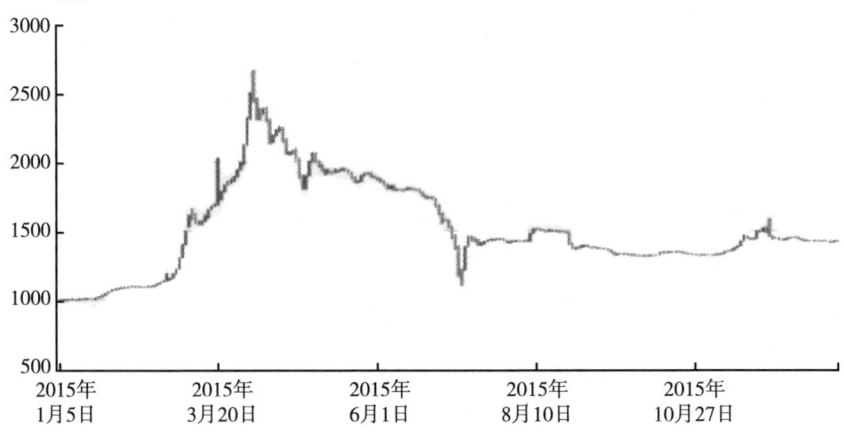

图 7　新三板做市指数日 K 线

资料来源：全国中小企业股份转让系统有限责任公司网站。

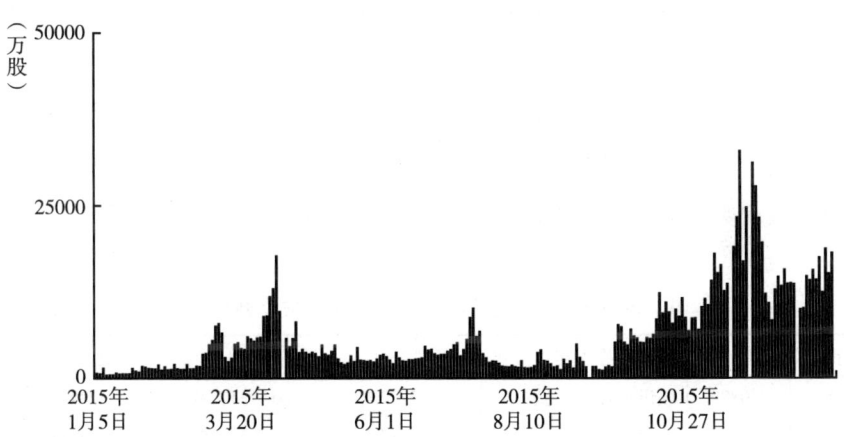

图 8　新三板二级市场做市转让日交易量

资料来源：全国中小企业股份转让系统有限责任公司网站。

及其做市成交量也呈现爆发式增长态势。

不过，随着 2015 年 4 月以来二级市场流动性的短缺和活跃程度的下降，做市商参与新三板市场的策略也发生了变化，在选择做市企业时往往更加谨慎，开始由之前的重"量"转向了重"质"。这主要是因为在行情好时，许多券商启动做市业务时往往"不看价值只看价格"，一味追求尽可能多地取得挂牌公司的库存股,而后更多通过一、二级市场间的价差而不是做市交易中的价差来赚取利润。随着新三板指数自 4 月开始下跌,流动性不足带来的市场压力越来越大,定增破发事件接连发生,这样一来,做市商在选择做市企业时就需要更加谨慎地进行尽职调查,从而较为有效地将那些有价值的优质公司筛选出来,在客观上发挥目前尚未建立的新三板分层制度的部分功能。

3. 协议转让方式与做市转让方式的效率比较

一般来说,协议转让具有高风险、高收益的特点,而做市转让则风险较低,收益也相应较低。协议转让方式下的交易属于定向交易,不存在连续成交的过程,也就无法发挥定价功能,进行交易的公司的价值无法得到良好体现;而在做市转让模式下,做市商持续不断地提供双向报价服务,每一时间点都会形成一个确定的价格,从而使企业的价值能够充分体现出来。可见,做市转让方式能够充分发挥资本市场的价值发现功能,同时大大提高了新三板市场的流动性。

在当前的新三板二级交易市场中,超过一半的交易额是以做市转让的方式进行的。从月度数据来看,以 2015 年 11 月为例,我们分别选取了挂牌公司股票成交数量和换手率排在前 10 名的企业数据(见表 10 及表 11)。

表 10　2015 年 11 月新三板挂牌公司股票成交数量前 10 名

序号	证券代码	证券简称	转让方式	成交均价(元)	成交数量(万股)	成交金额(万元)
1	830899	联讯证券	做市	2.72	157317.48	428467.14
2	831199	海博小贷	协议	1.37	32710.00	44778.00
3	832970	东海证券	协议	6.93	12001.30	83121.49
4	831963	明利仓储	做市	6.69	8977.40	60036.94
5	833499	中国康富	协议	1.57	7749.30	12186.52
6	832743	福能租赁	协议	1.10	5884.30	6475.30
7	832666	齐鲁银行	协议	3.04	5574.23	16971.53
8	830881	圣泉集团	做市	8.95	4934.43	44146.22
9	830958	鑫庄农贷	做市	1.71	4220.30	7221.74
10	430065	中海阳	做市	6.82	3311.90	22590.95

资料来源:全国中小企业股份转让系统有限责任公司网站。

表11　2015年11月新三板挂牌公司股票换手率前10名

序号	证券代码	证券简称	转让方式	成交股数(万股)	成交金额(万元)	换手率(%)
1	430118	中钰控股	协议	427.94	427.94	100.00
2	833222	基业园林	协议	350.00	350.00	100.00
3	830871	天元晟业	协议	212.44	233.68	100.00
4	833325	德迈斯	协议	200.00	200.00	100.00
5	831843	汇能科技	协议	149.34	224.01	100.00
6	831113	杰盛通信	协议	125.00	300.00	100.00
7	430122	中控智联	协议	99.90	99.90	100.00
8	831104	翔维科技	协议	265.20	275.81	97.84
9	830899	联讯证券	做市	157317.48	428467.14	90.67
10	832474	卓越鸿昌	协议	1800.00	3840.00	90.00

资料来源：全国中小企业股份转让系统有限责任公司网站。

从表10中的数据来看，在2015年11月股票成交数量排在前10名的挂牌公司中，协议转让与做市转让方式各占一半，而以做市方式转让的股票成交均价相对协议转让方式较高，反映了目前做市商在选取做市企业时的价值取向。此外，股票换手率前10名的挂牌公司仅有一家采用了做市方式，反映出做市交易市场流动性不足的现实情况（见表11）。

从日数据来看，我们以2015年12月31日新三板市场交易情况为例对两种交易方式进行比较（见表12）。可以看出，目前采用做市转让的挂牌公司约占总数的1/5，尽管在成交数量上与协议转让方式相差不多，但成交金额明显高于协议转让方式，这也体现了做市转让方式的优越性，即更好的流动性和更高的价值发现功能。

表12　2015年12月31日新三板市场交易情况

项目	做市转让	协议转让	合计
挂牌公司数量(家)	1115	4014	5129
总股本(亿股)	825.01	2134.50	2959.51
流通股本(亿股)	399.27	624.36	1023.63

续表

项目	做市转让	协议转让	合计
成交股票数量（只）	745	252	997
成交金额（万元）	103358.14	42387.96	145746.10
成交数量（万股）	16155.02	11079.92	27234.95
成交笔数（笔）	22335	1873	24208

资料来源：全国中小企业股份转让系统有限责任公司网站。

（三）分析与总结

1. 对做市转让制度的评价

作为新三板交易市场中最重要的一个环节，做市商制度从引入之初就受到了极大的关注，这主要是因为这一制度具有以下重要意义。

第一，有助于提高新三板市场的流动性及稳定性。

资本市场的流动性是指在资产价格变化不大的情况下，买卖双方成交的速度，或者说是市场参与者在既定的资产价格水平上入手或者脱手的可能性，流动性不足会导致交易成本的大幅提升，从而导致市场衰退、资产缩水。流动性不足一直以来都是新三板市场存在的最严重的问题之一，与主板市场和创业板市场不同，新三板市场主要是针对初创期的高新企业，这类企业本身就面临较大的研发风险、财务风险和人力资源风险，在缺乏做市商报价的情况下，投资者不得不自担投资风险，这导致了市场交易不活跃、股票换手率低。引入做市商制度后，通过在交易时间内提供连续的双向报价，即使在市场上没有交易对象的情况下，投资者也可以在认可的价格水平上进行股票交易，这就大大降低了交易成本，促进了市场的活跃程度，二级市场挂牌企业股票的流动性会大幅提高。这可以从2014年8月25日做市转让交易方式正式实施以来，新三板挂牌公司的股票成交量、成交额以及换手率的屡创新高中得到验证。

由于新三板市场规模相对较小，因此不可避免地会出现波动性较大的不稳定情况，这主要是由供求市场不匹配造成的：在实践中投资者多为有经验、有实力的机构投资者，他们在市场上买卖股票的单笔金额一般较大，可能导致供求的短暂迅速失衡，如果供给过于旺盛，则极易造成资产价格跳水，而需求过于旺盛则会造成价格虚高，产生资产泡沫。在做市商制度下，由于做市商需要持有一定比例的做市企业股票，因此可以在交易波动较大时通过买卖存量股票来稳定市场价格，从而避免出现大幅波动，增强市场的稳定性。另外，作为一种制度安排，做市商交易方式在股转公司的监管下，可以通过双向报价有效解决新三板市场信息披露要求较低带来的信息不对称问题，避免内幕交易的发生，从而提高市场的有效性，也使市场制度更加规范。由于这一机制的影响主要体现在长期，因此实施一年来作用尚不明显，但根据 Sofianos 1995 年对美国纳斯达克市场做市商制度的跟踪研究，做市商制度在稳定市场方面发挥了重大的作用。

第二，有助于企业的价值发现。

新三板市场的前身是中关村科技园区非上市公司代办股份转让系统，当时曾经多次出现过连续多个交易日无报价和无成交的情况，市场的失灵导致投资者难以判断挂牌企业的经营状况，从而难以制定投资策略。另外，由于创新类中小企业未来成长具有较强的不确定性，商业运作模式也较为独特，在操作层面很难准确预计其未来的现金流情况，加之这类企业的资产主要是无形资产，无法准确进行确认和计量，而可靠的横向参照公司又数量稀少，因此无论是绝对估值还是相对估值都无法准确进行。引入做市商交易制度后，由于做市商一般都是具有较强的企业或证券研究能力的证券公司或其他具有资质的非证券金融机构，同时根据规则要求，挂牌企业的做市商往往是其主办券商，因此会对企业的当前经营状况以及未来的发展前景有一个深入的了解，这样就会对该企业的价值以及股票价格有一个准确的判断，并在此基础上将股票价格控制在一个合理的范围内以提供买卖报价服务，这不但能够避免股票价格的大幅波动，而且可以促使企业的估值较快回归到实际的价值区间。通过 2014 年的数据可以发现，做市转让股票的市盈率、市销率以及市净率指标自做市商制度实施后开始明显提升，这说明这一制度使新三板公司的股价估值趋于合理。

第三，有助于提高监管效率。

从某种角度来说，做市商选择做市对象的过程就是对新三板市场中挂牌企业的初步筛选，由于做市商多为熟悉资本运作，风控能力较强的证券经营机构，其所选择的做市企业必然具备一定的合理投资价值。这样，监管部门就可以通过规制少量做市商做市的过程，达到有效甄别大批挂牌入市企业质量的目的。采用这种间接监管的方式将能够有效提高市场监管的效率。

第四，有利于提升中介服务水平。

对于各家券商来说，争取新三板市场的做市业务意味着收入来源的拓宽，因此，做市商交易机制的引入将在客观上促进券商报价及撮合效率的提高和库存管理能力及融资能力的增强，中介服务的水平将在长期有所提升。

虽然在新三板市场引入做市商制度具有上述重要意义，但其存在的缺陷也不容忽视，这主要体现在以下两个方面。

第一，容易出现做市商操纵股价的情况。

由于新三板挂牌企业的主办券商一般是其在二级市场交易中的做市商，因此可以掌握许多其他投资者无法了解的关于该企业的相关信息，这就为这些做市商单独或者联合其他做市商进行操纵股价的行为创造了便利条件，这在美国的纳斯达克市场已经有过先例。① 这就要求股转公司和相关监管机构对这些交易行为进行严格的监管，否则极易导致做市商变为做市庄家，从而带来市场动荡。

第二，对做市商专业水平挑战较大。

由于做市商在交易过程中的双向报价服务需要其具备极高的专业能力和

---

① 根据克瑞斯蒂和希沃尔茨 1994 年的研究，经营 100 只纳斯达克市场最活跃股票的做市商几乎从来不放出 1/8 的奇数倍报价，而这种报价结构将使做市商的最小价差维持在 0.25 美元以上，这就使 1989~1993 年纳斯达克平均股票价差经加权计算后增加到了 0.50 美元，而同期纽约证券交易所的相应价差则只有 0.21 美元，据该作者推断，这是因为做市商在串谋报价以推高价差从而获得高额的收益。这导致了美国证券交易委员会介入调查并推行了一系列改革，最终美国证监会在 1996 年底颁布了《订单处理条例》，将纳斯达克市场的交易模式从之前的做市商模式变为混合交易模式。参见王乃玉《新三板市场引入传统做市商的运行机制研究》，《财经界》（学术版）2014 年第 19 期。

对市场的把握程度，因此对做市商的水平形成了巨大的挑战。过高的价差会降低投资者的交易热情，从而影响市场的活跃程度；而过低的价差则会降低做市商自身的收益，反过来也会影响其做市能力。因此，优秀的做市商是二级市场健康运行的重要条件之一。我国目前由于整个新三板市场制度尚不健全，做市商制度也不完善，作为市场主体的做市商处于起步阶段，人才、资金以及经验的不足都对其做市水平形成了较大的考验，这就对当前的做市交易市场造成了不利影响。

2. 目前做市转让制度发展遇到的问题

自2014年8月做市商制度在新三板二级市场上线已过去了一年多的时间，尽管开始时行情火爆，但目前面临严重的流动性困局。数据表明，2015年底在新三板市场挂牌的全部5129家企业中，真正有过交易的仅为2296家，剩余2833家挂牌后从未交易，占企业总数的半数以上。造成这一现象的原因主要有以下三点。

一是规则中的投资者准入门槛过高，这也是业内公认的新三板在二级市场缺乏流动性的最主要原因。从目前的规则及市场结构来看，参与新三板市场交易的主要是机构投资者和拥有500万元以上账户的个人投资者，由于这部分客户往往会凭借自身较强的资本实力参与到利润更为丰厚的定增等一级市场中，因此直接减少了二级市场的流动性，加之市场行情低迷时外部资金流入较少，新三板市场的流动性进一步短缺。另外，作为做市主体，做市商本来的盈利机制应当是通过提高市场流动性，赚取做市交易佣金，但由于这一模式尚未实现盈利，因此多数券商都通过买卖价差来赚取利润，直接参与做市交易业务，这就违背了制度设立的初衷。

二是做市商数量不足。具备资质的做市商在数量和资金上都有限，平均每家做市商要为20多家挂牌企业服务，这导致做市市场竞争度的下降，而做市商的自有资金也被多家挂牌企业分摊使用，无法形成规模上的优势，直接导致当前做市交易活跃度明显低于协议转让方式，难以促进新三板市场的流动性。

三是政策预期不够明朗。作为新三板交易制度中的重要一部分，做市商

制度以及做市市场出现的流动性短缺在很大程度上是政策出台力度不够大导致的。2015年初新三板市场的火爆引发了市场对竞价、分层等政策的预期，但直至2015年底分层制度征求意见稿才正式发布，真正实施则要等到2016年5月，而竞价机制也已明确不会得到采用，这些都在一定程度上影响了投资者的信心，也引发了投资行为趋向于保守。当然，如果分层制度实施顺利，那么其所释放的政策红利将有望在2016年进一步提升二级市场的流动性。

3. 政策建议

首先，针对传统的做市商制度本身来说，虽然其在提高市场流动性方面的作用未能充分发挥，但并不能简单归咎于制度本身，目前遇到的问题也应该成为制度改进的依据。从长期来看，做市交易制度更好地发挥报价服务和流动性供给功能需要我国证券市场的持续改革进行推动。从短期来看，这一制度的完善可以围绕以下几点展开：一是加大对做市商报价价差的检查力度，同时引入一、二级市场的价差联动机制；二是建立和完善对做市商的激励和约束机制，例如建立做市商评价机制，对优秀做市商进行奖励，对违纪违规的做市商给予警告处罚等，同时要细化做市商的返佣制度，拓宽做市商盈利渠道；三是要建立有效的监管机制，建立健全做市商信息披露制度；四是要在新三板市场引入更多的金融衍生工具，以对冲做市商所持有的库存做市股票带来的风险。

其次，做市商制度要发挥应有的作用，还需要新三板其他配套规则的支持，目前可行的主要有以下几个方面。

一是放开公募基金进入新三板市场，同时降低投资者准入门槛。新三板设立个人账户投资门槛本意是保护中小散户利益，但导致市场缺乏流动性支持。可以放开公募基金进入新三板市场，从而间接降低投资者的准入门槛，提高市场流动性，时机成熟后再推出竞价交易，从而给市场注入更多的流动性。令人欣喜的是，2015年底，证监会发布的《关于进一步推进全国中小企业股份转让系统的若干意见》中明确要求新三板扩大机构投资者队伍，研究制定公募基金投资挂牌证券的指引，这不仅有利于提高二级市场的流动性，而且有助于形成理性、长期的投资观。

二是对做市商的扩容，加快引入专业的风险投资机构。由于目前券商牌照没有放开，做市商只局限于现有的几十家券商，这完全无法满足新三板市场的要求。通过对做市商进行扩容，引入更多的非券商金融机构进行做市，可以更好地实现市场的流动性和稳定性。

三是积极推动分层机制的实施。目前随着我国新三板市场挂牌企业逐渐增多，在一级市场和二级市场上，根据企业经营业绩以及发展前景的好坏已经出现了自然分层的现象，较为热门的企业受到了多家做市商的追捧，其股票价格也是一路攀升，而另一些企业则鲜有交易。在这一背景下，新三板挂牌公司分层方案已于2015年底出炉，预计将于2016年5月正式实施。分层机制的实施既有助于挂牌企业健康成长，也有利于投资者加深对企业的了解，降低投资交易成本。同时，这也是新三板其他制度，如竞价交易、降低投资者门槛、转板机制、退市制度等的基础。按照目前的设计，新三板市场将分为基础层和创新层，依标准进入创新层的公司可优先享受包括储架发行、授权发行、并购贷款以及并购基金等在内的制度供给。有趣的是，自2015年底分层方案出台后，新三板挂牌企业间就掀起了一股争夺做市商的狂潮，这也从侧面证明了分层制度对于二级市场流动性的提升作用。

四是建立竞价交易机制。作为新三板二级市场中的一项重要制度，早在2013年1月31日证监会发布的《全国中小企业股份转让系统有限责任公司管理暂行办法》中就明确提出，"挂牌股票转让可以采取做市方式、协议方式、竞价方式或证监会批准的其他转让方式"，限于市场原因股转公司一直未能推出竞价交易方式实施方案。作为一项完善新三板交易制度的重要举措，竞价交易势在必行，随着分层制度的确定、挂牌公司股权分散程度的提高以及做市交易换手率的提升，可以在优质公司的股票交易中开始实施竞价方式，从而最终将其纳入新三板制度。

五是建立转板机制。根据2015年5月国务院批转的国家发改委《关于2015年深化经济体制改革重点工作的意见》中提出的"实施股票发行注册制改革，探索建立多层次资本市场转板机制"的意见，证监会已于2015年

11月20日发布的《关于进一步推进全国中小企业股份转让系统发展的若干意见》中表明将研究推动新三板与创业板之间的转板机制试点。此外，2015年12月23日《关于进一步显著提高直接融资比重 优化金融结构的实施意见》通过国务院常务会议审议，其中明确指出要研究新三板向创业板的转板试点工作。从管理层的频频表态来看，目前转板机制的基本条件已经成熟，这对于投资者来说将是极大的利好消息，也将进一步提高新三板市场的活跃程度。

以上制度的建立和实施还需根据市场的发展情况逐步展开，从目前来看，可以先考虑间接降低门槛以提高市场流动性，同时建立做市商扩容机制，引入竞争。在分层机制正式实施后，应该逐步推动投资者门槛降低以及竞价交易方式和转板机制的实施。事实上，我们一直参考的纳斯达克市场制度至少经历了20年的时间才逐步进化至此，我们无法苛求新三板市场在短短几年时间内建立一套完善的机制，但在制度建设和实施的过程中，我们应尽力避免不合理制度所形成的路径依赖给市场带来的不可逆转的损害。

四 竞价交易

在竞价交易制度下，开市价格通过集合竞价形成，之后交易系统依照"价格优先，时间优先"的原则对收到的交易指令进行排序并将买卖指令配对成交。

根据成交规则的不同，竞价交易制度可分为连续竞价交易制度和集合竞价交易制度。连续竞价交易制度是对买卖指令进行逐笔连续撮合，而集合竞价交易制度则是对一段时间内接收的买卖指令进行一次性集中撮合。

对二者进行比较，连续竞价制度下的交易更为频繁，市场更加活跃。但是由于交易报价来自一对一的配对成交，股价的涨跌幅明显，甚至在投资者不小心报价错误时，交易系统也会进行配对成交，造成价格波动更加剧烈。此外，场地等条件的限制还使得场内交易者拥有更大的信息优势，不利于交易的公平性。相比之下，集合竞价交易制度是在收集一段时间内的委托报价后统一撮合成交,因此股价更能够反映当时大多数市场投资者的交易意愿,而且个别错误报价对市场价格的影响也较小。但是,集合竞价的交易价格是间断的,其中所蕴含的市场信息显然大打折扣。

在我国的多层次资本市场体系中,主板及创业板市场均已采用竞价交易制度,并且形成了成熟的市场操作经验和比较完善的法律法规体系,但新三板二级市场尚未推行竞价交易。考虑到这一因素,将其与新三板特有的做市商交易制度进行比较研究将有助于加深对竞价交易制度本身的认识。

(一)竞价交易制度与做市转让交易制度的比较

对比来看,竞价交易制度与做市转让制度的区别主要有以下3点:一是交易价格的产生时间不同,竞价交易中价格在双方报价之后产生,而做市商制度的交易价格则由做市商在交易成交之前报出;二是投资者的参与程度不同,竞价交易下投资者之间直接进行交易,而做市商制度下则由做市商充当投资者的交易对手;三是成交的时间不同,竞价交易下成交需要一个过程,而做市转让制度下是即时成交。除此以外,两种交易制度在定价主体、交易成本以及交易双方的信息对称性等方面也明显不同。

(二)竞价交易制度与做市转让交易制度下的市场特征比较

1.市场流动性

证券市场的流动性主要取决于交易速度和交易价格两个维度。举例来说,涨停板和跌停板就是市场流动性不足的表现:当市场上的买入力量远强于卖出力量以至于出现涨停板时,投资者的更多买入意愿就无法快速达成;而当卖出力量强于买入力量以至于造成跌停板时,卖出意愿也不能快速实现,只有进一步降低价格才有可能达成交易。

在竞价交易制度下,市场价格由依照特定规则的配对交易产生,且交易量大的委托可能需要等待较长时间。在做市转让交易制度下,由做市商向市场提供连续报价并作为买卖双方的交易对手方,这不仅降低了交易成本,也提升了交易速度,市场流动性大大增强。由此可见,较之竞价交易制度,做

市转让制度下的市场流动性更强。

2. 市场稳定性

证券市场的稳定性主要反映在价格的短期波动和平抑上。影响证券短期价格的原因很多，在交易层面上主要是交易机制和外部信息与噪声。从交易机制来看，就目前新三板市场的实际情况而言，做市转让制度比竞价交易制度更有利于保障短期内股价的稳定，特别是对于发行量较小的股票而言更是如此。从外部信息带来的影响来看，竞价机制对买卖双方的身份没有要求，可以是机构投资者也可以是个人投资者，其对外部信息和噪声的反应可能造成股价的剧烈波动。相形之下，做市转让始终有做市商的参与，对做市对象的深入了解和机构投资者的专业性使其对外部信息特别是对噪声的识别能力较强，市场价格的波动也相应较小。综上而言，做市转让交易制度更利于维护市场的稳定性。

3. 市场透明度

本报告所讨论的证券市场的透明度是指对市场上交易订单的信息披露程度，主要包括交易前信息透明和交易后信息透明两个方面。顾名思义，交易前信息透明是指交易执行之前市场对买卖订单的价格和数量信息予以充分公开，而交易后信息透明则是指交易完成后对成交价格、数量以及交易双方身份信息的充分披露。

在实行竞价交易制度的国内主板市场，集合竞价阶段的价格就是综合了市场全部订单而得到的，因此能够充分地反映市场交易的全貌，而进入连续竞价阶段，交易系统更是会实时公开五档买卖价格和挂单量，市场对交易订单的信息披露程度显然较高。相比之下，做市转让交易制度下的证券价格由做市商报价形成，并不能完全反映投资者真实的供求价格，要提高市场效率和透明度只能靠做市商参与度的提高，而对交易前信息的充分披露反而会增加其做市风险，降低其交易的积极性。可见，竞价交易制度下的市场透明度更高，而要加强做市转让制度下的信息披露，则更多要依靠市场组织者的监管和做市商的自律。

4. 交易成本

投资者的证券交易成本可以分为两类：需要缴纳的印花税、交易所手续费、过户费以及证券公司的交易佣金等直接成本，以及包括买卖价差、搜索成本以及延迟成本等在内的投资者不直接缴纳的间接成本。做市转让交易制度的交易成本主要来自做市商之间的相互竞争，因此隐性成本较大；相比之下，竞价交易制度的交易成本主要取决于交易量和投资者自身，因而相对较小。

综合上述分析，从证券市场的流动性、稳定性、透明度以及交易成本4个维度来看，竞价交易制度和做市转让交易制度各有千秋。考虑到目前新三板市场的特点，上市公司绝大多数是盘子小、交易量低的初创企业，市场交易的活跃度较差，因此竞价交易制度可能并不利于市场流动性和稳定性的增强，做市转让交易制度更加符合新三板市场的需要。但是，应注意做市转让制度的市场透明度较低，做市商有动力利用监管漏洞凭借自身信息优势损害投资者的利益，因此，在交易制度的设计上，市场对分层制度出台的呼声越来越高。

2015年全年，新三板市场上的挂牌企业和做市商数量保持了持续增长的态势，但成交量在年中一度大幅下滑，市场流动性严重不足。数据表明，截至2015年12月底，新三板挂牌公司总数已经达到5129家，早已于7月中旬正式超越主板上市公司数量，并保持了快速增加的态势。但值得注意的是，与一级市场的火爆形成鲜明对比，二级市场的表现则十分萎靡：尽管很快摆脱了与A股同周期的股灾暴跌，但两个重要指数，三板成指和三板做市指数在7月中下旬曾一度出现了横盘行情，交易量和交易额同时出现大幅萎缩，与此前市场普遍看好的日交易额大幅增长的行情大相径庭。2015年中，新三板二级市场近3个月成交量为零的企业高达1850家，占比达到58%；而在3个月内有成交量的企业中，累计换手率不足1%的企业达到15%。由此可见，新三板市场的资金主要截留在一级市场，二级市场的发展受到流动性不足的困扰和阻碍。究其原因，主要是新三板市场的投资门槛过高，限制了新投资者和资金的进入。此外，目前竞价交易制度尚未实行,新三板市场主要依靠做市转让制度,而做市商之间的策略博弈激烈,主动提供流动性的积极性不高,自然难以形成活跃的市场交易环境。

为了缓解新三板市场上的流动性紧张,分层制度、转板机制、公募机构入场等方面的政策调整和突破已在逐步落实中,我们有理由相信,新的政策制度的启动和实施将会成为破解新三板市场流动性难题的第一步。

市场监管篇

Market Supervision Part

B.8 新三板市场信息披露情况报告

罗 鸣*

摘 要： 鉴于新三板市场挂牌公司自身的特殊性，须更加注重挂牌公司信息披露的全面性、及时性和准确性。建立以信息披露为核心的新三板市场监管及自律规则体系，打破挂牌公司、投资者之间的信息壁垒，保障投资者的自由选择权，确保市场的正常稳定运作。现阶段新三板市场信息披露存在披露不真实、不充分、不严谨，披露内容烦琐和格式单调等问题。本报告在全面梳理目前新三板市场信息披露的制度框架、主要内容、程序标准等的基础上，提出新三板市场信息披露的改进方向，监管层应进一步明确新三板市场信息披露的标准，坚持以

---

* 罗鸣，经济学博士，特华博士后科研工作站应用经济学在站博士后，全国金融青联委员，现为太平资产管理有限公司北方项目事业部董事总经理（行政负责人），主要负责保险资金的另类投资业务。

投资者需求为导向进行信息披露，坚持强制性信息披露和自愿性信息披露相结合，加强对挂牌企业信息披露的监管等。

关键词： 新三板信息披露　问题　改进方向

目前，服务于成长初期小微企业的全国中小企业股份转让系统（以下简称"新三板市场"）和以地方股权交易中心为主体的场外市场，作为多层次资本市场的重要组成部分，已逐步进入快速发展阶段。新三板市场可谓我国资本市场注册制改革先行先试的试验田，其最大的特点是对挂牌企业的约束条件相对较为宽松，各行各业、各具特色的高科技、高成长和创新性强的中小企业都可申请挂牌，不对企业的盈利能力和经营状况等做出评判和背书，把投资决策权和价值判断权交还给投资者，真正建立投融资双方风险共担、利益共享的机制。因此，在这样的市场环境中，为确保交易双方，尤其是处于信息劣势方的投资者能公平、公正地进行交易，规范、有效的信息披露就显得尤为重要，在某种程度上，信息披露是新三板市场持续稳健发展的生命线。

一　新三板市场信息披露情况概述

新三板市场信息披露制度是以挂牌公司为主、多方主体共同参与的制度。从各主体在信息披露制度中所起的作用和定位来看，大体分为4类：第一类是信息披露的监管主体，主要包括证券市场的监管机构和政府有关部门；第二类是信息披露的一般主体，即证券发行人，依法承担信息披露义务；第三类是信息披露的特定主体，即证券市场的投资者，通常来讲他们并没有信息披露的法定义务，仅在特定情况下才有披露义务；第四类是股票交易场所等自律组织、各类证券中介机构，它们参与制定市场交易规则，有时也负有定期发布市场信息以提示投资者和交易对象的义务。

（一）信息披露的价值与功能

信息披露制度也被称作信息公开制度，具体是指负有信息公开义务的主体一般是证券发行人、中介机构及其他法定义务人在证券的发行、上市、交易等环节按照法律法规将有关公司运营、治理、财务、风险等影响投资者做出投资选择的信息及时、完整、全面、准确地向负有监管职责的机构报告并向社会公众公开的制度。信息披露制度旨在提高市场透明度，保护投资者权益，增强市场理性，强化投资者的信心。

信息披露制度对各类市场主体来说均具有巨大的价值。首先，对挂牌公司而言，信息披露是企业对外全面展示的途径，同时也是促进企业完善公司治理、规范商业运营的重要路径；其次，对于公司股东而言，信息披露是股东特别是中小股东了解管理层忠实、勤勉义务情况的重要方式；再次，对于潜在投资者而言，信息披露是投资者了解目标企业治理、运营、风险、财务、人员等整体情况的重要方式，对其做出投资决策具有关键意义；最后，对于整个证券市场而言，信息披露是促进保护投资者的重要举措，也是证券市场存在和良性发展的重要基础。

如前所述，新三板市场挂牌公司存在自身的特殊性，如果仅仅披露财务信息和内部治理信息，通常无法获得外界的足够信任，必然导致市场交易的冷清。因此，市场融资力度不够也是近年来新三板市场挂牌企业出现的普遍现象。因此，进行全面、及时、准确的信息披露已成为目前新三板市场挂牌公司的当务之急。无论是从维持市场稳定运作的角度，还是从保护投资者利益的角度，抑或是从增强挂牌公司融资能力的角度出发，建立以信息披露为核心的新三板市场监管制度都是当前监管部门所面临的最重要、最亟待解决的问题。

（二）新三板信息披露规制依据

我国新三板市场信息披露制度在法律体系上的构建仍不完备，新修订的《证券法》取消了我国证券市场对场外交易市场的限制，允许投资者在国务院批准的其他交易场所进行转让，此外新修订的《公司法》也允许股东依据国务院规定的其他方式，在证券交易所之外的场所进行股份转让，这在某种程度上是对我国新三板市场合法化的确认，但对新三板市场的信息披露制度并未有相关的规定，在基本法律层面存在相关规制的缺失。

在行政法规层面，主要有国务院制定的有关新三板市场信息披露问题的行政法规。2013年12月14日，国务院发布《关于全国中小企业股份转让系统有关问题的决定》①，该决定的出台标志着我国新三板市场定位和功能主体的进一步明晰，也开启了新三板市场信息披露制度建设的新篇章。在部门规章层面，主要有中国证监会制定的有关新三板市场信息披露工作的文件，包括《全国中小企业股份转让系统有限责任公司管理暂行办法》②、新修订施行的《非上市公众公司监督管理办法》③、《非上市公众公司监管指引》1~4号、《非上市公众公司信息披露内容与格式准则》1~4号和《关于加强非上市公司监督工作的指导意见》④ 等，明确非上市公众公司是信息

---

① 《关于全国中小企业股份转让系统有关问题的决定》强调了"申请挂牌的公司应当业务明确、产权清晰、依法规范经营、公司治理健全，可以尚未盈利，但须履行信息披露义务，所披露的信息应当真实、准确、完整"。此外，还规定了"证监会应当比照证券法关于市场主体法律责任的相关规定，严格执法，对虚假披露、内幕交易、操纵市场等违法违规行为采取监管措施，实施行政处罚。全国股份转让系统要制定并完善业务规则体系，建立市场监控系统，完善风险管理制度和设施，保障技术系统和信息安全，切实履行自律监管职责"。

② 《全国中小企业股份转让系统有限责任公司管理暂行办法》第22条明确规定了全国中小企业股份转让系统公司负责督促申请股票挂牌的股份公司、挂牌公司以及其他信息披露义务人，依法履行信息披露义务，披露的信息必须真实、准确、完整、及时，不得有虚假记载、误导性陈述或者重大遗漏；第28条还规定了其负责督促主办券商、律师事务所、会计师事务所等为挂牌转让等相关业务提供服务的证券服务机构和人员，诚实守信、勤勉尽责，严格履行法定职责，遵守法律法规和行业规范，并对出具文件的真实性、准确性、完整性负责。该办法通过督促主办券商切实履行自身职责，强化了市场主体的自我监管，此外考虑到中小企业的特殊性，实施适度的信息披露原则，降低了中小企业的信息披露成本，这是我国新三板市场监管制度的创新。

③ 2013年1月1日新修订施行的《非上市公众公司监督管理办法》规定非上市公众公司应当披露半年度报告和年度报告。

④ 2015年5月15日证监会发布了《关于加强非上市公司监督工作的指导意见》，要求非上市公众公司及相关信息披露义务人应当遵守《公司法》《证券法》《非上市公众公司监督管理办法》等法律法规，诚实守信，切实履行公众公司的各项义务，接受监督管理。

披露的第一责任人，要严格履行信息披露义务，不得有虚假记载、误导性陈述或重大遗漏，并对信息披露违法违规行为承担法律责任。在自律性规范层面，主要有全国中小企业股份转让系统有限责任公司制定的一些具体的业务细则，包括《全国中小企业股份转让系统业务规则（试行）》《全国中小企业股份转让系统公开转让说明书内容与格式指引（试行）》《全国中小企业股份转让系统挂牌公司信息披露细则（试行）》《全国中小企业股份转让系统挂牌公司年度报告内容与格式指引（试行）》《全国中小企业股份转让系统挂牌公司半年度报告内容与格式指引（试行）》《全国中小企业股份转让系统两网公司及退市公司信息披露暂行办法》等。

（三）新三板信息披露主要特点

第一，企业内部制度化。新三板挂牌企业需要制定公司的信息披露事务管理制度，经董事会审议后及时向全国股份转让系统公司报备并披露。

第二，专人负责制。股转系统要求挂牌企业将董事会秘书或信息披露事务负责人的任职及职业经历向系统报备并披露，同时，在上述人员发生变更时也要及时向系统报备披露。

第三，券商审查制。主办券商对推荐挂牌企业的信息披露负有勤勉督导义务，应当及时指导和督促所推荐挂牌公司规范履行信息披露义务，对挂牌公司的信息披露文件进行事前审查，当挂牌企业的信息披露存有瑕疵时，券商负有相应责任。

第四，报备与披露相结合。并非所有的信息均需要对外披露，股转系统采取了报备与披露相结合的制度。同时，报备分为向券商报备、向股转系统报备两种。披露为通过平台向社会公众披露。例如，挂牌公司应当在挂牌时向全国股份转让系统公司报备董事、监事及高级管理人员的任职、职业经历及持有挂牌公司股票情况，该情况并不需要披露。有新任董事、监事及高级管理人员或上述报备事项发生变化的，挂牌公司应当在两个转让日内将最新资料向全国股份转让系统报备。挂牌公司专门负责信息披露的人员变更时，应及时披露新的负责人。

第五，股转系统优先披露原则。挂牌公司可以在多个平台上进行信息披露，但是在其他媒体披露信息的时间不得早于在指定披露平台即股转系统的披露时间。

二 新三板市场信息披露主要内容

（一）挂牌前的信息披露

1. 信息首次披露

首次信息披露发生在公司被获准在新三板市场挂牌，申请挂牌公司缴纳挂牌初费和当年费后。根据《全国中小企业股份转让系统股票挂牌业务操作指南（试行）》之规定，在满足前述条件后，主办券商应协助其通过股转系统业务支持平台进行首次信息披露操作。

挂牌前首次信息披露文件包括：公开转让说明书、财务报表及审计报告、补充审计期间的财务报表及审计报告（如有）、法律意见书、补充法律意见书（如有）、公司章程、主办券商推荐报告、股票发行情况报告书（如有）、全国股转公司同意挂牌的函、中国证监会核准文件（如有）、其他公告文件。

2. 挂牌前的第二次信息披露

在挂牌日前一个交易日，申请挂牌公司及主办券商通过全国股转系统业务支持平台报送《关于公司股票将在全国股转系统挂牌公开转让的提示性公告》、《关于公司挂牌同时发行的股票将在全国股转系统挂牌公开转让的公告》（如有）和其他公告文件。

3. 申请挂牌期间公司其他类型信息的报告与披露

由于公司经营是一个持续的过程，因此，在公司申请挂牌阶段，除了首次信息披露和第二次信息披露两个时间点外，其余时间均有可能发生重大事件，这些事件是否需要披露？如何披露？

按照发生的阶段不同，前述信息应当报告的部门也不尽相同：自提交挂牌申请之日起至公转系统出具同意挂牌函之前，公司在此期间发生的所有重大事件均须及时向挂牌业务部报告；在股转系统出具同意挂牌的函至首次信息披露期间，涉及申请挂牌条件的重大事件应报告挂牌业务部，根据具体情况对公开转让说明书等首次信息披露文件进行更新调整；在首次信息披露至股票正式挂牌公开转让期间，公司应将需披露的有关事项及时向公司业务部、挂牌业务部两个部门报告，由股转公司业务部统一指导信息披露工作的开展。

4. 更正公告

按照股转系统要求，文件披露后，不得随意更改、替换或撤销。如确需修改，申请挂牌公司和主办券商通过全国股转系统业务支持平台提交申请挂牌公司出具的更正公告、更正后的信息披露文件、主办券商出具的情况说明（如涉及法律意见书更正的，由律师事务所出具说明；涉及审计报告及财务报表更正的，由会计师事务所出具说明），经挂牌业务部确认后，发布更正公告及更正后的信息披露文件。

（二）挂牌后持续信息披露

挂牌公司在性质上属于公众公司，应当履行持续信息公开的义务。挂牌后的信息披露义务按照发生的时间不同，分为定期披露和临时披露两种。

1. 定期报告

（1）定期报告的种类及披露期限。

新三板企业需要强制性披露的定期报告仅为年度报告和半年度报告。其中，半年度报告的披露期限为每个会计年度的上半年结束之日起两个月，即最晚每年的8月31日需要披露本年上半年度的报告；年度报告应当在每个会计年度结束之日起4个月内编制并披露，即最晚次年的4月30日需要披露前一年的年度报告。

股转系统不强制要求披露季度报告，但挂牌企业如自行披露季度报告的，则应当4月30日前披露第一季度的报告，10月31日前披露第三季度的报告。

鉴于上一年年度报告的披露日与本年第一季度报告最迟披露日重合，股转系统要求本年度第一季度报告的披露时间不得早于上一年的年度报告。

（2）定期报告的预约制。

股转系统对挂牌公司定期报告披露的具体日期采取预约制，即挂牌公司通过券商事先向股转系统预约定期报告的披露时间，最终由股转系统根据均衡原则统筹安排各挂牌公司定期报告的披露顺序。

公司应当按照全国股份转让系统公司安排的时间披露定期报告，因故需要变更披露时间的，应当告知主办券商并向股转系统申请，由后者视情况决定是否调整。

（3）定期报告的主要内容。

半年报告主要披露公司上半年的情况，包括公司盈利、偿债、运营、成长等方面指标，管理层对商业模式、经营情况、风险与价值情况的讨论与分析，还要披露财报及财报附注、股本结构及大股东情况、公司管理层及核心员工情况。

年度报告除了前述内容外，一般还应当披露当年的融资及分配情况、公司治理及内部控制等内容。同时，披露年度报告时一般应就主要财务数据和股东变化情况、管理层的讨论与分歧以及设计财务报告的相关事项制作年报摘要并在首部增加提示部分，提示摘要与年报本身的关系、管理层对年报的审议情况、会计师事务所对财报的审计情况及公司的联系方式。

2. 临时报告

（1）临时报告的定义及披露标准。

临时报告是指挂牌公司按照法律法规和全国股份转让系统公司有关规定发布的除定期报告以外的报告。临时报告讲究发布的时效性，重大事件发生后，公司应及时履行披露义务。如果应披露的事项同时涉及董事会或者监事会做出决议、签署意向书或者协议（无论是否附加条件或者期限）、公司（含任一董事、监事或者高级管理人员）知悉或者理应知悉重大事件发生3个阶段，则应当于该事件最先触及的时间点后及时履行披露义务。

（2）提前披露、持续披露、视同披露。

临时报告以发生制为原则，但在特殊情况下，需要提前披露。例如，对挂牌公司股票转让价格可能产生较大影响的重大事件虽然正处于筹划阶段，尚未触及前述任何一个时点，但该事件已经泄露或者市场已经出现了有关该事件的传闻、公司股票及其衍生品种交易已发生异常波动、该事件已经难以保密时，公司应及时做出披露。在编制公告时若相关事实尚未发生的，公司应当客观报告既有事实，待相关事实发生后，应当按照相关格式指引的要求披露事项进展或变化情况。

持续披露是指对需要披露的重大事项的进展持续跟踪，按阶段或者持续通报。例如，中科软科技股份有限公司于2015年3月30日发布了银行资金继续冻结的公告，披露其公司账户的存款被法院冻结至2015年8月4日的事实。时至2015年8月12日，其董事会又发布一则临时公告，披露了该事件的最新进展：法院以裁定书的形式继续冻结该笔存款，冻结期限至2016年7月27日。在可以预见的将来，中科软依然会发布有关该事件最新动态的公告直至该笔资金被解冻或被划扣。

视同披露是指挂牌公司控股子公司产生的可能对挂牌公司股票转让价格有较大影响的信息，视同为挂牌公司的重大信息，挂牌公司也应当披露。例如，2015年10月27日，行动教育集团发布了一则《关于子公司收到承担连带责任担保通知书的公告》，披露了其子公司虹临科技债权人要求虹临科技承担1亿余元债务连带责任的事实。

（3）临时报告的种类。

第一，董事会决议。董事会决议并非都需要披露，仅在董事会决议涉及《信息披露细则》规定的应当披露的重大信息时，公司才应当以董事会决议的形式及时披露。

第二，召开股东大会的通知。从形式上来讲，股东大会通知也是属于董事会决议的一种，但是，在内容上又有自己的特殊之处，且根据《信息披露细则》，所有的股东大会通知都是需要披露的，因此，本报告将其作为与董事会决议相并列的一种临时公告形式予以阐述。

由于股东大会通常都是由董事会决议召开的，故而对于该种公告，有公司直接以《××公司：第×届第×次董事会议决议公告暨召开×××年第×次临时股东大会的通知》的形式进行公告，也有公司以《××公司：第×届第×次董事会决议公告》与《××公司：关于召开×××年第×次临时股东大会的通知》两则临时公告进行披露，对此，股转系统都是接受的。

根据《公司法》规定，公司召开定期股东大会应当提前20日发通知，公司召开临时股东大会应当提前15日发出通知，故而《信息披露细则》也明确通知挂牌公司应当在年度股东大会召开20日前或者临时股东大会召开15日前，以临时公告方式向股东发出股东大会通知。

第三，股东大会决议。所有的股东大会决议均须以《××公司××××年第×次××股东大会决议的公告》的形式进行披露。其中，临时股东大会仅需要从会议召开和出席情况、议案审议情况以及备查文件目录3个方面进行披露，年度股东大会则需要增加律师见证部分，从股东大会召集召开程序、出席会议人员资格、表决程序等方面就会议决议的合法有效性发表意见。挂牌公司召开股东大会，应当在会议结束后两个转让日内披露相关决议公告。

第四，监事会决议。涉及应当披露重大信息的监事会决议，应当以临时公告的形式进行披露。

需要特别提示的是，所有的董事会决议（包括所有提案均被否决的董事会决议）、监事会决议均应向主办券商报备。

（4）关联交易的披露规则。

新三板市场区分日常性关联交易、偶发性关联交易，分别设定了不同的披露规则。

日常性关联交易指挂牌公司和关联方之间发生的购买原材料、燃料、动力，销售商品，提供或者接受劳务，委托或者受托销售，投资（含共同投资、委托理财、委托贷款），财务资助（挂牌公司接受的）等交易行为以及公司章程中约定适用于公司的日常关联交易类型。

对于每年发生的日常性关联交易，由公司按年度提前预估，对额度内的日常性关联交易在定期报告中以列表的形式加以披露，对超额部分公司应当根据公司章程就涉及事项提交董事会或者股东大会审议并披露。针对额度提前用尽的情况，公司可以中途追加额度，同样需要提交股东大会审理通过并披露。日常性关联交易年度预估应当在披露上一年度报告前进行，并提交股东大会审议，同时进行披露。

对于偶发性关联交易，应当经过股东大会审议并以临时公告的形式予以披露。偶发性关联交易的披露一般从定性、交易介绍、决策程序、公允性、必要性等角度进行披露，且应附上决议文件备查。

同时，股转系统对以下4种关联交易豁免披露：一是一方以现金认购另一方发行的股票、公司债券或企业债券、可转换公司债券或其他证券品种；二是一方作为承销团成员承销另一方公开发行的股票、公司债券或企业债券、可转换公司债券或其他证券品种；三是一方依据另一方股东大会决议领取股息、红利或报酬；四是挂牌公司与其合并报表范围内的控股子公司发生的或者上述控股子公司之间发生的关联交易。

（5）其他应当披露的重大事件。

其他应当披露的重大事件还包括：信息披露事务管理制度；挂牌公司对涉案金额占公司最近一期经审计净资产绝对值10%以上的重大诉讼、仲裁；利润分配实施方案；资本公积金转增股本实施方案；公共媒体传播消息的说明；股权激励计划；限售股份解除转让公告；大股东及实际控制人特殊股份变动公告；相关信息披露义务人未履行承诺情况原因及应对措施；异常波动；风险警示；终止挂牌；控股股东或实际控制人发生变更；控股股东、实际控制人或者其关联方占用资金；法院裁定禁止有控制权的大股东转让其所持公司股份；任一股东所持公司5%以上股份被质押、冻结、司法拍卖、托管、设定信托或者被依法限制表决权；公司董事、监事、高级管理人员发生变动；董事长或者总经理无法履行职责，公司减资、合并、分立、解散及申请破产的决定；依法进入破产程序，被责令关闭；董事会就并购重组、股利分派、回购股份、定向发行股票或者其他证券融资方案、股权激励方案形成决议；变更会计师事务所、会计政策、会计估计；对外提供担保（挂牌公司对控股子公司的担保除外）；公司及其董事、监事、高级管理人员、公司控股股东、实际控制人在报告期内受有权机关调查、被司法纪检部门采取强制措施、被移送司法机关或追究刑事责任、被中国证监会稽查、被中国证监会行政处罚、被证券市场禁入、被认定为不适当人选，或受到对公司生产经营有重大影响的其他行政管理部门的处罚；因前期已披露的信息存在差错、未按规定披露或者存在虚假记载，被有关机构责令改正或者经董事会决定进行更正；主办券商或全国股份转让系统公司认定的其他情形。

此外，发生违规对外担保、控股股东或者其关联方占用资金的公司应当至少每月发布一次提示性公告，披露违规对外担保或资金占用的进展。

挂牌公司发生的或者与之有关的事件没有达到本细则规定的披露标准，或者本细则没有具体规定，但公司董事会认为该事件对股票价格可能产生较大影响的，公司应当及时披露。

3. 信息披露的形式要求

定期报告以公司名义进行发布，临时报告除监事会公告外，其余均应当加盖董事会公章并由公司董事会发布。

发布人应当在信息披露首部就所披露信息做真实性、完整性、准确性保证。

4. 挂牌阶段的信息披露

结合新三板市场的实务，新三板挂牌时应当披露的主要内容包含以下几个方面。

（1）公司的基本情况。

公司基本情况指公司的基本工商登记信息，包括公司名称、公司类型、公司成立日期、公司住所、经营范围、法定代表人、注册资本，以及公司的股东及股东出资情况。

（2）公司的业务。

公司业务指公司的业务经营情况，公司是否按照工商登记的经营范围经营业务；公司主营业务是否明确、突出；公司是否具备持续经营能力；公司是否具备其业务经营所需的资质或许可；公司及中介机构需对上述情况如实披露。

（3）公司的治理。

公司的治理情况是股转中心关注的重点，重点关注以下几个方面：公司是否依法建立了由股东大会、董事会、监事会和高级管理层组成的"三会一层"的公司治理结构；"三会一层"的履职情况；公司的规范运作情况；公司现任董事、监事和高级管理人员的任职资格、竞业禁止和变化情况；公司章程的制定是否符合法定程序和生效要件。

（4）公司的财务。

公司在报告期内的税款缴纳情况，公司执行的主要税种、税率；是否享有税收优惠政策和财政补贴；公司报告期内的纳税情况，是否存在税收违法行为。

（5）关联交易。①

为了降低企业交易成本并提升竞争力，很多中小企业往往会选择在经营过程中加入大量关联交易，但关联交易的存在可能会对企业造成内幕交易、利润转移、税负回避等方面的不利影响。因此，关联交易是信息披露以及监管部门审核的重点项目。

关于关联交易的类型，关联交易发生于关联方之间，类型通常包括：①购买和销售商品；②购买或销售商品以外的其他资产；③提供或接受劳

---

① 按照财政部2006年颁布的《企业会计准则第36号——关联方披露》的规定，在企业财务和经营决策中，如果一方控制、共同控制另一方或对另一方施加重大影响，以及两方及以上同受一方控制、共同控制或重大影响的，构成关联方。上述控制是指有权决定一个企业财务和经营政策并能据以从该企业的经营活动中获取利益；共同控制是指按照合同约定对某项经济活动所共有的控制，仅在与该项经济活动相关的重要财务和经营决策需要分享控制权的投资方一致同意时存在；重大影响是指对一个企业的财务和经营政策有参与决策的权力，但并不决定这些政策。《全国股份转让系统信息披露细则（试行）》第32条规定，挂牌公司的关联方及关联关系包括《企业会计准则第36号——关联方披露》规定的情形，以及挂牌公司、主办券商或全国股份转让系统公司根据实质重于形式原则认定的情形。可见，全国股份转让系统原则上以《企业会计准则第36号——关联方披露》作为认定关联方和关联交易的依据。

务；④担保；⑤提供资金（贷款或股权投资）；⑥租赁；⑦代理；⑧研究与开发项目的转移；⑨许可协议；⑩赠予；⑪债务重组；⑫非货币性交易；⑬关联双方共同投资。上述发生于关联方之间的转移资源、劳务或义务的关联交易并不以收取价款作为构成要件。

关于关联方的认定，根据《公司法》和《上市公司信息披露管理办法》的规定，挂牌公司的关联方应包括关联法人[①]和关联自然人[②]，关联自然人关系如图1所示。

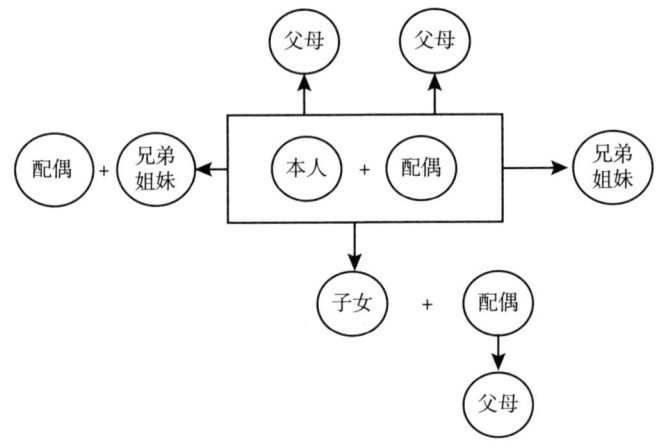

图1 关联自然人关系

---

① 关联法人是指：(a) 直接或者间接控制公司的法人或其他组织；(b) 由第(a)项直接或者间接控制的除公司及其控股子公司以外的法人或其他组织；(c) 由公司关联自然人直接或者间接控制的，或者由关联自然人担任董事、高级管理人员的除公司及其控股子公司以外的法人或其他组织；(d) 持有公司5%以上股份的法人或其他组织；(e) 根据实质重于形式原则认定的其他与公司有特殊关系，可能导致公司利益对其倾斜的法人或其他组织。其中，(b) 项所列法人受同一国有资产管理机构控制的，不因此而形成关联关系，但该法人的法定代表人、总经理或者半数以上的董事兼任上市公司董事、监事或者高级管理人员的除外。

② 关联自然人包含如下情形：(a) 直接或间接持有公司5%以上股份的自然人；(b) 公司董事、监事和高级管理人员；(c) 前条(a) 所列关联法人的董事、监事和高级管理人员；(d) 本条第(a)项和第(b)项所述人士的关系密切的家庭成员，包括配偶、年满18周岁的子女及其配偶、父母及配偶的父母、兄弟姐妹及其配偶、配偶的兄弟姐妹、子女配偶的父母；(e) 根据实质重于形式原则认定的其他与公司有特殊关系，可能导致公司利益对其倾斜的自然人。

具有以下情形之一的法人、其他组织或者自然人,视同上市公司的关联人:①根据与上市公司或者其关联人签署的协议或者做出的安排,在协议或者安排生效后,或在未来 12 个月内,将具有前两条规定的情形之一;②过去 12 个月内,曾经具有前两条规定的情形之一。

控股股东、实际控制人应当保证公司的独立性,不得通过关联交易等方式直接或间接侵占挂牌公司的资金、资产,损害挂牌公司及其他股东的利益。公司应该及时、真实、完整地披露所有关联方和关联交易,故意不披露、不完整披露或者错误披露关联交易的行为,将构成虚假记载、误导性陈述或者重大遗漏。

三 新三板市场信息披露平台及程序

(一)股转系统是新三板市场信息披露最全面、最及时、最权威的平台

根据《非上市公众公司监管指引第 1 号——信息披露》的相关规定,非上市公众公司应当本着股东能及时、便捷获得公司信息的原则,并结合自身实际情况,自主选择一种或者多种信息披露平台,如非上市公众公司信息披露网站(http：//nlpc.csrc.gov.cn)、公共媒体或者公司网站,也可以选择公司章程约定的方式或者股东认可的其他方式。无论采取何种信息披露方式,均应当经股东大会审议通过。

在全国股转系统信息披露系统正式上线运行之前,新三板市场的信息披露工作一直由深圳证券信息公司承担,投资者可以在巨潮资讯网站的信息披露一栏中,查询到旧三板和新三板市场挂牌公司的相关信息。自 2015 年 1 月 12 日起,股转系统推出了自己的信息披露系统,由于股转系统规定通过其他途径披露信息不得早于股转系统披露的时间,因此,股转系统官方网站(http：//www.neeq.com.cn)是新三板信息披露最全面、最及时、最权威的平台。

在股转系统的网站上，可以清楚地看到"信息披露"和"挂牌公司"两个专栏，可以查到各挂牌公司的最新公告。

对于信息申报主体来说，前述企业信息是通过信息披露系统实现的。该系统由信息披露文件编制端和信息披露文件报送端组成。挂牌公司通过编制端编制披露文件，主办券商使用"全国中小企业股份转让系统数字证书"通过报送端报送披露文件。数字证书是主办券商登陆报送端的身份证明，使用数字证书在报送端进行的操作行为均代表主办券商的行为，主办券商承担相应的法律责任。信息披露系统在规定的时间段中将披露文件自动发送至全国中小企业股份转让系统指定信息披露平台。

（二）新三板企业信息披露的程序

新三板企业的信息披露一般包含6个步骤。

1. 挂牌公司编制披露文件

挂牌公司董事会秘书或者信息披露事务负责人在编制端使用信息披露文件编制工具填写披露内容，生成信息披露文件。编制工具里没有明确给出模板的临时报告，由挂牌公司根据有关规定自行编制。在编制信息时，挂牌公司应当对信息披露文件内容的真实性、准确性、完整性进行核查，确保不存在虚假记载、误导性陈述或者重大遗漏，并对其真实性、准确性、完整性承担相应的法律责任。

2. 挂牌公司将披露文件报送主办券商

挂牌公司将编制好的信息披露文件及备查文件送达主办券商。一般情况下，前述材料包括加盖董事会章的信息披露纸质文件及相应电子文件，其中电子文件包括定期报告或临时报告正文及相应 XBRL 文件。

3. 主办券商事前审查

主办券商对拟披露的信息披露文件进行事前审查，发现拟披露的信息披露文件与股转系统相关规定不符的，主办券商应与挂牌公司沟通，督导挂牌公司进行更正或补充。

如果拟披露的信息披露文件存在虚假记载、误导性陈述或重大遗漏的，主办券商应要求挂牌公司及时改正，挂牌公司拒不改正的，主办券商应通过报送端向全国股转公司报告，并在挂牌公司信息披露文件披露当日同时发布风险揭示公告。

主办券商对年度报告进行事前审查时，如发现挂牌公司的财务报告被出具了否定意见或者无法表达意见的审计报告，或期末净资产为负值，或出现股转系统规定的其他情形的，主办券商应通过报送端向全国股转公司报告。

4. 主办券商上传至信息披露系统

主办券商通过报送端将信息披露文件正文（PDF 格式）及 XBRL 文件（自行编制的除外）上传至信息披露系统。主办券商最迟应在披露日 20：00 前完成事前审查并上传。信息披露文件一经上传将不可撤回。

5. 信息披露系统将信息披露文件发送至信息披露平台

主办券商在转让日 15：30 前提交信息披露文件，且拟披露日期为当日的，信息披露系统于当日 15：30 后自动将信息披露文件发送至信息披露平台披露。

主办券商在转让日 15：30 后提交信息披露文件，且拟披露日期为当日的，信息披露系统自动将信息披露文件发送至信息披露平台披露。

6. 股转系统审查与反馈

全国股转公司监管人员在信息披露系统上对信息披露文件进行审查，若发现信息披露文件不符合股转系统关于信息披露的有关规定，或信息披露文件存在重大错误或遗漏的，将通过信息披露系统向主办券商发送反馈意见。主办券商对有关问题核实后应及时通过信息披露系统向股转公司进行回复。在确认已披露的文件确实存在错误或遗漏需要更正或补充的，挂牌公司需要发布更正或补充公告，并重新披露相关信息披露文件，原已披露的信息披露文件不做撤销。

挂牌公司不能按照规定的时间披露信息披露文件，或发现存在应当披露但尚未披露的信息披露文件的，挂牌公司应发布补发公告并补发信息披露文件。全国股转公司若发现挂牌公司存在应披露但未披露信息披露文件的，应通知主办券商督促挂牌公司发布补发公告并补发信息披露文件。

新三板信息披露的流程可以用图2清晰显示：

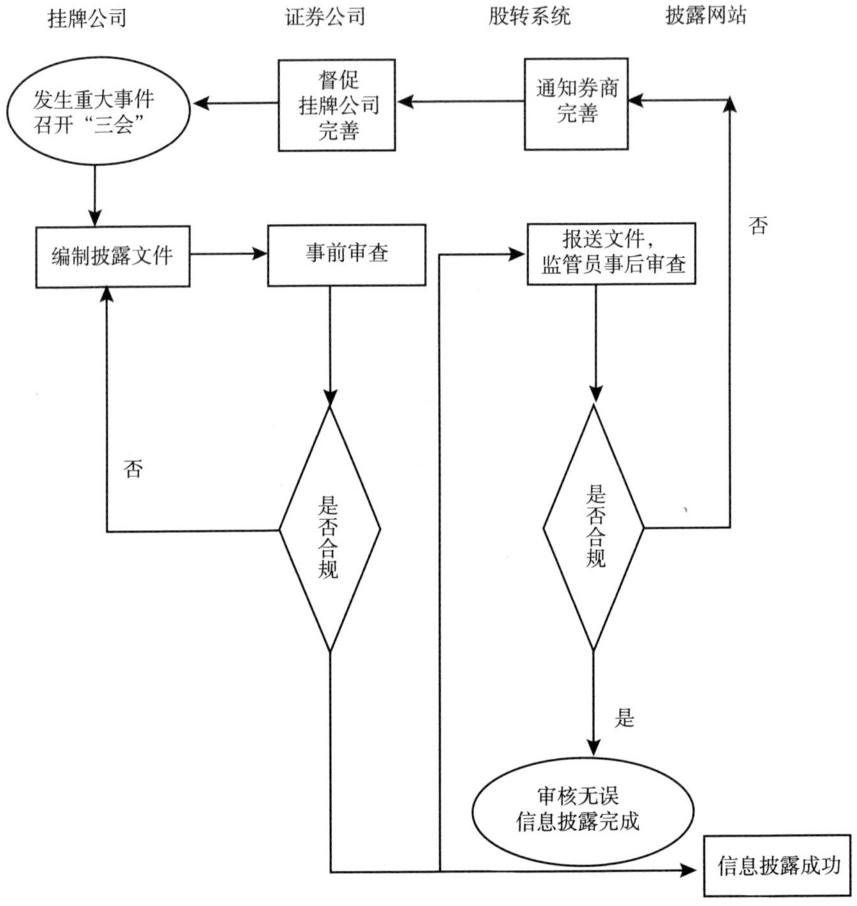

图2 新三板企业信息披露流程

（三）特别提示

定期报告采取预约制。披露应当由挂牌公司与主办券商商定披露日期，并由主办券商通过报送端的电子化预约功能协助挂牌公司完成披露时间的预约。因特殊原因需要变更披露预约时间的，主办券商应协助挂牌公司在原预约披露日 5 个转让日前通过报送端进行修改；在 5 个转让日内需要变更预约披露时间的，挂牌公司还应发布《关于变更××年度（半年度）报告披露日期的提示性公告》。

信息披露系统根据均衡披露原则，限制每日预约量以及修改次数。预计披露日期、变更情况及最终披露日期将在信息披露平台上公布。

挂牌公司申请豁免披露涉及国家机密或商业秘密的信息，应通过主办券商向股转系统申请并提出豁免披露的充分依据。豁免定期报告相关信息披露的，主办券商应协助挂牌公司在申报预约披露日期的同时通过报送端申请；豁免临时报告披露的，应及时在线下向全国股转公司提出申请。

四　新三板信息披露主体与标准

（一）信息披露的主体

新三板信息披露义务人包括挂牌公司及其董事、董事会、监事、监事会、高管、股东、实际控制人、收购人及其他相关信息披露义务人。

挂牌公司需要对公司的基本情况包括业务情况、治理情况、财务状况等进行披露。

挂牌公司是信息披露第一责任人，要严格履行信息披露义务，不得有虚假记载、误导性陈述或重大遗漏，并对信息披露的违法违规行为承担法律责任。

挂牌公司的董事、监事、高管对各自承诺范围内的事项如兼职情况等负有披露义务，同时董事和董事会还对临时报告负有披露义务。

公司控股股东对自己的持股情况负有披露义务。

（二）信息披露的原则与标准

时效性原则。信息对于交易行为至关重要，故而股转系统一般要求自起算日起或者触及披露时点的两个转让日内需要披露相关信息。

真实性、准确性、完整性原则。该原则主要是针对所披露信息的内容而

言。其中，真实性是信息披露的首要原则，它要求披露义务人所披露的信息必须是客观真实的，且陈述应与客观事实相一致，所披露的信息均有充分的依据。准确性是要求发行人披露信息时必须准确表达其含义，所有信息必须提供来源资料，信息披露文件用语严谨、客观，不得存在误导性陈述。完整性是要求所披露的信息在数量上和性质上能够保证投资者形成足够的投资判断意识，不得存在重大遗漏。

有限性原则。该原则又称为保护商业秘密原则，商业秘密是指不能为公众通过公开途径知悉，但能为权利人带来经济利益，具有实用性并经权利人采取保密措施的技术信息和经验信息。根据股转中心的披露要求，当所披露的信息涉及国家秘密或者商业秘密时，义务人可以向股转系统申请披露义务豁免。

新三板信息披露的标准是及时、公平地披露所有对公司股票及其他证券品种转让价格可能产生较大影响的信息，并保证信息披露内容的真实、准确、完整，不存在虚假记载、误导性陈述或重大遗漏。

五　新三板市场与证券交易所市场信息披露的主要区别

新三板与主板、中小板、创业板等交易所市场是有着本质区别的，具体而言可以概括为 5 个"不同"。第一，挂牌企业性质不同。新三板挂牌企业是非上市公众公司，而在证券交易所上市的企业是上市公众公司。第二，功能定位不同。新三板主要的服务对象为创新型、创业型、成长型中小微企业。第三，投资者门槛不同。新三板实行严格的投资者适当性管理，高门槛确保能够进入市场的机构投资者及个人都具有较强的投资能力。第四，交易方式不同。新三板实行以协议定价为主的交易制度。第五，发行方式不同。新三板挂牌企业只能定向发行，且严格限定发行对象和人数，相较之下，创业板是公开发行，其对投资者没有限制。市场本质上的区别导致各自的信息披露制度不同。从理论上讲，主板、中小板、创业板等证券交易所市场应具备更严格的信息披露标准。当然,我们鼓励新三板挂牌企业进行更加详细的信息披露,然而现实中,指望新三板达到和主板等一样的信息披露标准是不现实、不经济且没有必要的。

与上市公司的要求相比,新三板的信息披露标准差异主要体现在以下几个方面:①财务信息方面,只需要披露资产负债表、利润表及其主要项目附注,鼓励披露更为充分的财务信息;②年度财务报告只需要经会计师事务所审计,鼓励其聘任具有证券从业资格的会计师事务所审计;③挂牌时只需要披露最近两年的财务报告;④只需要披露首次挂牌的报价转让报告、后续的年度和半年度报告,鼓励披露季报;⑤只需要在发生对股份转让价格有重大影响的事项时披露临时报告,而无须比照上市公司,在发生达到一定数量标准的交易后就要披露临时报告。

事实上,新三板市场现行的信息披露制度已经能够满足市场上大部分投资者的需求。这是因为新三板市场实行合格投资者制度,并不允许一般的散户进入,使合格投资者成为市场上的投资主体。而合格投资者对企业信息披露的依赖性并没有那么强,其可以通过实地调研、企业谈判以及自身的专业知识和投资经验做出投资决策。同时,协议定价制度以及较高的最少交易股数进一步确保了投资者的相对理性。因此,新三板企业的信息披露并非越多越好,要在投资者的投资需求和企业信息披露成本之间寻找平衡点,从而提升效率,做到有的放矢。

六 新三板信息披露当前存在的主要问题

2015年11月16日,全国股转系统官网发布了《自律监管措施信息表》①,点名批评了48家信息披露违规的企业,其中包括中科招商、达仁资管、紫罗兰、盖亚互娱等多家知名公司。对该自律监管信息表进行梳理发

---

① 此次全国股转系统公布的监管信息表,统计的时间区间为2014年3月14日至2015年11月9日。

现，这些被监管的对象一般有3类：挂牌公司、公司实际控制人及高管、主办券商等中介机构。

第一类，挂牌公司信息披露违规。

信息披露是高效率证券市场的基石，新三板高度重视信息披露工作，要求挂牌公司全面及时披露企业信息。挂牌公司信息披露违规行为包括：披露信息遗漏或存在瑕疵、未及时披露信息、未履行核准程序前披露信息。

其中披露信息遗漏或存在瑕疵的情况一般在年报披露上尤为突出，具体包括两类。一是年报遗漏审计报告正文或附注。例如，凯英信业因未及时更正2012年年度报告，未按规定披露会计差错和更正应披露信息，被股转系统出具警示函且被要求提交书面承诺。二是未按规定更正年报信息或年报信息与审计报告不一致。除年报遗漏相关信息外，还有挂牌公司存在关联方、关联交易等事项。比如，蓝天环保因关联方披露不完整、关联交易未经内部决策程序且未披露、关联方资金占用未披露而被要求提交书面承诺，其总经理因兼职信息披露不完整，应对公司关联方披露不完整、关联交易与关联方资金占用未按关联方事宜决策及披露承担主要责任，被约见谈话，并被要求提交书面承诺。

此次股转系统对多家挂牌公司未及时披露信息的行为进行了批评。以安普能和中科招商为例，安普能因3起重大涉诉事项未及时履行信息披露义务，监管层对其出示警示函，要求其提交书面承诺。PE巨头中科招商在未通过全国股份转让系统指定信息披露平台披露融资具体方案的情况下，向媒体透漏融资的具体细节，构成信息披露违规。中科招商也表示公司今后将以主板的标准进行信息披露，凡涉及公司的信息均以公司正式公告为准。而以华盛控股为首的企业因未在履行核准程序前披露信息而遭到监管层的监管。华盛控股股东人数超过200人，向特定对象发行股票，未经中国证监会核准，便违规披露认购公告并进行认购，被约见谈话。

第二类，中介机构因督导不力，频现违规行为。

因中介机构督导不力，监管层对共计35家企业提出了批评，其中因主办券商督导不力违规的有约30家。违规行为主要为未能督导挂牌公司规范履行信息披露义务，未能尽责对信息披露文件进行事先审查。

齐鲁证券主办的凯英信业、中试电力、三信股份，中原证券主办的中控智联，山西证券主办的泰谷生物，华泰证券主办的大树智能，长江证券主办的华盛控股，中科招商主办的中科招商等都赫然在列。以达仁资管为例，2015年11月9日，达仁资管重大资产重组暂停转让申请违规，兴业证券作为主办券商未能勤勉尽责，未能督导达仁资管按照相关规定申请暂停转让。对于主办券商的违规行为，股转系统采取了约见谈话、要求其提交书面承诺和出具警示函的监管措施。

除了主办券商出现违规行为，会计师事务所、审计事务所也有违规行为发生。例如，凯英信业的审计事务所中审国际，因未能勤勉尽责地履行审计师职责而被点名批评。

第三类，挂牌公司的信息披露义务人存在违规行为。

在信息披露中，公司实际控制人和董事会秘书是最为关键的义务承担主体。对于公司实际控制人来说，应做到不干预、不操纵或不使用其他不正当手段干扰公司的信息披露工作；而对于董事会秘书或其他信息披露直接责任人来说，应做到恪尽职守，熟悉公司应披露的各项事项及披露时间，确保及时、公平、全面地披露所有对公司股票及其他证券品种转让价格可能产生较大影响的信息，并保证信息披露内容的真实、准确、完整，不存在虚假记载、误导性陈述或重大遗漏。

此次被股转系统点名批评的包括蓝天环保、中控智联、中航新材、泰谷生物、中试电力等共计30家企业。例如，潘忠是蓝天环保的总经理，但其兼职信息披露不完整，应对公司关联方披露不完整、关联交易与关联方资金占用未按关联事宜决策及披露承担主要责任。闫晓华同时作为中控智联的董事会秘书，负责公司信息披露管理事务，未能恪尽职守、履行勤勉义务，对中控智联的信息披露违规行为负有相应责任。此外，金童股份的董事会秘书宋顺金、创元期货的董事会秘书杨世壁、海特股份的董事会秘书朱海燕均要对公司的信息披露违规行为负法律责任，被股转系统出具警示函。

七 新三板信息披露改进方向

一是信息披露要以投资者需求为导向。新三板的信息披露应该以满足投资者的需求为出发点和落脚点，通过完善挂牌、监管等各个环节，建立一个有机衔接的信息披露规则体系。然而，值得注意的是现阶段新三板挂牌企业制作信息披露材料基本上是按照主板、创业板等证券交易所的模板来做的。这样事无巨细、面面俱到的信息披露模式，对于中小企业而言是超越其发展阶段的过高要求，也是不必要的。企业信息披露制度应当明确到底需要披露什么样的信息，应当在展现一个企业生存和发展最基本的方面的同时，为投资者制定自主投资决策起到至关重要的作用。因此，挂牌企业应该着重披露类似于描述企业经营模式以及公司治理结构，突出企业核心竞争优势，充分揭示企业经营风险以及所采取的风险管理措施等方面的信息，防止披露过多增加企业额外负担、降低效率。

二是信息披露应强制性和自愿性相结合。强制性信息披露和自愿性信息披露相结合应该是新三板信息披露的主要原则，二者相辅相成。目前，建立统一的信息披露标准在监管层面和公司运营层面仍存在较大困难。因此，鉴于新三板市场上企业类型多样的特点，可以先制定一个基本的信息披露框架，其中规定一部分内容将被强制披露，同时再规定一部分企业可以自愿选择披露的内容。通过将披露内容进行分类，可以有效地促进企业进行信息披露，减少不必要的成本浪费，同时进一步完善监管体系。

三是信息披露要对不同层级实行差别化标准。由于新三板企业与其他上市企业相比，企业多样性程度高，差异也较大，以统一化标准进行监管难度较大。所以，有必要对新三板按照企业发展阶段、所处行业等进行分层分类，从而对不同层级、不同类别的企业采取不同的信息披露制度。例如，成熟期企业由于自身经营模式较成熟，信息披露要求可相对较高；而处于发展初期的企业，经营模式尚不稳定，公司治理仍须完善，信息披露要求则可相对宽松。

此外，随着新三板挂牌企业的增加以及相关制度的完善，应对新三板信息披露违规行为采取更加严厉的监管和处罚，要做到双管齐下，一方面要对违反信息披露规范要求的挂牌企业及相关责任人进行惩处，另一方面要对负有相关辅导责任的证券公司进行处罚，以进一步提升市场主体的违规成本，正本清源，为新三板市场的良性发展保驾护航。

参考文献

1. 邢会强：《新三板市场建设法律问题研究》，中国法制出版社，2015。
2. 李建伟：《非上市公众公司信息披露制度研究》，《公司法律评论》，上海人民出版社，2011。
3. 吴国鼎、鲁桐：《新三板企业信息披露制度》，《中国金融》2015年第7期。
4. 刘晶：《论我国三板市场信息披露的完善》，《中国证券期货导报》2013年第2期。

B.9
监管与处罚情况报告

孟宪明　郭君磊*

摘　要： 古人云"徒法不足以自行",新三板市场各项规则的落实必须有有效的监管制度、完备的监督体系及强有力的监督措施做支撑,否则,前述制度将成为"没有牙齿的老虎"。鉴于此,新三板市场在监管执法层面采取了行政监管与自律监管相结合的模式。本报告旨在从实证的角度对新三板市场近两年的监管执法情况进行研究。在结构上共包括如下五部分:第一部分论述新三板市场的监管模式及监管主体;第二部分通过数据统计和实例剖析探究相关主体尤其是挂牌企业被处罚的主要原因及监管主体的执法趋势;第三部分对证监会及其派出机构的执法情况进行梳理;第四部分对股转系统自律监管措施进行梳理;第五部分有针对性地提出避免处罚的建议措施。

关键词： 新三板监管　自律措施　信息披露

资本市场的投资者和融资者的规模和主体特征不尽相同,多元化的投资需求决定了一个成熟的资本市场也必然是多层次的。新三板市场自成立以来

---

* 孟宪明,北京市安理律师事务所高级合伙人,新三板研究院特聘讲师,北京市律师协会并购重组与不良资产处置法律事务专业委员会委员,北京市律师协会著作权委员会委员,在公司业务、投融资、资本重组等业务领域有专长;郭君磊,北京市安理律师事务所高级合伙人,北京市律师协会风险投资与私募股权法律专业委员会委员,研究领域为互联网金融与私募基金。

就肩负着为创新、创业、成长型中小企业提供服务的使命,是我国多层次资本市场体系的重要环节。近年来,新三板市场的发展突飞猛进,但高速发展的背后,也有不少潜在的问题。

2014年1月,泰谷生物正式登陆新三板市场。2013年12月,为了偿还个人债务,控股股东曹典军作为债务人从泰谷生物借入款项1031.63万元,涉嫌违规占用公司资金。司法机关要求公司控股股东协助调查,2014年1月27日,因涉嫌滥用职权罪、行贿罪,控股股东被检察机关依法逮捕,同年4月25日,曹典军被取保候审。

公司未及时披露前述重要信息,后经山西证券督导,2014年5月21日,控股股东曹典军全额偿还了其占用的公司资产。

控股股东侵占挂牌公司资产的行为,严重影响了公司其他股东及公司的利益,涉嫌违反《新三板业务规则(试行)》第4.1.4条规定。2014年8月6日,泰谷生物、公司信息披露负责人、财务总监被股转系统出具了警示函,同年8月11日,股转系统约谈了主办券商山西证券,并对各方进行了相应的处理:泰谷生物因未能履行信息披露义务被股转系统采取自律监管措施,公司董事会秘书兼财务总监未能勤勉履职、恪尽职守被采取自律监管措施,同时,股转系统对公司控股股东进行通报批评并记入诚信档案。

2015年2月11日,股转系统网站上刊发了一则《关于对北京中科可来博电子科技股份有限公司及相关责任人给予通报批评处分的决定》,通报了可来博2013年年度报告中披露的审计报告并非经审计师事务所正式出具的审计报告,2014年5月12日公司的临时公告未加盖董事会公章,公司未及时披露2014年5月20日年度股东大会等违规行为,并对可来博公司给予通报批评的纪律处分,记入诚信档案。同时,给予公司的董事长、董事会秘书、财务总监通报批评的纪律处分,并记入诚信档案。①

2015年5月13日,新三板挂牌企业国贸酞领的公司股票交易异常,证

---

① 见股转系统官网,http://file.neeq.com.cn/upload/disclosure/2015/0211/20150211172730114.pdf,最后访问于2015年12月18日。

监会决定对其进行调查，不足一月，证监会向该公司控股股东陈宏庆出具调查通知书，10月27日，公司控股股东陈宏庆收到中国证监会的行政处罚决定书。

证监会经审理认定：陈宏庆的行为构成《证券法》第203条所述"操纵证券市场"行为，责令陈宏庆在收到行政处罚决定书之日起15个交易日内依法处理非法持有的证券，没收违法所得800720元，并处以800720元罚款。①

以上案例虽然只是新三板相关主体违规行为的个案，但是从中不难看出监管执法主体既有证监会也有股转系统，采取的措施既有罚款也有通报，被采取监管措施的对象既有挂牌企业也有中介机构。

那么，对新三板市场的监管到底应该采取什么模式？监管的主体有哪些？企业违法违规行为的重灾区在哪里？法律对这些行为规定了什么样的法律后果？企业应当如何避免违法违规行为？后文将以我国非公众公司的监管模式为出发点，通过实证研究的方法揭示监管层重点关注的违规行为，以及这些行为的法律后果，同时有针对性地提出对策。

一 我国对新三板挂牌企业的监管模式及执法主体

非上市公众公司这一概念发源于西方英美法系，并非我国《公司法》概念，我国第一次提到公众公司是在2006年，《国务院办公厅关于严厉打击非法发行股票和非法经营证券业务有关问题的通知》提出："证监会要根据公司法和证券法有关规定，尽快研究制定有关公开发行股票但不在证券交易所上市的股份有限公司（以下简称非上市公众公司）管理规定，明确非上市公众公司设立和发行的条件、发行审核程序、登记托管及转让规则等，将非上市公众公司监管纳入法制轨道。"2008年证监会成立了非上市公众公司监管部，2012年颁布了《非上市公众公司监督管理办法》并于2013年底进

---

① 见证券日报网，http://www.ccstock.cn/stock/gupiaoyaowen/2015-11-19/A1447900291100.html，最后访问于2015年12月18日。

行修订，同时出台了一系列配套措施，此后新三板扩容，规模逐渐扩大，与之相对应，对新三板监管的力度也逐渐加大。

（一）我国对新三板挂牌企业的监管原则及具体模式

我国对新三板挂牌企业的监管遵循以下3个原则。

一是发挥市场作用，建立健全包括自律监管、中介督导、社会监督在内的多维度一体化的市场约束机制。

二是依法明确行政监管与自律监管的内容与边界，两者各司其职。

三是建立健全一体化的监管机制，对欺诈、虚假披露、内幕交易、操纵市场等违法违规行为不纵容、不姑息，坚决查处。

2015年5月15日，证监会发布了《关于加强非上市公众公司监管工作的指导意见》（以下简称《指导意见》），再一次明确了行政监管与自律监管相结合的方式以及分类监管的模式。根据《指导意见》之规定，我国现在对非公众公司进行监管的总体思路是"以信息披露为本，以公司自治和市场约束为基础，强化对市场主体本身运作的规范性要求，强化自律组织权责，明确监管体系内部分工，构建职责明确、分工清晰、信息共享、系统高效的非上市公司监管体系，以保护投资者合法权益，提升资本市场服务实体经济的能力"。[①]

综上，我们将新三板挂牌企业的监管模式定位为行政监管与自律监管相结合的模式。下面将结合《指导意见》的规定，重点从监管主体及各自分工、职能的角度进行论述。

（二）新三板挂牌企业监管执法主体

1. 证监会

证监会作为全国证券期货市场监督主管部门，负有维护证券期货市场秩序，保障其合法运行的职能。证监会在新三板监管中依法履行牵头抓总职

---

① http://www.csrc.gov.cn/pub/zjhpublicofnb/jgdx/201507/t20150731_282196.htm，最后访问日期2016年3月20日。

能、指导、协调、督促、检查派出机构和股转系统的监管工作。在具体组织机构设置中，证监会下设非上市公众公司监管部，通过规则制定的方式规范派出机构监管执法的程序、标准，健全非上市公众公司监管制度体系，并适时修订完善以更好地统筹行政监管与自律监管。通过拟定信息披露规则、实施细则等方式，监督非上市公众公司的信息披露情况，并指导股转系统根据挂牌公司的特点制定信息披露标准。审核股份有限公司公开发行股票的申报材料，并监管其发行活动。组织协调针对挂牌企业的重大监管行动、风险处置等工作，同时对自律监管情况进行监督检查。

2. 证监会派出机构

证监会派出机构受证监会垂直领导，负责证券期货市场一线监管工作。在新三板企业监管中，证监会派出机构主要职责为以下3项。第一，掌握辖区挂牌公司的基本情况和监管信息，并对前述企业进行日常非现场监管。其中，工商部门企业信息公示系统、中央监管信息系统、新三板系统、诚信数据库等平台是其履行该项职能的必要依托。第二，根据发现的涉嫌违法违规行为的线索对辖区挂牌企业进行现场检查，并对违法违规行为根据性质进行处理或移交股转系统进行自律监管。第三，以对挂牌企业的监管为起点，对主办券商等中介机构进行延伸检查，针对负有督导义务的券商的违法违规行为采取监管措施。

3. 股转系统

股权系统是经国务院批准设立的全国性证券交易场所，在新三板挂牌企业监管中从制定业务规则，审查申请事项，监督信息披露，股票转让等事务，查处违纪行为，必要时提交证监会惩处等方面履行自律监管职责。除了新三板挂牌企业外，股转系统自律监管的对象还包括原STAQ、NET系统挂牌公司，即俗称的"两网公司"和退市公司。此外，受理自律监管范围内媒体、个人对挂牌公司的投诉、举报，牵头组织对挂牌公司、中介机构的培训工作等也属于股转系统的工作范畴。

除对新三板市场主体进行监管外，股转系统自身也要接受证监会的监管，对证监会履行报告义务，接受证监会的指令修改公司章程和业务规则。

同时，证监会可以对股转系统进行定期、不定期的现场检查，并对其履职和运营情况进行考核和评估。

股转系统监管在性质上属于自律监管。

与新三板监管相关的法律法规主要有《证券法》《非上市公众公司监督管理办法》《全国中小企业股份转让系统业务规则（试行）》。

二 非上市公众公司及中介机构被监管部门处罚的主要原因

（一）新三板企业及相关主体被处罚的情况

2014年3月至2015年10月8日，股转系统共采取自律监管措施106人次，涉及大树智能、青鹰股份等42家挂牌企业以及海通证券、山西证券等主办券商，还有董事会秘书等其他相关主体，被处罚的事项包括信息披露不及时、不完整等问题。对比前述两年股转系统的处罚情况可以发现，2014年，股转系统自律监管17次，涉及7家挂牌公司、4家券商；截至2015年10月12日，股转系统自律监管已达92次，涉及37家挂牌公司、25家券商（见表1）。

表1 2014年和2015年自律监管数量对比

年份\项目	约谈（次）	要求出具承诺书（次）	出具警示函（次）	处罚挂牌企业（家）	处罚券商（家）
2014	11	6	4	7	4
2015	22	20	48	37	25

由此可见，股转系统对挂牌公司的监管态度日趋严厉。

（二）新三板企业及相关责任人被处罚的原因

挂牌公司被处罚的主要原因集中在信息披露违规与程序违规两大方面。

信息披露违规主要是指未按照股转系统《信息披露细则》的要求准确、及时、完整、不存在重大遗漏地完成信息披露义务。主要的违规情况包括如下几类。

第一，信息披露不及时。

根据《信息披露细则》第4条的规定，信息披露义务人应及时、准确、真实、全面地披露与公司有关的重大信息。在重大信息的披露中，信息披露义务人应当确保信息披露不存在虚假记载、误导性陈述或重大遗漏。

信息披露不及时的具体情况，包括没有按照规定的时间披露定期报告，未及时披露更正后的报告，以及未及时披露其他重大信息等情形，针对信息披露不及时的情形，股转系统将会采取自律监管措施。

例如，根据《信息披露细则》第11条[①]的规定，股转系统虽不强制要求披露季度报告，但挂牌企业如自行披露季度报告的，则应当在4月30日前披露第一季度的报告，在10月31日前披露第三季度的报告。而大树智能在当年7月份才披露了该年度第一季度财务报告，存在信息披露违规行为。2015年8月7日大树智能被约谈，同日，主办券商华泰证券也被约谈。存在类似情况的还有盖特佳、七维航测、中润油等公司。

第二，信息披露不完整。完整的信息披露是投资者获取投资信息的第一要求，也是《信息披露细则》规定信息披露应当达到的基本标准。在挂牌企业中被股转系统查处最多的信息披露不完整类型主要为关联交易披露不完整，如对关联交易中的关联方、关联交易决策程序、关联方资金占用情况等内容披露不完整。例如，蓝天环保实际控制人兼总经理潘忠在该公司申请挂牌时依然担任金大地新能源（天津）集团有限公司总裁，但是其未能完整提供其兼职信息，导致前述公司未能被认定为蓝天环保的关联方，且挂牌后

---

① 《信息披露细则》第11条：挂牌公司应当披露的定期报告包括年度报告、半年度报告，可以披露季度报告。挂牌公司应当在本细则规定的期限内，按照全国股份转让系统公司有关规定编制并披露定期报告。挂牌公司应当在每个会计年度结束之日起四个月内编制并披露年度报告，在每个会计年度的上半年结束之日起两个月内披露半年度报告；披露季度报告的，公司应当在每个会计年度前三个月、九个月结束后的一个月内披露季度报告。披露季度报告的，第一季度报告的披露时间不得早于上一年的年度报告。

蓝天环保与该关联方发生委托采购、资金拆借等关联交易，前述关联交易均未经过内部有效的决策程序，且未公开披露。根据《信息披露细则》第33条、34条之规定，关联交易应当经过内部控制程序，且经常性关联交易预计情况及偶发性关联交易均应进行公告。根据《全国中小企业股份转让系统业务规则（试行）》，蓝天环保存在关联方披露不完整，关联交易、关联方资金占用情况未披露，以及对实际控制人的兼职情况披露不完整等情形，基于前述原因，股转系统对该公司采取自律监管措施，要求其提交书面承诺书。实际控制人兼总经理潘忠被约谈并被要求提交书面承诺书，同时计入诚信档案。

第三，信息披露不准确。信息披露不准确主要是公司财报与审计报告的数据存在不一致等情形。例如，中控智联因2012年年报中财务数据与审计报告数据存在多处不一致，被认定为信息披露不准确且未及时更正，该企业于2014年7月7日被股转系统约谈并被要求提交书面承诺书。闫晓华作为该企业的董事会秘书，因未能恪尽职守、履行勤勉义务，于同日被约见谈话。其主办券商中原证券也于同日被约谈。

第四，当披露而未披露。该情形主要是指公司出现重要情况应当发布临时报告而未发布因而受到处罚。

例如，2015年3月20日，安普能因违反《信息披露细则》第37条[①]的规定而被采取监管措施，安普能被出具警示函且被要求提交书面承诺书，董事长、实际控制人樊东华被约见谈话、出具警示函，董事会秘书钮祝红被约见谈话。

第五，信息披露出现重大遗漏。这主要是指年报中未披露财报附注等情形。

第六，形式不合规。例如，未加盖董事会公章。

---

① 《信息披露细则》第37条：挂牌公司对涉案金额占公司最近一期经审计净资产绝对值10%以上的重大诉讼、仲裁事项应当及时披露。未达到前款标准或者没有具体涉案金额的诉讼、仲裁事项，董事会认为可能对公司股票及其他证券品种转让价格产生较大影响的，或者主办券商、全国股份转让系统公司认为有必要的，以及涉及股东大会、董事会决议被申请撤销或者宣告无效的诉讼，公司也应当及时披露。

信息披露的程序违规：是指未按照规定程序履行披露义务。该种情形主要集中在如下方面：公众公司向特定对象发行股票未履行必要的证监会核准程序；公司未提交发行备案材料，在未取得股份登记函之前就使用了股票发行募集的资金；公司在未取得同意做市函的情况下发布股票转让方式变更的提示性公告。例如，盖娅互娱、安畅网络、华富股份、森瑞新材等公司在取得股份登记函前违规使用募集资金，相关主体被采取自律监管措施。

挂牌公司披露信息专人被处罚的主要原因集中在相关责任人在履行披露事务管理责任时未尽到勤勉义务，致使公司信息披露违规。股转系统要求专人负责挂牌公司的信息披露，根据《信息披露细则》第2条之规定，信息披露义务人应及时、公平地披露所有对公司股票及其他证券品种转让价格可能产生较大影响的信息，同时，《信息披露细则》第47条规定，如果违反该条规定，股转系统可采取监管措施。在实践中，股转系统往往会根据该条规定，对信息披露严重违规的挂牌公司的信息披露专人（一般为该公司的董事会秘书）采取约谈等自律措施。

挂牌公司的董事、监事、高管被处罚的主要原因在于兼职信息披露不完整，承诺与事实不符，未能履行诚信勤勉义务。

券商被处罚的主要原因是未履行勤勉督导义务。《信息披露细则》第10条规定，对挂牌公司的信息披露文件，主办券商应当进行事先审查，并负有指导与督促义务。对于挂牌公司信息披露中出现的问题，主办券商应要求挂牌公司更正或补充。如未能履行持续督导职责，则将面临被股转系统采取自律措施的处罚。例如，凯英信业未及时更正年度报告事件，导致其主办券商齐鲁证券被约见谈话、被要求提交书面承诺；中航新材年度报告中多处遗漏应披露事项，部分章节和格式与《全国中小企业股份转让系统挂牌公司年度报告内容与格式指引（试行）》相关要求严重不符，导致其主办券商中信建设被采取自律措施。

此外，股转系统还对中介机构如中审亚太会计师事务所进行了自律监管，该中介机构被采取自律监管的主要原因是未能勤勉尽职，有悖诚实守信原则。

需要特别提醒的是，自公司申请挂牌之日起，该公司的行为就已经进入股转系统的监管范围，应严格遵守规定，履行披露公司重大信息之义务。例如，泰谷生物大股东占用资金事件发生在2013年12月，此时，泰谷生物并未正式挂牌，从股转系统后续披露的信息来看，该公司在2013年12月向股转系统提交了挂牌申请，正式的挂牌时间为2014年1月，但因前述事件属于重大信息且持续影响到正式挂牌之后，为此，其行为被股转系统认定为违规。事实上，正是因为此案的发生，股转系统专门制定了《关于申请挂牌期间公司信息披露相关问题的通知》，明确了公司应将自提交挂牌申请之日起至正式挂牌期间内的所有重大事件及时报告的业务规则。

三　国务院证券监督管理机构监管

（一）证监会对新三板市场的执法现状

国务院证券监督管理机构的监管即证监会的监管。证监会部署了"2015证监法网专项执法行动"，共涉及新三板市场10个案件，调查内容主要包括滥用交易规则破坏市场秩序和内幕交易、操纵市场等违法违规行为。2015年5月初，先后向中海阳、现代农装、国贸酝领和中科招商等新三板公司发送了《调查通知书》；5月15日，证监会通报了新三板案件的调查进展，表示已经安排进场展开全面调查。其中，汽牛股份（现名春茂股份）、华泰集团、现代农装涉嫌信息披露违法违规；华恒生物、中科招商、国贸酝领3家公司涉嫌操纵股价；奥美格涉嫌违规交易；宏泰矿业涉嫌利用内幕信息交易。2015年10月底，证监会向国贸酝领控股股东陈宏庆开出了新三板市场第一张罚单，决定没收陈宏庆违法所得800720元，并处以800720元罚款。

（二）证监会的执法依据及措施

《证券法》第180条明确了证监会履行职责可采取的各项具体措施。对于监管对象可以采取现场检查的方式履行职责，包括证券发行人、证券公司等主体。在案件查处时,可以进入涉嫌违法行为发生地进行调查取证,询问当事人及相关人,查阅复制相关各项资料,查询相关账户,对于必要证据经过必要程序可采取封存、冻结、查封等保全措施,在调查特殊案件类型如操纵市场、内部交易时经过批准可以限制当事人的证券买进卖出操作。

根据《非上市公众公司监督管理办法》规定,对于发现问题的公司,证监会可以采取监管谈话、责令改正、责令公开说明、出具警示函等监管措施,并记入诚信档案;对于查处过程中发现涉嫌违法行为,符合立案调查标准的,应当立案调查;对于超出行政监管范畴的严重违法行为,应当依法移送司法机关。

(三)证监会重点关注的违法行为及法律责任

证监会重点关注的违法行为有如下几类:第一,公司违反诚信原则,以欺骗手段骗取核准的行为以及报告中存在虚假记载、误导性陈述或者重大遗漏;第二,公司违规行为包括违反违规发行股票、违反投资者适当性管理制度等;第三,公司或实际控制人涉嫌操纵市场的行为;第四,中介机构违反勤勉义务或有重大失职违法行为,导致其出具的文件有虚假记载、误导性陈述或者重大遗漏。下面结合具体法律规定,将各类行为的法律后果分主体进行阐述。

第一,公司以欺骗手段骗取核准,公司报送的报告有虚假记载、误导性陈述或者重大遗漏行为的法律责任(见表2)。

表2 公司报送的报告有虚假记载、误导性陈述或重大遗漏行为的法律责任

主体	情形	处罚
公司	尚未发行证券	30万~60万元罚款
	已经发行证券	非法所募资金金额1%~5%的罚款
责任人员	主管人员、其他直接责任人	3万~30万元罚款
控股股东、实际控制人	指使而为	3万~30万元罚款

此外,根据前述规定,证监会可以采取终止审核并在较长时间内(36个月)不再受理该公司相关申请的监管措施。

第二,公司违反《非上市公众公司监督管理办法》第32条、34条、42条规定,违规发行股票行为的法律责任(见表3)。

表3 公司违规发行股票行为的法律责任

主体	处罚
发行人	责令停止发行,退还所募资金并加算银行同期存款利息,处以非法所募资金金额1%~5%的罚款
主管人员、其他直接责任人	警告,并处以3万~30万元罚款
对通过发行设立的公司	取缔

第三,公司违反信息披露义务的法律责任(见表4)。

表4 公司违反信息披露义务的法律责任

主体	处罚
披露主体	责令改正,给予警告,处以30万~60万元罚款
主管人员、其他直接责任人	警告,并处以3元~30万元罚款

第四,公司违反投资者适当性管理制度行为的法律责任。发行人(一般为公司)的法律责任:证监会责令其改正,并可以自确认之日起在36个月内不受理其申请。

第五,公司内幕交易行为的法律责任(见表5)。

表5 公司内幕交易行为的法律责任

主体	处罚
自然人	责令依法处理所持证券,没收违法所得,并处违法所得1~5倍罚款
单位犯罪	单位:同上 警告主管人员和其他直接责任人员,并处以3万~30万元罚款

证券监督管理机构工作人员进行内幕交易的,从重处罚。

第六,中介文件有虚假记载、误导性陈述或者重大遗漏行为的法律责任(见表6)。

表6 中介文件有虚假记载，误导性陈述或重大遗漏行为的法律责任

主体	处罚
主办券商	责令改正,警告,没收业务收入,并处业务收入1~5倍罚款 情节严重的,暂停或者撤销其相关业务许可
责任人员	警告,并处以3万~30万元罚款 情节严重的,撤销其任职资格或者证券从业资格

此外，证监会可视情节轻重，在特定期间（3~12个月）不予受理专项申请，较长期间（36个月）不接受相关签字人员出具的专项文件。

第七，公司操纵市场行为的法律责任（见表7）。

表7 公司操纵市场行为的法律责任

主体	处罚
自然人	依法处理持有证券,没收违法所得,并处以1~5倍罚款 违法所得不足30万元的,处以30万~300万元罚款
单位犯罪	单位:同上 警告主管人员和其他直接责任人员,并处以10万~60万元罚款

中介及其工作人员、公司的特定人员（包括董事、监事、高管、控股股东、实际控制人、信息披露专人）违反《证券法》、行政法规和中国证监会的规定时，证监会可视情况对他们采取责令改正、监管谈话、出具警示函、认定为不适当人选等监管措施，并记入诚信档案，情节严重的，可对有关责任人采取证券市场禁入措施。

四 全国股份转让系统公司的自律监管措施

（一）股转系统的执法依据

《非上市公众公司监督管理办法》第51条规定：全国中小企业股份转让系统应当发挥自律管理作用，对在全国中小企业股份转让系统公开转让股票的公众公司及相关信息披露义务人的信息披露行为进行监督，督促其依法及时、准确地披露信息。发现公开转让股票的公众公司及相关信息披露义务人有违反法律、行政法规和中国证监会相关规定的行为，应当向中国证监会报告，并采取自律管理措施。

《全国中小企业股份转让系统挂牌企业信息披露细则（试行）》第47条规定：挂牌公司及其董事、监事、高级管理人员、股东、实际控制人、收购人及其他相关信息披露义务人、律师、主办券商和其他证券服务机构违反本细则的，全国股份转让系统公司依据相关业务规则采取相应监管措施及纪律处分。

（二）股转系统的执法对象及措施

1. 执法对象

股转系统的执法对象很广，包括各类市场主体和中介服务机构。市场主体主要为申请挂牌公司、挂牌公司、挂牌公司的董事、监事、高管、公司股东、实际控制人、投资者等；中介服务机构包括主办券商、会计师事务所、律师事务所、其他证券服务机构及其相关人员。

2. 执法举措

针对前述执法对象，股转系统可以视情况不同要求相关人员做解释、说明和披露，要求聘请中介机构核查并发表意见；针对违规行为可以采取约见谈话、要求其提交书面承诺、出具警示函、责令改正等措施；针对较为严重的违纪行为，可以采取暂不受理相关机构或人员出具的文件等措施。此外，还可以采取暂停解除股票限售、限制证券账户交易等措施，必要时可向中国证监会报告等。

针对公司、信息披露义务人、公司董事、公司监事、公司高管、中介机构及其工作人员违反业务规则的情况，股转系统可以给予通报批评、公开谴责的处分，并记入诚信档案。

此外，针对挂牌公司的董事、监事、高管，股转系统可采取认定其为不适合人选的处分，针对主办券商还可采取限制、暂停直至终止其从事相关业务的处分并通报行业自律组织的监管措施。

在前述案件中，股转系统大多采取约谈、出具警示函、要求其提交书面承诺的监管措施，同时，将挂牌公司和相关责任人的情况记入诚信档案。

（三）证券期货市场诚信档案数据库

证监会于2012年出台了《证券期货市场诚信监督管理暂行办法》（以下简称《暂行办法》），根据《暂行办法》之规定，由证监会建立全国统一的证券期货市场诚信档案数据库，即前文所称的诚信档案，记录证券期货市场的诚信信息。该数据库的建立旨在加强证券期货市场的诚信建设，保护投资者的合法权益，维护证券期货市场的秩序，促进证券期货市场健康稳定发展。

1. 需要建立诚信档案的主体

以下主体需要建立诚信档案：证券业从业人员和期货从业人员；发行人、上市公司及其董事、监事、高级管理人员、主要股东和实际控制人；证券公司、基金管理公司、期货公司及其董事、监事、高级管理人员、主要股东和实际控制人；会计师事务所、律师事务所、保荐机构、财务顾问机构、资产评估机构、投资咨询机构、信用评级机构等证券期货服务机构及其从业人员；独立基金销售机构、基金评价机构及其相关业务人员，非公开募集基金管理人、合格境外机构投资者、合格境内机构投资者及其主要投资管理人员，境外证券类机构驻华代表机构及其首席代表；为证券期货业提供信息技术服务或者软硬件产品的供应商；为发行人、上市公司提供投资者关系管理及其他公关服务的服务机构及其人员；其他与证券期货市场活动相关的违法失信行为的公民、法人或其他组织。

2. 诚信档案应当记录的信息内容

诚信档案应当记录如下信息内容：①公民的姓名、性别、国籍、身份证件号码，法人或其他组织的名称、住所、组织机构代码等基本信息；②证监会、国务院其他主管部门等其他省部级及以上单位和证券期货交易所、证券期货市场行业协会、证券登记结算机构等全国性证券期货市场行业组织（以下简称证券期货市场行业组织）做出的表彰、奖励、评比，以及信用评级机构做出的信用评级；③证监会及其派出机构做出的行政许可决定；④发行人，上市公司及其主要股东、实际控制人、董事、监事和高级管理人员，重大资产重组交易各方，收购人所做的公开承诺的未履行或未如期履行、正在履行、已如期履行等情况；⑤证监会及其派出机构做出的行政处罚、市场禁入决定和采取的监督管理措施；⑥证券期货市场行业组织实施的纪律处分措施和法律、行政法规、规章规定的管理措施；⑦因涉嫌证券期货违法被证监会及其派出机构调查及采取强制措施；⑧因涉嫌证券期货犯罪被证监会及其派出机构移送公安机关、人民检察院处理；⑨因证券期货犯罪或其他犯罪行为被人民法院判处刑罚；⑩因证券期货侵权、违约行为被人民法院判决承担较大民事赔偿责任；⑪因违法开展经营活动被相关主管部门予以行政处罚；⑫违背诚实信用原则的其他行为信息。

3. 诚信档案在证监会及其派出机构的执法过程中影响当事人的重要环节

（1）行政许可事项。如果申请事项所涉及的有关当事人有《暂行办法》记录信息第4项中的未履行或未如期履行承诺的信息，或者第5~11项规定的违法失信信息之一，属于法定不予许可条件范围的，中国证监会及其派出机构应当依法做出不予许可的决定。申请人以及申请事项所涉及的有关当事人的诚信信息虽不属于法定不予许可条件范围，但有关法律、行政法规和规章对行政许可法定条件提出诚实信用要求、做出原则性规定或设定授权性条款的，中国证监会及其派出机构可以综合考虑诚信状况等相关因素，审慎审核申请人提出的行政许可申请事项。

（2）非行政许可事项、业务创新试点。非行政许可事项、业务创新试点申请人记录信息第4项中的未履行或未如期履行承诺的信息，或者第5~11项规定的违法失信信息之一的，除有特殊情况的，中国证监会及其派出机构可以暂缓或不予审批、安排。证监会及其派出机构在非行政许可审批、业务创新试点安排中，可以在法律、行政法规规定的范围内，对于同等条件下诚信状况较好的申请人予以优先审批、安排。

（3）处罚措施选择。中国证监会及其派出机构在对公民、法人或其他组织进行行政处罚、实施市场禁入和采取监督管理措施时，可以查阅诚信档案，在综合考虑当事人违法行为的性质、情节以及损害投资者合法权益的程度的基础上，将当事人的诚信状况作为确定处罚幅度、禁入期间和监督管理措施类别的酌定因素。

（4）日常监督。证监会及其派出机构在开展监督检查等日常监管工作时，可以综合考虑被监管的机构及其人员的诚信状况，有针对性地进行现场检查和非现场检查，或者适当调整、安排现场检查的对象、频率和内容。

五 避免监管处罚的有效方式

（一）全面了解监管规则

对规则的遵守建立在了解规则的前提之上。在新三板市场挂牌的企业，从拟挂牌之日起就应当树立规则意识，全面了解掌握《公司法》《证券法》及股转系统各项监管规则、业务规则以及技术指引，避免因不了解具体要求而出现违规行为。在此，需要特别强调的是董事会秘书或其他负责信息披露的个人，应当切实掌握各项规则的具体要求，全面履行披露管理职责，及时履行披露义务。

（二）切实转变经营理念

大部分挂牌企业都是小而具有成长力的企业，公司在挂牌前可能刚刚经历过股份制改革，从人合性企业转变成资合性企业后会有些许不适应，但是，股份制改造时建立健全的治理结构绝不仅仅是为了满足挂牌条件而设立的，从本质上来讲这是企业进行民主决策、集合众人智慧做大做强的必要依托。作为挂牌公众公司，只有切实转变经营理念，从内心接纳这些制度，化掣肘为推动力，方能"不逾矩"。

（三）全面履行披露义务

信息披露是企业对外公开展示，让潜在投资者了解企业运营和前景的重要机会，也是企业接受监管的重要途径。从前述的处罚情况来看，信息披露领域却成了企业违规的重灾区，不排除有小部分企业因自身经营不规范导致披露"不能"，但是无论如何《信息披露细则》中所确定的披露义务都是挂牌企业所要达到的最低标准。

（四）密切联系主办券商

由于主办券商作为证券专业机构有较为丰富的经验，且对挂牌企业具有终身督导义务，同时，挂牌企业的信息披露以及股票发行、定向增发等行为均需要通过券商的协助方能完成，故而，在企业挂牌及后续经营过程中，企业应建立健全与券商的日常沟通机制，减少违规行为。

参考文献

1. 李慎波、毛伟编著《新三板操作实务及分析解读》，中国法制出版社，2014。
2. 蔡剑：《新三板市场的发展、创新与监管》，上海交通大学硕士学位论文，2014年。

附　录

Appendix

B.10
附录一　新三板发展大事记
（2001～2015年）

时间	事件与意义
2001年6月	为解决"两网"系统及退市公司股票流通问题，中国证监会批准设立代办股份转让系统，由深圳证券交易所负责运营。中国证券业协会发布《证券公司代办股份转让服务业务试点办法》。代办股份转让系统俗称"老三板"，老三板既不能提供融资渠道，又难以再次转板，挂牌的股票多数质量较低，长期被冷落
2003年12月	为扭转场外交易市场的低迷状态，并解决初创期高新技术企业的股份转让和融资问题，科技部与北京市政府联合向国务院上报了《关于中关村科技园区非上市股份有限公司进入证券公司代办股份转让系统进行股份转让试点的请示》，并于2005年10月得到国务院批准
2005年8月	中国证监会根据国务院《关于支持做强北京中关村科技园区若干政策措施的会议纪要》的要求，会同科技部、北京市政府和国务院法制办，研究制定了《中关村科技园区非上市股份公司进入证券公司代办股份转让系统进行交易的试点方案》
2006年1月	《证券公司代办股份转让系统中关村科技园区非上市股份有限公司股份报价转让试点办法》公布。在证券公司代办股份转让系统基础上，正式启动中关村科技园区非上市股份有限公司股份报价转让系统（以下简称报价转让系统），进行股份报价转让试点，俗称"新三板"。新三板试点确立了以"股份报价转让"为特点的交易制度、主办券商制度和信息披露制度，而且具备融资功能

续表

时间	事件与意义
2009年6月	证券业协会发布了新三板改革后的业务规则文件。在原有的集合竞价交易制度基础上,增加了定价委托的交易方式;规则文件为新三板建立了一个新的制度——投资者准入制度。依照这一制度规定,非挂牌公司股东的自然人投资者,将不允许在新三板进行交易,新三板市场开始逐步明确以机构投资者为主的投融资平台
2010年4月	中国证监会成立国家高新技术产业开发区非上市公司股份转让试点暨场外市场建设筹备工作领导小组及其工作机构
2011年2月	国务院副总理王岐山主持会议,研究证券场外市场建设有关问题。会议要求,逐步探索建立全国统一的证券场外市场
2011年3月	国务院发布《中华人民共和国国民经济和社会发展第十二个五年规划纲要》提出:"扩大代办股份转让系统试点,加快发展场外交易市场。"
2012年3月	中国证监会全国场外市场筹备组成立
2012年5月	在中关村科技园区非上市股份有限公司股份转让试点基础上,证监会按照"总体规划、稳步推进、稳妥实施"的原则,正式开始筹备全国性场外市场
2012年7月	新三板试点首次扩围——国务院同意扩大非上市股份公司股份转让试点,在中关村园区基础上,新增上海张江、武汉东湖、天津滨海高新区进入试点范围,挂牌企业的来源由1个高新区增至4个高新区
2012年7月	国务院批准设立全国中小企业股份转让系统作为全国统一场外市场的运营平台,原代办股份转让系统和报价转让系统挂牌公司转入全国中小企业股份转让系统
2012年9月7日	扩大非上市股份公司股份转让试点合作备忘录签署暨首批企业挂牌仪式在北京举行,首批8家企业挂牌进入全国股份转让系统进行股份报价转让。其中,北京中关村、上海张江、武汉东湖、天津滨海高新区各两家挂牌企业,除中关村之外首次出现新三板挂牌公司
2012年9月20日	全国中小企业股份转让系统有限责任公司在工商总局完成登记注册,公司负责运营管理全国中小企业股份转让系统,该系统是国务院设立的全国性证券交易场所
2012年9月28日	《非上市公众公司监督管理办法》(证监会令〔第85号〕)正式发布,自2013年1月1日起实施,该办法为非上市公众公司的股票转让和发行行为提供了政策依据
2013年1与16日	全国中小企业股份转让系统正式揭牌运营。全国中小企业股份转让系统是由国务院批准设立的全国证券交易场所,其运营管理机构以有限责任公司形式设立,为非上市股份公司股份的公开转让、融资、并购等相关业务提供服务
2013年2月2日	《全国中小企业股份转让系统有限责任公司管理暂行办法》(证监会令〔第89号令〕)正式发布,自公布之日起施行

续表

时间	事件与意义
2013年2月8日	全国股份转让系统公司发布实施《全国中小企业股份转让系统业务规则(试行)》(股转系统公告〔2013〕40号),同期发布的还有3个通知、4个细则、4个暂行办法及4个指引等配套文件。该规则体系是以《中华人民共和国公司法》《中华人民共和国证券法》为基础的,与此前发布的《非上市公众公司监督管理办法》《全国中小企业股份转让系统有限责任公司管理暂行办法》相适应的实施细则,该规则及相关细则的发布实施标志着全国中小企业股份转让系统基本建立,全国中小企业股份转让系统市场制度框架体系基本形成
2013年6月19日	国务院常务会议决定,加快发展多层次资本市场,将中小企业股份转让系统试点扩大至全国,鼓励创新、创业型中小企业融资发展,标志着新三板市场正式成为全国性证券市场
2013年11月22日	股转公司发布《全国中小企业股份转让系统交易支持平台数据接口规范〔V1.0〕》的通知。交易支持平台建成后,深圳证券交易所代办股份转让系统将切换至交易支持平台,代办股份转让系统停止运行
2013年12月13日	国务院发布了《关于全国中小企业股份转让系统有关问题的决定》(国发〔2013〕49号),对新三板的市场定位、市场功能、挂牌条件、审核程序、投资者准入、信息披露及监管等内容做出了规定。 •该决定明确了全国中小企业股份转让系统是全国性证券交易场所的法律地位,是经国务院批准设立的第一家公司制证券交易场所,也是继上海证券交易所、深圳证券交易所之后的第三家全国性证券交易场所 •该决定标志着新三板正式扩容至全国,挂牌公司不再受高新园区的限制,不再受所有制的限制,也不限于高新技术企业 •该决定构建了适应中小微企业对资本市场需求特点的业务规则体系——以信息披露为核心的准入制度、"小额、便捷、灵活、多元"的融资制度、灵活多元的交易制度、责权利一致的主办券商制度以及严格的投资者适当性管理制度
2013年12月30日	全国中小企业股份转让系统公布修订后的《全国中小企业股份转让系统业务规则(试行)》、业务指引、业务细则等14项业务制度,面向全国接受企业挂牌申请工作同步启动
2014年1月24日	266家企业在中小企业股份转让系统集体挂牌公开转让,新三板挂牌公司数量一举达到600家
2014年2月25日	股转系统发布《全国中小企业股份转让系统交易支持平台技术指引(V1.0)》。该技术指引有利于保障全国中小企业股份转让系统交易支持平台顺利上线,有利于指导主办券商及相关单位做好技术系统的开发、测试和接入等工作
2014年3月4日	股转系统针对两家挂牌公司在2012年年报披露中存在的违规行为,对挂牌公司及相关中介机构采取了自律监管措施,并向中国证券监督管理委员会非上市公众公司监管部进行了通报

续表

时间	事件与意义
2014年5月19日	全国中小企业股份转让系统证券交易与结算系统正式上线,标志着新三板从深交所交易系统正式切换到其独立的交易支持平台,实现业务独立,同时也是股转系统基础设施建设的重要里程碑
2014年6月5日	全国中小企业股份转让系统正式发布实施《全国中小企业股份转让系统做市商做市业务管理规定(试行)》,新三板挂牌公司股票做市转让业务的基本制度框架形成。全国股份转让系统同日启动受理主办券商做市业务备案申请工作
2014年7月25日	为规范股票在全国中小企业股份转让系统公开转让的公众公司重大资产重组的信息披露和相关业务办理,股转系统发布《全国中小企业股份转让系统非上市公众公司重大资产重组业务指引(试行)》
2014年8月4日	股转系统业务支持平台(BPM)挂牌审查系统上线,新三板挂牌申请资料实现了电子化报送与审查,其审查效率明显提高,尤其是之后,对新三板挂牌公司的反馈意见进行标准化处理,使得反馈程序时间稳定保持在40天左右,提升了挂牌效率
2014年8月15日	在股转系统挂牌的企业突破1000家,达到1012家
2014年8月25日	做市商制度正式实施。66家主办券商获得首批做市业务备案;首批43家挂牌公司采取做市转让方式,涉及42家做市商
2014年12月25日	证监会发布《关于证券经营机构参与全国股转系统相关业务有关问题的通知》,支持和促进各类证券经营机构参与市场,进一步提升了机构参与市场的热情
2015年1月12日	修订了《全国中小企业股份转让系统挂牌公司持续信息披露业务指南(试行)》
2015年1月12日	修订了《股票挂牌业务操作指南(试行)》
2015年1月12日	全国股转系统信息披露系统正式上线运行。自2015年1月12日起,深圳证券信息有限公司不再承担本市场信息披露工作。主办券商应通过全国股转系统业务支持平台(BPM)主办券商管理系统披露基本信息,原通过邮件报送《主办券商信息披露表》的披露方式被停止使用。主办券商在主办券商管理系统填写基本信息并提交报送,经全国股转公司形式核对后直接在指定信息披露平台(www.neeq.com.cn或www.neeq.cc)披露
2015年1月12日	首家挂牌即做市企业登陆全国股转系统。1月12日,山东雷帕得汽车技术股份有限公司(简称"雷帕得",证券代码831613)正式登陆全国股转系统,成为全国股转系统第一家挂牌并同时采取做市转让方式的企业。当日,雷帕得开盘价为8.8元/股,收盘价为9.18元/股
2015年2月13日	全国股转系统首批指数正式发布,全国中小企业股份转让系统成分指数(指数简称:三板成指,指数代码:899001)、全国中小企业股份转让系统做市成分指数(指数简称:三板做市,指数代码:899002)将于2015年3月18日正式发布指数行情

续表

时间	事件与意义
2015年2月14日	全国股转公司联合中国结算北京分公司、深证通组织开展托管人结算模式下的技术系统通关测试,充分验证了股转系统自身及其他市场参与主体的技术系统,包括交易系统、行情系统、结算系统、托管账务处理系统、数据汇总系统等。技术系统的顺利上线标志着全国股转系统市场基础设施和市场功能的进一步完善,为公募基金、券商资管等特殊机构投资者投资新三板铺平道路
2015年3月5日	在股转系统挂牌的企业突破2000家,达到2005家
2015年3月18日	股转系统发布三板成指(899001)和做市指数(899002),标志着新三板进入指数时代
2015年3月20日	全国股转系统发布《关于加强参与全国股转系统业务的私募投资基金备案管理的监管问答函》。明确在企业申请挂牌环节,对中介机构核查私募投资基金备案情况的具体要求。明确在挂牌公司发行融资、重大资产重组等环节,对中介机构核查私募投资基金备案情况的具体要求
2015年3月27日	为进一步提高非上市公众公司行政许可审核透明度,实现新三板挂牌审核全流程公开,证监会决定自2015年4月1日起采取实时公开的方式公开反馈意见和审核意见
2015年4月30日	股转公司暂停北京中科可来博电子科技股份有限公司等22家挂牌公司的股票转让(未能按照有关规定披露2014年年度报告)
2015年6月16日	国务院发布《国务院关于大力推进大众创业 万众创新若干政策措施的意见》,重点提出加快推进股转系统向创业板转板的试点
2015年7月22日	新三板挂牌公司数量达到2811家,正式超过沪深两市2783家的上市公司总和,标志着新三板成为全国最大的基础性证券市场
2015年7月30日	在股转系统挂牌的企业突破3000家,达到3014家
2015年8月19日	全国股转公司对28家挂牌企业采取监管措施以切实履行自律监管职责
2015年8月31日	暂停聚利科技等19家挂牌公司股票转让(未能按照有关规定披露2015年半年度报告)
2015年9月22日	股转系统发布优先股业务指南,为挂牌企业提供了另外一个融资渠道,同时明确在2015年11月底之前做好优先股转让技术准备
2015年11月10日	在股转系统挂牌的企业突破4000家,达到4032家
2015年11月20日	证监会发布进一步推进新三板发展的若干意见,明确新三板独立的市场地位,企业挂牌新三板不是转板上市的过渡安排。证监会还提出了进一步提高审查效率,增强市场融资功能、完善主办券商制度和多元化交易机制等6条意见

续表

时间	事件与意义
2015年11月24日	股转公司发布《全国股转系统挂牌公司分层方案(征求意见稿)》,市场期待已久的分层方案(征求意见稿)出炉,分层总体思路为"多层次、分步走",起步阶段划分为创新层和基础层。根据挂牌公司的财务状况、交易状况和公司治理情况,设置了三套并行标准,符合任何一套标准,并同时符合交易频率、是否完成融资任一条件即可进入创新层
2015年12月23日	国务院总理李克强支持召开常务会议,会上再度提到增加全国中小企业股份转让系统挂牌公司数量,研究推出向创业板转板的试点
2015年12月25日	证监会确认暂停私募基金管理机构的挂牌和融资,并对新三板市场挂牌私募基金管理机构前期融资的使用情况开展调研
2015年12月25日	在股转系统挂牌的企业突破5000家,达到5016家
2015年12月31日	在股转系统挂牌的企业数量达到5129家

B.11
附录二 新三板挂牌上市核心法律法规汇总（2016年）

（一）法律法规

1.1 《中华人民共和国合伙企业法》（2006年修订）

1.2 《中华人民共和国公司法》（2013修正）

1.3 《中华人民共和国证券法》（2014年修正）

1.4 《国务院关于全国中小企业股份转让系统有关问题的决定》（国发〔2013〕49号）

1.5 《国务院关于开展优先股试点的指导意见》（国发〔2013〕46号）

（二）部门规章

2.1 关于《非上市公众公司监管问答——定向发行（二）》适用有关问题的通知（2015-12-17）

2.2 非上市公众公司监管问答——定向发行（二）

2.3 公司债券发行与交易管理办法（2015-01-15）

2.4 非上市公众公司监管问答——定向发行（一）

2.5 〔财政部国家税务总局证监会〕《关于上市公司股息红利差别化个人所得税政策有关问题的通知》（财税〔2015〕101号）

2.6 关于加强非上市公众公司监管工作的指导意见

2.7 优先股试点管理办法（2015-03-21）

2.8 非上市公众公司收购管理办法（2014-06-23）

2.9 非上市公众公司重大资产重组管理办法（2014-06-23）

2.10 全国中小企业股份转让系统有限责任公司管理暂行办法（2013-

01-31)

2.11 非上市公众公司监督管理办法（2013-12-26）

2.12 非上市公众公司监管指引第1号——信息披露（2013-01-04）

2.13 非上市公众公司监管指引第2号——申请文件（2013-01-04）

2.14 非上市公众公司监管指引第3号——章程必备条款（2013-01-04）

2.15 非上市公众公司监管指引第4号——股东人数超过200人的未上市股份有限公司申请行政许可有关问题的审核指引（2013-12-26）

2.16 非上市公众公司信息披露内容与格式准则第1号——公开转让说明书（2013-12-26）

2.17 非上市公众公司信息披露内容与格式准则第2号——公开转让股票申请文件（2013-12-26）

2.18 非上市公众公司信息披露内容与格式准则第3号——定向发行说明书和发行情况报告书（2013-12-26）

2.19 非上市公众公司信息披露内容与格式准则第4号——定向发行申请文件（2013-12-26）

2.20 非上市公众公司信息披露内容与格式准则第5号—权益变动报告书、收购报告书和要约收购报告书（2014-06-23）

2.21 非上市公众公司信息披露内容与格式准则第6号—重大资产重组报告书（2014-06-23）

2.22 非上市公众公司信息披露内容与格式准则第7号——定向发行优先股说明书和发行情况报告书（2014-09-19）

2.23 非上市公众公司信息披露内容与格式准则第8号——定向发行优先股申请文件（2014-09-19）

2.24 关于转让优先股有关证券（股票）交易印花税政策的通知（财税〔2014〕46号）

2.25 关于在全国中小企业股份转让系统转让股票有关证券（股票）交易印花税政策的通知（财税〔2014〕47号）

2.26 关于实施全国中小企业股份转让系统挂牌公司股息红利差别化个人所得税政策有关问题的通知（财税〔2014〕48号）

（三）业务规则

综合类

3.1 全国中小企业股份转让系统业务规则（试行）（2013－12－30）

挂牌业务类

3.2 全国中小企业股份转让系统挂牌业务问答——关于挂牌条件适用若干问题的解答（一）（2015－09－08）

3.3 全国中小企业股份转让系统主办券商推荐业务规定（试行）（2013－02－08）

3.4 全国中小企业股份转让系统股票挂牌条件适用基本标准指引（试行）（2013－06－20）

3.5 全国中小企业股份转让系统公开转让说明书内容与格式指引（试行）（2013－12－30）

3.6 全国中小企业股份转让系统挂牌申请文件内容与格式指引（试行）（2013－12－30）

3.7 全国中小企业股份转让系统主办券商尽职调查工作指引（试行）（2013－02－08）

公司业务类

3.8 全国中小企业股份转让系统优先股业务指引（试行）（2015－09－22）

3.9 全国中小企业股份转让系统非上市公众公司重大资产重组业务指引（试行）（2014－07－25）

3.10 全国中小企业股份转让系统股票发行业务细则（试行）（2013－12－30）

3.11 全国中小企业股份转让系统股票发行业务指引第1号——备案文件的内容与格式（试行）（2013－12－30）

3.12 全国中小企业股份转让系统股票发行业务指引第 2 号——股票发行方案及发行情况报告书的内容与格式（试行）（2013 - 12 - 30）

3.13 全国中小企业股份转让系统股票发行业务指引第 3 号——主办券商关于股票发行合法合规性意见的内容与格式（试行）（2013 - 12 - 30）

3.14 全国中小企业股份转让系统股票发行业务指引第 4 号——法律意见书的内容与格式（试行）（2013 - 12 - 30）

3.15 全国中小企业股份转让系统挂牌公司信息披露细则（试行）（2013 - 02 - 08）

3.16 全国中小企业股份转让系统挂牌公司年度报告内容与格式指引（试行）（2013 - 02 - 08）

3.17 全国中小企业股份转让系统挂牌公司半年度报告内容与格式指引（试行）（2013 - 07 - 11）

交易监察类

3.18 全国中小企业股份转让系统转让异常情况处理办法（试行）（2015 - 01 - 07）

3.19 全国中小企业股份转让系统股票转让方式确定及变更指引（试行）（2014 - 07 - 17）

3.20 全国中小企业股份转让系统股票异常转让实时监控指引（试行）（2014 - 06 - 09）

3.21 全国中小企业股份转让系统交易单元管理办法（试行）（2014 - 04 - 28）

3.22 全国中小企业股份转让系统股票转让细则（试行）（2013 - 12 - 30）

3.23 全国中小企业股份转让系统证券代码、证券简称编制管理暂行办法（2013 - 12 - 30）

机构业务类

3.24 全国中小企业股份转让系统主办券商持续督导工作指引（试行）（2014 - 10 - 09）

3.25 全国中小企业股份转让系统做市商做市业务管理规定（试行）（2014-06-05）

3.26 全国中小企业股份转让系统主办券商管理细则（试行）（2013-02-08）

投资者服务类

3.27 全国中小企业股份转让系统投资者适当性管理细则（试行）（2013-12-30）

登记结算类

3.28 中国结算北京分公司投资者业务指南（2015年6月修订版）

3.29 中国结算北京分公司证券发行人业务指南（2014年4月版）

3.30 中国证券登记结算有限责任公司关于全国中小企业股份转让系统登记结算业务实施细则（2013-12-30）

3.31 中国结算北京分公司证券资金结算业务指南（2015年8月修订版）

3.32 中国结算北京分公司优先股登记结算业务指南（2015-11-03）

3.33 中国结算北京分公司做市业务指南（2014年7月版）

3.34 中国结算北京分公司主办券商协助冻结流通证券业务指引（2015年6月版）

3.35 中国结算北京分公司协助执法业务指南（2015年6月版）

（四）服务指南

综合类

4.1 股份公司申请在全国中小企业股份转让系统公开转让、股票发行的审查工作流程（2013-12-20）

4.2 全国中小企业股份转让系统申请材料接收须知（2013-03-19）

4.3 关于做好申请材料接收工作有关注意事项的通知（2013-06-13）

4.4 关于收取挂牌公司挂牌年费的通知（2013-06-14）

挂牌业务类

4.5 全国中小企业股份转让系统股票挂牌业务操作指南（试行）（2015-10-20）

4.6 挂牌审查一般问题内核参考要点（试行）（2015-09-14）

公司业务类

4.7 挂牌公司股票发行常见问题解答（二）—连续发行

4.8 全国中小企业股份转让系统优先股业务指南第1号—发行备案和申请办理挂牌的文件与程序（2015-09-22）

4.9 全国中小企业股份转让系统优先股业务指南第2号—主办券商推荐工作报告的内容与格式（2015-09-22）

4.10 全国中小企业股份转让系统优先股业务指南第3号—法律意见书的内容与格式（2015-09-22）

4.11 关于发布《挂牌公司股票发行审查要点》等文件的通知（2015-05-29）

4.12 挂牌公司股票发行常见问题解答——股份支付（2015-05-29）

4.13 全国中小企业股份转让系统挂牌公司持续信息披露业务指南（试行）（2014-12-31）

4.14 全国中小企业股份转让系统重大资产重组业务指南第1号：非上市公众公司重大资产重组内幕信息知情人报备指南（2014-07-25）

4.15 全国中小企业股份转让系统重大资产重组业务指南第2号：非上市公众公司发行股份购买资产构成重大资产重组文件报送指南（2014-07-25）

4.16 全国中小企业股份转让系统挂牌公司证券简称或公司全称变更业务指南（试行）（2014-05-06）

4.17 全国中小企业股份转让系统挂牌公司暂停与恢复转让业务指南（试行）（2015-11-27）

4.18 全国中小企业股份转让系统挂牌公司权益分派业务指南（试行）（2014-05-06）

4.19 全国中小企业股份转让系统股票发行业务指南（2013-12-30）

交易监察类

4.20 全国中小企业股份转让系统交易单元业务办理指南（试行）(2014-04-28)

机构业务类

4.21 机构业务问答（一）——关于资产管理计划、契约型私募基金投资拟挂牌公司股权的有关问题

4.22 全国中小企业股份转让系统做市业务备案申请文件内容与格式指南（2014-06-05）

4.23 全国中小企业股份转让系统投资者适当性管理证券账户信息报送业务指南（2014-04-30）

4.24 全国中小企业股份转让系统主办券商和挂牌公司协商一致解除持续督导协议操作指南（2015-10-21）

4.25 全国中小企业股份转让系统主办券商相关业务备案申请文件内容与格式指南（2013-06-19）

4.26 关于做好主办券商相关信息在指定平台披露工作的通知（2013-04-02）

附录三 B.12 自律监管措施信息（2015年）

证券代码	证券简称	监管对象名称	监管对象类别	采取监管措施的日期	具体监管措施	违规行为
430032	凯英信业	凯英信业	挂牌公司	2014-3-14	出具警示函、提交书面承诺	未及时更正2012年年度报告；未按规定披露会计差错更正应披露信息
430032	凯英信业	齐鲁证券	主办券商	2014-3-14	约见谈话、要求提交书面承诺	未能履行持续督导责任
430032	凯英信业	中审国际	中介机构	2014-3-14	约见谈话	未能勤勉尽责地履行审计师职责
430052	斯福泰克	斯福泰克	挂牌公司	2014-3-14	出具警示函、要求提交书面承诺	未按规定披露会计差错更正信息
430263	蓝天环保	蓝天环保	挂牌公司	2014-5-7	要求提交书面承诺	关联方披露不完整，关联交易未经内部决策程序批准且未披露，关联方资金占用未披露
430263	蓝天环保	潘忠	挂牌公司董监高	2014-5-7	约见谈话、要求提交书面承诺	公司总经理潘忠兼职信息披露不完整，关联交易与关联方资金占用未按关联方事宜决策及披露承担主要责任
430122	中控智联	中控智联	挂牌公司	2014-7-7	约见谈话、要求提交书面承诺	2012年年报中财务数据与审计报告数据存在多处不一致，信息披露不准确且未及时更正

续表

证券代码	证券简称	监管对象名称	监管对象类别	采取监管措施的日期	具体监管措施	违规行为
430122	中控智联	闫晓华	挂牌公司董监高	2014-7-7	约见谈话	闫晓华作为中控智联董事会秘书,负责公司信息披露管理事务,未能恪尽职守,履行勤勉义务,对中控智联信息披露违规行为负有相应责任
430122	中控智联	中原证券	主办券商	2014-7-7	约见谈话	中原证券作为中控智联主办券商,未能尽职对信息披露规范履行信息披露义务先审查,未勤勉尽责
430056	中航新材	中航新材	挂牌公司	2014-7-7	约见谈话、出具警示函	2013年年报中多处遗漏应披露信息,部分章节与《全国中小企业股份转让系统挂牌公司年度报告内容与格式指引(试行)》相关要求严重不符
430056	中航新材	余罗	信息披露负责人	2014-7-7	约见谈话	余罗作为公司信息披露负责人,负责公司信息披露管理事务,未能恪尽职守,履行勤勉义务,对中航新材信息披露违规行为负有相应责任
430056	中航新材	中信建投	主办券商	2014-7-7	约见谈话	中信建投作为中航新材主办券商,未能尽职对信息披露规范履行信息披露义务先审查,未勤勉尽责
430523	秦合生物	秦合生物	挂牌公司	2014-8-6	出具警示函	秦合生物对于公司高管被采取强制措施及公司控股股东占用资金等重大事项,未履行信息披露义务

续表

证券代码	证券简称	监管对象名称	监管对象类别	采取监管措施的日期	具体监管措施	违规行为
430523	泰谷生物	段传武	信息披露负责人、财务总监	2014-8-6	出具警示函	段传武作为公司董事会秘书及财务总监，未能恪尽职守，履行勤勉义务，对泰谷生物信息披露违规、控股股东占用资金违规行为负有相应责任
430523	泰谷生物	山西证券	主办券商	2014-8-11	约见谈话	山西证券作为泰谷生物主办券商，未能尽责推荐、履行持续督导义务，未能督导履行信息披露义务、完善公司治理
430219	中试电力	刘敏	原董事会秘书	2014-10-20	约见谈话	原董事会秘书刘敏作为信息披露直接负责人未能尽职尽守，履行勤勉义务，对中试电力信息披露违规行为负有重要责任
430219	中试电力	齐鲁证券	主办券商	2014-10-20	约见谈话	齐鲁证券未能尽责履行持续督导义务，未能督导挂牌公司诚实守信、规范履行信息披露义务、完善公司治理
430134	可来博	王润、陈秀岚、赵佐武、胡永明、张英、侯玉玲、李晓英	董事、监事	2015-2-11	出具警示函	可来博董事、监事在2013年年报披露的"重要提示"中做出的承诺与事实不符，未能恪尽职守、履行诚信勤勉义务
430134	可来博	东方花旗	主办券商	2015-2-11	约见谈话	东方花旗未能尽职履行推荐义务，未能督导挂牌公司诚实守信、规范履行信息披露义务、完善公司治理
430134	可来博	中审亚太	中介机构	2015-2-11	约见谈话	中审亚太作为可来博出具2013年年度审计报告的会计师事务所，未能做到勤勉尽责和诚实守信

续表

证券代码	证券简称	监管对象名称	监管对象类别	采取监管措施的日期	具体监管措施	违规行为
430136	安普能	安普能	挂牌公司	2015-3-20	出具警示函,要求提交书面承诺	对3起重大涉诉事项未及时履行信息披露义务
430136	安普能	樊东华	董事长、实际控制人	2015-3-20	约见谈话,出具警示函	未能恪尽职守,履行勤勉义务,对安普能信息披露违规行为负有重要责任
430136	安普能	钮祝红	董事会秘书	2015-3-20	约见谈话	未能恪尽职守,履行勤勉义务,对安普能信息披露违规行为负有重要责任
831579	三信股份	三信股份	挂牌公司	2015-7-24	提交书面承诺	挂牌审查期间向关联方资金拆借事项未及时履行信息披露义务
831579	三信股份	邓小华、石春玉	公司董事、实际控制人	2015-7-24	约见谈话	未能恪尽职守,履行勤勉义务,对三信股份信息披露违规行为负有重要责任
831579	三信股份	李兴建	董事会秘书	2015-7-24	约见谈话	未能恪尽职守,履行勤勉义务,对三信股份信息披露违规行为负有重要责任
831579	三信股份	齐鲁证券	主办券商	2015-7-24	约见谈话	齐鲁证券未能勤勉尽责地履行推荐义务,未能督导申请挂牌公司诚实守信、规范运作,完善公司治理
430607	大树智能	大树智能	挂牌公司	2015-8-7	约见谈话	大树智能于2015年7月披露2015年第一季度财务报告,信息披露违规
430607	大树智能	华泰证券	主办券商	2015-8-7	约见谈话	华泰证券未能勤勉尽责,未能督导挂牌公司规范履行信息披露义务
430686	华盛控股	华盛控股	挂牌公司	2015-8-11	约见谈话	华盛控股作为股东发行股票,未经中国证监会核准,向特定对象发行股票,人数超过200人的公众公司,便披露认购公告进行认购

续表

证券代码	证券简称	监管对象名称	监管对象类别	采取监管措施的日期	具体监管措施	违规行为
430686	华盛控股	长江证券	主办券商	2015-8-11	出具警示函	长江证券作为主办券商，未能尽职尽责，履行勤勉义务，对华盛控股股票发行违规行为负有重要责任
430536	万通新材	万通新材	挂牌公司	2015-8-11	约见谈话	万通新材作为股票发行对象人数超过200人的公众公司，向特定对象发行股票，未经中国证监会核准，便披露公告进行认购
430536	万通新材	西南证券	主办券商	2015-8-11	出具警示函	西南证券作为主办券商，未能尽职尽责，履行勤勉义务，对万通新材股票发行违规行为负有重要责任
831061	中瀚鑫	中瀚鑫	挂牌公司	2015-8-11	约见谈话	中瀚鑫作为股票发行对象人数超过200人的公众公司，向特定对象发行股票，未经中国证监会核准，便披露认购公告进行认购
831061	中瀚鑫	东北证券	主办券商	2015-8-11	出具警示函	东北证券作为主办券商，未能尽职尽责，履行勤勉义务，对中瀚鑫股票发行违规行为负有重要责任
430316	巨灵信息	巨灵信息	挂牌公司	2015-8-11	出具警示函	公司在2014年年报披露过程中未披露财务报表附注，出现重大遗漏
430316	巨灵信息	华林证券	主办券商	2015-8-11	提交书面承诺	主办券商在事前审查时未能发现挂牌公司年报存在重大遗漏，未能勤勉尽责，未能督导挂牌公司视范履行信息披露义务
430316	巨灵信息	张莉	董事会秘书	2015-8-11	出具警示函	董事会秘书作为信息披露义务人，未能恪尽职守，履行勤勉义务，对信息披露违规行为负有责任

续表

证券代码	证券简称	监管对象名称	监管对象类别	采取监管措施的日期	具体监管措施	违规行为
430482	河源富马	河源富马	挂牌公司	2015-8-11	出具警示函	公司在2014年年报披露过程中未披露财务报表附注,出现重大遗漏
430482	河源富马	广发证券	主办券商	2015-8-11	提交书面承诺	主办券商在事前审查时未能发现挂牌公司存在重大遗漏,未能勤勉尽责,未能督导履行信息披露义务
430482	河源富马	黄伟	董事会秘书	2015-8-11	出具警示函	董事会秘书作为信息披露事务负责人,未能恪尽职守,履行勤勉义务,对信息披露违规行为负有责任
430499	中科股份	中科股份	挂牌公司	2015-8-11	出具警示函	公司在2014年年报披露过程中未披露财务报表附注,出现重大遗漏
430499	中科股份	华安证券	主办券商	2015-8-11	提交书面承诺	主办券商在事前审查时未能发现挂牌公司存在重大遗漏,未能勤勉尽责,未能督导履行信息披露义务
430499	中科股份	程明	董事会秘书	2015-8-11	出具警示函	董事会秘书作为信息披露事务负责人,未能恪尽职守,履行勤勉义务,对信息披露违规行为负有责任
430647	菁鹰股份	菁鹰股份	挂牌公司	2015-8-11	出具警示函	公司在2014年年报披露过程中未披露财务报表附注,出现重大遗漏
430647	菁鹰股份	世纪证券	主办券商	2015-8-11	提交书面承诺	主办券商在事前审查时未能发现挂牌公司存在重大遗漏,未能勤勉尽责,未能督导履行信息披露义务

续表

证券代码	证券简称	监管对象名称	监管对象类别	采取监管措施的日期	具体监管措施	违规行为
430647	青鹰股份	顾端青	董事会秘书	2015-8-11	出具警示函	董事会秘书作为信息披露事务负责人,未能恪尽职守,履行勤勉义务,对信息披露违规行为负有责任
830984	德邦工程	德邦工程	挂牌公司	2015-8-11	出具警示函	公司在2014年年报披露过程中未披露财务报表附注,出现重大遗漏
830984	德邦工程	华泰证券	主办券商	2015-8-11	提交书面承诺	主办券商在事前审查时未能发现挂牌公司存在重大遗漏,未能勤勉尽责,未能规范履行信息披露义务
830984	德邦工程	汪利顺	董事会秘书	2015-8-11	出具警示函	董事会秘书作为信息披露事务负责人,未能恪尽职守,履行勤勉义务,对信息披露违规行为负有责任
831245	扬开电力	扬开电力	挂牌公司	2015-8-11	出具警示函	公司在2014年年报披露过程中未披露财务报表附注,出现重大遗漏
831245	扬开电力	海通证券	主办券商	2015-8-11	提交书面承诺	主办券商在事前审查时未能发现挂牌公司存在重大遗漏,未能勤勉尽责,未能规范履行信息披露义务
831245	扬开电力	姚越	董事会秘书	2015-8-11	出具警示函	董事会秘书作为信息披露事务负责人,未能恪尽职守,履行勤勉义务,对信息披露违规行为负有责任
831258	龙蛙农业	龙蛙农业	挂牌公司	2015-8-11	出具警示函	公司在2014年年报披露过程中未披露财务报表附注,出现重大遗漏

续表

证券代码	证券简称	监管对象名称	监管对象类别	采取监管措施的日期	具体监管措施	违规行为
831258	龙蛙农业	华创证券	主办券商	2015-8-11	提交书面承诺	主办券商在事前审查时未能发现挂牌公司年报存在重大遗漏,未能勤勉尽责,未能督导挂牌公司规范履行信息披露义务
831258	龙蛙农业	韩秋月	董事会秘书	2015-8-11	出具警示函	董事会秘书作为信息披露事务负责人,未能恪尽职守,履行勤勉义务,对信息披露违规行为负有责任
831418	三合盛	三合盛	挂牌公司	2015-8-11	出具警示函	公司在2014年年报披露过程中未披露财务报表附注,出现重大遗漏
831418	三合盛	山西证券	主办券商	2015-8-11	提交书面承诺	主办券商在事前审查时未能发现挂牌公司年报存在重大遗漏,未能勤勉尽责,未能督导挂牌公司规范履行信息披露义务
831418	三合盛	韩晓云	董事会秘书	2015-8-11	出具警示函	董事会秘书作为信息披露事务负责人,未能恪尽职守,履行勤勉义务,对信息披露违规行为负有责任
831434	巨创计量	巨创计量	挂牌公司	2015-8-11	出具警示函	公司在2014年年报披露过程中未披露财务报表附注,出现重大遗漏
831434	巨创计量	长城证券	主办券商	2015-8-11	提交书面承诺	主办券商在事前审查时未能发现挂牌公司年报存在重大遗漏,未能勤勉尽责,未能督导挂牌公司规范履行信息披露义务
831434	巨创计量	余翔	董事会秘书	2015-8-11	出具警示函	董事会秘书作为信息披露事务负责人,未能恪尽职守,履行勤勉义务,对信息披露违规行为负有责任

续表

证券代码	证券简称	监管对象名称	监管对象类别	采取监管措施的日期	具体监管措施	违规行为
831457	祥龙钻探	祥龙钻探	挂牌公司	2015-8-11	出具警示函	公司在2014年年报披露过程中未披露财务报表附注,出现重大遗漏
831457	祥龙钻探	国元证券	主办券商	2015-8-11	提交书面承诺	主办券商在事前审查时未能发现挂牌公司存在重大遗漏,未能勤勉尽责,未能督导挂牌公司规范履行信息披露义务
831457	祥龙钻探	魏宝芸	董事会秘书	2015-8-11	出具警示函	董事会秘书作为信息披露事务负责人,未能格尽职守,履行勤勉义务,对信息披露违规行为负有责任
831516	金科环保	金科环保	挂牌公司	2015-8-11	出具警示函	公司在2014年年报披露过程中未披露财务报表附注,出现重大遗漏
831516	金科环保	海通证券	主办券商	2015-8-11	提交书面承诺	主办券商在事前审查时未能发现挂牌公司存在重大遗漏,未能勤勉尽责,未能督导挂牌公司规范履行信息披露义务
831516	金科环保	孙红	董事会秘书	2015-8-11	出具警示函	董事会秘书作为信息披露事务负责人,未能格尽职守,履行勤勉义务,对信息披露违规行为负有责任
831847	中兵环保	中兵环保	挂牌公司	2015-8-11	出具警示函	公司在2014年年报披露过程中未披露财务报表附注,出现重大遗漏
831847	中兵环保	浙商证券	主办券商	2015-8-11	提交书面承诺	主办券商在事前审查时未能发现挂牌公司存在重大遗漏,未能勤勉尽责,未能督导挂牌公司规范履行信息披露义务

续表

证券代码	证券简称	监管对象名称	监管对象类别	采取监管措施的日期	具体监管措施	违规行为
831847	中兵环保	姚庚钰	董事会秘书	2015-8-11	出具警示函	董事会秘书作为信息披露事务负责人,未能格尽职守,履行勤勉义务,对信息披露违规行为负有责任
831888	垦丰种业	垦丰种业	挂牌公司	2015-8-11	出具警示函	公司在2014年年报披露过程中未披露财务报表附注,出现重大遗漏
831888	垦丰种业	华融证券	主办券商	2015-8-11	提交书面承诺	主办券商在事前审查时未能发现挂牌公司年报存在重大遗漏,未能勤勉尽责,未能督导挂牌公司规范履行信息披露义务
831888	垦丰种业	梁岐	董事会秘书	2015-8-11	出具警示函	董事会秘书作为信息披露事务负责人,未能格尽职守,履行勤勉义务,对信息披露违规行为负有责任
832052	紫罗兰	紫罗兰	挂牌公司	2015-8-11	出具警示函	公司在2014年年报披露过程中未披露财务报表附注,出现重大遗漏
832052	紫罗兰	湘财证券	主办券商	2015-8-11	提交书面承诺	主办券商在事前审查时未能发现挂牌公司年报存在重大遗漏,未能勤勉尽责,未能督导挂牌公司规范履行信息披露义务
832052	紫罗兰	严玲	董事会秘书	2015-8-11	出具警示函	董事会秘书作为信息披露事务负责人,未能格尽职守,履行勤勉义务,对信息披露违规行为负有责任
832097	浩辰软件	浩辰软件	挂牌公司	2015-8-11	出具警示函	公司在2014年年报披露过程中未披露财务报表附注,出现重大遗漏

续表

证券代码	证券简称	监管对象名称	监管对象类别	采取监管措施的日期	具体监管措施	违规行为
832097	浩辰软件	民生证券	主办券商	2015-8-11	提交书面承诺	主办券商在事前审查时未能发现挂牌公司存在重大遗漏,未能勤勉尽责,未能督导挂牌公司规范履行信息披露义务
832097	浩辰软件	俞怀古	董事会秘书	2015-8-11	出具警示函	董事会秘书作为信息披露义务人,未能恪尽职守,履行勤勉义务,对信息披露违规行为负有责任
832330	中天管桩	中天管桩	挂牌公司	2015-8-11	出具警示函	公司在2014年年报披露过程中未披露财务报表附注,出现重大遗漏
832330	中天管桩	新时代证券	主办券商	2015-8-11	提交书面承诺	主办券商在事前审查时未能发现挂牌公司存在重大遗漏,未能勤勉尽责,未能督导挂牌公司规范履行信息披露义务
832330	中天管桩	程文琴	董事会秘书	2015-8-11	出具警示函	董事会秘书作为信息披露义务人,未能恪尽职守,履行勤勉义务,对信息披露违规行为负有责任
831345	海特股份	海特股份	挂牌公司	2015-8-11	出具警示函	公司在2014年年报披露过程中未披露财务报表附注,出现重大遗漏
831345	海特股份	国联证券	主办券商	2015-8-11	提交书面承诺	主办券商在事前审查时未能发现挂牌公司存在重大遗漏,未能勤勉尽责,未能督导挂牌公司规范履行信息披露义务
831345	海特股份	朱海燕	董事会秘书	2015-8-11	出具警示函	董事会秘书作为信息披露义务人,未能恪尽职守,履行勤勉义务,对信息披露违规行为负有责任

续表

证券代码	证券简称	监管对象名称	监管对象类别	采取监管措施的日期	具体监管措施	违规行为
430291	ST中试	ST中试	挂牌公司	2015-8-18	出具警示函,提交书面承诺	披露的2014年年度报告中存在多处重大遗漏
430291	ST中试	操立军	董事长、实际控制人	2015-8-18	出具警示函,提交书面承诺	未能恪尽职守,履行勤勉义务,对ST中试信息披露违规行为负有重要责任
831890	中润油	中润油	挂牌公司	2015-8-18	约见谈话	中润油于2015年7月披露2015年第一季度财务报告,信息披露违规
831890	中润油	西部证券	主办券商	2015-8-18	约见谈话	西部证券未能勤勉尽责,未能督导挂牌公司规范履行信息披露义务
430015	盖特佳	盖特佳	挂牌公司	2015-8-18	约见谈话	盖特佳于2015年7月披露2015年第一季度财务报告,信息披露违规
430015	盖特佳	申万宏源	主办券商	2015-8-18	约见谈话	申万宏源未能勤勉尽责,未能督导挂牌公司规范履行信息披露义务
832080	七色珠光	七色珠光	挂牌公司	2015-8-18	约见谈话	七色珠光在向我司提交发行备案材料前就使用了募集资金,股票发行存在违规行为
831456	森瑞新材	森瑞新材	挂牌公司	2015-8-18	约见谈话	森瑞新材在向我司提交发行备案材料前就使用了募集资金,股票发行存在违规行为
831340	金童股份	金童股份	挂牌公司	2015-8-27	出具警示函	金童股份在未取得同意做市函的情况下发布股票转让方式变更的提示性公告,信息披露违规
831340	金童股份	宋顺金	董事会秘书	2015-8-27	出具警示函	董事会秘书作为信息披露事务负责人,未能恪尽职守,履行勤勉义务,对信息披露违规行为负有责任

续表

证券代码	证券简称	监管对象名称	监管对象类别	采取监管措施的日期	具体监管措施	违规行为
831340	金童股份	申万宏源	主办券商	2015-8-27	约见谈话、提交书面承诺	申万宏源证券未能勤勉尽责，未能督导挂牌公司规范履行信息披露义务
832152	华富股份	华富股份	挂牌公司	2015-9-22	约见谈话	华富股份在取得股份登记函之前就使用了募集的资金，股票发行存在违规行为
430088	七维航测	七维航测	挂牌公司	2015-9-25	约见谈话	七维航测于2015年7月披露2015年第一季度审计报告，信息披露违规
430088	七维航测	东北证券	主办券商	2015-9-25	约见谈话	东北证券未能勤勉尽责，未能督导挂牌公司规范履行信息披露义务
831315	安畅网络	安畅网络	挂牌公司	2015-9-25	约见谈话	安畅网络在取得股票发行股份登记函之前就使用了募集资金，股票发行存在违规行为
831915	川娇农牧	川娇农牧	挂牌公司	2015-9-30	出具警示函	川娇农牧资金使用明知在取得股票发行违反相关规定，但仍故意为之，股票发行存在违规行为
430181	盖娅互娱	盖娅互娱	挂牌公司	2015-10-8	约见谈话	盖娅互娱在取得股票发行股份登记函之前就使用了募集资金，股票发行存在违规行为
		安信证券	做市商	2015-10-27	约见谈话、责令改正	安信证券自营账户与做市账户同时持有同一只做市股票
831291	佰博科技	中原证券	主办券商	2015-11-9	约见谈话	中原证券于9月17日9时15分通过电话申请佰博科技重大资产转让，导致挂牌公司股票盘中紧急停牌，不符合重大资产重组暂停转让的相关规定

续表

证券代码	证券简称	监管对象名称	监管对象类别	采取监管措施的日期	具体监管措施	违规行为
831639	达仁资管	达仁资管	挂牌公司	2015-11-9	约见谈话	达仁资管于9月14日9时21分通过邮件申请重大资产重组暂停转让,导致挂牌公司股票盘中紧急停牌,不符合重大资产重组相关暂停转让的相关规定
831639	达仁资管	兴业证券	主办券商	2015-11-9	约见谈话	达仁资管重大资产重组暂停转让申请违规,兴业证券作为主办券商未能勤勉尽责,未能督导达仁资管按照相关规定申请暂停转让
430726	津宇嘉信	津宇嘉信	挂牌公司	2015-11-3	约见谈话	津宇嘉信在取得股票发行登记函之前使用了募集资金,股票发行存在违规行为
430726	津宇嘉信	杨水荣	高级管理人员	2015-11-3	提交书面承诺	自2015年1月1日~2015年6月30日转让的股份已超过所持有公司股份总数的25%,构成违规减持
430726	津宇嘉信	杨彦	高级管理人员	2015-11-3	提交书面承诺	自2015年1月1日~2015年6月30日转让的股份已超过所持有公司股份总数的25%,构成违规减持
831985	华杰电气	华杰电气	挂牌公司	2015-11-3	约见谈话	华杰电气在取得股票发行登记函之前使用了募集资金,股票发行存在违规行为
832168	中科招商	中科招商	挂牌公司	2015-11-5	约见谈话	在未通过全国股份转让系统指定信息披露平台披露融资具体方案的情况下,向媒体透漏融资的具体细节,构成信息披露违规
831142	易讯通	易讯通	挂牌公司	2015-11-23	约见谈话	易讯通在取得股票发行登记函之前使用了募集资金,股票发行存在违规行为

续表

证券代码	证券简称	监管对象名称	监管对象类别	采取监管措施的日期	具体监管措施	违规行为
832607	安华生物	安华生物	挂牌公司	2015-12-7	约见谈话	安华生物在取得股票发行登记函之前使用了募集资金,股票发行存在违规行为
832067	翱翔科技	翱翔科技	挂牌公司	2015-12-14	约见谈话	翱翔科技在未提交股票转让方式变更申请材料、未取得同意做市函的情况下,发布股票转让方式变更的提示性公告,信息披露违规
832067	翱翔科技	李向阳	董事会秘书	2015-12-14	约见谈话	董事会秘书作为信息披露事务负责人,未能恪尽职守,履行勤勉义务,对信息披露违规行为负有责任
832067	翱翔科技	中投证券	主办券商	2015-12-14	约见谈话、提交书面承诺	中投证券未能勤勉尽责,未能督导挂牌公司规范履行信息披露义务
		方正证券	主办券商	2015-12-30	约见谈话	主办券商未严格执行全国股转系统投资者适当性管理的各项要求,未正确履行合格投资者报送义务,构成违规
		九州证券	主办券商	2015-12-30	约见谈话	主办券商未严格执行全国股转系统投资者适当性管理的各项要求,未正确履行合格投资者报送义务,构成违规
		国联证券	主办券商	2015-12-30	约见谈话、提交书面承诺	主办券商将受限投资者权限开通为合格投资者权限,构成违规

B.13
附录四 2015年非金融业新三板挂牌公司定向增发融资信息（融资额不低于1亿元）

股票代码	股票简称	上市日期	增发公告日	省份	所有制	股东人数（人）	证监会行业（2012年版）	总股本（万股）	增发价格（元）	增发数量（万股）	实际募资总额（万元）
831900.OC	海航冷链	2015-1-29	2015-7-18	北京	其他企业	40	道路运输业	117298	1.48	115298.40	170641.63
832950.OC	益盟股份	2015-7-29	2015-7-29	上海	民营企业	38	软件和信息技术服务业	43750	14.29	8750.00	125037.50
831963.OC	明利股份	2015-2-16	2015-6-26	广西	民营企业	218	—	36500	5.00	24000.00	120000.00
830881.OC	圣泉集团	2014-7-28	2015-6-24	山东	民营企业	3508	化学原料和化学制品制造业	64372	12.00	6437.00	77244.00
430358.OC	基美影业	2013-12-10	2015-12-15	上海	民营企业	133	广播、电视、电影和影视录音制作业	29753	8.33	7221.42	60154.43
831930.OC	和君商学	2015-2-5	2015-12-16	北京	民营企业	47	商务服务业	12120	30.00	2000.00	60000.00
430021.OC	海鑫科金	2007-9-28	2015-10-16	北京	民营企业	63	软件和信息技术服务业	19038	17.18	3200.00	54976.00
832159.OC	合全药业	2015-4-3	2015-10-16	上海	外资企业	111	医药制造业	12927	69.65	716.00	49869.40
430463.OC	春茂股份	2014-1-24	2015-3-17	广西	民营企业	176	畜牧业	44969	1.20	40768.94	48922.73

附录四 2015年非金融业新三板挂牌公司定向增发融资信息（融资额不低于1亿元）

续表

股票代码	股票简称	上市日期	增发公告日	省份	所有制	股东人数（人）	证监会行业（2012年版）	总股本（万股）	增发价格（元）	增发数量（万股）	实际募资总额（万元）
831099.OC	维泰股份	2014-8-29	2015-3-14	新疆	地方国企	37	房屋建筑业	31650	8.00	6047.13	48377.08
430120.OC	金润科技	2012-4-27	2015-8-11	北京	民营企业	112	软件和信息技术服务业	12000	56.00	700.00	39200.00
430358.OC	基美影业	2013-12-10	2015-6-25	上海	民营企业	133	广播、电视、电影和影视录音制作业	29753	23.80	1596.60	37984.80
430051.OC	九佰星	2009-2-18	2015-11-7	北京	民营企业	333	软件和信息技术服务业	11896	11.00	3410.70	37517.67
830955.OC	大盛微电	2014-8-8	2015-8-14	河南	民营企业	331	电气机械和器材制造业	15200	6.68	5000.00	33400.00
430130.OC	卡联科技	2012-7-12	2015-9-1	北京	民营企业	370	软件和信息技术服务业	13477	28.00	1153.73	32304.47
430174.OC	沃捷传媒	2012-12-18	2015-7-25	北京	民营企业	356	商务服务业	20461	32.00	1000.00	32000.00
430558.OC	均信担保	2014-1-24	2015-10-14	黑龙江	公众企业	591	商务服务业	46200	2.58	12171.00	31401.18
833371.OC	蓝天燃气	2015-8-21	2015-12-29	河南	民营企业	45	管道运输业	39720	10.00	3000.20	30002.00
832154.OC	文灿股份	2015-3-18	2015-9-24	广东	民营企业	27	汽车制造业	16500	20.00	1500.00	30000.00
831963.OC	明利股份	2015-2-16	2015-4-22	广西	民营企业	218	—	36500	4.00	7500.00	30000.00
832223.OC	配天智造	2015-3-31	2015-7-9	广东	民营企业	35	通用设备制造业	3267	31.00	967.20	29977.00
830809.OC	安达科技	2014-6-18	2015-7-21	贵州	民营企业	105	电气机械和器材制造业	17363	5.50	5420.00	29810.00
832023.OC	田野股份	2015-2-13	2015-7-7	广西	民营企业	243	农副食品加工业	12000	8.50	3500.00	29750.00

续表

股票代码	股票简称	上市日期	增发公告日	省份	所有制	股东人数（人）	证监会行业（2012年版）	总股本（万股）	增发价格（元）	增发数量（万股）	实际募资总额（万元）
830819.OC	致生联发	2014-6-24	2015-7-15	北京	民营企业	153	软件和信息技术服务业	33923	14.88	1902.90	28315.15
832705.OC	达瑞生物	2015-7-9	2015-7-9	广东	其他企业	11	医药制造业	3511	79.11	351.11	27777.77
430225.OC	伊禾农品	2013-7-5	2015-11-21	上海	民营企业	460	农业	13332	12.60	2183.00	27505.80
832219.OC	建装业	2015-4-1	2015-7-1	广东	民营企业	48	建筑装饰和其他建筑业	16656	15.00	1806.33	27095.00
831930.OC	和君商学	2015-2-5	2015-6-3	北京	民营企业	47	商务服务业	12120	100.00	265.00	26500.00
833677.OC	芯能科技	2015-9-30	2015-12-3	浙江	民营企业	31	电气机械和器材制造业	12500	13.00	2000.00	26000.00
833897.OC	心动网络	2015-11-4	2015-11-4	上海	民营企业	14	互联网和相关服务	5792	36.00	692.00	24912.00
430346.OC	哇棒传媒	2013-12-4	2015-9-15	北京	民营企业	440	商务服务业	6049	17.80	1383.11	24619.27
430017.OC	星昊医药	2007-8-16	2015-8-27	北京	民营企业	34	医药制造业	9198	24.00	950.00	22800.00
831628.OC	西部超导	2014-12-31	2015-9-24	陕西	地方国企	257	有色金属冶炼和压延加工业	34707	15.00	1500.00	22500.00
831029.OC	银丰棉花	2014-8-29	2015-8-14	湖北	集体企业	451	农、林、牧、渔服务业	14288	6.18	3570.00	22062.60
831083.OC	东润环能	2014-8-15	2015-9-18	北京	民营企业	75	软件和信息技术服务业	8097	14.50	1487.63	21570.57
832136.OC	蓝天园林	2015-3-24	2015-9-29	浙江	民营企业	54	土木工程建筑业	12780	14.60	1450.00	21170.00
830800.OC	天开园林	2014-6-10	2015-7-3	重庆	民营企业	124	土木工程建筑业	9000	14.00	1500.00	21000.00
831472.OC	ST复娱	2014-12-8	2015-9-17	上海	民营企业	89	互联网和相关服务	15400	2.50	8400.00	21000.00

附录四 2015年非金融业新三板挂牌公司定向增发融资信息（融资额不低于1亿元）

续表

股票代码	股票简称	上市日期	增发公告日	省份	所有制	股东人数（人）	证监会行业（2012年版）	总股本（万股）	增发价格（元）	增发数量（万股）	实际募资总额（万元）
831505.OC	朗顿教育	2014-12-9	2015-6-27	广东	民营企业	12	教育	2041	19.60	1040.82	20400.00
830866.OC	凌志软件	2014-7-30	2015-8-18	江苏	民营企业	582	软件和信息技术服务业	14638	10.65	1899.50	20229.68
832379.OC	鑫融基	2015-4-30	2015-8-18	河南	民营企业	30	商务服务业	163900	2.00	10000.00	20000.00
832800.OC	簇特斯	2015-7-22	2015-7-22	江苏	外资企业	33	软件和信息技术服务业	10201	34.36	582.07	20000.00
832766.OC	沃格光电	2015-7-20	2015-10-27	江西	民营企业	39	计算机、通信和其他电子设备制造业	6967	15.79	1266.67	20000.00
430505.OC	上陵牧业	2014-1-24	2015-11-14	宁夏	民营企业	232	畜牧业	19000	10.00	2000.00	20000.00
430339.OC	中搜网络	2013-11-8	2015-1-1	北京	民营企业	680	互联网和相关服务	11258	25.00	799.22	19980.44
430622.OC	顺达智能	2014-1-24	2015-9-17	江苏	民营企业	250	通用设备制造业	6912	13.50	1469.46	19837.71
833042.OC	天汇能源	2015-8-18	2015-12-4	海南	地方国企	2	电力、热力生产和供应业	32305	1.58	12405.06	19600.00
430515.OC	麟龙股份	2014-1-24	2015-9-17	辽宁	民营企业	428	软件和信息技术服务业	14535	40.00	487.50	19500.00
831200.OC	巨正源	2014-10-17	2015-12-25	广东	民营企业	33	批发业	17750	4.00	4800.00	19200.00
833330.OC	君实生物	2015-8-13	2015-12-25	上海	民营企业	69	医药制造业	2205	25.90	735.00	19039.03
430244.OC	颂大教育	2013-7-2	2015-9-10	湖北	民营企业	69	互联网和相关服务	4593	22.50	845.50	19023.75
430705.OC	天锐科技	2014-4-23	2015-11-6	广东	民营企业	10	软件和信息技术服务业	16760	1.20	15750.00	18900.00

317

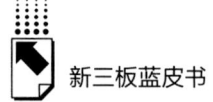

续表

股票代码	股票简称	上市日期	增发公告日	省份	所有制	股东人数（人）	证监会行业（2012年版）	总股本（万股）	增发价格（元）	增发数量（万股）	实际募资总额（万元）
430377.OC	海格物流	2014-1-24	2015-10-24	广东	民营企业	164	装卸搬运和运输代理业	12764	18.00	1000.00	18000.00
832305.OC	东利机械	2015-4-17	2015-9-2	河北	民营企业	49	汽车制造业	11000	6.00	3000.00	18000.00
831405.OC	赞普科技	2014-12-3	2015-8-6	天津	民营企业	209	软件和信息技术服务业	4397	15.00	1195.00	17925.00
832898.OC	天地壹号	2015-8-20	2015-8-20	广东	民营企业	23	酒、饮料和精制茶制造业	41000	17.50	1000.00	17500.00
835185.OC	贝特瑞	2015-12-28	2015-12-26	广东	其他企业	47	非金属矿物制品业	8700	35.00	500.00	17500.00
833056.OC	通用数据	2015-7-31	2015-10-27	天津	民营企业	22	软件和信息技术服务业	10870	20.00	870.00	17400.00
830818.OC	巨峰股份	2014-6-30	2015-8-20	江苏	民营企业	435	电气机械和器材制造业	12310	7.50	2310.00	17325.00
831378.OC	富耐克	2014-11-28	2015-6-2	河南	民营企业	98	非金属矿物制品业	12906	19.00	910.00	17290.00
831084.OC	绿网天下	2014-8-21	2015-7-29	福建	民营企业	75	软件和信息技术服务业	3420	25.00	680.00	17000.00
830931.OC	仁会生物	2014-8-11	2015-2-6	上海	民营企业	356	医药制造业	10798	22.50	750.00	16875.00
430222.OC	璟泓科技	2013-7-2	2015-9-8	湖北	民营企业	400	医药制造业	5160	14.50	1160.00	16820.00
832710.OC	志能祥赢	2015-7-10	2015-7-10	北京	民营企业	43	科技推广和应用服务业	23352	5.00	3352.00	16760.00
430357.OC	行悦信息	2013-12-13	2015-10-24	上海	民营企业	893	互联网和相关服务	12680	6.66	2500.00	16650.00
430309.OC	易所试	2013-8-13	2015-11-26	上海	民营企业	119	商务服务业	5759	22.00	752.40	16552.80

附录四　2015年非金融业新三板挂牌公司定向增发融资信息（融资额不低于1亿元）

续表

股票代码	股票简称	上市日期	增发公告日	省份	所有制	股东人数（人）	证监会行业（2012年版）	总股本（万股）	增发价格（元）	增发数量（万股）	实际募资总额（万元）
833517.OC	策源股份	2015-9-9	2015-12-31	上海	民营企业	4	房地产业	7500	11.00	1500.00	16500.00
830849.OC	平原非标	2014-7-11	2015-5-7	河南	民营企业	65	专用设备制造业	7333	10.76	1533.44	16499.79
430177.OC	点点客	2012-12-18	2015-7-31	上海	民营企业	581	电信、广播电视和卫星传输服务	27728	14.00	1165.29	16314.12
430759.OC	凯路仕	2014-5-30	2015-10-28	广东	民营企业	492	铁路、船舶、航空航天和其他运输设备制造业	12115	16.26	965.00	15690.90
832029.OC	金正食品	2015-2-11	2015-8-12	山东	民营企业	23	农副食品加工业	8000	5.20	3000.00	15600.00
430181.OC	盖娅互娱	2012-12-28	2015-10-27	北京	民营企业	8	专用设备制造业	12550	1.25	12050.00	15062.50
831173.OC	泰恩康	2014-10-8	2015-8-5	广东	民营企业	90	批发业	7770	25.00	600.00	15000.00
832317.OC	观典航空	2015-4-15	2015-7-24	北京	民营企业	2	科技推广和应用服务业	11875	12.00	1250.00	15000.00
831284.OC	迈科智能	2014-11-6	2015-7-23	广东	民营企业	62	计算机、通信和其他电子设备制造业	13150	20.00	750.00	15000.00
833290.OC	瑞必达	2015-8-27	2015-10-30	广东	民营企业	47	计算机、通信和其他电子设备制造业	22740	3.00	5000.00	15000.00
830933.OC	纳晶科技	2014-8-5	2015-3-26	浙江	民营企业	119	化学原料和化学制品制造业	7500	10.00	1500.00	15000.00
832397.OC	恒神股份	2015-5-6	2015-5-6	江苏	民营企业	65	化学纤维制造业	123000	5.00	3000.00	15000.00
430092.OC	金刚游戏	2011-6-21	2015-10-20	北京	民营企业	75	互联网和相关服务	18060	40.00	375.00	15000.00
831190.OC	第六元素	2014-10-15	2015-12-26	江苏	民营企业	23	非金属矿物制品业	8333	6.00	2500.00	15000.00

续表

股票代码	股票简称	上市日期	增发公告日	省份	所有制	股东人数（人）	证监会行业（2012年版）	总股本（万股）	增发价格（元）	增发数量（万股）	实际募资总额（万元）
830970.OC	艾录股份	2014-8-13	2015-12-2	上海	民营企业	150	造纸和纸制品业	14028	9.96	1486.00	14800.56
430427.OC	飞田通信	2014-1-24	2015-10-10	上海	民营企业	80	软件和信息技术服务业	17891	10.00	1463.75	14637.50
430175.OC	科新生物	2012-12-26	2015-3-7	上海	民营企业	83	医药制造业	7920	6.00	2403.46	14420.78
430240.OC	随视传媒	2013-7-4	2015-11-21	北京	民营企业	192	商务服务业	4480	30.00	480.00	14400.00
831263.OC	科华控股	2014-11-3	2015-5-16	江苏	民营企业	9	汽车制造业	10000	7.20	2000.00	14400.00
832080.OC	七色珠光	2015-3-19	2015-11-4	广西	民营企业	21	化学原料和化学制品制造业	8310	7.20	2000.00	14400.00
430011.OC	指南针	2007-1-23	2015-3-14	北京	民营企业	336	软件和信息技术服务业	15616	2.00	7000.00	14000.00
831396.OC	许继智能	2014-12-3	2015-11-14	河南	民营企业	39	软件和信息技术服务业	5050	12.00	1150.00	13800.00
831303.OC	澳凯富汇	2014-11-10	2015-9-16	河南	民营企业	71	商务服务业	5906	3.50	3885.50	13599.25
831504.OC	中晟光电	2014-12-31	2015-8-5	上海	公众企业	26	专用设备制造业	9036	6.33	2136.00	13520.88
430127.OC	英雄互娱	2012-6-21	2015-12-1	北京	民营企业	22	仪器仪表制造业	11089	82.00	164.82	13515.58
831028.OC	华丽包装	2014-8-29	2015-4-30	河南	民营企业	316	造纸和纸制品业	10885	5.70	2365.00	13480.50
831039.OC	国义招标	2014-8-19	2015-10-24	广东	其他企业	15	专业技术服务业	14002	2.73	4842.00	13218.66
430555.OC	英派瑞	2014-1-24	2015-9-1	安徽	民营企业	148	橡胶和塑料制品业	24254	6.60	2000.00	13200.00
830822.OC	海容冷链	2014-7-1	2015-5-26	山东	民营企业	228	通用设备制造业	6000	22.00	595.00	13090.00
831344.OC	中际联合	2014-11-20	2015-7-23	北京	民营企业	34	通用设备制造业	7000	26.00	500.00	13000.00
430505.OC	上陵牧业	2014-1-24	2015-1-9	宁夏	民营企业	232	畜牧业	19000	8.50	1500.00	12750.00

续表

附录四 2015年非金融业新三板挂牌公司定向增发融资信息（融资额不低于1亿元）

股票代码	股票简称	上市日期	增发公告日	省份	所有制	股东人数（人）	证监会行业（2012年版）	总股本（万股）	增发价格（元）	增发数量（万股）	实际募资总额（万元）
430595.OC	唐人通服	2014-1-24	2015-7-1	江西	民营企业	66	电信、广播电视和卫星传输服务	9693	15.00	846.67	12700.00
430657.OC	楼兰股份	2014-2-21	2015-6-6	辽宁	民营企业	181	软件和信息技术服务业	23874	13.40	932.76	12499.95
430430.OC	普滤得	2014-1-24	2015-8-29	江苏	民营企业	321	专用设备制造业	5530	12.00	1000.00	12000.00
830944.OC	景尚旅业	2014-8-11	2015-6-26	江苏	民营企业	129	商务服务业	6550	6.00	2000.00	12000.00
830944.OC	景尚旅业	2014-8-11	2015-8-5	江苏	民营企业	129	商务服务业	6550	12.00	1000.00	12000.00
430253.OC	兴竹信息	2013-7-23	2015-4-23	北京	民营企业	382	软件和信息技术服务业	13950	7.50	1600.00	12000.00
430376.OC	东亚装饰	2014-1-24	2015-7-7	山东	民营企业	161	建筑装饰和其他建筑业	7000	6.00	2000.00	12000.00
430127.OC	英雄互娱	2012-6-21	2015-9-8	北京	民营企业	22	仪器仪表制造业	11089	1.33	8986.97	11952.67
430609.OC	中磁视讯	2014-1-24	2015-9-11	山东	民营企业	619	软件和信息技术服务业	6993	10.00	1193.00	11930.00
430736.OC	中江种业	2014-5-5	2015-7-17	江苏	其他企业	46	农业	17766	1.53	7765.80	11881.67
430452.OC	汇龙科技	2014-1-24	2015-6-30	陕西	民营企业	85	电信、广播电视和卫星传输服务	6700	8.50	1395.00	11857.50
831419.OC	鸿铭科技	2014-12-5	2015-12-4	湖南	民营企业	33	专用设备制造业	12300	1.00	11800.00	11800.00
831177.OC	深冷能源	2014-10-14	2015-7-2	河南	公众企业	200	化学原料和化学制品制造业	7300	7.46	1580.00	11786.80
430738.OC	白兔湖	2014-4-30	2015-7-11	安徽	民营企业	24	通用设备制造业	11545	3.80	3100.00	11780.00

续表

股票代码	股票简称	上市日期	增发公告日	省份	所有制	股东人数(人)	证监会行业(2012年版)	总股本(万股)	增发价格(元)	增发数量(万股)	实际募资总额(万元)
830964.OC	润农节水	2014-8-8	2015-12-19	河北	民营企业	408	橡胶和塑料制品业	9600	7.35	1600.00	11760.00
831074.OC	佳力科技	2014-8-20	2015-5-16	浙江	民营企业	353	通用设备制造业	10616	5.90	1966.00	11599.40
831601.OC	威科姆	2015-1-12	2015-8-29	河南	公众企业	146	软件和信息技术服务业	9756	14.00	800.00	11200.00
831523.OC	亚成生物	2014-12-17	2015-10-28	甘肃	地方国企	375	农副食品加工业	6400	5.00	2200.00	11000.00
831036.OC	裕国股份	2014-8-19	2015-5-19	湖北	民营企业	149	农副食品加工业	8750	8.80	1250.00	11000.00
831439.OC	中昌生态	2014-12-8	2015-3-27	山东	民营企业	219	林业	24000	11.00	1000.00	11000.00
832570.OC	蓝海科技	2015-6-12	2015-8-25	北京	民营企业	42	软件和信息技术服务业	3663	19.38	566.60	10980.71
830879.OC	基康仪器	2014-7-23	2015-1-26	北京	民营企业	517	仪器仪表制造业	13800	12.50	870.00	10875.00
833175.OC	浩瀚深度	2015-10-9	2015-12-31	北京	民营企业	17	互联网和相关服务	10000	6.08	1786.00	10858.88
430087.OC	富电绿能	2011-5-31	2015-12-10	北京	民营企业	18	专用设备制造业	13626	1.08	10000.00	10800.00
430476.OC	海能仪器	2014-1-24	2015-8-12	山东	民营企业	134	仪器仪表制造业	4453	18.00	600.00	10800.00
832143.OC	海昌华	2015-3-10	2015-7-23	广东	民营企业	58	水上运输业	11500	7.20	1500.00	10800.00
831710.OC	昊方机电	2015-1-19	2015-7-3	安徽	民营企业	108	汽车制造业	18000	10.80	1000.00	10800.00
833323.OC	好帮手	2015-8-19	2015-11-21	广东	民营企业	7	计算机、通信和其他电子设备制造业	9612	37.45	288.37	10800.00
430165.OC	光宝联合	2012-11-13	2015-9-3	北京	民营企业	204	电信、广播电视和卫星传输服务	4162	12.00	900.00	10800.00
831572.OC	疆能股份	2015-1-5	2015-9-30	新疆	民营企业	79	电气机械和器材制造业	14260	5.00	2160.00	10800.00

附录四 2015年非金融业新三板挂牌公司定向增发融资信息（融资额不低于1亿元）

续表

股票代码	股票简称	上市日期	增发公告日	省份	所有制	股东人数（人）	证监会行业（2012年版）	总股本（万股）	增发价格（元）	增发数量（万股）	实际募资总额（万元）
830879.OC	基康仪器	2014-7-23	2015-12-24	北京	民营企业	517	仪器仪表制造业	13800	8.90	1200.00	10680.00
831057.OC	多普泰	2014-8-19	2015-10-13	重庆	民营企业	37	医药制造业	4438	26.00	410.00	10660.00
832737.OC	恒信玺利	2015-7-10	2015-11-28	北京	民营企业	27	零售业	10279	37.75	279.44	10548.99
831456.OC	森瑞新材	2014-12-10	2015-10-27	贵州	民营企业	26	橡胶和塑料制品业	20750	3.50	3000.00	10500.00
430362.OC	东电创新	2013-12-26	2015-9-24	北京	民营企业	219	软件和信息技术服务业	4000	20.00	524.00	10480.00
430338.OC	银音科技	2013-11-8	2015-6-2	上海	民营企业	197	软件和信息技术服务业	15548	8.00	1300.00	10400.00
831633.OC	那然生命	2015-1-7	2015-6-30	浙江	民营企业	23	公共设施管理业	18000	2.60	4000.00	10400.00
831208.OC	洁昊环保	2014-10-21	2015-9-17	上海	民营企业	100	专用设备制造业	9751	28.00	370.40	10371.34
430324.OC	上海致远	2013-10-18	2015-9-8	上海	民营企业	104	通用设备制造业	8062	12.00	861.50	10338.00
833010.OC	盛景网联	2015-7-29	2015-10-14	北京	民营企业	58	商务服务业	18120	28.36	360.00	10209.60
832896.OC	道有道	2015-7-21	2015-11-19	北京	民营企业	25	软件和信息技术服务业	8050	18.50	550.00	10175.00
430393.OC	三景科技	2014-1-24	2015-8-29	江苏	民营企业	53	计算机、通信和其他电子设备制造业	8001	19.65	514.00	10100.10
830771.OC	华灿电讯	2014-6-3	2015-5-1	江苏	民营企业	221	计算机、通信和其他电子设备制造业	7586	18.00	560.00	10080.00

续表

股票代码	股票简称	上市日期	增发公告日	省份	所有制	股东人数（人）	证监会行业（2012年版）	总股本（万股）	增发价格（元）	增发数量（万股）	实际募资总额（万元）
430229.OC	绿岸网络	2013-7-5	2015-3-4	上海	民营企业	276	互联网和相关服务	6480	19.26	520.68	10028.24
832809.OC	九森林业	2015-8-4	2015-8-4	湖北	民营企业	48	林业	9453	3.70	2703.00	10001.10
830838.OC	新产业	2014-7-25	2015-8-27	广东	公众企业	149	专用设备制造业	37040	10.00	1000.00	10000.00
832495.OC	精铟海工	2015-5-14	2015-8-19	广东	民营企业	27	专用设备制造业	5625	16.00	625.00	10000.00
830931.OC	仁会生物	2014-8-11	2015-6-5	上海	民营企业	356	医药制造业	10798	25.00	400.00	10000.00
430081.OC	五八汽车	2011-3-3	2015-11-25	北京	民营企业	5	商务服务业	6667	2.14	4666.67	10000.00
832297.OC	新生飞翔	2015-4-22	2015-4-22	海南	其他企业	4	商务服务业	33000	1.00	10000.00	10000.00
832800.OC	赛特斯	2015-7-22	2015-7-22	江苏	外资企业	33	软件和信息技术服务业	10201	23.89	418.59	10000.00
832268.OC	鑫秋农业	2015-4-20	2015-7-7	山东	民营企业	75	农业	13336	4.00	2500.00	10000.00
430566.OC	虹越花卉	2015-1-24	2015-9-24	浙江	民营企业	54	农业	5800	10.00	1000.00	10000.00
831775.OC	巨龙生物	2015-1-20	2015-5-19	河南	民营企业	64	农副食品加工业	10550	5.00	2000.00	10000.00
833585.OC	千叶珠宝	2015-10-29	2015-10-29	北京	民营企业	16	零售业	9626	17.66	566.25	10000.00
831222.OC	金龙腾	2014-10-23	2015-6-30	北京	民营企业	43	建筑装饰和其他建筑业	7111	10.00	1000.00	10000.00
831496.OC	华燕房盟	2014-12-16	2015-4-15	上海	民营企业	213	互联网和相关服务	12500	5.00	2000.00	10000.00
430366.OC	金天地	2014-1-24	2015-1-24	北京	民营企业	508	广播、电视、电影和影视录音制作业	19844	5.00	2000.00	10000.00

皮书起源

"皮书"起源于十七、十八世纪的英国,主要指官方或社会组织正式发表的重要文件或报告,多以"白皮书"命名。在中国,"皮书"这一概念被社会广泛接受,并被成功运作、发展成为一种全新的出版形态,则源于中国社会科学院社会科学文献出版社。

皮书定义

皮书是对中国与世界发展状况和热点问题进行年度监测,以专业的角度、专家的视野和实证研究方法,针对某一领域或区域现状与发展态势展开分析和预测,具备原创性、实证性、专业性、连续性、前沿性、时效性等特点的公开出版物,由一系列权威研究报告组成。

皮书作者

皮书系列的作者以中国社会科学院、著名高校、地方社会科学院的研究人员为主,多为国内一流研究机构的权威专家学者,他们的看法和观点代表了学界对中国与世界的现实和未来最高水平的解读与分析。

皮书荣誉

皮书系列已成为社会科学文献出版社的著名图书品牌和中国社会科学院的知名学术品牌。2011年,皮书系列正式列入"十二五"国家重点出版规划项目;2012~2015年,重点皮书列入中国社会科学院承担的国家哲学社会科学创新工程项目;2016年,46种院外皮书使用"中国社会科学院创新工程学术出版项目"标识。

中国皮书网

www.pishu.cn

发布皮书研创资讯，传播皮书精彩内容
引领皮书出版潮流，打造皮书服务平台

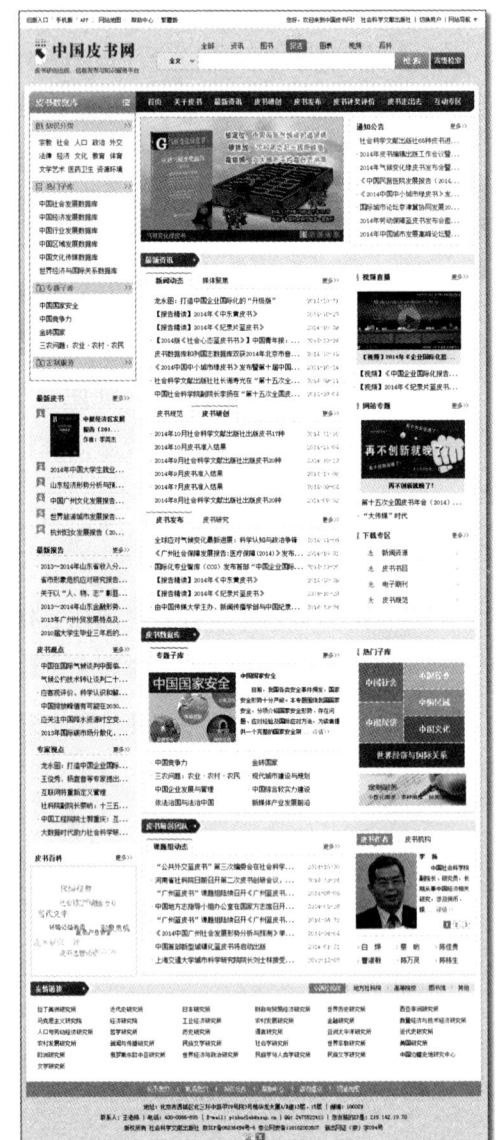

栏目设置：

- □ **资讯：** 皮书动态、皮书观点、皮书数据、皮书报道、皮书发布、电子期刊
- □ **标准：** 皮书评价、皮书研究、皮书规范
- □ **服务：** 最新皮书、皮书书目、重点推荐、在线购书
- □ **链接：** 皮书数据库、皮书博客、皮书微博、在线书城
- □ **搜索：** 资讯、图书、研究动态、皮书专家、研创团队

中国皮书网依托皮书系列"权威、前沿、原创"的优质内容资源，通过文字、图片、音频、视频等多种元素，在皮书研创者、使用者之间搭建了一个成果展示、资源共享的互动平台。

自 2005 年 12 月正式上线以来，中国皮书网的 IP 访问量、PV 浏览量与日俱增，受到海内外研究者、公务人员、商务人士以及专业读者的广泛关注。

2008 年、2011 年中国皮书网均在全国新闻出版业网站荣誉评选中获得"最具商业价值网站"称号；2012 年，获得"出版业网站百强"称号。

2014 年，中国皮书网与皮书数据库实现资源共享，端口合一，将提供更丰富的内容，更全面的服务。

法律声明

"皮书系列"（含蓝皮书、绿皮书、黄皮书）之品牌由社会科学文献出版社最早使用并持续至今，现已被中国图书市场所熟知。"皮书系列"的LOGO（ ）与"经济蓝皮书""社会蓝皮书"均已在中华人民共和国国家工商行政管理总局商标局登记注册。"皮书系列"图书的注册商标专用权及封面设计、版式设计的著作权均为社会科学文献出版社所有。未经社会科学文献出版社书面授权许可，任何使用与"皮书系列"图书注册商标、封面设计、版式设计相同或者近似的文字、图形或其组合的行为均系侵权行为。

经作者授权，本书的专有出版权及信息网络传播权为社会科学文献出版社享有。未经社会科学文献出版社书面授权许可，任何就本书内容的复制、发行或以数字形式进行网络传播的行为均系侵权行为。

社会科学文献出版社将通过法律途径追究上述侵权行为的法律责任，维护自身合法权益。

欢迎社会各界人士对侵犯社会科学文献出版社上述权利的侵权行为进行举报。电话：010-59367121，电子邮箱：fawubu@ssap.cn。

社会科学文献出版社

权威报告·热点资讯·特色资源

皮书数据库
ANNUAL REPORT(YEARBOOK) DATABASE

当代中国与世界发展高端智库平台

皮书俱乐部会员服务指南

1. 谁能成为皮书俱乐部成员？
   - 皮书作者自动成为俱乐部会员
   - 购买了皮书产品（纸质书/电子书）的个人用户

2. 会员可以享受的增值服务
   - 免费获赠皮书数据库100元充值卡
   - 加入皮书俱乐部，免费获赠该纸质图书的电子书
   - 免费定期获赠皮书电子期刊
   - 优先参与各类皮书学术活动
   - 优先享受皮书产品的最新优惠

3. 如何享受增值服务？

（1）免费获赠100元皮书数据库体验卡

第1步 刮开附赠充值的涂层（右下）；
第2步 登录皮书数据库网站（www.pishu.com.cn），注册账号；
第3步 登录并进入"会员中心"—"在线充值"—"充值卡充值"，充值成功后即可使用。

（2）加入皮书俱乐部，凭数据库体验卡获赠该书的电子书

第1步 登录社会科学文献出版社官网（www.ssap.com.cn），注册账号；
第2步 登录并进入"会员中心"—"皮书俱乐部"，提交加入皮书俱乐部申请；
第3步 审核通过后，再次进入皮书俱乐部，填写页面所需图书、体验卡信息即可自动兑换相应电子书。

4. 声明

解释权归社会科学文献出版社所有

皮书俱乐部会员可享受社会科学文献出版社其他相关免费增值服务，有任何疑问，均可与我们联系。

图书销售热线：010-59367070/7028
图书服务QQ：800045692
图书服务邮箱：duzhe@ssap.cn

数据库服务热线：400-008-6695
数据库服务邮箱：database@ssap.cn
兑换电子书服务热线：010-59367204

欢迎登录社会科学文献出版社官网
（www.ssap.com.cn）
和中国皮书网（www.pishu.cn）
了解更多信息

社会科学文献出版社 皮书系列
卡号：645189481073
密码：

子库介绍
Sub-Database Introduction

中国经济发展数据库

涵盖宏观经济、农业经济、工业经济、产业经济、财政金融、交通旅游、商业贸易、劳动经济、企业经济、房地产经济、城市经济、区域经济等领域，为用户实时了解经济运行态势、把握经济发展规律、洞察经济形势、做出经济决策提供参考和依据。

中国社会发展数据库

全面整合国内外有关中国社会发展的统计数据、深度分析报告、专家解读和热点资讯构建而成的专业学术数据库。涉及宗教、社会、人口、政治、外交、法律、文化、教育、体育、文学艺术、医药卫生、资源环境等多个领域。

中国行业发展数据库

以中国国民经济行业分类为依据，跟踪分析国民经济各行业市场运行状况和政策导向，提供行业发展最前沿的资讯，为用户投资、从业及各种经济决策提供理论基础和实践指导。内容涵盖农业，能源与矿产业，交通运输业，制造业，金融业，房地产业，租赁和商务服务业，科学研究，环境和公共设施管理，居民服务业，教育，卫生和社会保障，文化、体育和娱乐业等100余个行业。

中国区域发展数据库

以特定区域内的经济、社会、文化、法治、资源环境等领域的现状与发展情况进行分析和预测。涵盖中部、西部、东北、西北等地区，长三角、珠三角、黄三角、京津冀、环渤海、合肥经济圈、长株潭城市群、关中一天水经济区、海峡经济区等区域经济体和城市圈，北京、上海、浙江、河南、陕西等34个省份。

中国文化传媒数据库

包括文化事业、文化产业、宗教、群众文化、图书馆事业、博物馆事业、档案事业、语言文字、文学、历史地理、新闻传播、广播电视、出版事业、艺术、电影、娱乐等多个子库。

世界经济与国际政治数据库

以皮书系列中涉及世界经济与国际政治的研究成果为基础，全面整合国内外有关世界经济与国际政治的统计数据、深度分析报告、专家解读和热点资讯构建而成的专业学术数据库。包括世界经济、世界政治、世界文化、国际社会、国际关系、国际组织、区域发展、国别发展等多个子库。

权威·前沿·原创

社会科学文献出版社

皮书系列

2016年

盘点年度资讯　预测时代前程

社会科学文献出版社 学术传播中心 编制

社长致辞

我们是图书出版者,更是人文社会科学内容资源供应商;

我们背靠中国社会科学院,面向中国与世界人文社会科学界,坚持为人文社会科学的繁荣与发展服务;

我们精心打造权威信息资源整合平台,坚持为中国经济与社会的繁荣与发展提供决策咨询服务;

我们以读者定位自身,立志让爱书人读到好书,让求知者获得知识;

我们精心编辑、设计每一本好书以形成品牌张力,以优秀的品牌形象服务读者,开拓市场;

我们始终坚持"创社科经典,出传世文献"的经营理念,坚持"权威、前沿、原创"的产品特色;

我们"以人为本",提倡阳光下创业,员工与企业共享发展之成果;

我们立足于现实,认真对待我们的优势、劣势,我们更着眼于未来,以不断的学习与创新适应不断变化的世界,以不断的努力提升自己的实力;

我们愿与社会各界友好合作,共享人文社会科学发展之成果,共同推动中国学术出版乃至内容产业的繁荣与发展。

社会科学文献出版社社长
中国社会学会秘书长

2016 年 1 月

社会科学文献出版社
SOCIAL SCIENCES ACADEMIC PRESS (CHINA)

社会科学文献出版社成立于1985年，是直属于中国社会科学院的人文社会科学专业学术出版机构。

成立以来，特别是1998年实施第二次创业以来，依托于中国社会科学院丰厚的学术出版和专家学者两大资源，坚持"创社科经典，出传世文献"的出版理念和"权威、前沿、原创"的产品定位，社科文献立足内涵式发展道路，从战略层面推动学术出版五大能力建设，逐步走上了智库产品与专业学术成果系列化、规模化、数字化、国际化、市场化发展的经营道路。

先后策划出版了著名的图书品牌和学术品牌"皮书"系列、"列国志"、"社科文献精品译库"、"全球化译丛"、"全面深化改革研究书系"、"近世中国"、"甲骨文"、"中国史话"等一大批既有学术影响又有市场价值的系列书，形成了较强的学术出版能力和资源整合能力。2015年社科文献出版社发稿5.5亿字，出版图书约2000种，承印发行中国社科院院属期刊74种，在多项指标上都实现了较大幅度的增长。

凭借着雄厚的出版资源整合能力，社科文献出版社长期以来一直致力于从内容资源和数字平台两个方面实现传统出版的再造，并先后推出了皮书数据库、列国志数据库、"一带一路"数据库、中国田野调查数据库、台湾大陆同乡会数据库等一系列数字产品。数字出版已经初步形成了产品设计、内容开发、编辑标引、产品运营、技术支持、营销推广等全流程体系。

在国内原创著作、国外名家经典著作大量出版，数字出版突飞猛进的同时，社科文献出版社从构建国际话语体系的角度推动学术出版国际化。先后与斯普林格、博睿、牛津、剑桥等十余家国际出版机构合作面向海外推出了"皮书系列""改革开放30年研究书系""中国梦与中国发展道路研究丛书""全面深化改革研究书系"等一系列在世界范围内引起强烈反响的作品；并持续致力于中国学术出版走出去，组织学者和编辑参加国际书展，筹办国际性学术研讨会，向世界展示中国学者的学术水平和研究成果。

此外，社科文献出版社充分利用网络媒体平台，积极与中央和地方各类媒体合作，并联合大型书店、学术书店、机场书店、网络书店、图书馆，逐步构建起了强大的学术图书内容传播平台。学术图书的媒体曝光率居全国之首，图书馆藏率居于全国出版机构前十位。

上述诸多成绩的取得，有赖于一支以年轻的博士、硕士为主体，一批从中国社科院刚退出科研一线的各学科专家为支撑的300多位高素质的编辑、出版和营销队伍，为我们实现学术立社，以学术品位、学术价值来实现经济效益和社会效益这样一个目标的共同努力。

作为已经开启第三次创业梦想的人文社会科学学术出版机构，我们将以改革发展为动力，以学术资源建设为中心，以构建智慧型出版社为主线，以"整合、专业、分类、协同、持续"为各项工作指导原则，全力推进出版社数字化转型，坚定不移地走专业化、数字化、国际化发展道路，全面提升出版社核心竞争力，为实现"社科文献梦"奠定坚实基础。

经济类

经 济 类

经济类皮书涵盖宏观经济、城市经济、大区域经济，提供权威、前沿的分析与预测

经济蓝皮书
2016年中国经济形势分析与预测

李 扬 / 主编　　2015年12月出版　　定价:79.00元

◆ 本书为总理基金项目，由著名经济学家李扬领衔，联合中国社会科学院等数十家科研机构、国家部委和高等院校的专家共同撰写，系统分析了2015年的中国经济形势并预测2016年我国经济运行情况。

世界经济黄皮书
2016年世界经济形势分析与预测

王洛林　张宇燕 / 主编　　2015年12月出版　　定价:79.00元

◆ 本书由中国社会科学院世界经济与政治研究所的研究团队撰写，2015年世界经济增长继续放缓，增长格局也继续分化，发达经济体与新兴经济体之间的增长差距进一步收窄。2016年世界经济增长形势不容乐观。

产业蓝皮书
中国产业竞争力报告（2016）NO.6

张其仔 / 主编　　2016年12月出版　　定价:98.00元

◆ 本书由中国社会科学院工业经济研究所研究团队在深入实际、调查研究的基础上完成。通过运用丰富的数据资料和最新的测评指标，从学术性、系统性、预测性上分析了2015年中国产业竞争力，并对未来发展趋势进行了预测。

经济类

G20国家创新竞争力黄皮书
二十国集团（G20）国家创新竞争力发展报告（2016）

李建平　李闽榕　赵新力 / 主编　　2016年11月出版　　估价：138.00元

◆ 本报告在充分借鉴国内外研究者的相关研究成果的基础上，紧密跟踪技术经济学、竞争力经济学、计量经济学等学科的最新研究动态，深入分析G20国家创新竞争力的发展水平、变化特征、内在动因及未来趋势，同时构建了G20国家创新竞争力指标体系及数学模型。

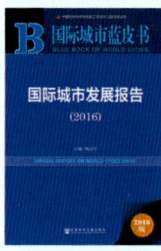

国际城市蓝皮书
国际城市发展报告（2016）

屠启宇 / 主编　　2016年2月出版　　定价：79.00元

◆ 本书作者以上海社会科学院从事国际城市研究的学者团队为核心，汇集同济大学、华东师范大学、复旦大学、上海交通大学、南京大学、浙江大学相关城市研究专业学者。立足动态跟踪介绍国际城市发展实践中，最新出现的重大战略、重大理念、重大项目、重大报告和最佳案例。

金融蓝皮书
中国金融发展报告（2016）

李扬　王国刚 / 主编　　2015年12月出版　　定价：79.00元

◆ 本书由中国社会科学院金融研究所组织编写，概括和分析了2015年中国金融发展和运行中的各方面情况，研讨和评论了2015年发生的主要金融事件。本书由业内专家和青年精英联合编著，有利于读者了解掌握2015年中国的金融状况，把握2016年中国金融的走势。

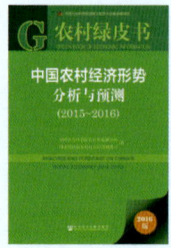

农村绿皮书
中国农村经济形势分析与预测（2015~2016）

中国社会科学院农村发展研究所　国家统计局农村社会经济调查司 / 著
2016年4月出版　　估价：69.00元

◆ 本书描述了2015年中国农业农村经济发展的一些主要指标和变化，以及对2016年中国农业农村经济形势的一些展望和预测。

经济类　皮书系列 重点推荐

西部蓝皮书

中国西部发展报告（2016）

姚慧琴 徐璋勇 / 主编　2016年7月出版　估价：89.00元

◆ 本书由西北大学中国西部经济发展研究中心主编，汇集了源自西部本土以及国内研究西部问题的权威专家的第一手资料，对国家实施西部大开发战略进行年度动态跟踪，并对2016年西部经济、社会发展态势进行预测和展望。

民营经济蓝皮书

中国民营经济发展报告 NO.12（2015～2016）

王钦敏 / 主编　2016年4月出版　估价：75.00元

◆ 改革开放以来，民营经济从无到有、从小到大，是最具活力的增长极。本书是中国工商联课题组的研究成果，对2015年度中国民营经济的发展现状、趋势进行了详细的论述，并提出了合理的建议。是广大民营企业进行政策咨询、科学决策和理论创新的重要参考资料，也是理论工作者进行理论研究的重要参考资料。

经济蓝皮书夏季号

中国经济增长报告（2015～2016）

李扬 / 主编　2016年8月出版　估价：69.00元

◆ 中国经济增长报告主要探讨2015~2016年中国经济增长问题，以专业视角解读中国经济增长，力求将其打造成一个研究中国经济增长、服务宏微观各级决策的周期性、权威性读物。

中三角蓝皮书

长江中游城市群发展报告（2016）

秦尊文 / 主编　2016年10月出版　估价：69.00元

◆ 本书是湘鄂赣皖四省专家学者共同研究的成果，从不同角度、不同方位记录和研究长江中游城市群一体化，提出对策措施，以期为将"中三角"打造成为继珠三角、长三角、京津冀之后中国经济增长第四极奉献学术界的聪明才智。

社会政法类

社会政法类

社会政法类皮书聚焦社会发展领域的热点、难点问题，提供权威、原创的资讯与视点

社会蓝皮书
2016年中国社会形势分析与预测

李培林　陈光金　张翼/主编　　2015年12月出版　　定价:79.00元

◆ 本书由中国社会科学院社会学研究所组织研究机构专家、高校学者和政府研究人员撰写，聚焦当下社会热点，对2015年中国社会发展的各个方面内容进行了权威解读，同时对2016年社会形势发展趋势进行了预测。

法治蓝皮书
中国法治发展报告NO.14（2016）

李　林　田　禾/主编　　2016年3月出版　　定价:118.00元

◆ 本年度法治蓝皮书回顾总结了2015年度中国法治发展取得的成就和存在的不足，并对2016年中国法治发展形势进行了预测和展望。

反腐倡廉蓝皮书
中国反腐倡廉建设报告NO.6

李秋芳　张英伟/主编　　2017年1月出版　　估价:79.00元

◆ 本书抓住了若干社会热点和焦点问题，全面反映了新时期新阶段中国反腐倡廉面对的严峻局面，以及中国共产党反腐倡廉建设的新实践新成果。根据实地调研、问卷调查和舆情分析，梳理了当下社会普遍关注的与反腐败密切相关的热点问题。

社会政法类　　皮书系列 重点推荐

生态城市绿皮书
中国生态城市建设发展报告（2016）
刘举科　孙伟平　胡文臻/主编　2016年6月出版　估价:98.00元

◆ 报告以绿色发展、循环经济、低碳生活、民生宜居为理念，以更新民众观念、提供决策咨询、指导工程实践、引领绿色发展为宗旨，试图探索一条具有中国特色的城市生态文明建设新路。

公共服务蓝皮书
中国城市基本公共服务力评价（2016）
钟君　吴正杲/主编　2016年12月出版　估价:79.00元

◆ 中国社会科学院经济与社会建设研究室与华图政信调查组成联合课题组，从2010年开始对基本公共服务力进行研究，研创了基本公共服务力评价指标体系，为政府考核公共服务与社会管理工作提供了理论工具。

教育蓝皮书
中国教育发展报告（2016）
杨东平/主编　2016年4月出版　定价:79.00元

◆ 本书由国内的中青年教育专家合作研究撰写。深度剖析2015年中国教育的热点话题，并对当下中国教育中出现的问题提出对策建议。

生态文明绿皮书
中国省域生态文明建设评价报告（ECI 2016）
严耕/主编　2016年12月出版　估价:85.00元

◆ 本书基于国家最新发布的权威数据，对我国的生态文明建设状况进行科学评价，并开展相应的深度分析，结合中央的政策方针和各省的具体情况，为生态文明建设推进，提出针对性的政策建议。

皮书系列 重点推荐

行业报告类

行业报告类

行业报告类皮书立足重点行业、新兴行业领域，提供及时、前瞻的数据与信息

房地产蓝皮书
中国房地产发展报告 NO.13（2016）

魏后凯 李景国 / 主编　　2016 年 5 月出版　　估价 :79.00 元

◆ 蓝皮书秉承客观公正、科学中立的宗旨和原则，追踪 2015 年我国房地产市场最新资讯，深度分析，剖析因果，谋划对策，并对 2016 年房地产发展趋势进行了展望。

旅游绿皮书
2015～2016 年中国旅游发展分析与预测

宋 瑞 / 主编　　2016 年 4 出版　　定价 :89.00 元

◆ 本书中国社会科学院旅游研究中心组织相关专家编写的年度研究报告，对 2015 年旅游行业的热点问题进行了全面的综述并提出专业性建议，并对 2016 年中国旅游的发展趋势进行展望。

互联网金融蓝皮书
中国互联网金融发展报告（2016）

李东荣 / 主编　　2016 年 8 月出版　　估价 :79.00 元

◆ 近年来，许多基于互联网的金融服务模式应运而生并对传统金融业产生了深刻的影响和巨大的冲击，"互联网金融"成为社会各界关注的焦点。本书探析了 2015 年互联网金融的特点和 2016 年互联网金融的发展方向和亮点。

资产管理蓝皮书

中国资产管理行业发展报告（2016）

智信资产管理研究院 / 编著　　2016 年 6 月出版　　估价：89.00 元

◆ 中国资产管理行业刚刚兴起，未来将中国金融市场最有看点的行业，也会成为快速发展壮大的行业。本书主要分析了 2015 年度资产管理行业的发展情况，同时对资产管理行业的未来发展做出科学的预测。

老龄蓝皮书

中国老龄产业发展报告（2016）

吴玉韶　党俊武 / 编著
2016 年 9 月出版　　估价：79.00 元

◆ 本书着眼于对中国老龄产业的发展给予系统介绍，深入解析，并对未来发展趋势进行预测和展望，力求从不同视角、不同层面全面剖析中国老龄产业发展的现状、取得的成绩、存在的问题以及重点、难点等。

金融蓝皮书

中国金融中心发展报告（2016）

王　力　黄育华 / 编著　　2017 年 11 月出版　　估价：75.00 元

◆ 本报告将提升中国金融中心城市的金融竞争力作为研究主线，全面、系统、连续地反映和研究中国金融中心城市发展和改革的最新进展，展示金融中心理论研究的最新成果。

流通蓝皮书

中国商业发展报告（2016）

荆林波 / 编著　　2016 年 5 月出版　　估价：89.00 元

◆ 本书是中国社会科学院财经院与利丰研究中心合作的成果，从关注中国宏观经济出发，突出了中国流通业的宏观背景，详细分析了批发业、零售业、物流业、餐饮产业与电子商务等产业发展状况。

 国别与地区类

国别与地区类

国别与地区类皮书关注全球重点国家与地区，提供全面、独特的解读与研究

美国蓝皮书

美国研究报告（2016）

黄 平 郑秉文/主编　2016年7月出版　估价：89.00元

◆ 本书是由中国社会科学院美国所主持完成的研究成果，它回顾了美国2015年的经济、政治形势与外交战略，对2016年以来美国内政外交发生的重大事件以及重要政策进行了较为全面的回顾和梳理。

拉美黄皮书

拉丁美洲和加勒比发展报告（2015~2016）

吴白乙/主编　2016年5月出版　估价：89.00元

◆ 本书对2015年拉丁美洲和加勒比地区诸国的政治、经济、社会、外交等方面的发展情况做了系统介绍，对该地区相关国家的热点及焦点问题进行了总结和分析，并在此基础上对该地区各国2016年的发展前景做出预测。

日本经济蓝皮书

日本经济与中日经贸关系研究报告（2016）

王洛林 张季风/编著　2016年5月出版　估价：79.00元

◆ 本书系统、详细地介绍了2015年日本经济以及中日经贸关系发展情况，在进行了大量数据分析的基础上，对2016年日本经济以及中日经贸关系的大致发展趋势进行了分析与预测。

皮书系列
重点推荐

国别与地区类

俄罗斯黄皮书

俄罗斯发展报告（2016）

李永全 / 编著　2016年7月出版　估价：79.00元

◆ 本书系统介绍了2015年俄罗斯经济政治情况，并对2015年该地区发生的焦点、热点问题进行了分析与回顾；在此基础上，对该地区2016年的发展前景进行了预测。

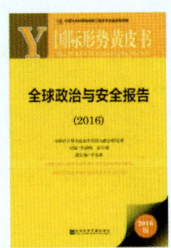

国际形势黄皮书

全球政治与安全报告（2016）

李慎明　张宇燕 / 主编　2015年12月出版　定价：69.00元

◆ 本书旨在对本年度全球政治及安全形势的总体情况、热点问题及变化趋势进行回顾与分析，并提出一定的预测及对策建议。作者通过事实梳理、数据分析、政策分析等途径，阐释了本年度国际关系及全球安全形势的基本特点，并在此基础上提出了具有启示意义的前瞻性结论。

德国蓝皮书

德国发展报告（2016）

郑春荣　伍慧萍 / 主编　2016年6月出版　估价：69.00元

◆ 本报告由同济大学德国研究所组织编撰，由该领域的专家学者对德国的政治、经济、社会文化、外交等方面的形势发展情况，进行全面的阐述与分析。

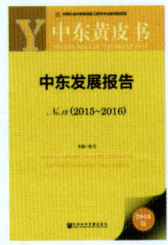

中东黄皮书

中东发展报告 NO.18（2015～2016）

杨光 / 主编　2016年10月出版　估价：89.00元

◆ 报告回顾和分析了一年来多以来中东地区政治经济局势的新发展，为跟踪中东地区的市场变化和中东研究学科的研究前沿，提供了全面扎实的信息。

皮书系列 重点推荐　　地方发展类

地方发展类

地方发展类皮书关注中国各省份、经济区域，提供科学、多元的预判与资政信息

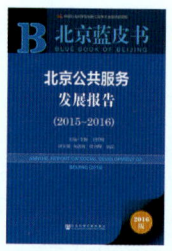

北京蓝皮书
北京公共服务发展报告（2015~2016）

施昌奎 / 主编　　2016年2月出版　　定价：79.00元

◆ 本书是由北京市政府职能部门的领导、首都著名高校的教授、知名研究机构的专家共同完成的关于北京市公共服务发展与创新的研究成果。

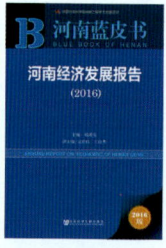

河南蓝皮书
河南经济发展报告（2016）

河南省社会科学院 / 编著　　2016年3月出版　　定价：79.00元

◆ 本书以国内外经济发展环境和走向为背景，主要分析当前河南经济形势，预测未来发展趋势，全面反映河南经济发展的最新动态、热点和问题，为地方经济发展和领导决策提供参考。

京津冀蓝皮书
京津冀发展报告（2016）

文　魁　祝尔娟 / 编著　　2016年4月出版　　估价：89.00元

◆ 京津冀协同发展作为重大的国家战略，已进入顶层设计、制度创新和全面推进的新阶段。本书以问题为导向，围绕京津冀发展中的重要领域和重大问题，研究如何推进京津冀协同发展。

 文化传媒类

皮书系列
重点推荐

文化传媒类

文化传媒类皮书透视文化领域、文化产业，
探索文化大繁荣、大发展的路径

新媒体蓝皮书

中国新媒体发展报告 NO.7（2016）

唐绪军 / 主编　　2016年6月出版　　估价:79.00元

◆ 本书是由中国社会科学院新闻与传播研究所组织编写的关于新媒体发展的最新年度报告，旨在全面分析中国新媒体的发展现状，解读新媒体的发展趋势，探析新媒体的深刻影响。

移动互联网蓝皮书

中国移动互联网发展报告（2016）

官建文 / 编著　　2016年6月出版　　估价:79.00元

◆ 本书着眼于对中国移动互联网2015年度的发展情况做深入解析，对未来发展趋势进行预测，力求从不同视角、不同层面全面剖析中国移动互联网发展的现状、年度突破以及热点趋势等。

文化蓝皮书

中国文化产业发展报告（2015~2016）

张晓明　王家新　章建刚 / 主编　　2016年2月出版　　定价:79.00元

◆ 本书由中国社会科学院文化研究中心编写。从2012年开始，中国社会科学院文化研究中心设立了国内首个文化产业的研究类专项资金——"文化产业重大课题研究计划"，开始在全国范围内组织多学科专家学者对我国文化产业发展重大战略问题进行联合攻关研究。本书集中反映了该计划的研究成果。

皮书系列 2016全品种 经济类

经济类

G20国家创新竞争力黄皮书
二十国集团(G20)国家创新竞争力发展报告(2016)
著(编)者:李建平 李闽榕 赵新力
2016年11月出版 / 估价:138.00元

产业蓝皮书
中国产业竞争力报告(2016)NO.6
著(编)者:张其仔 2016年12月出版 / 估价:98.00元

城市创新蓝皮书
中国城市创新报告(2016)
著(编)者:周天勇 旷建伟 2016年8月出版 / 估价:69.00元

城市竞争力蓝皮书
中国城市竞争力报告(1973~2015)
著(编)者:李小林 2016年1月出版 / 定价:128.00元

城市蓝皮书
中国城市发展报告NO.9
著(编)者:潘家华 魏后凯 2016年9月出版 / 估价:69.00元

城市群蓝皮书
中国城市群发展指数报告(2016)
著(编)者:刘士林 刘新静 2016年10月出版 / 估价:69.00元

城乡一体化蓝皮书
中国城乡一体化发展报告(2015~2016)
著(编)者:汝信 付崇兰 2016年7月出版 / 估价:85.00元

城镇化蓝皮书
中国新型城镇化健康发展报告(2016)
著(编)者:张占斌 2016年5月出版 / 估价:79.00元

创新蓝皮书
创新型国家建设报告(2015~2016)
著(编)者:詹正茂 2016年11月出版 / 估价:69.00元

低碳发展蓝皮书
中国低碳发展报告(2015~2016)
著(编)者:齐晔 2016年3月出版 / 定价:98.00元

低碳经济蓝皮书
中国低碳经济发展报告(2016)
著(编)者:薛进军 赵忠秀 2016年6月出版 / 估价:85.00元

东北蓝皮书
中国东北地区发展报告(2016)
著(编)者:马克 黄文艺 2016年8月出版 / 估价:79.00元

发展与改革蓝皮书
中国经济发展和体制改革报告NO.7
著(编)者:邹东涛 王再文
2016年1月出版 / 估价:98.00元

工业化蓝皮书
中国工业化进程报告(2016)
著(编)者:黄群慧 吕铁 李晓华 等
2016年11月出版 / 估价:89.00元

管理蓝皮书
中国管理发展报告(2016)
著(编)者:张晓东 2016年9月出版 / 估价:98.00元

国际城市蓝皮书
国际城市发展报告(2016)
著(编)者:屠启宇 2016年2月出版 / 定价:79.00元

国家创新蓝皮书
中国创新发展报告(2016)
著(编)者:陈劲 2016年9月出版 / 估价:69.00元

金融蓝皮书
中国金融发展报告(2016)
著(编)者:李扬 王国刚 2015年12月出版 / 定价:79.00元

京津冀产业蓝皮书
京津冀产业协同发展报告(2016)
著(编)者:中智科博(北京)产业经济发展研究院
2016年6月出版 / 估价:69.00元

京津冀蓝皮书
京津冀发展报告(2016)
著(编)者:文魁 祝尔娟 2016年4月出版 / 估价:89.00元

经济蓝皮书
2016年中国经济形势分析与预测
著(编)者:李扬 2015年12月出版 / 定价:79.00元

经济蓝皮书·春季号
2016年中国经济前景分析
著(编)者:李扬 2016年5月出版 / 估价:79.00元

经济蓝皮书·夏季号
中国经济增长报告(2015~2016)
著(编)者:李扬 2016年8月出版 / 估价:99.00元

经济信息绿皮书
中国与世界经济发展报告(2016)
著(编)者:杜平 2015年12月出版 / 定价:89.00元

就业蓝皮书
2016年中国本科生就业报告
著(编)者:麦可思研究院 2016年6月出版 / 估价:98.00元

就业蓝皮书
2016年中国高职高专生就业报告
著(编)者:麦可思研究院 2016年6月出版 / 估价:98.00元

临空经济蓝皮书
中国临空经济发展报告(2016)
著(编)者:连玉明 2016年11月出版 / 估价:79.00元

民营经济蓝皮书
中国民营经济发展报告NO.12(2015~2016)
著(编)者:王钦敏 2016年5月出版 / 估价:75.00元

农村绿皮书
中国农村经济形势分析与预测(2015~2016)
著(编)者:中国社会科学院农村发展研究所
　　　　　国家统计局农村社会经济调查司
2016年4月出版 / 估价:69.00元

农业应对气候变化蓝皮书
气候变化对中国农业影响评估报告NO.2
著(编)者:矫梅燕 2016年8月出版 / 估价:98.00元

经济类·社会政法类 | 皮书系列 2016全品种

企业公民蓝皮书
中国企业公民报告 NO.4
著(编)者：邹东涛　2016年5月出版 / 估价:79.00元

气候变化绿皮书
应对气候变化报告（2016）
著(编)者：王伟光 郑国光　2016年11月出版 / 估价:98.00元

区域蓝皮书
中国区域经济发展报告（2015~2016）
著(编)者：梁昊光　2016年5月出版 / 估价:79.00元

全球环境竞争力绿皮书
全球环境竞争力报告（2016）
著(编)者：李建平　李闽榕　王金南
2016年12月出版 / 估价:198.00元

人口与劳动绿皮书
中国人口与劳动问题报告 NO.17
著(编)者：蔡昉　张车伟　2016年11月出版 / 估价:69.00元

商务中心区蓝皮书
中国商务中心区发展报告 NO.2（2015）
著(编)者：魏后凯　单菁菁　2016年1月出版 / 定价:79.00元

世界经济黄皮书
2016年世界经济形势分析与预测
著(编)者：王洛林　张宇燕　2015年12月出版 / 定价:79.00元

世界旅游城市绿皮书
世界旅游城市发展报告（2015）
著(编)者：宋宇　2016年1月出版 / 定价:128.00元

西北蓝皮书
中国西北发展报告（2016）
著(编)者：孙发平　苏海红　鲁顺元
2016年3月出版 / 定价:79.00元

西部蓝皮书
中国西部发展报告（2016）
著(编)者：姚慧琴　徐璋勇　2016年7月出版 / 估价:89.00元

县域发展蓝皮书
中国县域经济增长能力评估报告（2016）
著(编)者：王力　2016年10月出版 / 估价:69.00元

新型城镇化蓝皮书
新型城镇化发展报告（2016）
著(编)者：李伟　宋敏　沈体雁　2016年11月出版 / 估价:98.00元

新兴经济体蓝皮书
金砖国家发展报告（2016）
著(编)者：林跃勤　周文　2016年7月出版 / 估价:79.00元

长三角蓝皮书
2016年全面深化改革中的长三角
著(编)者：张伟斌　2016年10月出版 / 估价:69.00元

中部竞争力蓝皮书
中国中部经济社会竞争力报告（2016）
著(编)者：教育部人文社会科学重点研究基地
　　　　　南昌大学中国中部经济社会发展研究中心
2016年10月出版 / 估价:79.00元

中部蓝皮书
中国中部地区发展报告（2016）
著(编)者：宋亚平　2016年12月出版 / 估价:78.00元

中国省域竞争力蓝皮书
中国省域经济综合竞争力发展报告（2014~2015）
著(编)者：李建平　李闽榕　高燕京
2016年2月出版 / 定价:198.00元

中三角蓝皮书
长江中游城市群发展报告（2016）
著(编)者：秦尊文　2016年10月出版 / 估价:69.00元

中小城市绿皮书
中国中小城市发展报告（2016）
著(编)者：中国城市经济学会中小城市经济发展委员会
　　　　　中国城镇化促进会中小城市发展委员会
　　　　　《中国中小城市发展报告》编纂委员会
　　　　　中小城市发展战略研究院
2016年10月出版 / 估价:98.00元

中原蓝皮书
中原经济区发展报告（2016）
著(编)者：李英杰　2016年6月出版 / 估价:88.00元

自贸区蓝皮书
中国自贸区发展报告（2016）
著(编)者：王力　王吉培　2016年10月出版 / 估价:69.00元

社会政法类

北京蓝皮书
中国社区发展报告（2016）
著(编)者：于燕燕　2017年2月出版 / 估价:79.00元

殡葬绿皮书
中国殡葬事业发展报告（2016）
著(编)者：李伯森　2016年5月出版 / 估价:158.00元

城市管理蓝皮书
中国城市管理报告（2016）
著(编)者：谭维克　刘林　2017年2月出版 / 估价:118.00元

城市生活质量蓝皮书
中国城市生活质量报告（2016）
著(编)者：张连城　张平　杨春学　郎丽华
2016年7月出版 / 估价:89.00元

城市政府能力蓝皮书
中国城市政府公共服务能力评估报告（2016）
著(编)者：何艳玲　2016年7月出版 / 估价:69.00元

创新蓝皮书
中国创业环境发展报告（2016）
著(编)者：姚凯　曹祎遐　2016年5月出版 / 估价:69.00元

皮书系列 2016全品种 — 社会政法类

慈善蓝皮书
中国慈善发展报告（2016）
著(编)者：杨团　2016年6月出版 / 估价：79.00元

地方法治蓝皮书
中国地方法治发展报告 NO.2（2016）
著(编)者：李林　田禾　2016年3月出版 / 定价：108.00元

党建蓝皮书
党的建设研究报告 NO.1（2016）
著(编)者：崔建民　陈东平　2016年1月出版 / 定价：89.00元

法治蓝皮书
中国法治发展报告 NO.14（2016）
著(编)者：李林　田禾　2016年3月出版 / 定价：118.00元

反腐倡廉蓝皮书
中国反腐倡廉建设报告 NO.6
著(编)者：李秋芳　张英伟　2017年1月出版 / 估价：79.00元

非传统安全蓝皮书
中国非传统安全研究报告（2015～2016）
著(编)者：余潇枫　魏志江　2016年5月出版 / 估价：79.00元

妇女发展蓝皮书
中国妇女发展报告 NO.6
著(编)者：王金玲　2016年9月出版 / 估价：148.00元

妇女教育蓝皮书
中国妇女教育发展报告 NO.3
著(编)者：张李玺　2016年10月出版 / 估价：78.00元

妇女绿皮书
中国性别平等与妇女发展报告（2016）
著(编)者：谭琳　2016年12月出版 / 估价：99.00元

公共服务蓝皮书
中国城市基本公共服务力评价（2016）
著(编)者：钟君　吴正杲　2016年12月出版 / 估价：79.00元

公共管理蓝皮书
中国公共管理发展报告（2016）
著(编)者：贡森　李国强　杨维富
2016年4月出版 / 估价：69.00元

公共外交蓝皮书
中国公共外交发展报告（2016）
著(编)者：赵启正　雷蔚真　2016年5月出版 / 估价：89.00元

公民科学素质蓝皮书
中国公民科学素质报告（2015～2016）
著(编)者：李群　陈雄　马宗文　2016年1月出版 / 估价：89.00元

公益蓝皮书
中国公益发展报告（2016）
著(编)者：朱健刚　2016年5月出版 / 估价：78.00元

国际人才蓝皮书
海外华侨华人专业人士报告（2016）
著(编)者：王辉耀　苗绿　2016年8月出版 / 估价：69.00元

国际人才蓝皮书
中国国际移民报告（2016）
著(编)者：王辉耀　2016年5月出版 / 估价：79.00元

国际人才蓝皮书
中国海归发展报告（2016）NO.3
著(编)者：王辉耀　苗绿　2016年10月出版 / 估价：69.00元

国际人才蓝皮书
中国留学发展报告（2016）NO.5
著(编)者：王辉耀　苗绿　2016年10月出版 / 估价：79.00元

国家公园蓝皮书
中国国家公园体制建设报告（2016）
著(编)者：苏杨　张玉钧　石金莲　刘锋　等
2016年10月出版 / 估价：69.00元

海洋社会蓝皮书
中国海洋社会发展报告（2016）
著(编)者：崔凤　宋宁而　2016年7月出版 / 估价：89.00元

行政改革蓝皮书
中国行政体制改革报告（2016）NO.5
著(编)者：魏礼群　2016年4月出版 / 估价：98.00元

华侨华人蓝皮书
华侨华人研究报告（2016）
著(编)者：贾益民　2016年12月出版 / 估价：98.00元

环境竞争力绿皮书
中国省域环境竞争力发展报告（2016）
著(编)者：李建平　李闽榕　王金南
2016年11月出版 / 估价：198.00元

环境绿皮书
中国环境发展报告（2016）
著(编)者：刘鉴强　2016年5月出版 / 估价：79.00元

基金会蓝皮书
中国基金会发展报告（2015~2016）
著(编)者：中国基金会发展报告课题组　2016年4月出版 / 定价：75.00元

基金会绿皮书
中国基金会发展独立研究报告（2016）
著(编)者：基金会中心网　中央民族大学基金会研究中心
2016年6月出版 / 估价：88.00元

基金会透明度蓝皮书
中国基金会透明度发展研究报告（2016）
著(编)者：基金会中心网　清华大学廉政与治理研究中心
2016年9月出版 / 估价：85.00元

教师蓝皮书
中国中小学教师发展报告（2016）
著(编)者：曾晓东　鱼霞　2016年6月出版 / 估价：69.00元

教育蓝皮书
中国教育发展报告（2016）
著(编)者：杨东平　2016年4月出版 / 定价：79.00元

科普蓝皮书
中国科普基础设施发展报告（2015）
著(编)者：郑念　任嵘嵘　2016年4月出版 / 定价：98.00元

社会政法类 — 皮书系列 2016全品种

科学教育蓝皮书
中国科学教育发展报告（2016）
著(编)者：罗晖 王康友　2016年10月出版 / 估价：79.00元

劳动保障蓝皮书
中国劳动保障发展报告（2016）
著(编)者：刘燕斌　2016年8月出版 / 估价：158.00元

老龄蓝皮书
中国老年宜居环境发展报告（2015）
著(编)者：党俊武　周燕珉　2016年1月出版 / 定价：79.00元

连片特困区蓝皮书
中国连片特困区发展报告（2016）
著(编)者：游俊 冷志明 丁建军
2016年5月出版 / 估价：98.00元

民间组织蓝皮书
中国民间组织报告（2016）
著(编)者：黄晓勇　2016年12月出版 / 估价：79.00元

民调蓝皮书
中国民生调查报告（2016）
著(编)者：谢耘耕　2016年5月出版 / 估价：128.00元

民族发展蓝皮书
中国民族发展报告（2016）
著(编)者：郝时远 王延中 王希恩
2016年4月出版 / 估价：98.00元

女性生活蓝皮书
中国女性生活状况报告 NO.10（2016）
著(编)者：韩湘景　2016年4月出版 / 估价：79.00元

汽车社会蓝皮书
中国汽车社会发展报告（2016）
著(编)者：王俊秀　2016年5月出版 / 估价：69.00元

青年蓝皮书
中国青年发展报告（2016）NO.4
著(编)者：廉思 等　2016年4月出版 / 估价：69.00元

青少年蓝皮书
中国未成年人互联网运用报告（2016）
著(编)者：李文革 沈杰 季为民
2016年11月出版 / 估价：89.00元

青少年体育蓝皮书
中国青少年体育发展报告（2016）
著(编)者：郭建军 杨桦　2016年9月出版 / 估价：69.00元

区域人才蓝皮书
中国区域人才竞争力报告 NO.2
著(编)者：桂昭明 王辉耀
2016年6月出版 / 估价：69.00元

群众体育蓝皮书
中国群众体育发展报告（2016）
著(编)者：刘国永 杨桦　2016年10月出版 / 估价：69.00元

群众体育蓝皮书
中国社会体育指导员发展报告（1994~2014）
著(编)者：刘国永 王欢　2016年4月出版 / 定价：78.00元

人才蓝皮书
中国人才发展报告（2016）
著(编)者：潘晨光　2016年9月出版 / 估价：85.00元

人权蓝皮书
中国人权事业发展报告 NO.6（2016）
著(编)者：李君如　2016年9月出版 / 估价：128.00元

社会保障绿皮书
中国社会保障发展报告（2016）NO.8
著(编)者：王延中　2016年4月出版 / 估价：99.00元

社会工作蓝皮书
中国社会工作发展报告（2016）
著(编)者：民政部社会工作研究中心
2016年8月出版 / 估价：79.00元

社会管理蓝皮书
中国社会管理创新报告 NO.4
著(编)者：连玉明　2016年11月出版 / 估价：89.00元

社会蓝皮书
2016年中国社会形势分析与预测
著(编)者：李培林 陈光金 张翼
2015年12月出版 / 定价：79.00元

社会体制蓝皮书
中国社会体制改革报告（2016）NO.4
著(编)者：龚维斌　2016年4月出版 / 估价：79.00元

社会心态蓝皮书
中国社会心态研究报告（2016）
著(编)者：王俊秀 杨宜音　2016年10月出版 / 估价：69.00元

社会责任管理蓝皮书
中国企业公众透明度报告（2015~2016）NO.2
著(编)者：黄速建 熊梦 肖红军　2016年1月出版 / 定价：98.00元

社会组织蓝皮书
中国社会组织评估发展报告（2016）
著(编)者：徐家良 廖鸿　2016年12月出版 / 估价：69.00元

生态城市绿皮书
中国生态城市建设发展报告（2016）
著(编)者：刘举科 孙伟平 胡文臻
2016年9月出版 / 估价：148.00元

生态文明绿皮书
中国省域生态文明建设评价报告（ECI 2016）
著(编)者：严耕　2016年12月出版 / 估价：85.00元

世界社会主义黄皮书
世界社会主义跟踪研究报告（2015～2016）
著(编)者：李慎明　2016年3月出版 / 定价：248.00元

水与发展蓝皮书
中国水风险评估报告（2016）
著(编)者：王浩　2016年9月出版 / 估价：69.00元

体育蓝皮书
长三角地区体育产业发展报告（2016）
著(编)者：张林　2016年4月出版 / 估价：79.00元

皮书系列
2016全品种

社会政法类·行业报告类

体育蓝皮书
中国公共体育服务发展报告（2016）
著(编)者：戴健　2016年12月出版 / 估价：79.00元

土地整治蓝皮书
中国土地整治发展研究报告 NO.3
著(编)者：国土资源部土地整治中心
2016年5月出版 / 估价：89.00元

土地政策蓝皮书
中国土地政策发展报告（2016）
著(编)者：高延利　李宪文　2015年12月出版 / 定价：89.00元

危机管理蓝皮书
中国危机管理报告（2016）
著(编)者：文学国　范正青　2016年8月出版 / 估价：89.00元

形象危机应对蓝皮书
形象危机应对研究报告（2016）
著(编)者：唐钧　2016年6月出版 / 估价：149.00元

医改蓝皮书
中国医药卫生体制改革报告（2016）
著(编)者：文学国　房志武　2016年11月出版 / 估价：98.00元

医疗卫生绿皮书
中国医疗卫生发展报告 NO.7（2016）
著(编)者：申宝忠　韩玉珍　2016年4月出版 / 估价：75.00元

政治参与蓝皮书
中国政治参与报告（2016）
著(编)者：房宁　2016年7月出版 / 估价：108.00元

政治发展蓝皮书
中国政治发展报告（2016）
著(编)者：房宁　杨海蛟　2016年5月出版 / 估价：88.00元

智慧社区蓝皮书
中国智慧社区发展报告（2016）
著(编)者：罗昌智　张辉德　2016年7月出版 / 估价：69.00元

中国农村妇女发展蓝皮书
农村流动女性城市生活发展报告（2016）
著(编)者：谢丽华　2016年12月出版 / 估价：79.00元

宗教蓝皮书
中国宗教报告（2016）
著(编)者：邱永辉　2016年5月出版 / 估价：79.00元

行业报告类

保健蓝皮书
中国保健服务产业发展报告 NO.2
著(编)者：中国保健协会　中共中央党校
2016年7月出版 / 估价：198.00元

保健蓝皮书
中国保健食品产业发展报告 NO.2
著(编)者：中国保健协会
　　　　　中国社会科学院食品药品产业发展与监管研究中心
2016年7月出版 / 估价：198.00元

保健蓝皮书
中国保健用品产业发展报告 NO.2
著(编)者：中国保健协会
　　　　　国务院国有资产监督管理委员会研究中心
2016年5月出版 / 估价：198.00元

保险蓝皮书
中国保险业创新发展报告（2016）
著(编)者：项俊波　2016年12月出版 / 估价：69.00元

保险蓝皮书
中国保险业竞争力报告（2016）
著(编)者：项俊波　2016年12月出版 / 估价：99.00元

采供血蓝皮书
中国采供血管理报告（2016）
著(编)者：朱永明　耿鸿武　2016年8月出版 / 估价：69.00元

彩票蓝皮书
中国彩票发展报告（2016）
著(编)者：益彩基金　2016年4月出版 / 估价：98.00元

餐饮产业蓝皮书
中国餐饮产业发展报告（2016）
著(编)者：邢颖　2016年4月出版 / 估价：69.00元

测绘地理信息蓝皮书
测绘地理信息转型升级研究报告（2016）
著(编)者：库热西·买合苏提　2016年12月出版 / 估价：98.00元

茶业蓝皮书
中国茶产业发展报告（2016）
著(编)者：杨江帆　李闽榕　2016年10月出版 / 估价：78.00元

产权市场蓝皮书
中国产权市场发展报告（2015～2016）
著(编)者：曹和平　2016年5月出版 / 估价：89.00元

产业安全蓝皮书
中国出版传媒产业安全报告（2015~2016）
著(编)者：北京印刷学院文化产业安全研究院
2016年3月出版 / 定价：79.00元

产业安全蓝皮书
中国文化产业安全报告（2016）
著(编)者：北京印刷学院文化产业安全研究院
2016年4月出版 / 估价：89.00元

行业报告类 皮书系列 2016全品种

产业安全蓝皮书
中国新媒体产业安全报告（2016）
著(编)者：北京印刷学院文化产业安全研究院
2016年5月出版 / 估价:69.00元

大数据蓝皮书
网络空间和大数据发展报告（2016）
著(编)者：杜平　　2016年5月出版 / 估价:69.00元

电子商务蓝皮书
中国电子商务服务业发展报告 NO.3
著(编)者：荆林波 梁春晓　　2016年5月出版 / 估价:69.00元

电子政务蓝皮书
中国电子政务发展报告（2016）
著(编)者：洪毅 杜平　　2016年11月出版 / 估价:79.00元

杜仲产业绿皮书
中国杜仲橡胶资源与产业发展报告（2016）
著(编)者：杜红岩 胡文臻 俞锐
2016年5月出版 / 估价:85.00元

房地产蓝皮书
中国房地产发展报告 NO.13（2016）
著(编)者：魏后凯 李景国　　2016年5月出版 / 估价:79.00元

服务外包蓝皮书
中国服务外包产业发展报告（2016）
著(编)者：王晓红 刘德军
2016年6月出版 / 估价:89.00元

服务外包蓝皮书
中国服务外包竞争力报告（2016）
著(编)者：王力 刘春生 黄育华
2016年11月出版 / 估价:85.00元

工业和信息化蓝皮书
世界网络安全发展报告（2016）
著(编)者：洪京一　　2016年4月出版 / 估价:69.00元

工业和信息化蓝皮书
世界信息化发展报告（2016）
著(编)者：洪京一　　2016年4月出版 / 估价:69.00元

工业和信息化蓝皮书
世界信息技术产业发展报告（2016）
著(编)者：洪京一　　2016年4月出版 / 估价:79.00元

工业和信息化蓝皮书
世界制造业发展报告（2016）
著(编)者：洪京一　　2016年4月出版 / 估价:69.00元

工业和信息化蓝皮书
移动互联网产业发展报告（2016）
著(编)者：洪京一　　2016年4月出版 / 估价:79.00元

工业设计蓝皮书
中国工业设计发展报告（2016）
著(编)者：王晓红 于炜 张立群
2016年9月出版 / 估价:138.00元

黄金市场蓝皮书
中国商业银行黄金业务发展报告（2015~2016）
著(编)者：平安银行　　2016年3月出版 / 定价:98.00元

互联网金融蓝皮书
中国互联网金融发展报告（2016）
著(编)者：李东荣　　2016年8月出版 / 估价:79.00元

会展蓝皮书
中外会展业动态评估年度报告（2016）
著(编)者：张敏　　2016年5月出版 / 估价:78.00元

节能汽车蓝皮书
中国节能汽车产业发展报告（2016）
著(编)者：中国汽车工程研究院股份有限公司
2016年12月出版 / 估价:69.00元

金融监管蓝皮书
中国金融监管报告（2016）
著(编)者：胡滨　　2016年4月出版 / 估价:89.00元

金融蓝皮书
中国金融中心发展报告（2016）
著(编)者：王力 黄育华　　2017年11月出版 / 估价:75.00元

金融蓝皮书
中国商业银行竞争力报告（2016）
著(编)者：王松奇　　2016年5月出版 / 估价:69.00元

经济林产业绿皮书
中国经济林产业发展报告（2016）
著(编)者：李芳东 胡文臻 乌云塔娜 杜红岩
2016年12月出版 / 估价:69.00元

客车蓝皮书
中国客车产业发展报告（2016）
著(编)者：姚蔚　　2016年5月出版 / 估价:85.00元

老龄蓝皮书
中国老龄产业发展报告（2016）
著(编)者：吴玉韶 党俊武　　2016年9月出版 / 估价:79.00元

流通蓝皮书
中国商业发展报告（2016）
著(编)者：荆林波　　2016年5月出版 / 估价:89.00元

旅游安全蓝皮书
中国旅游安全报告（2016）
著(编)者：郑向敏 谢朝武　　2016年5月出版 / 估价:128.00元

旅游绿皮书
2015~2016年中国旅游发展分析与预测
著(编)者：宋瑞　　2016年4月出版 / 定价:89.00元

煤炭蓝皮书
中国煤炭工业发展报告（2016）
著(编)者：岳福斌　　2016年12月出版 / 估价:79.00元

皮书系列 2016全品种
行业报告类

民营企业社会责任蓝皮书
中国民营企业社会责任年度报告（2016）
著（编）者：中华全国工商业联合会
2016年7月出版 / 估价：69.00元

民营医院蓝皮书
中国民营医院发展报告（2016）
著（编）者：庄一强　　2016年10月出版 / 估价：75.00元

能源蓝皮书
中国能源发展报告（2016）
著（编）者：崔民选　王军生　陈义和
2016年8月出版 / 估价：79.00元

农产品流通蓝皮书
中国农产品流通产业发展报告（2016）
著（编）者：贾敬敦　张东科　张玉玺　张鹏毅　周伟
2016年5月出版 / 估价：89.00元

期货蓝皮书
中国期货市场发展报告(2016)
著（编）者：李群　王在荣　2016年11月出版 / 估价：69.00元

企业公益蓝皮书
中国企业公益研究报告（2016）
著（编）者：钟宏武　汪杰　顾一　黄晓娟　等
2016年12月出版 / 估价：69.00元

企业公众透明度蓝皮书
中国企业公众透明度报告（2016）NO.2
著（编）者：黄速建　王晓光　肖红军
2016年5月出版 / 估价：98.00元

企业国际化蓝皮书
中国企业国际化报告（2016）
著（编）者：王辉耀　　2016年11月出版 / 估价：98.00元

企业蓝皮书
中国企业绿色发展报告 NO.2（2016）
著（编）者：李红玉　朱光辉　2016年8月出版 / 估价：79.00元

企业社会责任蓝皮书
中国企业社会责任研究报告（2016）
著（编）者：黄群慧　钟宏武　张蒽　等
2016年11月出版 / 估价：79.00元

企业社会责任能力蓝皮书
中国上市公司社会责任能力成熟度报告（2016）
著（编）者：肖红军　王晓光　李伟阳
2016年11月出版 / 估价：69.00元

汽车安全蓝皮书
中国汽车安全发展报告（2016）
著（编）者：中国汽车技术研究中心
2016年7月出版 / 估价：89.00元

汽车电子商务蓝皮书
中国汽车电子商务发展报告（2016）
著（编）者：中华全国工商业联合会汽车经销商商会
　　　　　　北京易观智库网络科技有限公司
2016年5月出版 / 估价：128.00元

汽车工业蓝皮书
中国汽车工业发展年度报告（2016）
著（编）者：中国汽车工业协会　中国汽车技术研究中心
　　　　　　丰田汽车（中国）投资有限公司
2016年4月出版 / 估价：128.00元

汽车蓝皮书
中国汽车产业发展报告（2016）
著（编）者：国务院发展研究中心产业经济研究部
　　　　　　中国汽车工程学会　大众汽车集团（中国）
2016年8月出版 / 估价：158.00元

清洁能源蓝皮书
国际清洁能源发展报告（2016）
著（编）者：苏树辉　袁国林　李玉崙
2016年11月出版 / 估价：99.00元

人力资源蓝皮书
中国人力资源发展报告（2016）
著（编）者：余兴安　　2016年12月出版 / 估价：79.00元

融资租赁蓝皮书
中国融资租赁业发展报告（2015～2016）
著（编）者：李光荣　王力　2016年5月出版 / 估价：89.00元

软件和信息服务业蓝皮书
中国软件和信息服务业发展报告（2016）
著（编）者：洪京一　2016年12月出版 / 估价：198.00元

商会蓝皮书
中国商会发展报告NO.5（2016）
著（编）者：王钦敏　　2016年7月出版 / 估价：89.00元

上市公司蓝皮书
中国上市公司社会责任信息披露报告（2016）
著（编）者：张旺　张杨　2016年11月出版 / 估价：69.00元

上市公司蓝皮书
中国上市公司质量评价报告（2015～2016）
著（编）者：张跃文　王力　2016年11月出版 / 估价：118.00元

设计产业蓝皮书
中国设计产业发展报告（2016）
著（编）者：陈冬亮　梁昊光　2016年5月出版 / 估价：89.00元

食品药品蓝皮书
食品药品安全与监管政策研究报告（2016）
著（编）者：唐民皓　　2016年7月出版 / 估价：69.00元

世界能源蓝皮书
世界能源发展报告（2016）
著（编）者：黄晓勇　　2016年6月出版 / 估价：99.00元

水利风景区蓝皮书
中国水利风景区发展报告（2016）
著（编）者：兰思仁　　2016年8月出版 / 估价：69.00元

私募市场蓝皮书
中国私募股权市场发展报告（2016）
著（编）者：曹和平　　2016年12月出版 / 估价：79.00元

行业报告类

皮书系列 2016全品种

碳市场蓝皮书
中国碳市场报告（2016）
著(编)者：宁金彪　2016年11月出版 / 估价：69.00元

体育蓝皮书
中国体育产业发展报告（2016）
著(编)者：阮伟　钟秉枢　2016年7月出版 / 估价：69.00元

土地市场蓝皮书
中国农村土地市场发展报告（2015~2016）
著(编)者：李光荣　2016年3月出版 / 定价：79.00元

网络空间安全蓝皮书
中国网络空间安全发展报告（2016）
著(编)者：惠志斌　唐涛　2016年4月出版 / 估价：79.00元

物联网蓝皮书
中国物联网发展报告（2016）
著(编)者：黄桂田　龚六堂　张全升
2016年5月出版 / 估价：69.00元

西部工业蓝皮书
中国西部工业发展报告（2016）
著(编)者：方行明　甘犁　刘方健　姜凌　等
2016年9月出版 / 估价：79.00元

西部金融蓝皮书
中国西部金融发展报告（2016）
著(编)者：李忠民　2016年8月出版 / 估价：75.00元

协会商会蓝皮书
中国行业协会商会发展报告（2016）
著(编)者：景朝阳　李勇　2016年4月出版 / 估价：99.00元

新能源汽车蓝皮书
中国新能源汽车产业发展报告（2016）
著(编)者：中国汽车技术研究中心
日产（中国）投资有限公司　东风汽车有限公司
2016年8月出版 / 估价：89.00元

新三板蓝皮书
中国新三板市场发展报告（2016）
著(编)者：王力　2016年6月出版 / 估价：69.00元

信托市场蓝皮书
中国信托业市场报告（2015~2016）
著(编)者：用益信托工作室
2016年1月出版 / 定价：198.00元

信息安全蓝皮书
中国信息安全发展报告（2016）
著(编)者：张晓东　2016年5月出版 / 估价：69.00元

信息化蓝皮书
中国信息化形势分析与预测（2016）
著(编)者：周宏仁　2016年8月出版 / 估价：98.00元

信用蓝皮书
中国信用发展报告（2016）
著(编)者：章政　田侃　2016年4月出版 / 估价：99.00元

休闲绿皮书
2016年中国休闲发展报告
著(编)者：宋瑞　2016年10月出版 / 估价：79.00元

药品流通蓝皮书
中国药品流通行业发展报告（2016）
著(编)者：佘鲁林　温再兴
2016年8月出版 / 估价：158.00元

医院蓝皮书
中国医院竞争力报告（2016）
著(编)者：庄一强　曾益新　2016年3月出版 / 定价：128.00元

医药蓝皮书
中国中医药产业园战略发展报告（2016）
著(编)者：裴长洪　房书亭　吴滌心
2016年5月出版 / 估价：89.00元

邮轮绿皮书
中国邮轮产业发展报告（2016）
著(编)者：汪泓　2016年10月出版 / 估价：79.00元

智能养老蓝皮书
中国智能养老产业发展报告（2016）
著(编)者：朱勇　2016年10月出版 / 估价：89.00元

中国SUV蓝皮书
中国SUV产业发展报告（2016）
著(编)者：靳军　2016年12月出版 / 估价：69.00元

中国金融行业蓝皮书
中国债券市场发展报告（2016）
著(编)者：谢多　2016年7月出版 / 估价：69.00元

中国上市公司蓝皮书
中国上市公司发展报告（2016）
著(编)者：中国社会科学院上市公司研究中心
2016年9月出版 / 估价：98.00元

中国游戏蓝皮书
中国游戏产业发展报告（2016）
著(编)者：孙立军　刘跃军　牛兴侦
2016年5月出版 / 估价：69.00元

中国总部经济蓝皮书
中国总部经济发展报告（2015~2016）
著(编)者：赵弘　2016年9月出版 / 估价：79.00元

资本市场蓝皮书
中国场外交易市场发展报告（2014~2015）
著(编)者：高峦　2016年3月出版 / 定价：79.00元

资产管理蓝皮书
中国资产管理行业发展报告（2016）
著(编)者：智信资产管理研究院
2016年6月出版 / 估价：89.00元

皮书系列 2016全品种　文化传媒类

文化传媒类

传媒竞争力蓝皮书
中国传媒国际竞争力研究报告（2016）
著（编）者：李本乾 刘强
2016年11月出版 / 估价：148.00元

传媒蓝皮书
中国传媒产业发展报告（2016）
著（编）者：崔保国　2016年5月出版 / 估价：98.00元

传媒投资蓝皮书
中国传媒投资发展报告（2016）
著（编）者：张向东 谭云明
2016年6月出版 / 估价：128.00元

动漫蓝皮书
中国动漫产业发展报告（2016）
著（编）者：卢斌 郑玉明 牛兴侦
2016年7月出版 / 估价：79.00元

非物质文化遗产蓝皮书
中国非物质文化遗产发展报告（2016）
著（编）者：陈平　2016年5月出版 / 估价：98.00元

广电蓝皮书
中国广播电影电视发展报告（2016）
著（编）者：国家新闻出版广电总局发展研究中心
2016年7月出版 / 估价：98.00元

广告主蓝皮书
中国广告主营销传播趋势报告 NO.9
著（编）者：黄升民 杜国清 邵华冬 等
2016年10月出版 / 估价：148.00元

国际传播蓝皮书
中国国际传播发展报告（2016）
著（编）者：胡正荣 李继东 姬德强
2016年11月出版 / 估价：89.00元

纪录片蓝皮书
中国纪录片发展报告（2016）
著（编）者：何苏六　2016年10月出版 / 估价：79.00元

科学传播蓝皮书
中国科学传播报告（2016）
著（编）者：詹正茂　2016年7月出版 / 估价：69.00元

两岸创意经济蓝皮书
两岸创意经济研究报告（2016）
著（编）者：罗昌智 董泽平　2016年12月出版 / 估价：98.00元

两岸文化蓝皮书
两岸文化产业合作发展报告（2016）
著（编）者：胡惠林 李保宗　2016年7月出版 / 估价：79.00元

媒介与女性蓝皮书
中国媒介与女性发展报告(2015~2016)
著（编）者：刘利群　2016年8月出版 / 估价：118.00元

媒体融合蓝皮书
中国媒体融合发展报告（2016）
著（编）者：梅宁华 宋建武　2016年7月出版 / 估价：79.00元

全球传媒蓝皮书
全球传媒发展报告（2016）
著（编）者：胡正荣 李继东 唐晓芬
2016年12月出版 / 估价：79.00元

少数民族非遗蓝皮书
中国少数民族非物质文化遗产发展报告（2016）
著（编）者：肖远平（彝）柴立（满）
2016年6月出版 / 估价：128.00元

视听新媒体蓝皮书
中国视听新媒体发展报告（2016）
著（编）者：国家新闻出版广电总局发展研究中心
2016年7月出版 / 估价：98.00元

文化创新蓝皮书
中国文化创新报告（2016）NO.7
著（编）者：于平 傅才武　2016年7月出版 / 估价：98.00元

文化建设蓝皮书
中国文化发展报告（2016）
著（编）者：江畅 孙伟平 戴茂堂
2016年4月出版 / 估价：108.00元

文化科技蓝皮书
文化科技创新发展报告（2016）
著（编）者：于平 李凤亮　2016年10月出版 / 估价：89.00元

文化蓝皮书
中国公共文化服务发展报告（2016）
著（编）者：刘新成 张永新 张旭　2016年10月出版 / 估价：98.00元

文化蓝皮书
中国公共文化投入增长测评报告（2016）
著（编）者：王亚南　2016年4月出版 / 定价：79.00元

文化蓝皮书
中国少数民族文化发展报告（2016）
著（编）者：武翠英 张晓明 任乌晶
2016年9月出版 / 估价：69.00元

文化蓝皮书
中国文化产业发展报告（2015~2016）
著（编）者：张晓明 王家新 章建刚
2016年2月出版 / 定价：79.00元

文化蓝皮书
中国文化产业供需协调检测报告（2016）
著（编）者：王亚南　2016年5月出版 / 估价：79.00元

文化蓝皮书
中国文化消费需求景气评价报告（2016）
著（编）者：王亚南　2016年5月出版 / 估价：79.00元

文化传媒类·地方发展类

皮书系列
2016全品种

文化品牌蓝皮书
中国文化品牌发展报告（2016）
著(编)者：欧阳友权　2016年4月出版 / 估价：89.00元

文化遗产蓝皮书
中国文化遗产事业发展报告（2016）
著(编)者：刘世锦　2016年5月出版 / 估价：89.00元

文学蓝皮书
中国文情报告（2015～2016）
著(编)者：白烨　2016年5月出版 / 估价：69.00元

新媒体蓝皮书
中国新媒体发展报告NO.7（2016）
著(编)者：唐绪军　2016年7月出版 / 估价：79.00元

新媒体社会责任蓝皮书
中国新媒体社会责任研究报告（2016）
著(编)者：钟瑛　2016年10月出版 / 估价：79.00元

移动互联网蓝皮书
中国移动互联网发展报告（2016）
著(编)者：官建文　2016年6月出版 / 估价：79.00元

舆情蓝皮书
中国社会舆情与危机管理报告（2016）
著(编)者：谢耘耕　2016年8月出版 / 估价：98.00元

地方发展类

安徽经济蓝皮书
芜湖创新型城市发展报告（2016）
著(编)者：张志宏　2016年4月出版 / 估价：69.00元

安徽蓝皮书
安徽社会发展报告（2016）
著(编)者：程桦　2016年4月出版 / 估价：89.00元

安徽社会建设蓝皮书
安徽社会建设分析报告（2015～2016）
著(编)者：黄家海　王开玉　蔡宪
2016年4月出版 / 估价：89.00元

澳门蓝皮书
澳门经济社会发展报告（2015～2016）
著(编)者：吴志良　郝雨凡　2016年5月出版 / 估价：79.00元

北京蓝皮书
北京公共服务发展报告（2015～2016）
著(编)者：施昌奎　2016年2月出版 / 定价：79.00元

北京蓝皮书
北京经济发展报告（2015～2016）
著(编)者：杨松　2016年6月出版 / 估价：79.00元

北京蓝皮书
北京社会发展报告（2015～2016）
著(编)者：李伟东　2016年7月出版 / 估价：79.00元

北京蓝皮书
北京社会治理发展报告（2015～2016）
著(编)者：殷星辰　2016年6月出版 / 估价：79.00元

北京蓝皮书
北京文化发展报告（2015～2016）
著(编)者：李建盛　2016年4月出版 / 定价：79.00元

北京旅游绿皮书
北京旅游发展报告（2016）
著(编)者：北京旅游学会　2016年7月出版 / 估价：88.00元

北京人才蓝皮书
北京人才发展报告（2016）
著(编)者：于淼　2016年12月出版 / 估价：128.00元

北京社会心态蓝皮书
北京社会心态分析报告（2015～2016）
著(编)者：北京社会心理研究所
2016年8月出版 / 估价：79.00元

北京社会组织管理蓝皮书
北京社会组织发展与管理（2015～2016）
著(编)者：黄江松　2016年4月出版 / 估价：78.00元

北京体育蓝皮书
北京体育产业发展报告（2016）
著(编)者：钟秉枢　陈杰　杨铁黎
2016年10月出版 / 估价：79.00元

北京养老产业蓝皮书
北京养老产业发展报告（2016）
著(编)者：周明明　冯喜良　2016年4月出版 / 估价：69.00元

滨海金融蓝皮书
滨海新区金融发展报告（2016）
著(编)者：王爱俭　张锐钢　2016年9月出版 / 估价：79.00元

城乡一体化蓝皮书
中国城乡一体化发展报告·北京卷（2015～2016）
著(编)者：张宝秀　黄序　2016年5月出版 / 估价：79.00元

创意城市蓝皮书
北京文化创意产业发展报告（2016）
著(编)者：张京成　王国华　2016年12月出版 / 估价：69.00元

创意城市蓝皮书
青岛文化创意产业发展报告（2016）
著(编)者：马达　张丹妮　2016年6月出版 / 估价：79.00元

创意城市蓝皮书
青岛文化创意产业发展报告（2016）
著(编)者：马达　张丹妮　2016年6月出版 / 估价：79.00元

23

皮书系列 2016全品种 — 地方发展类

创意城市蓝皮书
台北文化创意产业发展报告（2016）
著（编）者：陈耀竹 邱琪瑄　2016年11月出版 / 估价:89.00元

创意城市蓝皮书
无锡文化创意产业发展报告（2016）
著（编）者：谭军 张鸣年　2016年10月出版 / 估价:79.00元

创意城市蓝皮书
武汉文化创意产业发展报告（2016）
著（编）者：黄永林 陈汉桥　2016年12月出版 / 估价:89.00元

创意城市蓝皮书
重庆创意产业发展报告（2016）
著（编）者：程宇宁　2016年4月出版 / 估价:89.00元

地方法治蓝皮书
南宁法治发展报告（2016）
著（编）者：杨维超　2016年12月出版 / 估价:69.00元

福建妇女发展蓝皮书
福建省妇女发展报告（2016）
著（编）者：刘群英　2016年11月出版 / 估价:88.00元

福建自由贸易区蓝皮书
中国（福建）自由贸易区实验区发展报告（2015~2016）
著（编）者：黄茂兴　2016年4月出版 / 定价:108.00元

甘肃蓝皮书
甘肃经济发展分析与预测（2016）
著（编）者：朱智文 罗哲　2016年1月出版 / 定价:79.00元

甘肃蓝皮书
甘肃社会发展分析与预测（2016）
著（编）者：安文华 包晓霞 谢增虎　2016年1月出版 / 定价:79.00元

甘肃蓝皮书
甘肃文化发展分析与预测（2016）
著（编）者：安文华 周小华　2016年1月出版 / 定价:79.00元

甘肃蓝皮书
甘肃县域和农村发展报告（2016）
著（编）者：刘进军 柳民 王建兵
2016年1月出版 / 定价:79.00元

甘肃蓝皮书
甘肃舆情分析与预测（2016）
著（编）者：陈双梅 张谦元　2016年1月出版 / 定价:79.00元

甘肃蓝皮书
甘肃商贸流通发展报告（2016）
著（编）者：杨志武 王福生 王晓芳
2016年1月出版 / 定价:79.00元

广东蓝皮书
广东全面深化改革发展报告（2016）
著（编）者：周林生 涂成林　2016年11月出版 / 估价:69.00元

广东蓝皮书
广东社会工作发展报告（2016）
著（编）者：罗观翠　2016年6月出版 / 估价:89.00元

广东蓝皮书
广东省电子商务发展报告（2016）
著（编）者：程晓 邓顺国　2016年7月出版 / 估价:79.00元

广东社会建设蓝皮书
广东省社会建设发展报告（2016）
著（编）者：广东省社会工作委员会
2016年12月出版 / 估价:99.00元

广东外经贸蓝皮书
广东对外经济贸易发展研究报告（2015~2016）
著（编）者：陈万灵　2016年5月出版 / 估价:89.00元

广西北部湾经济区蓝皮书
广西北部湾经济区开放开发报告（2016）
著（编）者：广西北部湾经济区规划建设管理委员会办公室
广西社会科学院 广西北部湾发展研究院
2016年10月出版 / 估价:79.00元

巩义蓝皮书
巩义经济社会发展报告（2016）
著（编）者：丁同民　2016年4月出版 / 定价:58.00元

广州蓝皮书
2016年中国广州经济形势分析与预测
著（编）者：庾建设 沈奎 谢博能　2016年6月出版 / 估价:79.00元

广州蓝皮书
2016年中国广州社会形势分析与预测
著（编）者：张强 陈怡霓 杨秦　2016年6月出版 / 估价:79.00元

广州蓝皮书
广州城市国际化发展报告（2016）
著（编）者：朱名宏　2016年11月出版 / 估价:69.00元

广州蓝皮书
广州创新型城市发展报告（2016）
著（编）者：尹涛　2016年10月出版 / 估价:69.00元

广州蓝皮书
广州经济发展报告（2016）
著（编）者：朱名宏　2016年7月出版 / 估价:69.00元

广州蓝皮书
广州农村发展报告（2016）
著（编）者：朱名宏　2016年8月出版 / 估价:69.00元

广州蓝皮书
广州汽车产业发展报告（2016）
著（编）者：杨再高 冯兴亚　2016年9月出版 / 估价:69.00元

广州蓝皮书
广州青年发展报告（2015～2016）
著（编）者：魏国华 张强　2016年7月出版 / 估价:69.00元

广州蓝皮书
广州商贸业发展报告（2016）
著（编）者：李江涛 肖振宇 荀振英
2016年7月出版 / 估价:69.00元

广州蓝皮书
广州社会保障发展报告（2016）
著（编）者：蔡国萱　2016年10月出版 / 估价:65.00元

地方发展类　皮书系列 2016全品种

广州蓝皮书
广州文化创意产业发展报告（2016）
著(编)者：甘新　2016年8月出版　估价：79.00元

广州蓝皮书
中国广州城市建设与管理发展报告（2016）
著(编)者：董皞　陈小钢　李江涛　2016年7月出版　估价：69.00元

广州蓝皮书
中国广州科技和信息化发展报告（2016）
著(编)者：邹采荣　马正勇　冯冯　2016年8月出版　估价：79.00元

广州蓝皮书
中国广州文化发展报告（2016）
著(编)者：徐俊忠　陆志强　顾涧清　2016年7月出版　估价：69.00元

贵阳蓝皮书
贵阳城市创新发展报告·白云篇（2016）
著(编)者：连玉明　2016年10月出版　估价：89.00元

贵阳蓝皮书
贵阳城市创新发展报告·观山湖篇（2016）
著(编)者：连玉明　2016年10月出版　估价：89.00元

贵阳蓝皮书
贵阳城市创新发展报告·花溪篇（2016）
著(编)者：连玉明　2016年10月出版　估价：89.00元

贵阳蓝皮书
贵阳城市创新发展报告·开阳篇（2016）
著(编)者：连玉明　2016年10月出版　估价：89.00元

贵阳蓝皮书
贵阳城市创新发展报告·南明篇（2016）
著(编)者：连玉明　2016年10月出版　估价：89.00元

贵阳蓝皮书
贵阳城市创新发展报告·清镇篇（2016）
著(编)者：连玉明　2016年10月出版　估价：89.00元

贵阳蓝皮书
贵阳城市创新发展报告·乌当篇（2016）
著(编)者：连玉明　2016年10月出版　估价：89.00元

贵阳蓝皮书
贵阳城市创新发展报告·息烽篇（2016）
著(编)者：连玉明　2016年10月出版　估价：89.00元

贵阳蓝皮书
贵阳城市创新发展报告·修文篇（2016）
著(编)者：连玉明　2016年10月出版　估价：89.00元

贵阳蓝皮书
贵阳城市创新发展报告·云岩篇（2016）
著(编)者：连玉明　2016年10月出版　估价：89.00元

贵州房地产蓝皮书
贵州房地产发展报告NO.3（2016）
著(编)者：武廷方　2016年6月出版　估价：89.00元

贵州蓝皮书
贵州册亨经济社会发展报告(2016)
著(编)者：黄德民　2016年3月出版　定价：79.00元

贵州蓝皮书
贵安新区发展报告（2016）
著(编)者：马长青　吴大华　2016年4月出版　估价：69.00元

贵州蓝皮书
贵州法治发展报告（2016）
著(编)者：吴大华　2016年5月出版　估价：79.00元

贵州蓝皮书
贵州民航业发展报告（2016）
著(编)者：申振东　吴大华　2016年10月出版　估价：69.00元

贵州蓝皮书
贵州民营经济发展报告（2016）
著(编)者：杨静　吴大华　2016年3月出版　定价：79.00元

贵州蓝皮书
贵州人才发展报告（2016）
著(编)者：于杰　吴大华　2016年9月出版　估价：69.00元

贵州蓝皮书
贵州社会发展报告（2016）
著(编)者：王兴骥　2016年5月出版　估价：79.00元

海淀蓝皮书
海淀区文化和科技融合发展报告（2016）
著(编)者：陈名杰　孟景伟　2016年5月出版　估价：75.00元

海峡西岸蓝皮书
海峡西岸经济区发展报告（2016）
著(编)者：福建省人民政府发展研究中心
　　　　　福建省人民政府发展研究中心咨询服务中心
2016年9月出版　估价：65.00元

杭州都市圈蓝皮书
杭州都市圈发展报告（2016）
著(编)者：董祖德　沈翔　2016年5月出版　估价：89.00元

杭州蓝皮书
杭州妇女发展报告（2016）
著(编)者：魏颖　2016年4月出版　估价：79.00元

河北经济蓝皮书
河北省经济发展报告（2016）
著(编)者：马树强　金浩　刘兵　张贵
2016年5月出版　估价：89.00元

河北蓝皮书
河北经济社会发展报告（2016）
著(编)者：郭金平　2016年1月出版　定价：79.00元

河北食品药品安全蓝皮书
河北食品药品安全研究报告（2016）
著(编)者：丁锦霞　2016年6月出版　估价：79.00元

河南经济蓝皮书
2016年河南经济形势分析与预测
著(编)者：胡五岳　2016年2月出版　定价：79.00元

河南蓝皮书
2016年河南社会形势分析与预测
著(编)者：刘道兴　牛苏林　2016年4月出版　定价：79.00元

皮书系列 2016全品种 地方发展类

河南蓝皮书
河南城市发展报告（2016）
著(编)者：谷建全　王建国　2016年5月出版／估价：79.00元

河南蓝皮书
河南法治发展报告（2016）
著(编)者：丁同民　闫德民　2016年6月出版／估价：79.00元

河南蓝皮书
河南工业发展报告（2016）
著(编)者：龚绍东　赵西三　2016年5月出版／估价：79.00元

河南蓝皮书
河南金融发展报告（2016）
著(编)者：河南省社会科学院　2016年6月出版／估价：69.00元

河南蓝皮书
河南经济发展报告（2016）
著(编)者：张占仓　2016年3月出版／定价：79.00元

河南蓝皮书
河南农业农村发展报告（2016）
著(编)者：吴海峰　2016年4月出版／估价：69.00元

河南蓝皮书
河南文化发展报告（2016）
著(编)者：卫绍生　2016年3月出版／定价：78.00元

河南商务蓝皮书
河南商务发展报告（2016）
著(编)者：焦锦淼　穆荣国　2016年4月出版／估价：88.00元

黑龙江产业蓝皮书
黑龙江产业发展报告（2016）
著(编)者：于渤　2016年10月出版／估价：79.00元

黑龙江蓝皮书
黑龙江经济发展报告（2016）
著(编)者：朱宇　2016年1月出版／定价：79.00元

黑龙江蓝皮书
黑龙江社会发展报告（2016）
著(编)者：谢宝禄　2016年1月出版／定价：79.00元

湖南城市蓝皮书
区域城市群整合（主题待定）
著(编)者：童中贤　韩未名　2016年12月出版／估价：79.00元

湖南蓝皮书
2016年湖南产业发展报告
著(编)者：梁志峰　2016年5月出版／估价：98.00元

湖南蓝皮书
2016年湖南电子政务发展报告
著(编)者：梁志峰　2016年5月出版／估价：98.00元

湖南蓝皮书
2016年湖南经济展望
著(编)者：梁志峰　2016年5月出版／估价：128.00元

湖南蓝皮书
2016年湖南两型社会与生态文明发展报告
著(编)者：梁志峰　2016年5月出版／估价：98.00元

湖南蓝皮书
2016年湖南社会发展报告
著(编)者：梁志峰　2016年5月出版／估价：88.00元

湖南蓝皮书
2016年湖南县域经济社会发展报告
著(编)者：梁志峰　2016年5月出版／估价：98.00元

湖南蓝皮书
湖南城乡一体化发展报告（2016）
著(编)者：陈文胜　汪祚祥　邝奕轩　等
2016年7月出版／估价：89.00元

湖南县域绿皮书
湖南县域发展报告NO.3
著(编)者：袁准　周小毛　2016年9月出版／估价：69.00元

沪港蓝皮书
沪港发展报告（2015~2016）
著(编)者：尤安山　2016年4月出版／估价：89.00元

京津冀金融蓝皮书
京津冀金融发展报告（2015）
著(编)者：王爱俭　李向前　2016年3月出版／定价：89.00元

吉林蓝皮书
2016年吉林经济社会形势分析与预测
著(编)者：马克　2015年12月出版／定价：79.00元

吉林省城市竞争力蓝皮书
吉林省城市竞争力报告（2015）
著(编)者：崔岳春　张磊　2016年3月出版／定价：69.00元

济源蓝皮书
济源经济社会发展报告（2016）
著(编)者：喻新安　2016年4月出版／估价：69.00元

健康城市蓝皮书
北京健康城市建设研究报告（2016）
著(编)者：王鸿春　2016年4月出版／估价：79.00元

江苏法治蓝皮书
江苏法治发展报告NO.5（2016）
著(编)者：李力　龚廷泰　2016年9月出版／估价：98.00元

江西蓝皮书
江西经济社会发展报告（2016）
著(编)者：张勇　姜玮　梁勇　2016年10月出版／估价：79.00元

江西文化产业蓝皮书
江西文化产业发展报告（2016）
著(编)者：张圣才　汪春翔　2016年10月出版／估价：128.00元

经济特区蓝皮书
中国经济特区发展报告（2016）
著(编)者：陶一桃　2016年12月出版／估价：89.00元

地方发展类

皮书系列 2016全品种

辽宁蓝皮书
2016年辽宁经济社会形势分析与预测
著(编)者：曹晓峰 梁启东
2016年1月出版 / 定价:79.00元

拉萨蓝皮书
拉萨法治发展报告（2016）
著(编)者：车明怀 2016年7月出版 / 估价:79.00元

洛阳蓝皮书
洛阳文化发展报告（2016）
著(编)者：刘福兴 陈启明 2016年7月出版 / 估价:79.00元

南京蓝皮书
南京文化发展报告（2016）
著(编)者：徐宁 2016年12月出版 / 估价:79.00元

内蒙古蓝皮书
内蒙古反腐倡廉建设报告 NO.2
著(编)者：张志华 无极 2016年12月出版 / 估价:69.00元

浦东新区蓝皮书
上海浦东经济发展报告（2016）
著(编)者：沈开艳 周奇 2016年1月出版 / 定价:69.00元

青海蓝皮书
2016年青海经济社会形势分析与预测
著(编)者：陈玮 2015年12月出版 / 定价:79.00元

人口与健康蓝皮书
深圳人口与健康发展报告（2016）
著(编)者：陆杰华 罗乐宣 苏杨
2016年11月出版 / 估价:89.00元

山东蓝皮书
山东经济形势分析与预测（2016）
著(编)者：李广杰 2016年11月出版 / 估价:89.00元

山东蓝皮书
山东社会形势分析与预测（2016）
著(编)者：涂可国 2016年6月出版 / 估价:89.00元

山东蓝皮书
山东文化发展报告（2016）
著(编)者：张华 唐洲雁 2016年6月出版 / 估价:98.00元

山西蓝皮书
山西资源型经济转型发展报告（2016）
著(编)者：李志强 2016年5月出版 / 估价:89.00元

陕西蓝皮书
陕西经济发展报告（2016）
著(编)者：任宗哲 白宽犁 裴成荣
2015年12月出版 / 定价:69.00元

陕西蓝皮书
陕西社会发展报告（2016）
著(编)者：任宗哲 白宽犁 牛昉
2015年12月出版 / 定价:69.00元

陕西蓝皮书
陕西文化发展报告（2016）
著(编)者：任宗哲 白宽犁 王长寿
2015年12月出版 / 定价:69.00元

陕西蓝皮书
丝绸之路经济带发展报告（2015~2016）
著(编)者：任宗哲 白宽犁 谷孟宾
2015年12月出版 / 定价:75.00元

上海蓝皮书
上海传媒发展报告（2016）
著(编)者：强荧 焦雨虹 2016年1月出版 / 定价:79.00元

上海蓝皮书
上海法治发展报告（2016）
著(编)者：叶青 2016年5月出版 / 定价:69.00元

上海蓝皮书
上海经济发展报告（2016）
著(编)者：沈开艳 2016年1月出版 / 定价:79.00元

上海蓝皮书
上海社会发展报告（2016）
著(编)者：杨雄 周海旺 2016年1月出版 / 定价:79.00元

上海蓝皮书
上海文化发展报告（2016）
著(编)者：荣跃明 2016年1月出版 / 定价:79.00元

上海蓝皮书
上海文学发展报告（2016）
著(编)者：陈圣来 2016年5月出版 / 定价:69.00元

上海蓝皮书
上海资源环境发展报告（2016）
著(编)者：周冯琦 汤庆合 任文伟
2016年1月出版 / 定价:79.00元

上饶蓝皮书
上饶发展报告（2015~2016）
著(编)者：朱寅健 2016年5月出版 / 估价:128.00元

社会建设蓝皮书
2016年北京社会建设分析报告
著(编)者：宋贵伦 冯虹 2016年7月出版 / 估价:79.00元

深圳蓝皮书
深圳法治发展报告（2016）
著(编)者：张骁儒 2016年5月出版 / 估价:69.00元

深圳蓝皮书
深圳经济发展报告（2016）
著(编)者：张骁儒 2016年6月出版 / 估价:89.00元

深圳蓝皮书
深圳劳动关系发展报告（2016）
著(编)者：汤庭芬 2016年6月出版 / 估价:79.00元

深圳蓝皮书
深圳社会建设与发展报告（2016）
著(编)者：张骁儒 陈东平 2016年6月出版 / 估价:79.00元

皮书系列 2016全品种
地方发展类·国家国别类

深圳蓝皮书
深圳文化发展报告(2016)
著(编)者:张骁儒　　2016年5月出版 / 估价:69.00元

四川法治蓝皮书
四川依法治省年度报告 NO.2（2016）
著(编)者:李林　杨天宗　田禾
2016年3月出版 / 定价:108.00元

四川蓝皮书
2016年四川经济形势分析与预测
著(编)者:杨钢　　2016年1月出版 / 定价:98.00元

四川蓝皮书
四川城镇化发展报告（2016）
著(编)者:侯水平　陈炜　　2016年4月出版 / 定价:75.00元

四川蓝皮书
四川法治发展报告（2016）
著(编)者:郑泰安　　2016年5月出版 / 估价:69.00元

四川蓝皮书
四川企业社会责任研究报告（2015～2016）
著(编)者:侯水平　盛毅　　2016年4月出版 / 定价:79.00元

四川蓝皮书
四川社会发展报告（2016）
著(编)者:郭晓鸣　　2016年4月出版 / 估价:79.00元

四川蓝皮书
四川生态建设报告（2016）
著(编)者:李晟之　　2016年4月出版 / 估价:79.00元

四川蓝皮书
四川文化产业发展报告（2016）
著(编)者:向宝云　张立伟　　2016年4月出版 / 定价:79.00元

体育蓝皮书
上海体育产业发展报告（2015～2016）
著(编)者:张林　黄海燕　　2016年10月出版 / 估价:79.00元

体育蓝皮书
长三角地区体育产业发展报告（2015～2016）
著(编)者:张林　　2016年4月出版 / 估价:79.00元

天津金融蓝皮书
天津金融发展报告（2016）
著(编)者:王爱俭　孔德昌　　2016年9月出版 / 估价:89.00元

图们江区域合作蓝皮书
图们江区域合作发展报告（2016）
著(编)者:李铁　　2016年4月出版 / 估价:98.00元

温州蓝皮书
2016年温州经济社会形势分析与预测
著(编)者:潘忠强　王春光　金浩　　2016年4月出版 / 估价:69.00元

扬州蓝皮书
扬州经济社会发展报告（2016）
著(编)者:丁纯　　2016年12月出版 / 估价:89.00元

长株潭城市群蓝皮书
长株潭城市群发展报告（2016）
著(编)者:张萍　　2016年10月出版 / 估价:69.00元

郑州蓝皮书
2016年郑州文化发展报告
著(编)者:王哲　　2016年9月出版 / 估价:65.00元

中医文化蓝皮书
北京中医药文化传播发展报告（2016）
著(编)者:毛嘉陵　　2016年5月出版 / 估价:79.00元

珠三角流通蓝皮书
珠三角商圈发展研究报告（2016）
著(编)者:王先庆　林至颖　　2016年7月出版 / 估价:98.00元

遵义蓝皮书
遵义发展报告（2016）
著(编)者:曾征　龚永育　　2016年12月出版 / 估价:69.00元

国别与地区类

阿拉伯黄皮书
阿拉伯发展报告（2015～2016）
著(编)者:罗林　　2016年11月出版 / 估价:79.00元

北部湾蓝皮书
泛北部湾合作发展报告（2016）
著(编)者:吕余生　　2016年10月出版 / 估价:69.00元

大湄公河次区域蓝皮书
大湄公河次区域合作发展报告（2016）
著(编)者:刘稚　　2016年9月出版 / 估价:79.00元

大洋洲蓝皮书
大洋洲发展报告（2015～2016）
著(编)者:喻常森　　2016年10月出版 / 估价:89.00元

德国蓝皮书
德国发展报告（2016）
著(编)者:郑春荣　伍慧萍
2016年5月出版 / 估价:69.00元

东北亚黄皮书
东北亚地区政治与安全（2016）
著(编):黄凤志　刘清才　张慧智　等
2016年5月出版 / 估价:69.00元

东盟黄皮书
东盟发展报告（2016）
著(编)者:杨晓强　庄国土　　2016年3月出版 / 定价:89.00元

国家国别类

皮书系列 重点推荐

东南亚蓝皮书
东南亚地区发展报告（2015~2016）
著(编)者:厦门大学东南亚研究中心　王勤
2016年4月出版 / 估价:79.00元

俄罗斯黄皮书
俄罗斯发展报告（2016）
著(编)者:李永全　2016年7月出版 / 估价:79.00元

非洲黄皮书
非洲发展报告 NO.18（2015~2016）
著(编)者:张宏明　2016年9月出版 / 估价:79.00元

国际形势黄皮书
全球政治与安全报告（2016）
著(编)者:李慎明　张宇燕
2015年12月出版 / 定价:69.00元

韩国蓝皮书
韩国发展报告（2016）
著(编)者:牛林杰　刘宝全
2016年12月出版 / 估价:89.00元

加拿大蓝皮书
加拿大发展报告（2016）
著(编)者:仲伟合　2016年4月出版 / 估价:89.00元

拉美黄皮书
拉丁美洲和加勒比发展报告（2015~2016）
著(编)者:吴白乙　2016年5月出版 / 估价:89.00元

美国蓝皮书
美国研究报告（2016）
著(编)者:郑秉文　黄平
2016年6月出版 / 估价:89.00元

缅甸蓝皮书
缅甸国情报告（2016）
著(编)者:李晨阳　2016年8月出版 / 估价:79.00元

欧洲蓝皮书
欧洲发展报告（2015~2016）
著(编)者:周弘　黄平　江时学
2016年7月出版 / 估价:89.00元

日本经济蓝皮书
日本经济与中日经贸关系研究报告（2016）
著(编)者:王洛林　张季风
2016年5月出版 / 估价:79.00元

日本蓝皮书
日本研究报告（2016）
著(编)者:李薇　2016年5月出版 / 估价:69.00元

上海合作组织黄皮书
上海合作组织发展报告（2016）
著(编)者:李进峰　吴宏伟　李伟
2016年7月出版 / 估价:98.00元

世界创新竞争力黄皮书
世界创新竞争力发展报告（2016）
著(编)者:李闽榕　李建平　赵新力
2016年5月出版 / 估价:148.00元

土耳其蓝皮书
土耳其发展报告（2016）
著(编)者:郭长刚　刘义　2016年7月出版 / 估价:69.00元

亚太蓝皮书
亚太地区发展报告（2016）
著(编)者:李向阳　2016年5月出版 / 估价:69.00元

印度蓝皮书
印度国情报告（2016）
著(编)者:吕昭义　2016年5月出版 / 估价:89.00元

印度洋地区蓝皮书
印度洋地区发展报告（2016）
著(编)者:汪戎　2016年5月出版 / 估价:89.00元

英国蓝皮书
英国发展报告（2015~2016）
著(编)者:王展鹏　2016年10月出版 / 估价:89.00元

越南蓝皮书
越南国情报告（2016）
著(编)者:广西社会科学院　罗梅　李碧华
2016年8月出版 / 估价:69.00元

越南蓝皮书
越南经济发展报告（2016）
著(编)者:黄志勇　2016年10月出版 / 估价:69.00元

以色列蓝皮书
以色列发展报告（2016）
著(编)者:张倩红　2016年9月出版 / 估价:89.00元

中东黄皮书
中东发展报告 NO.18（2015~2016）
著(编)者:杨光　2016年10月出版 / 估价:89.00元

中亚黄皮书
中亚国家发展报告（2016）
著(编)者:孙力　吴宏伟　2016年8月出版 / 估价:89.00元

社会科学文献出版社　皮书系列

❖ 皮书起源 ❖

"皮书"起源于十七、十八世纪的英国，主要指官方或社会组织正式发表的重要文件或报告，多以"白皮书"命名。在中国，"皮书"这一概念被社会广泛接受，并被成功运作、发展成为一种全新的出版形态，则源于中国社会科学院社会科学文献出版社。

❖ 皮书定义 ❖

皮书是对中国与世界发展状况和热点问题进行年度监测，以专业的角度、专家的视野和实证研究方法，针对某一领域或区域现状与发展态势展开分析和预测，具备原创性、实证性、专业性、连续性、前沿性、时效性等特点的公开出版物，由一系列权威研究报告组成。

❖ 皮书作者 ❖

皮书系列的作者以中国社会科学院、著名高校、地方社会科学院的研究人员为主，多为国内一流研究机构的权威专家学者，他们的看法和观点代表了学界对中国与世界的现实和未来最高水平的解读与分析。

❖ 皮书荣誉 ❖

皮书系列已成为社会科学文献出版社的著名图书品牌和中国社会科学院的知名学术品牌。2011年，皮书系列正式列入"十二五"国家重点出版规划项目；2012~2015年，重点皮书列入中国社会科学院承担的国家哲学社会科学创新工程项目；2016年，46种院外皮书使用"中国社会科学院创新工程学术出版项目"标识。

中国皮书网
www.pishu.cn

发布皮书研创资讯，传播皮书精彩内容
引领皮书出版潮流，打造皮书服务平台

栏目设置：

- □ 资讯：皮书动态、皮书观点、皮书数据、皮书报道、皮书发布、电子期刊
- □ 标准：皮书评价、皮书研究、皮书规范
- □ 服务：最新皮书、皮书书目、重点推荐、在线购书
- □ 链接：皮书数据库、皮书博客、皮书微博、在线书城
- □ 搜索：资讯、图书、研究动态、皮书专家、研创团队

中国皮书网依托皮书系列"权威、前沿、原创"的优质内容资源，通过文字、图片、音频、视频等多种元素，在皮书研创者、使用者之间搭建了一个成果展示、资源共享的互动平台。

自2005年12月正式上线以来，中国皮书网的IP访问量、PV浏览量与日俱增，受到海内外研究者、公务人员、商务人士以及专业读者的广泛关注。

2008年、2011年，中国皮书网均在全国新闻出版业网站荣誉评选中获得"最具商业价值网站"称号；2012年，获得"出版业网站百强"称号。

2014年，中国皮书网与皮书数据库实现资源共享，端口合一，将提供更丰富的内容，更全面的服务。

首页　数据库检索　学术资源库　我的文献库　皮书主动态　有奖调查　皮书报道　皮书研究　联系我们　读者寄购　搜索报告

权威报告　热点资讯　海量资源

当代中国与世界发展的高端智库平台

皮书数据库 www.pishu.com.cn

　　皮书数据库是专业的人文社会科学综合学术资源总库，以大型连续性图书——皮书系列为基础，整合国内外相关资讯构建而成。包含六大子库，涵盖两百多个主题，囊括了近十几年间中国与世界经济社会发展报告，覆盖经济、社会、政治、文化、教育、国际问题等多个领域。

　　皮书数据库以篇章为基本单位，方便用户对皮书内容的阅读需求。用户可进行全文检索，也可对文献题目、内容提要、作者名称、作者单位、关键字等基本信息进行检索，还可对检索到的篇章再做二次筛选，进行在线阅读或下载阅读。智能多维度导航，可使用户根据自己熟知的分类标准进行分类导航筛选，使查找和检索更高效、便捷。

　　权威的研究报告，独特的调研数据，前沿的热点资讯，皮书数据库已发展成为国内最具影响力的关于中国与世界现实问题研究的成果库和资讯库。

皮书俱乐部会员服务指南

1. 谁能成为皮书俱乐部成员？
- 皮书作者自动成为俱乐部会员
- 购买了皮书产品（纸质书/电子书）的个人用户

2. 会员可以享受的增值服务
- 免费获赠皮书数据库100元充值卡
- 加入皮书俱乐部，免费获赠该纸质图书的电子书
- 免费定期获赠皮书电子期刊
- 优先参与各类皮书学术活动
- 优先享受皮书产品的最新优惠

3. 如何享受增值服务？

（1）免费获赠100元皮书数据库体验卡

第1步 刮开皮书附赠充值的涂层（右下）；

第2步 登录皮书数据库网站（www.pishu.com.cn），注册账号；

第3步 登录并进入"会员中心"—"在线充值"—"充值卡充值"，充值成功后即可使用。

（2）加入皮书俱乐部，凭数据库体验卡获赠该书的电子书

第1步 登录社会科学文献出版社官网（www.ssap.com.cn），注册账号；

第2步 登录并进入"会员中心"—"皮书俱乐部"，提交加入皮书俱乐部申请；

第3步 审核通过后，再次进入皮书俱乐部，填写页面所需图书、体验卡信息即可自动兑换相应电子书。

4. 声明

解释权归社会科学文献出版社所有

皮书俱乐部会员可享受社会科学文献出版社其他相关免费增值服务，有任何疑问，均可与我们联系。

图书销售热线：010-59367070/7028　图书服务QQ：800045692　图书服务邮箱：duzhe@ssap.cn
数据库服务热线：400-008-6395　数据库服务QQ：2475522410　数据库服务邮箱：database@ssap.cn
欢迎登录社会科学文献出版社官网（www.ssap.com.cn）和中国皮书网（www.pishu.cn）了解更多信息

皮书大事记
（2015）

☆ 2015年11月9日，社会科学文献出版社2015年皮书编辑出版工作会议召开，会议就皮书装帧设计、生产营销、皮书评价以及质检工作中的常见问题等进行交流和讨论，为2016年出版社的融合发展指明了方向。

☆ 2015年11月，中国社会科学院2015年度纳入创新工程后期资助名单正式公布，《社会蓝皮书：2015年中国社会形势分析与预测》等41种皮书纳入2015年度"中国社会科学院创新工程学术出版资助项目"。

☆ 2015年8月7~8日，由中国社会科学院主办，社会科学文献出版社和湖北大学共同承办的"第十六次全国皮书年会（2015）：皮书研创与中国话语体系建设"在湖北省恩施市召开。中国社会科学院副院长李培林、国家新闻出版广电总局原副总局长、中国出版协会常务副理事长邬书林，湖北省委宣传部副部长喻立平，中国社会科学院科研局局长马援，国家新闻出版广电总局出版管理司副司长许正明，中共恩施州委书记王海涛，社会科学文献出版社社长谢寿光，湖北大学党委书记刘建凡等相关领导出席开幕式。来自中国社会科学院、地方社会科学院及高校、政府研究机构的领导及近200个皮书课题组的380多人出席了会议，会议规模又创新高。会议宣布了2016年授权使用"中国社会科学院创新工程学术出版项目"标识的院外皮书名单，并颁发了第六届优秀皮书奖。

☆ 2015年4月28日，"第三届皮书学术评审委员会第二次会议暨第六届优秀皮书奖评审会"在京召开。中国社会科学院副院长李培林、蔡昉出席会议并讲话，国家新闻出版广电总局原副局长、中国出版协会常务副理事长邬书林也出席本次会议。会议分别由中国社会科学院科研局局长马援和社会科学文献出版社社长谢寿光主持。经分学科评审和大会汇评，最终匿名投票评选出第六届"优秀皮书奖"和"优秀皮书报告奖"书目。此外，该委员会还根据《中国社会科学院皮书管理办法》，审议并投票评选出2015年纳入中国社会科学院创新工程项目的皮书和2016年使用"中国社会科学院创新工程学术出版项目"标识的院外皮书。

☆ 2015年1月30~31日，由社会科学文献出版社皮书研究院组织的2014年版皮书评价复评会议在京召开。皮书学术评审委员会部分委员、相关学科专家、学术期刊编辑、资深媒体人等近50位评委参加本次会议。中国社会科学院科研局局长马援、社会科学文献出版社社长谢寿光出席开幕式并发表讲话，中国社会科学院科研成果处处长薛增朝出席闭幕式并做发言。

皮书数据库
www.pishu.com.cn

皮书数据库三期

• 皮书数据库（SSDB）是社会科学文献出版社整合现有皮书资源开发的在线数字产品，全面收录"皮书系列"的内容资源，并以此为基础整合大量相关资讯构建而成。

• 皮书数据库现有中国经济发展数据库、中国社会发展数据库、世界经济与国际政治数据库等子库，覆盖经济、社会、文化等多个行业、领域，现有报告30000多篇，总字数超过5亿字，并以每年4000多篇的速度不断更新累积。

• 新版皮书数据库主要围绕存量+增量资源整合、资源编辑标引体系建设、产品架构设置优化、技术平台功能研发等方面开展工作，并将中国皮书网与皮书数据库合二为一联体建设，旨在以"皮书研创出版、信息发布与知识服务平台"为基本功能定位，打造一个全新的皮书品牌综合门户平台，为您提供更优质更到位的服务。

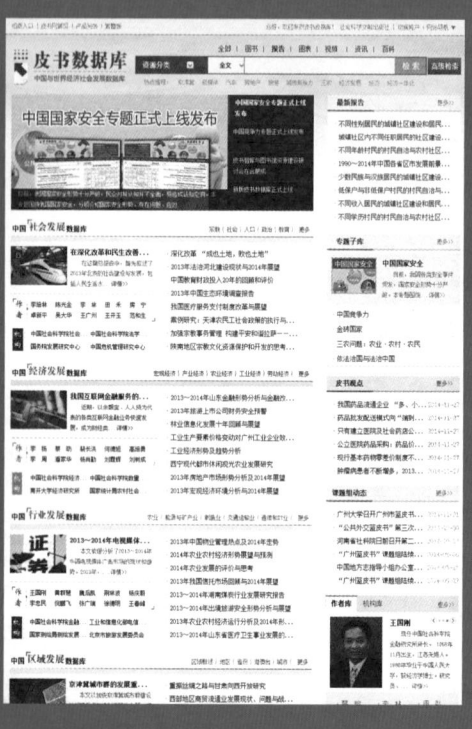

更多信息请登录

中国皮书网
http://www.pishu.cn

皮书微博
http://weibo.com/pishu

皮书博客
http://blog.sina.com.cn/pishu

皮书微信
皮书说

请到各地书店皮书专架 / 专柜购买，也可办理邮购

咨询 / 邮购电话：010-59367028　59367070　　　邮　　箱：duzhe@ssap.cn
邮购地址：北京市西城区北三环中路甲29号院3号楼华龙大厦13层读者服务中心
邮　　编：100029
银行户名：社会科学文献出版社
开户银行：中国工商银行北京北太平庄支行
账　　号：0200010019200365434
网上书店：010-59367070　　qq：1265056568
网　　址：www.ssap.com.cn　　　www.pishu.cn